Vorwort

Dieses Buch soll Sie auf leicht verständliche und gleichsam unterhaltsame Weise in die Programmierung mit Java einführen. Vorhandene Programmierkenntnisse können von Vorteil sein, werden aber nicht vorausgesetzt. Schritt für Schritt werden Sie sich in Java einarbeiten und erfahren, wie Sie die Mächtigkeit der Sprache für Ihre Zwecke nutzen können.

Sie werden Ihre ersten Java-Anwendungen schreiben, sich mit der objektorientierten Programmierung vertraut machen und erfahren, wie man in Java Anwendungen mit grafischen Benutzeroberflächen programmiert. In den letzten Kapiteln des Buchs wenden wir uns dann noch diversen Fortgeschrittenenthemen zu, wie der Implementierung von Threads und Animationen oder der Datenbankunterstützung.

Am Ende eines jeden Kapitels finden Sie eine Reihe von Testfragen und eine Zusammenfassung des behandelten Stoffs sowie einige Übungsaufgaben, die zur Vertiefung und Wiederholung des Stoffs dienen, vor allem aber auch die Lust am Programmieren anregen sollen.

Programmierkenntnisse sind wie erwähnt nicht erforderlich, aber Sie sollten auch nicht zu den Zeitgenossen gehören, die bisher noch jedem Computer erfolgreich aus dem Weg gegangen sind. Spaß am Programmieren können wir Ihnen nur dann vermitteln, wenn Sie selbst ein wenig guten Willen und Ausdauer mitbringen. Gute Laune, eine Portion Neugier, dieses Buch – was brauchen Sie noch?

Um mit Java programmieren zu können, benötigen Sie ein entsprechendes Entwicklungspaket, das sogenannte JDK (Java Development Kit). Optional können Sie zusätzlich zu dem JDK eine integrierte Entwicklungsumgebung wie z. B. NetBeans oder die Open-Source-Software Eclipse verwenden.

Für Java-Einsteiger ist der Einsatz einer integrierten Entwicklungsumgebung allerdings häufig recht verwirrend und lenkt vom eigentlichen Primärziel, die Programmiersprache Java zu lernen, unnötig ab. Schlimmer noch: Die meisten Entwicklungsumgebungen sind für fortgeschrittene Programmierer konzipiert und erleichtern deren tägliche Programmierarbeit, indem sie komplexe Arbeitsschritte automatisieren, vordefinierte Codegerüste anbieten, eigenständig Code erzeugen. Für Anfänger ist dies ein Desaster! Nehmen wir nur einmal das Codegerüst einer einfachen Konsolenanwendung, das in Java aus ungefähr vier bis sieben Zeilen Code besteht. Wenn Ihnen dieses Codegerüst stets von Ihrer Entwicklungsumgebung fertig vorgelegt wird, werden Sie sich kaum die Mühe machen, es je selbst einmal abzutippen. Sie werden es sich vielleicht anschauen und versuchen, es zu verstehen, aber Sie werden es nie wirklich verinnerlichen. Wenn Sie dann später einmal an einem Rechner arbeiten müssen, auf dem keine Entwicklungsumgebung installiert ist, werden Sie mit Schrecken feststellen, dass es Ihnen unmöglich ist, das Grundgerüst aus dem Kopf nachzustellen. Nun, ganz so schlimm wird es vielleicht nicht kommen, aber der Punkt ist, dass die Annehmlichkeiten der Entwicklungsumgebungen den Anfänger schnell dazu verführen, sich mit zentralen Techniken und Prinzipien der Java-Programmierung nur oberflächlich auseinanderzusetzen.

Aus diesem Grund legen wir in diesem Buch Wert auf Handarbeit mit elementarsten Mitteln: Wir setzen unsere Quelltexte in einem einfachen Texteditor auf, wandeln die Quelltexte mithilfe des Java-Compilers *javac* aus dem JDK in ausführbare Programme um und führen diese dann mit dem Java-Interpreter *java* (ebenfalls im JDK enthalten) aus. Wie Sie dabei im Einzelnen vorgehen und was Sie beachten müssen, erfahren Sie in den einleitenden Kapiteln und im Anhang dieses Buchs.

Benötigte Software und Beispielsammlung

Die Java-Entwicklungsumgebung und die Beispielsammlung zu diesem Buch finden Sie zum Download im Internet. Die entsprechenden Links finden Sie im Anhang F, Hinweise zur Installation der Entwicklungsumgebung in Anhang B.

www.carpelibrum.de

Falls Sie während der Buchlektüre auf Probleme oder gar auf inhaltliche Fehler stoßen, sollten Sie nicht zögern, uns eine E-Mail unter Angabe von Buchtitel und Auflage zu senden. Allerdings schauen Sie bitte zuerst auf unserer Buchseite www.carpelibrum.de nach, ob sich nicht dort schon eine Antwort findet. Neben Aktualisierungen, Fehlerkorrekturen und Antworten auf typische Fragen finden Sie dort auch Hinweise auf weitere Bücher rund ums Thema Programmieren.

Viel Erfolg mit Java wünschen Ihnen

Dirk Louis (autoren@carpelibrum.de)

Peter Müller (leserfragen@gmx.de)

Saarbrücken, im Frühjahr 2018

1 Bevor es losgeht

Ich weiß, ich weiß – Sie sitzen vor Ihrem Bildschirm, haben bereits Ihre Java-Entwicklungsumgebung installiert, brennen darauf, Ihr erstes Java-Programm zu schreiben, und sind einigermaßen ungehalten, sich erst noch durch etliche Seiten theoretischer Ausführungen quälen zu müssen. Müssen Sie nicht! Wenn Sie Ihre Entwicklungsumgebung schon eingerichtet haben und mit der Programmerstellung prinzipiell vertraut sind, überspringen Sie dieses Kapitel einfach. Nur wenn Sie ein absoluter Neuling in der Programmierung sind oder von Java nicht viel mehr wissen, als dass es eine Programmiersprache ist, sollten Sie dieses Kapitel unbedingt vorab durchlesen. Alle anderen können nach Bedarf auch noch später hierher zurückkehren.

■ 1.1 Was ist Java? –Teil I

Java ist heute eine der führenden Programmiersprachen, vielleicht die wichtigste Programmiersprache überhaupt. Programmierer weltweit schätzen Java für seine Robustheit, seine Vielseitigkeit, die problemlose Portierbarkeit seiner Anwendungen und, und, und.

 Portierung bedeutet, dass ein Programm von einem Rechner auf einen anderen Rechner verschoben und ausgeführt wird.

Entstanden ist Java 1993 als Forschungsprojekt der Firma Sun, wobei schon auf diverse Vorarbeiten zurückgegriffen werden konnte. Der konkrete Anlass war der einsetzende Boom des World Wide Web, das nach einer geeigneten Programmiersprache verlangte. Java ist vor diesem Hintergrund zu betrachten und quasi ideal für den Einsatz im Internet – sei es, dass man seine Programme über das Internet vertreiben möchte, sei es, dass man Programme für Webseiten schreiben möchte, oder sei es, dass man über das Internet verteilte Anwendungen implementieren möchte.

Wie steht es in diesem Zusammenhang mit der Verwandtschaft von Java zu den anderen Programmiersprachen? Man entwickelt schließlich keine neue Programmiersprache, ohne die eigenen Erfahrungen mit den etablierten Programmiersprachen einfließen zu lassen.

Nun, C++-Programmierer wird es freuen zu hören, dass Java stark an C++ angelehnt ist. Die Gründe hierfür sind zweifellos in der Objektorientiertheit, der Schnelligkeit und der Leistungsfähigkeit von C++ zu suchen, aber natürlich auch in der traditionellen Bedeutung dieser Sprache.

Allerdings hat Java viel unnötigen Ballast, den C++ mit sich schleppt, abgeworfen und ist dadurch wesentlich einfacher zu erlernen und zu programmieren. Diese Entschlackung dient nicht nur der Entlastung des Programmierers, sondern soll vor allem auch die Entwicklung „sicherer" Programme gewährleisten. Natürlich liegt die Verantwortung für die Sicherheit der Anwendungen deswegen letztendlich immer noch beim Programmierer. Je komplizierter und undurchsichtiger die Konzepte einer Sprache aber sind, umso wahrscheinlicher ist es, dass der Programmierer unbeabsichtigt Fehler einbaut. In Java hat man dies erkannt und beispielsweise die gesamte Zeigerprogrammierung und die dynamische Speicherverwaltung aus den Händen des Programmierers genommen und Compiler und Interpreter übertragen.

 Und wie steht es mit C#? Die Sprache C# ist im Grunde nichts anderes als eine Trotzreaktion auf Java. Microsoft wollte nämlich ursprünglich eine eigene Java-Variante etablieren, was dem Konzern aber gerichtlich verboten wurde. Danach konzipierte man eine ganze neue Sprache, eben C#, die aber eine verblüffende Ähnlichkeit mit Java aufweist. Umsteigern von C# wird also vieles bekannt vorkommen.

Falls Sie schon C++ beherrschen – die folgenden Konzepte gibt es in Java *nicht*:

1. Zeiger (die dynamische Speicherverwaltung wird intern vorgenommen)
2. Funktionen (statt alleinstehender Funktionen gibt es nur noch Methoden (Elementfunktionen) von Klassen)
3. Strukturen und Unions
4. Arrays und Zeichenfolgen gibt es nur als Objekte
5. Typendefinition (typedef)
6. Mehrfachvererbung (nur in gemäßigter Form)
7. Überladung von Operatoren

Java deshalb als Schmalspur-C++ zu bezeichnen, wäre aber völlig falsch. Von der Leistungsfähigkeit her steht Java C++ kaum in etwas nach. Betrachtet man obige Liste etwas genauer, lässt sich feststellen, dass viele Konzepte, die C++ von C übernommen hat, zugunsten einer konsequenteren objektorientierten Programmierung aufgegeben wurden (dies betrifft die Sprachelemente 2 bis 5, die alle im Klassenkonzept aufgegangen sind). Java ist daher mittlerweile die Standardprogrammiersprache an allen US-amerikanischen Universitäten und auch an deutschen Universitäten allgegenwärtig.

Andererseits wurde auf bestimmte objektorientierte Konzepte (Punkte 6 und 7), die im Wesentlichen der Wiederverwertung objektorientierten Quellcodes dienen, aber für Einsteiger (und auch oft noch für Fortgeschrittene) manchmal schwierig zu handhaben sind, verzichtet. Was geblieben ist, ist eine relativ leicht zu erlernende, konsequent objektorientierte Sprache, die Ihnen einiges zu bieten hat:

- Objektorientiertheit,
- statische Typbindung, aber späte Methodenbindung,
- dynamische Speicherverwaltung und Garbage Collection,
- Multithreading,
- Exception-Behandlung.

Achtung!

Verwechseln Sie Java nicht mit JavaScript. JavaScript wurde von Netscape entwickelt und als Erweiterung des HTML-Standards implementiert. Die JavaScript-Syntax ist an Java angelehnt, doch damit hört die Verwandtschaft zu Java auch schon auf. Mit Java können Sie echte eigenständige Programme schreiben (das Thema dieses Buchs), Sie können Java-Servlets schreiben, die dynamische Webseiten erzeugen, und Sie können spezielle Java-Module erzeugen, sogenannte Applets, die in Webseiten eingebettet und von Browsern mit installiertem Java-Plug-in ausgeführt werden können (früher eine Sensation, heute kaum noch von Bedeutung). Dagegen dient JavaScript-Code allein der Dynamisierung von Webseiten, weswegen der Code auch direkt in den HTML-Code eingefügt und vom Browser interpretiert wird (sofern die JavaScript-Unterstützung nicht ausgeschaltet wurde).

■ 1.2 Was ist ein Programm?

Prinzipiell sind Programme nichts anderes als eine Folge von Befehlen, die an einen Computer gerichtet sind und von diesem befolgt werden. Im Grunde genommen funktionieren Programme also genauso wie Kochrezepte: Sie als Programmierer sind der Koch, der das Buch schreibt. Jedes Kochrezept entspricht einem Programm und der Computer, der Ihre Programme ausführt, ist der Leser.

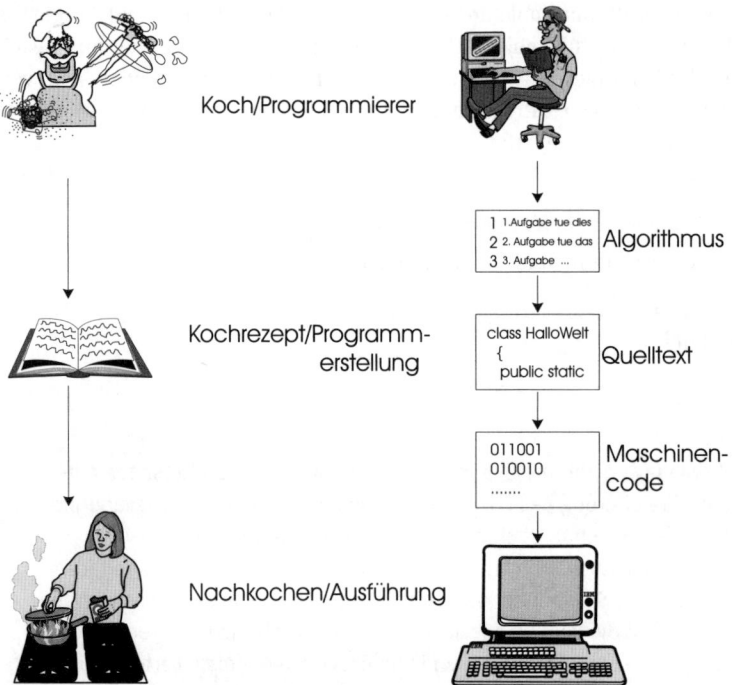

Koch/Programmierer

1 1.Aufgabe tue dies
2 2. Aufgabe tue das Algorithmus
3 3. Aufgabe ...

Kochrezept/Programm-
erstellung

class HalloWelt
{
  public static   Quelltext

011001
010010   Maschinen-
....   code

Nachkochen/Ausführung

Bild 1.1 Analogie zwischen Programmen und Kochrezepten

Leider ist die Realität wie üblich etwas komplizierter als das Modell. Im Falle des Kochre-
zepts können wir einfach davon ausgehen, dass Schreiber und Leser die gleiche Sprache
sprechen. Im Falle des Programmierers und des Computers ist dies natürlich nicht der Fall,
denn Sie als Programmierer sprechen an sich Deutsch und der Computer spricht ... ja, welche Sprache versteht eigentlich ein Computer?

Ich wünschte, Sie hätten diese Frage nicht gestellt, denn die Antwort ist äußerst unerfreu-
lich. Der Computer, in diesem Fall sollte man genauer von dem Prozessor des Computers
sprechen, versteht nur einen ganz begrenzten Satz elementarer Befehle – den sogenannten
Maschinencode, der zu allem Unglück noch binär codiert ist und daher als eine Folge von
Nullen und Einsen vorliegt. Können Sie sich vorstellen, Ihre Programme als Folge von Nullen und Einsen zu schreiben? Wahrscheinlich genauso wenig, wie Ihr Computer in der Lage
ist, Deutsch zu lernen. Wir haben also ein echtes Verständigungsproblem. Um dieses zu
lösen, müssen Sie – als der Intelligentere – dem Computer schon etwas entgegenkommen.

Kehren wir noch einmal zu unserem Kochbuch zurück und stellen Sie sich vor, ein Chinese
würde ein Kochbuch schreiben, das auf dem deutschen Buchmarkt erscheinen soll. Zwar
findet der Chinese keinen geeigneten Übersetzer, der das Buch ordentlich vom Chinesischen ins Deutsche übersetzen könnte, aber er erinnert sich seiner Englischkenntnisse, die
für ein Kochbuch absolut ausreichend sein sollten. Er schreibt also sein Buch in Englisch
und lässt es dann von einem Übersetzer ins Deutsche übertragen. Gleiches geschieht auch
bei der Programmierung. Anstatt Ihre Programme in Deutsch aufzusetzen, bedienen Sie
sich einer Programmiersprache (wie Java, C, Pascal, Basic etc.), für die es einen passenden

Übersetzer gibt (in diesem Fall auch Compiler genannt), der Ihre Anweisungen in Maschinencode umwandeln kann.

Ich denke, das ist jetzt schon etwas klarer. Was aber genau ist jetzt das Programm? Die noch in Deutsch formulierten Befehle? Die in Java formulierten Befehle? Oder die binär codierten Maschinenanweisungen? Im weitesten Sinne können Sie in allen drei Fällen von Ihrem Programm reden. Wenn Sie es dagegen genau nehmen wollen, bezeichnen Sie die noch in Ihrer Sprache aufgesetzte Befehlsfolge als Algorithmus, die in Java formulierte Version des Algorithmus als Quelltext Ihres Programms und erst den vom Compiler erzeugten Maschinencode als Ihr Programm.

Mehr oder weniger unabsichtlich sind wir damit bereits in die Programmerstellung abgeglitten, die im nächsten Abschnitt noch einmal zusammengefasst wird.

■ 1.3 Wie werden Programme erstellt?

Die Entwicklung von Computerprogrammen läuft unabhängig von der verwendeten Sprache üblicherweise nach dem folgenden Muster ab:

1. Man hat ein Problem, eine Idee, eine Aufgabe, zu deren Lösung man einen Computer einsetzen möchte.
2. Als Nächstes wird die Aufgabe als Algorithmus, also als eine Folge von Befehlen formuliert. Größere Probleme werden dabei in Teilaufgaben und Teilaspekte aufgeteilt. (Ob der Algorithmus tatsächlich auf dem Papier oder nur im Kopf des Programmierers entwickelt wird, hängt von der Komplexität der Aufgabe und der Genialität des Programmierers ab.)
3. Der Algorithmus wird in für den Computer verständliche Anweisungen einer Programmiersprache umgesetzt. Dies ergibt den sogenannten Quelltext oder Quellcode.
4. Dieser Quelltext muss dann durch ein spezielles Programm, den Compiler, in Maschinenanweisungen übersetzt werden, die das eigentliche Herz des Computers – der Prozessor – versteht und ausführen kann.
5. Das ausführbare Programm wird gestartet, das heißt in den Hauptspeicher geladen und vom Prozessor ausgeführt.

■ 1.4 Von Compilern und Interpretern

Bei einigen Programmiersprachen fallen die Schritte 4 und 5 zusammen. Es wird also nicht das ganze Programm erst übersetzt (kompiliert) und dann bei Bedarf ausgeführt. Stattdessen wird bei der Ausführung des Programms der Quelltext Zeile für Zeile eingelesen, übersetzt und ausgeführt. In diesem Fall spricht man von Interpreter-Sprachen, weil das Programm nicht als ausführbare Datei, sondern bloß als Quelltext vorliegt, der nur mithilfe eines speziellen Programms (des Interpreters), welches die zeilenweise Übersetzung während des Programmlaufs übernimmt, ausgeführt werden kann. In dem Beispiel aus Abschnitt 1.2 würde dies bedeuten, dass der chinesische Koch seine Kochkünste nicht in Buchform, sondern als Hörkassette herausgegeben hat und Sie mit einem Dolmetscher (Interpreter) an der Seite diese Kassette abspielen und die Rezepte nachkochen.

Abgesehen davon, dass Sie wahrscheinlich niemals auf die Idee kommen werden, sich eine chinesische Kassette mit Kochrezepten zu kaufen, haften interpretierten Programmen zwei wesentliche Nachteile an:

- Da die Erzeugung des Maschinencodes erst während der Ausführung vorgenommen wird, dürfte klar sein, dass solche Programme wesentlich langsamer ablaufen als kompilierte Programme.

- Da diese Programme als Quelltext vertrieben werden, sind der nicht autorisierten Nutzung des Programmtextes und der für das Programm entwickelten Algorithmen Tür und Tor geöffnet.

Auf der anderen Seite haben diese Programme den Vorteil, dass sie sehr gut zu portieren sind, das heißt, die Übertragung von einem Computer auf einen anderen ist unproblematisch.

Bekannte Vertreter von Compiler-Sprachen sind C, C++ und Pascal. Das klassische Beispiel für eine interpretierte Programmiersprache ist Basic.

Jetzt fragen Sie sich sicherlich, wo Java einzuordnen ist.

■ 1.5 Was ist Java? – Teil II

Ist Java nun eine Compiler- oder eine Interpreter-Sprache? Nun, die Einteilung ist hier nicht ganz so klar. Man kann zwar vielerorts lesen, es sei eine Interpreter-Sprache, aber das wird der Lage nicht ganz gerecht, denn tatsächlich ist Java beides.

Java-Quellcode wird zunächst mit einem Compiler (er heißt *javac*) übersetzt, allerdings nicht in den Maschinencode des jeweiligen Prozessors, sondern in sogenannten Bytecode. Man kann sich diesen Bytecode als einen Maschinencode eines virtuellen Prozessors vorstellen, das heißt eines Prozessors, den es gar nicht gibt!

Damit der Bytecode nun von einem echten Prozessor ausgeführt werden kann, muss er während des Programmlaufs in dessen Maschinencode übersetzt werden, das heißt, ein Interpreter ist zum Ausführen von Java-Programmen notwendig, den man einfach wie die Sprache getauft hat, also *java*.

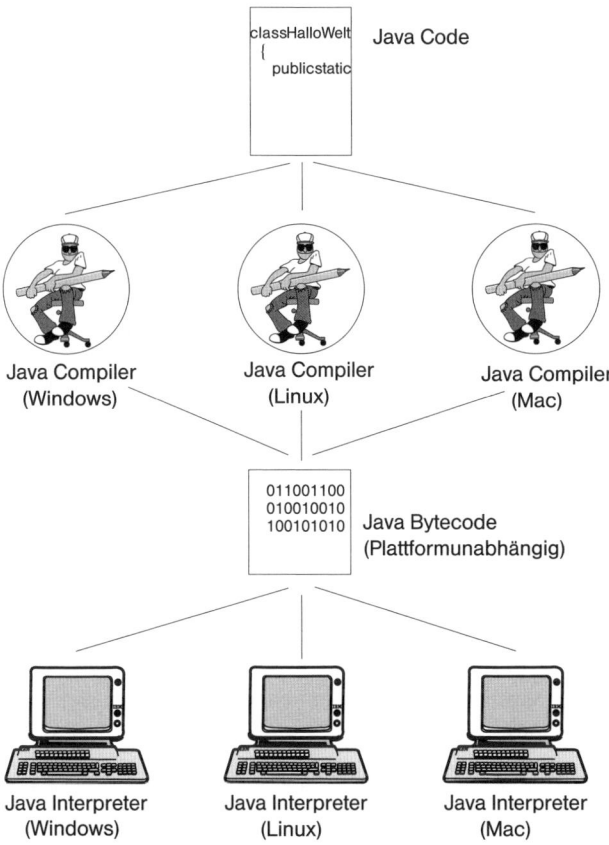

Bild 1.2 Erstellung von Java-Programmen

Warum diese seltsame Mischung aus Compiler- und Interpretersprache? Die Antwort liegt eigentlich auf der Hand. Es geht darum, die Vorteile beider Systeme miteinander zu verbinden:

- Der vorkompilierte Bytecode kann wesentlich schneller interpretiert werden.

- Die Übersetzung in Bytecode schützt Ihre Algorithmen vor unerwünschter Nachahmung.

- Der Bytecode ist plattformunabhängig. Gleichgültig, auf welchem Computer der Bytecode erstellt worden ist, er wird immer identisch aussehen. Es ist dadurch möglich, Bytecode von einem Rechner zum nächsten zu transferieren (zum Beispiel über das Internet) und dort ausführen zu lassen, ohne die *geringste* Änderung vornehmen zu müssen. (Wenn Sie schon in konventionellen Sprachen wie C programmiert haben und das Problem hatten, ein Programm zu entwerfen, das auf verschiedenen Betriebssystemen, Prozessoren und Compilern läuft, werden Sie diesen Vorteil von Java sicherlich zu schätzen wissen.)

- Der Interpreter hat die Möglichkeit, die Programmausführung zu überwachen und beispielsweise (absichtliche oder unabsichtliche) unkorrekte Speicherzugriffe oder Datenmanipulationen zu erkennen und direkt mit einer Fehlermeldung abzufangen. Dies ist insbesondere unter Sicherheitsaspekten interessant. Da Java für das Internet und somit für den beliebigen Datenaustausch konzipiert ist, muss weitgehend sichergestellt sein, dass ein Java-Programm, das man mit seinem Browser durch einen mehr oder weniger achtlosen Klick startet, nicht irgendwelche üblen Sachen anstellt. Ein Interpreter, der ständig darauf achtet, was das Java-Programm gerade tun will, ist dafür ein geeigneter Ansatz.

Zusammenfassend lässt sich sagen, dass Java-Programme aufgrund des Compiler/Interpreter-Ansatzes hardwareunabhängig und somit portabel sind und gleichzeitig ein relativ hohes Maß an Sicherheit vor Manipulationen bieten. Diese Vorteile gehen jedoch zu Lasten der Geschwindigkeit. Interpretierte Java-Programme sind trotz Bytecode langsamer als vergleichbare C/C++-Programme. Dies sollte Sie aber nicht abschrecken. Moderne Prozessoren sind schnell genug und viele Programme verbringen die meiste Zeit sowieso mit Warten auf Benutzereingaben, sodass der Geschwindigkeitsnachteil gar nicht zum Tragen kommt. Zudem verwenden modernen Java-Interpreter spezielle Techniken, wie z.B. die sogenannte Just-In-Time-Compilation (JIT), die den Geschwindigkeitsnachteil minimal halten.[1]

Die Java-Laufzeitumgebung (JRE)

Sie haben gelernt, dass auf einem Rechner, auf dem Java-Programme ausgeführt werden sollen, ein Java-Interpreter installiert sein muss (siehe auch Bild 1.2). Dies war insofern etwas vereinfacht dargestellt, als nicht nur ein einzelnes Interpreter-Programm, sondern eine ganze Kombination aus Tools und Bibliotheken benötigt werden – die sogenannte Java-Laufzeitumgebung, abgekürzt **JRE** („Java Runtime Environment").

Wenn Sie also Ihre Java-Progamme an Freunde weitergeben, sagen Sie ihnen, dass sie sich gegebenenfalls die JRE von der Site *http://www.oracle.com/technetwork/java/javase/downloads/index.html* herunterladen müssen. Ausgeführt werden die Programme dann durch Übergabe an den *java*-Interpreter, so wie Sie es gleich weiter unten lernen werden. Oder Sie erzeugen für Ihre Freunde eine direkt ausführbare *.jar-*, *.bat-* oder *.exe*-Datei, siehe Kapitel 16.

---

[1] Bei der Just-In-Time-Compilation übersetzt der Java-Interpreter *während der Programmausführung* Programmteile, die oft benötigt werden, in optimierten Maschinencode für den verwendeten Prozessor und hält diese Codeblöcke im Hauptspeicher, sodass bei Wiederverwendung während der aktuellen Programmausführung keine erneute Übersetzung notwendig ist. Zusätzlich werden häufig fortlaufend Hot-Spot-Analysen gemacht, d.h., sehr oft durchlaufene Code-Abschnitte (die „Hot-Spots") werden parallel zur Programmausführung intensiv optimiert und dadurch noch schneller gemacht.

■ 1.6 Vorbereitung zum Programmieren

Bevor wir im nächsten Kapitel voll in die Programmierung einsteigen, sollten Sie Ihren Computer vorbereitet haben. Folgende Zutaten sind für die Erstellung von Java-Programmen notwendig:

- **die Java-Entwicklungswerkzeuge (JDK)**

  Das JDK steht unter *http://www.oracle.com/technetwork/java/javase/downloads/index.html* zum Download zur Verfügung (siehe Anhang F, Installationshinweise siehe Anhang B).

  Das JDK[2] besteht aus einer Sammlung aller für die Programmierung erforderlichen Tools (Compiler, Interpreter, Debugger etc.) und den zu Java gehörenden Standardbibliotheken. Die JDK-Tools werden von der Konsole aus aufgerufen. Linux-Anwender öffnen hierzu ein Terminalfenster, Windows-Anwender die Eingabeaufforderung.

- **ein Texteditor**

  Für die Programmierung genügt ein einfacher Texteditor, wie er zur Grundausstattung jedes anständigen Betriebssystems gehört. Wichtig ist, dass der Editor unformatierten Text (also einfach nur die Buchstaben ohne Formatangaben wie fett, kursiv etc.) abspeichern kann.

  Mögliche Optionen wären *Editor* (*notepad.exe*) oder *Wordpad* unter Microsoft Windows (Aufruf über die Suche der Windows-Startseite (Windows 8) bzw. des Windows-Startmenüs (Windows 7)) bzw. *vi*, *KWrite* oder *emacs* unter Linux/Unix. Natürlich können Sie auch Textverarbeitungssoftware wie *Microsoft Word* einsetzen, allerdings müssen Sie darauf achten, nur reinen unformatierten Text (ASCII bzw. ANSI, Dateiendung *.txt*) abzuspeichern.

Auch wenn konventionelle Texteditoren wie *Editor* oder *Wordpad* grundsätzlich vollkommen ausreichen, lassen sie doch verschiedene Extras vermissen, die gerade dem Programmierer die Arbeit sehr erleichtern können – wie z. B. die automatische Syntaxhervorhebung oder die Anzeige der Zeilennummern[3]. Wer auf diese Funktionen nicht verzichten möchte, muss zu einem Editor greifen, der sich auf die Quelltextverarbeitung spezialisiert hat. Empfehlenswerte Vertreter dieser Gattung sind z. B. der *emacs* für Linux (gehört in der Regel zum Lieferumfang) und der *Notepad++*-Editor für Windows (kann von *http://notepad-plus.sourceforge.net/de/site.htm* kostenlos heruntergeladen werden).

---

[2] Abkürzung für „Java SE Development Kit"

[3] Der Compiler gibt Meldungen zu Syntaxfehlern immer unter Angabe der betroffenen Zeilennummer aus. Wenn Sie einen Editor mit Zeilennummerierung verwenden, müssen Sie nicht selbst zählen, um die verdächtige Zeile zu finden.

Einrichtung einer eigenen Entwicklungsumgebung

Als Erstes sollten Sie sich überlegen, wie Sie die Dateien Ihrer Programme auf der Festplatte verwalten wollen. Eine Möglichkeit wäre, unter einem eigenen übergeordneten Verzeichnis für die einzelnen Programme Unterverzeichnisse anzulegen. Zum Nachvollziehen der Beispiele in diesem Buch bietet es sich allerdings an, unter dem übergeordneten Verzeichnis Unterverzeichnisse für die Buchkapitel anzulegen.

Wenn Sie das übergeordnete Verzeichnis *Java* nennen, könnte Ihre Verzeichnisstruktur wie folgt aussehen:

C:\Java

C:\Java\Kap02

C:\Java\Kap03

C:\Java\Kap04

...

In den Verzeichnissen für die einzelnen Kapitel speichern Sie dann die Quelldateien der zugehörigen Beispiele. Für kleinere Beispiele können Sie die Quelldateien ruhig zusammen im Kapitelverzeichnis speichern. Für größere Beispiele, die aus mehreren Quelldateien bestehen, empfiehlt es sich, nochmals eigene Unterverzeichnisse für jedes Programm anzulegen. (Gleiches gilt, wenn zwei Programme gleichnamige Klassen definieren.)

1. Installieren Sie zuerst das *JDK*, siehe Anhang B.

2. Richten Sie danach auf Ihrem Rechner ein Verzeichnis *Java* ein.

   Unter Windows können Sie das Verzeichnis direkt unter *C:* anlegen, also als *C:\Java*. (Unterverzeichnisse können im Windows Explorer, Aufruf mit **WinBef+E**, erzeugt werden.)

   Unter Linux legen Sie das Verzeichnis unter Ihrem Home-Verzeichnis an.

3. Legen Sie ein Unterverzeichnis *Kap02* für Kapitel 2 an.

Jetzt sollten Sie Ihren Desktop noch so gestalten, dass Sie alle für die Programmierung typischen Aufgaben effizient erledigen können.

4. Lassen Sie den Windows Explorer (Ordnerfenster) aus Schritt 1 geöffnet. Sie brauchen ihn, um bei Bedarf weitere Kapitel- oder Programmverzeichnisse anzulegen. Außerdem können Sie aus dem Explorer heraus bestehende Quelldateien zur Ansicht oder Bearbeitung öffnen.

5. Rufen Sie den Texteditor Ihrer Wahl auf, mit dem Sie Ihren Quellcode als reinen Text (ASCII oder ANSI, kein Unicode) abspeichern können. Wenn Sie keinen spezialisierten Quelltexteditor besitzen (vgl. Anmerkung zu *Notepad++* weiter oben), verwenden Sie einfach einen der Editoren aus dem Lieferumfang Ihres Betriebssystems.

   Unter Windows eignet sich beispielsweise wie gesagt der *Editor* (*notepad.exe*), den Sie über die Windows-Suche, Suchbegriff *notepad*, aufrufen können. (Alternativ finden Sie den Editor je nach Windows-Version in der App-Liste unter der Kategorie **Windows-Zubehör** bzw. im Startmenü unter **Alle Programme/Zubehör**.)

   Unter Linux können Sie z. B. den *vi* oder *KWrite* verwenden.

6. Speichern Sie zur Probe im Verzeichnis *C:\Java\Kap02* eine Datei *HalloWelt.java*. Die Datei kann ruhig leer sein (oder einen beliebigen Text enthalten).

Achtung!

Achten Sie darauf, dass der Editor nicht die Dateiendung *.txt* an die gespeicherten Dateien anhängt (also aus *Dateiname.java* die *Dateiname.java.txt* macht). Nach Installation des JDK sollte dies an sich nicht passieren. Falls doch, haben Sie zwei Möglichkeiten. Die erste Lösung besteht darin, den kompletten Dateinamen, samt Dateiendung, in Anführungszeichen zu setzen: `"Dateiname.java"`. Die zweite Möglichkeit ist, die Dateiendung *.java* im Windows Explorer zu registrieren. Speichern Sie dazu nach Methode 1 eine Datei mit der Dateiendung *.java*. Wechseln Sie danach in den Windows Explorer und doppelklicken Sie auf die Datei. Ist die Dateiendung noch nicht registriert, erscheint jetzt ein Dialogfenster (oder eine Folge von Dialogfenstern), in denen Sie *Notepad* als gewünschtes Bearbeitungsprogramm auswählen und die Option setzen können, die dafür sorgt, dass dieser Dateityp immer mit dem ausgewählten Programm geöffnet wird. Wenn Sie anschließend den Dialog abschicken, wird die Dateiendung *.java* registriert und mit Notepad als Standardverarbeitungsprogramm verknüpft. Danach können Sie *.java*-Dateien per Doppelklick in Notepad laden und werden nie wieder Ärger mit an Java-Dateien angehängten *.txt*-Dateiendungen haben.

7. Öffnen Sie ein Konsolenfenster.

Im Gegensatz zu Linux-Anwendern sind viele Windows-Anwender heutzutage gar nicht mehr mit dem Umgang mit der Konsole vertraut. Unter Windows heißt die Konsole meist „Eingabeaufforderung" und wird am einfachsten durch die Suche nach *Eingabeaufforderung* aufgerufen. (Alternativ finden Windows-10-Anwender die Eingabeaufforderung im **Alt+X**-Menü bzw. in der App-Liste unter der Kategorie **Windows-System** und Windows-7-Anwender im **Start/Alle Programme/Zubehör**-Menü.)

Unter Linux heißt die Konsole oft auch „**Terminal**" und kann über entsprechende Desktop-Symbole oder Links im Start-Menü geöffnet werden.

Die Konsole ist ein zeilenorientiertes Befehlseingabefenster, in deren jeweils letzten Zeile Sie einen Systembefehl eingeben und mit der **Enter**-Taste abschicken können. Beachten Sie auch den „Prompt" zu Beginn der Zeile.

Der Prompt zeigt Ihnen an, dass die Konsole auf die **Eingabe** eines Befehls wartet. Das Aussehen des Prompts ist veränderbar. Meist ist er so konfiguriert, dass der Pfad zu dem aktuellen Verzeichnis und ein abschließendes > angezeigt werden. Hinter dem > tippen Sie Ihren Befehl ein.

`C:\Java\Kap02>` *IhrBefehl*

Eine kurze Einführung in die Bedienung der Konsole finden Sie als Tutorial auf unserer Website *www.carpelibrum.de.*

8. In der Konsole wechseln Sie mithilfe des *cd*-Befehls („change directory") in das Verzeichnis, in dem die zu kompilierende Quelldatei steht. Nehmen wir an, es war dies das Ver-

zeichnis *C:\Java\Kap02*. Dann tippen Sie hinter dem Prompt der Konsole den Befehl *cd C:\Java\Kap02*[4] ein und schicken ihn durch Drücken der **Enter**-Taste ab.

Tabelle 1.1 cd-Befehle der Konsole

cd-Befehl	Beschreibung
E:	Wechsel zum Laufwerk *E:*
cd ..	Wechsel in das übergeordnete Verzeichnis
cd Verzeichnis	Wechsel in das angegebene untergeordnete Verzeichnis
cd C:/Projekte/Verzeichnis	Wechsel in das angegebene Verzeichnis

Ihr Desktop sollte nun ungefähr wie in Bild 1.3 aussehen.

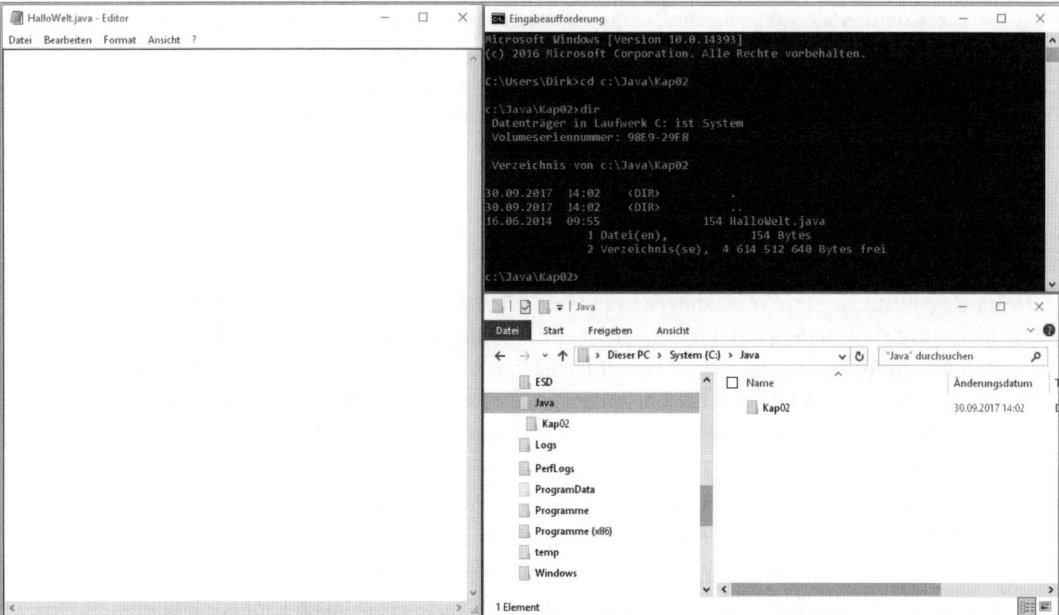

Bild 1.3 Desktop mit Editor, Konsole und Explorer (unter Windows 7)

Im Editor setzen Sie Ihren Quelltexte auf. Den fertig bearbeiteten Quelltext speichern Sie im zugehörigen Programmverzeichnis.

Nach dem Speichern wechseln Sie in die Konsole, von wo aus Sie das Programm kompilieren und ausführen (die entsprechenden Befehle werden Sie gleich im nächsten Kapitel kennenlernen).

---

[4] Achtung: Falls Sie die Datei auf einer anderen Partition der Festplatte abgespeichert haben als die Windows-Standardpartition *C:* (z. B. *D:*), dann müssen Sie vor dem *cd*-Befehl erst die richtige Partition anwählen, z. B. durch *d:* Enter und dann erst *cd D:\Java\Kap02*!

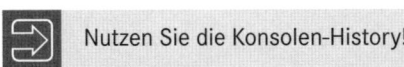

Nutzen Sie die Konsolen-History!

Treten bei der Kompilierung Fehler auf, korrigieren Sie die entsprechenden Zeilen im Quelltext, speichern, wechseln zur Konsole und kompilieren erneut. Die Konsolenbefehle müssen Sie dazu nicht noch einmal neu eingeben. Die Konsole merkt sich alle bereits abgeschickten Befehle in ihrer History, die Sie mithilfe der Pfeiltasten durchgehen können.

Damit sind Sie gerüstet und das Abenteuer kann beginnen!

Integrierte Entwicklungsumgebungen

Die Arbeit mit dem JDK ist wegen der vielen, nur von der Konsole aus zu bedienenden Programme etwas unhandlich. Viele Programmierer greifen daher zu integrierten Entwicklungsumgebungen, deren grafische Benutzeroberfläche den Komfort eines übergeordneten Bedienpults bietet, von dem aus sämtliche Programmierarbeiten bequem erledigt werden können. Die meisten integrierten Entwicklungsumgebungen warten daher nicht nur mit Menübefehlen zum Kompilieren und Ausführen der Programme auf, sondern auch mit

- integrierten Editoren, die speziell für die Erstellung von Quelltexten ausgelegt sind und den Programmierer mit Optionen wie Zeilennummerierung, Syntaxhervorhebung, automatischer Zeileneinzug, Codevervollständigung und Einblendung von Hilfetexten erfreuen,

- integriertem Debugger zum Aufspüren von Laufzeitfehlern,

- einer ausgeklügelten Projektverwaltung, die dem Programmierer dabei hilft, die Dateien seiner Programme (Quelltextdateien, kompilierte *.class*-Dateien, Ressourcen wie Bild- oder Sounddateien) übersichtlich zu verwalten,

- vorgefertigten Programmgerüsten und

- visueller Programmierung. (Betrifft vor allem die Erzeugung von Anwendungen mit grafischer Benutzeroberfläche (GUI). Die Fenster der Benutzeroberfläche können in einem grafischen Editor aufgebaut und bearbeitet werden, den zugehörigen Java-Code erzeugt die Entwicklungsumgebung automatisch.)

Grundsätzlich möchten wir Ihnen aber raten, anfangs auf den Einsatz einer integrierten Entwicklungsumgebung zu verzichten und rein mit dem JDK zu arbeiten. Gerade weil dem JDK der Komfort einer integrierten Entwicklungsumgebung und die Leichtigkeit und trügerische Sicherheit der visuellen Programmierung fehlt, halten wir ihn für den Einstieg ideal. Wir möchten, dass Sie erst einmal selbst lernen, wie man gute und sichere Programme schreibt, und sich nicht gleich von Anfang an auf eine Entwicklungsumgebung verlassen, die Ihnen zwar vieles abnimmt, aber auch vieles vor Ihnen verbirgt. Wir wollen nicht, dass Sie einfach aufs Geratewohl programmieren, Sie sollten auch verstanden haben, was Sie programmieren. Später können Sie dann jederzeit auf eine integrierte Entwicklungsumgebung umsteigen.

2 Der erste Kontakt

Bestimmt sind Sie schon ganz gespannt und wollen nun endlich wissen, wie man mit Java Programme schreiben kann. Wir werden uns daher auch nicht mehr mit langen Vorreden aufhalten, sondern gleich mit einem einfachen Beispiel beginnen – einer Java-Anwendung, die Sie mit einem freundlichen Hallo von der Konsole aus grüßt. Das Programm wird nur aus wenigen Zeilen Quelltext bestehen, aber diese werden es in sich haben. Sie sollten darüber jedoch nicht erschrecken und Sie brauchen sich auch nicht darum zu sorgen, wie es mit der Java-Programmierung weitergeht, wenn schon die einfachsten Programme so kompliziert und unverständlich sind. Das Problem, speziell für uns als Autoren, liegt darin, dass man in Java auch für die einfachsten Programme auf eine Reihe weit fortgeschrittener Konzepte vorgreifen muss. Versuchen wir einfach, aus der Not eine Tugend zu machen. Anstatt gleich alles bis ins Detail verstehen zu wollen, verschaffen wir uns erst einmal einen Überblick.

■ 2.1 Die erste Java-Anwendung

In vielen Lehrbüchern über Programmiersprachen beginnt man mit dem Erstellen eines kleinen Programms, das die Meldung „Hello World" auf den Bildschirm ausgibt. Wir wollen uns dieser Tradition anschließen und eine Anwendung erzeugen, die sich mit einem freudigen „Hallo Welt" meldet.

Und so sieht das Programm aus:

Listing 2.1 HalloWelt

```
// Dies ist die erste Anwendung

public class HalloWelt {
  public static void main (String[] args) {
    System.out.println("Hallo Welt!");
  }
}
```

Anwendungen erstellen und ausführen

Um diese – und jede andere – Anwendung auf Ihrem Computer zu erstellen und auszuführen, gehen Sie folgendermaßen vor:

1. *Öffnen Sie Ihren Texteditor.*

   Rufen Sie einen beliebigen Texteditor auf, mit dem Sie Ihren Quellcode als reinen Text (ASCII oder ANSI, kein Unicode) abspeichern können.

2. *Geben Sie den Java-Quelltext ein.*

   Legen Sie in Ihrem Editor eine neue Datei an, tippen Sie obigen Quelltext ein und speichern Sie die Datei unter dem Namen *HalloWelt.java*.

   Wichtig ist dabei, dass die Quelltextdatei exakt den gleichen Namen trägt wie die in dem Quelltext definierte `public`-Klasse (hier also `HalloWelt`), wobei auch die Groß- und Kleinschreibung zu beachten ist.

   Weiterhin wichtig ist, dass die Datei die Dateiendung *.java* trägt und der Editor nicht eigenmächtig eine eigene Dateiendung anhängt (vgl. Anmerkung zu Notepad in Schritt 5 von Abschnitt 1.6 „Einrichtung einer eigenen Entwicklungsumgebung").

 Achtung!

Zu Anfang sollten Sie die Quelltexte bitte nicht aus der Beispielsammlung (siehe Anhang F) kopieren, sondern die Texte wirklich selbst eintippen. Es werden sich dabei zwar manche Tippfehler einschleichen, doch aus der Beseitigung dieser Fehler lernen Sie! Greifen Sie auf die Quelltexte der Beispielsammlung nur als letzte Referenz zurück, wenn Sie Ihre Programme gar nicht zum Laufen bringen.

---

3. *Kompilieren Sie den Quelltext.*

   Falls Sie es nicht bereits bei der Lektüre von Abschnitt 1.6 „Einrichtung einer eigenen Entwicklungsumgebung" getan haben, öffnen Sie jetzt ein Konsolenfenster und wechseln Sie in das Verzeichnis Ihrer Java-Quelltextdatei. Von dort rufen Sie den Java-Compiler *javac* auf und übergeben ihm die zu kompilierende Quelltextdatei:

   Prompt:> *javac HalloWelt.java* **Enter**

   Dieser Aufruf erzeugt eine ausführbare Bytecode-Datei mit dem Namen der übergebenen Quelltextdatei, allerdings mit der Endung *.class* – in unserem Beispiel also *HalloWelt.class*.

   Sollten Sie beim Abschicken des Befehls eine Meldung in der Form *„Befehl oder Dateiname nicht gefunden"* erhalten, ist Ihr System nicht so eingerichtet, dass Sie die Java-Entwicklungsprogramme aus jedem beliebigen Verzeichnis aufrufen können. Sie müssen dann dem Programmnamen *javac* den vollständigen Pfad voranstellen, der zu dem Programm führt. Wenn Sie beispielsweise Java im Verzeichnis *C:\Program Files\Java\jdk-9* installiert haben, würde der Aufruf *C:\Program Files\Java\jdk-9\bin\javac* lauten. Bequemer ist es, wenn Sie den Pfad zu den Java-Entwicklungsprogrammen in Ihren Systempfad eintragen (siehe Anhang B „Installation des JDK").

4. *Lassen Sie die fertige Anwendung ausführen.*

Dazu rufen Sie den Java-Interpreter (*java*) auf und übergeben diesem als Parameter den Namen Ihrer kompilierten Bytecode-Datei, aber ohne die Endung *.class*, d. h., in der Konsole wird eingegeben:

Prompt:> *java HalloWelt***Enter**

Sollten Sie daraufhin eine Fehlermeldung der Form *„Exception in thread „main" java.lang. NoClassDefFoundError: HalloWelt"* erhalten, bedeutet dies, dass der Interpreter die gewünschte Java-Klasse nicht findet. Dies kann daran liegen, dass die *.class*-Datei nicht erzeugt wurde (kontrollieren Sie nach dem Kompilieren mithilfe des DOS-Befehls *dir*, ob die Datei *HalloWelt.class* im Verzeichnis angelegt wurde).

Möglich ist auch, dass Sie aus Versehen die Dateiendung *.class* angehängt oder den Klassennamen nicht exakt so eingegeben haben, wie er im Quelltext definiert ist (auf gleiche Groß- und Kleinschreibung achten).

Manchmal liegt es aber auch daran, dass irgendeines der auf Ihrem System installierten Programme die Java-Umgebungsvariable CLASSPATH so gesetzt hat, dass die *.class*-Dateien im aktuellen Verzeichnis nicht mehr gefunden werden. Dann müssen Sie die CLASSPATH-Variable bearbeiten und um den Platzhalter für das aktuelle Verzeichnis (**;.**) erweitern. Wie dies genau geht, ist im Anhang B beschrieben.

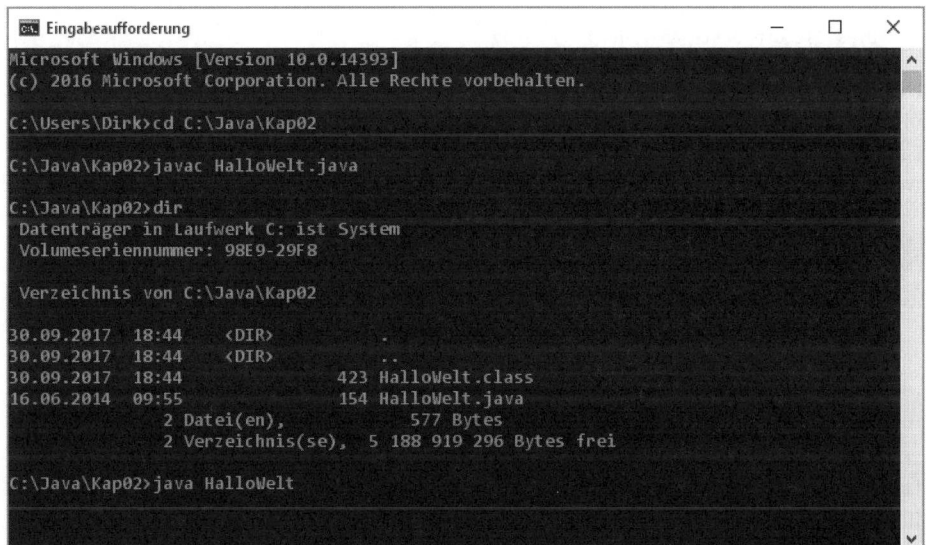

Bild 2.1 Kompilation und Ausführung der Anwendung HalloWelt im Verzeichnis C:\Java\Kap02

 Wie Sie Java-Anwendungen so aufbereiten, dass sie ohne explizite Übergabe an *java* ausgeführt werden können, lesen Sie in Kapitel 16.

Der Quelltext der Anwendung

```
01 // Dies ist die erste Anwendung
02
03 public class HalloWelt {
04   public static void main (String[] args) {
05     System.out.println("Hallo Welt!");
06   }
07 }
```

 Achtung!

Die Zeilennummern sind nicht Teil des Listings! Sie sollen Ihnen lediglich helfen, die besprochenen Codestellen leichter zu finden.

Analyse:

Gehen wir nun den Quelltext des Programms durch. Dabei sollte es uns nicht darum gehen, alle syntaktischen Elemente von Java auf einmal verstehen zu wollen. Wichtiger ist es zu verstehen, wie das Grundgerüst einer Java-Anwendung aussieht und woran der Compiler eine Java-Anwendung erkennt.

```
// Dies ist die erste Anwendung
```

Die erste Zeile des Quelltextes ist ein Kommentar. Eingeleitet wird der Kommentar durch die doppelten Schrägstriche //, die dem Compiler mitteilen, dass der Rest der Zeile nur als Gedächtnisstütze für den Programmierer gedacht ist und bei der Übersetzung ignoriert werden kann.

 Mehrzeilige Kommentare können Sie mithilfe der „Klammern" /* und */ einfügen:

```
/* Dies ist
alles ein
Kommentar */
```

Unter dem Kommentar wird es dann schon recht kryptisch. Springen wir gleich in die fünfte Zeile, in der wir den Text wiedererkennen, den die Anwendung ausgeben soll:

```
System.out.println("Hallo Welt!");
```

Damit der Compiler erkennt, dass es sich bei „Hallo Welt!" um einen einfachen Text und nicht etwa um einen Programmierbefehl handelt, wird der Text in Anführungszeichen gesetzt. Woher aber weiß das Programm, was es mit diesem Text zu tun hat? Dazu bedarf es spezieller Anweisungen, die den Text auf Ihrem Bildschirm ausgeben, die Sie glücklicherweise aber nicht selbst zu implementieren haben. Es gibt schon eine vordefinierte Folge von Anweisungen, die als sogenannte Methode unter dem Namen println() zum Standardumfang von Java gehört. Um einen Text auszugeben, brauchen Sie diesen also lediglich der

Methode `println()` zu übergeben, wozu Sie den Text in Anführungszeichen zwischen die Klammern nach dem Methodennamen schreiben.

Wir sind damit auf ein ganz zentrales Konzept zur Modularisierung von Programmcode gestoßen.

Modularisierung durch Methoden

Grundsätzlich bestehen Programme aus Anweisungen – einzelnen Befehlen, die der Computer nacheinander ausführen soll (in den nächsten Kapiteln werden wir viele Beispiele für solche Anweisungen sehen). Man könnte nun ein Programm so aufsetzen, dass man die Befehle einfach in der Reihenfolge, in der sie abgearbeitet werden, untereinander aufschreibt (wie es früher in Basic der Fall war). Nun kehren aber bestimmte Aufgaben bei der Programmierung immer wieder, so zum Beispiel die Ausgabe von Text auf einen Bildschirm, die Berechnung von Sinuswerten, das Öffnen einer Datei und so weiter und so fort. Damit man nun nicht fortwährend das Rad neu erfinden muss, fasst man die Anweisungen zur Lösung eines solches Problems in einer Methode zusammen. Fortan muss man zur Ausgabe eines Textes nicht mehr die ganzen Anweisungen zur Textausgabe niederschreiben, sondern braucht nur noch die entsprechende Methode aufzurufen. Und da man den auszugebenden Text der Methode erst beim Aufruf übergibt, kann die Methode sogar beliebigen Text ausgeben (wie dies im Einzelnen funktioniert, werden wir in Abschnitt 4.2 klären).

 Merksatz

Methoden kapseln Quellcode und dienen der Lösung genau definierter Teilprobleme.

Glücklicherweise sind für die wichtigsten Probleme bereits entsprechende Methoden vorhanden – sie gehören zur Standardausstattung von Java (wie zum Beispiel `println()` für die Textausgabe). Die Frage ist nur: Wo findet man diese Methoden? Oder um die Frage zu verallgemeinern: Wie wird der Quellcode in Java-Programmen organisiert?

Methoden, Klassen, Pakete

In Java-Programmen dürfen Anweisungen (also der eigentliche Code, der vom Computer ausgeführt werden soll) nicht einfach irgendwo im Quelltext herumstehen. Vielmehr ist es so, dass Anweisungen nur innerhalb von Methodendefinitionen erlaubt sind.

Aber auch Methodendefinitionen dürfen nicht an beliebiger Stelle stehen. Methoden sind in Java nur als Elemente von Klassen erlaubt (in einigen anderen Programmiersprachen können Methoden auch allein außerhalb von Klassen definiert werden und man nennt sie dann zur Unterscheidung *Funktionen*).

Klassen dürfen dagegen an beliebiger Stelle im Quelltext definiert werden.

Merksatz

Um es also noch einmal in aller Deutlichkeit zu sagen: Java-Programme bestehen praktisch nur aus Klassendefinitionen. Diese Klassen definieren Variablen und Methoden und nur in diesen Methoden stehen die eigentlichen Anweisungen, die das Programm auszuführen hat.

Betrachten wir jetzt noch einmal den Aufbau unseres ersten Programms:

```
01 // Dies ist die erste Anwendung
02
03 public class HalloWelt {
04   public static void main (String[] args) {
05     System.out.println("Hallo Welt!");
06   }
07 }
```

Analyse:

In Zeile 3 definieren wir eine eigene Klasse namens HalloWelt. Beginn und Ende der Klassendefinition werden durch das geschweifte Klammernpaar gekennzeichnet. Die Angabe public ist ein sogenannter Modifizierer und legt fest, welche anderen Klassen auf HalloWelt zugreifen dürfen[1]. Innerhalb der Klasse HalloWelt definieren wir die Methode main() (Zeile 4 bis 6). Die Anweisungen, die zu der Methode gehören, werden wiederum in geschweifte Klammern gefasst. In unserem Fall ist die einzige Anweisung der Aufruf der Methode println().

Ähnlich wie man Methoden in Klassen organisiert (wobei alle Methoden einer Klasse üblicherweise einem gemeinsamen Aufgabengebiet angehören), kann man Klassen in sogenannten Paketen zusammenfassen. Mehr dazu erfahren Sie in Abschnitt 3.6 und am Ende von Abschnitt 4.2.

Die Java-Standardbibliothek

Es gibt schon viele fertige Klassen, die von Java über die Java-Standardbibliothek bereitgestellt werden (beispielsweise die Klasse System.) Eine tabellarische Übersicht der wichtigsten Pakete und Klassen aus der Standardbibliothek finden Sie in Anhang D. Die vollständige (englische) Referenz der Pakete und Klassen enthält die API-Dokumentation, die Sie im Internet finden (*http://docs.oracle. com/javase/9/docs/api/*).

Der eigentliche Code, die Anweisungen des Programms, ist also verteilt auf die Methoden des Programms. Und da eine Methode eine andere Methode aufrufen kann, ist es kein Problem, den Programmablauf zu steuern und von Methode zu Methode weiterzuführen. Mit welcher Methode wird nun aber begonnen? Welche Methode wird aufgerufen, wenn wir das Programm starten?

---

[1] Die Hauptklasse eines Programms, die die main()-Methode enthält, wird grundsätzlich als public deklariert.

Der Programmstart

Jede Java-Anwendung beginnt mit einer main()-Funktion, die folglich in jeder Java-Anwendung definiert werden muss. Genau dies geschieht in unserem kleinen Beispielprogramm.

```java
public class HalloWelt {
  public static void main (String[] args) {
    System.out.println("Hallo Welt!");
  }
}
```

Da Methoden nur innerhalb von Klassen definiert werden dürfen, müssen wir zuerst die Alibi-Klasse HalloWelt definieren. Diese enthält dann die Definition unserer main()-Methode. Und das war schon das ganze Programm.

Merksatz

Das Grundgerüst einer Java-Anwendung besteht aus einer Hauptklasse, in der die Methode main() definiert wird. Die Ausführung der Anwendung beginnt mit der ersten Anweisung im Funktionskörper von main(). Die Signatur der main()-Methode ist fest vorgegeben:

```java
public static void main (String[] args)
```

System.out.println() und das Problem der Umlaute

Bevor Sie es selbst herausfinden und dann enttäuscht sind, möchten wir es Ihnen lieber gleich beichten: Mit System.out.println() können Sie keine Umlaute wie ä, ö oder ß auf die Konsole ausgeben. Dafür müssten Sie eine Instanz der Klasse Console verwenden bzw. System.console().printf() aufrufen.

Dies jedoch nur als Hinweis und Vorgeschmack auf Kapitel 6, wo wir uns eingehender mit der Klasse Console und ihren Möglichkeiten beschäftigen werden. Im Moment jedoch, da eine Menge wichtiger Programmierkonzepte auf uns einströmen, wollen wir uns nicht weiter mit möglichen Ausgabetechniken belasten und begnügen uns daher mit der sehr einfach zu verwendenden System.out.println()-Methode.

Damit wäre der Einstieg in die Java-Programmierung geschafft. In den nächsten Kapiteln wird die Behandlung der syntaktischen Elemente von Java im Vordergrund stehen. Sie werden lernen, aus welchen Elementen Java-Programme aufgebaut sind und wie diese Elemente korrekt und sinnvoll eingesetzt werden. Danach sollten Sie in der Lage sein, beliebige Java-Programme lesen und verstehen zu können und eigene Java-Programme zur Lösung von Problemen aufzusetzen.

■ 2.2 Zusammenfassung

Das Grundgerüst einer Java-Anwendung besteht aus einer Hauptklasse, die als public class Klassenname deklariert wird, mit einer Methode public static void main (String[] args). Die Ausführung einer Java-Anwendung beginnt mit der ersten Anweisung in der main()-Methode.

■ 2.3 Fragen und Antworten

1. Wie hängen Quelltext, Bytecode und Maschinencode zusammen?

   Quelltext wird in Java-Syntax aufgesetzt und ist für den Computer unverständlich. Der Quelltext muss daher vom Compiler übersetzt werden. Der Java-Compiler erzeugt aus dem Quelltext binären Bytecode, der noch prozessorunspezifisch und daher gut portabel ist. Erst der Java-Interpreter erzeugt aus dem Bytecode prozessorspezifischen Maschinencode, der auf dem Computer ausgeführt werden kann.

2. Wozu braucht man einen Java-Compiler, wozu einen Java-Interpreter?

   Der Java-Compiler übersetzt Ihren Quelltext in prozessorunspezifischen Bytecode. Dieser kann mithilfe eines passenden Java-Interpreters auf einem Computer ausgeführt werden. Den Compiler benötigt man also für die Erstellung, den Interpreter für die Ausführung von Java-Programmen.

3. Eine Frage für C++-Programmierer: Wo ist der Linker versteckt?

   Im Interpreter.

■ 2.4 Übungen

1. Schreiben Sie eine eigene Anwendung, die folgenden Text ausgibt: „Hallo Welt. Hier ist <Ihr Name>".

2. Speichern Sie den Quelltext Ihrer Anwendung unter einem Namen, der nicht wie der Name Ihrer Hauptklasse lautet. Versuchen Sie, die Anwendung zu kompilieren (speichern Sie danach den Quelltext wieder unter dem Namen der Hauptklasse).

3

Von Daten, Operatoren und Objekten

Anscheinend haben Sie dieses Buch nach dem vorangehenden Kapitel doch nicht in den Altpapiercontainer geworfen und das ist auch gut so. Denn der schwierigste, weil verwirrendste Teil liegt bereits hinter uns! Der erste Kontakt mit einer Programmiersprache ist nicht gerade leicht – und wenn dies schon für Sprachen wie Basic oder C gilt, so ist es erst recht wahr für Java mit seinem konsequent objektorientierten Aufbau. Viele unbekannte Konzepte, seltsame Schreibweisen und Begriffe prasseln da auf den Anfänger ein und die nagende Frage taucht auf: Soll ich mir das antun?

„Der Zweifel ist's, der Gutes böse macht!" (*Goethe, Iphigenie auf Tauris*)

Halten Sie also noch ein bisschen durch, ab diesem Kapitel wird alles leichter. Fortan werden wir systematisch an die Sache herangehen, wir werden uns die aufregende Welt der Java-Programmierung Stück für Stück erobern und unserer eigenen Kreativität als Programmierer Tür und Tor öffnen.

■ 3.1 Variablen und Anweisungen

Die Aufgabe eines jeden Computerprogramms ist die Verarbeitung von irgendwelchen Informationen, die im Computerjargon meist Daten genannt werden. Das können Zahlen sein, aber auch Buchstaben, ganze Texte oder Bilder und Zeichnungen. Dem Rechner ist diese Unterscheidung gleich, da er letztlich alle Daten in Form von endlosen Zahlenkolonnen in Binärdarstellung (nur Nullen und Einsen) verarbeitet.

Zahlensysteme

Erinnern Sie sich noch, als in der Schule die verschiedenen Zahlensysteme durchgenommen wurden: das uns so vertraute aus Indien stammende Zehnersystem, das babylonische Sexagesimalsystem und das künstlich anmutende Dual- oder *Binärsystem*? Ich für meinen Teil fand es ebenso interessant zu erfahren, dass die Einteilung unserer Stunden in 60 statt 100 Minuten auf die Babylonier zurückgeht, wie es mich langweilte, Zahlen ins Dualsystem umzurechnen und als Folge von Nullen und Einsen darzustellen. Wer ist denn so dumm, freiwillig mit Binärzahlen zu rechnen? Nun, ich wünschte, meine Lehrer hätten mich gewarnt, aber vermutlich wussten die Lehrer damals selbst noch nicht, was man alles mit Binärzahlen anfangen kann (vielleicht haben die Lehrer uns ja auch gewarnt und wir haben es nur verschlafen). Jedenfalls rechnen Computer nur im Binärsystem:

- zum einem, weil die beiden einzigen möglichen Werte 0 und 1 sich gut mit elektronischen Signalen darstellen lassen (Strom an, Strom aus),
- zum anderen, weil es sich im Binärsystem sehr leicht rechnen lässt, vorausgesetzt man stößt sich nicht an der kryptischen Darstellung der Zahlen.

Damit wären wir wieder beim eigentlichen Thema. Für den Computer sind also sämtliche Daten (nicht nur die Zahlen) Folgen von Nullen und Einsen, weil er diese am schnellsten und einfachsten verarbeiten kann. Wie diese Daten und die Ergebnisse seiner Berechnungen zu interpretieren sind, ist dabei nicht sein Problem – es ist unser Problem.

Datentypen machen das Leben leichter

Stellen Sie sich vor, wir schreiben das Jahr 1960 und Sie sind stolzer Besitzer einer Rechenmaschine, die Zahlen und Text verarbeiten kann. Beides allerdings in Binärformat. Um Ihre Freunde zu beeindrucken, lassen Sie den „Computer" eine kleine Subtraktion berechnen, sagen wir:

```
8754 – 398 = ?
```

Zuerst rechnen Sie die beiden Zahlen durch fortgesetzte Division durch 2 ins Binärsystem um (wobei die nicht teilbaren Reste der aufeinanderfolgenden Divisionen, von rechts nach links geschrieben, die gewünschte Binärzahl ergeben).

```
10001000110010 – 110001110 = ?
```

Die Binärzahlen stanzen Sie sodann als Lochkarte und lassen diese von Ihrem Computer einlesen. Dann drücken Sie noch die Taste für Subtraktion und ohne Verzögerung erscheint das korrekte Ergebnis:

```
10000010100100
```

Zweifelsohne werden Ihre Freunde von dieser Maschine äußerst beeindruckt sein und ich selbst wünschte, ich hätte im Mathematikunterricht eine derartige praktische Hilfe gehabt. Trotzdem lässt sich nicht leugnen, dass die Interpretation der Binärzahlen etwas unhandlich ist, und zwar erst recht, wenn man neben einfachen ganzen Zahlen auch Fließkommazahlen, Texte und Bitmaps im Binärformat speichert.

Für die Anwender von Computern ist dies natürlich nicht zumutbar und die Computerrevolution – die vierte der großen Revolutionen (nach der Glorious Revolution, England 1688, der französischen Revolution von 1789 und der Oktoberrevolution, 1917 in Russland) – hätte nicht stattgefunden, hätte man nicht einen Ausweg gefunden. Dieser bestand nun einfach darin, es der Software – dem laufenden Programm – zu überlassen, die vom Anwender eingegebenen Daten (seien es Zahlen, Text, Bitmaps etc.) in Binärformat umzuwandeln und umgekehrt die auszugebenden Daten wieder vom Binärformat in eine leicht lesbare Form zu verwandeln.

„Gemeinheit", höre ich Sie aufbegehren, „da wurde das Problem ja nur vom Anwender auf den Programmierer abgewälzt." Ganz so schlimm ist es nicht. Der Java-Compiler nimmt uns hier das Gröbste ab. Alles, was wir zu tun haben, ist, dem Compiler anzugeben, mit welchen Daten wir arbeiten möchten und welchem Datentyp diese Daten angehören (sprich, ob es sich um Zahlen, Text oder Sonstiges handelt).

Schauen wir uns gleich mal ein Beispiel an:

```java
public class ErstesBeispiel {
  public static void main(String[] args) {
    int ersteZahl;
    int zweiteZahl;
    int ergebnis;

    ersteZahl = 8754;
    zweiteZahl = 398;
    System.out.println(" 1. Zahl   = " + ersteZahl);
    System.out.println(" 2. Zahl   = " + zweiteZahl);
  }
}
```

Das Grundgerüst, das bereits in Abschnitt 2.1 vorgestellt wurde, übernehmen wir einfach wie gehabt. Wenden wir unsere Aufmerksamkeit gleich den Vorgängen in der main()-Funktion zu.

Dort werden zuerst die für die Berechnung benötigten Variablen deklariert.

Variablen

Die Variablen eines Programms sind nicht mit den Variablen mathematischer Berechnungen gleichzusetzen. *Variablen* bezeichnen Speicherbereiche im RAM (Arbeitsspeicher), in denen ein Programm Werte ablegen kann. Um also mit Daten arbeiten zu können, müssen Sie zuerst eine Variable für diese Daten deklarieren. Der Compiler sorgt dann dafür, dass bei Ausführung des Programms Arbeitsspeicher für die Variable reserviert wird. Für den Compiler ist der Variablenname einfach ein Verweis auf den Anfang eines Speicherbereichs. Als Programmierer identifiziert man eine Variable mehr mit dem Wert, der gerade in dem zugehörigen Speicherbereich abgelegt ist.

Bei der *Deklaration* geben Sie nicht nur den Namen der Variablen an, sondern auch deren Datentyp. Dieser Datentyp gibt dem Compiler an, wie der Inhalt des Speicherbereichs der Variablen zu interpretieren ist. Im obigen Beispiel benutzen wir nur den Datentyp int, der für einfache Ganzzahlen steht.

Merksatz

Zu jeder Variablendeklaration gehört auch die Angabe eines *Datentyps*. Dieser gibt dem Compiler an, wie der Speicherinhalt der Variablen zu interpretieren ist.

```java
int ersteZahl;
```

Dank des Datentyps können wir der Variablen `ersteZahl` direkt eine Ganzzahl zuweisen und brauchen nicht wie im obigen Beispiel des Lochkartenrechners die Dezimalzahl in Binärcode umzurechnen:

```
ersteZahl = 8754;
```

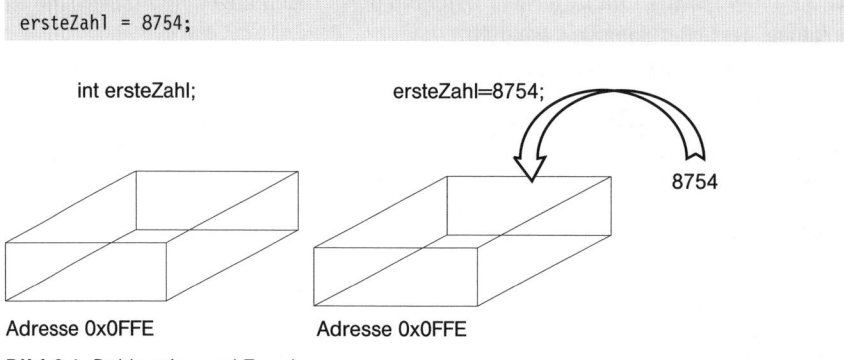

Bild 3.1 Deklaration und Zuweisung

Der „Wert" der Variablen

Wenn eine Variable einen Speicherbereich bezeichnet, dann ist der Wert einer Variablen der interpretierte Inhalt des Speicherbereichs. Im obigen Beispiel wäre der Wert der Variablen `ersteZahl` nach der Anweisung

```
ersteZahl = 8754;
```

also 8754. Wenn Sie der Variablen danach einen anderen Wert zuweisen würden, beispielsweise

```
ersteZahl = 5;
```

wäre der Wert in der Folge gleich 5.

 Achtung!

= bedeutet Zuweisung.

== bedeutet Vergleich.

Was die Variablen für den Programmierer aber so wertvoll macht, ist, dass er sich nicht mehr um die Speicherverwaltung zu kümmern braucht. Es ist zwar von Vorteil, wenn man weiß, dass hinter einer Variablen ein Speicherbereich steht, für die tägliche Programmierarbeit ist es aber meist nicht erforderlich. Wir sprechen nicht davon, dass wir mithilfe des Variablennamens einen eindeutig bezeichneten Platz im Arbeitsspeicher referenzieren und in diesen einen Wert schreiben, wir sagen einfach, dass wir der Variablen einen Wert zuweisen. Wir sprechen nicht davon, dass das interpretierte Bitmuster in dem Speicherbereich der `int`-Variablen `ersteZahl` gleich 5 ist, wir sagen einfach, `ersteZahl` ist gleich 5. Wir sprechen nicht davon, dass wir mithilfe des Variablennamens einen eindeutig bezeichneten

Platz im Arbeitsspeicher referenzieren und dessen Wert auslesen, wir sagen einfach, dass wir den Wert der Variablen auslesen.

Mit Variablen arbeiten

Fassen wir noch einmal die drei wichtigsten Schritte bei der Arbeit mit Variablen zusammen:

1. *Variablen müssen deklariert werden.* Die Deklaration teilt dem Compiler nicht nur mit, wie der Speicherbereich für die Variable eingerichtet werden soll, sie zeigt dem Compiler überhaupt erst an, dass es sich bei dem von Ihnen gewählten Namen um einen Variablennamen handelt.

2. *Variablen werden initialisiert.* Als Initialisierung bezeichnet man die anfängliche Zuweisung eines Werts an eine Variable. Die Initialisierung erfolgt meist im Zuge der Deklaration oder kurz danach, um zu verhindern, dass man den Wert einer Variablen ausliest, der zuvor kein vernünftiger Wert zugewiesen wurde.

3. *Variablen werden benutzt*, d. h., ihre Werte werden in Anweisungen ausgelesen oder neu gesetzt.

Listing 3.1 ErstesBeispiel.java

```java
public class ErstesBeispiel {
  public static void main(String[] args) {
    int ersteZahl;                      // Deklaration
    int zweiteZahl;
    int ergebnis;

    ersteZahl = 8754;                   // Initialisierung
    zweiteZahl = 398;

    ergebnis = ersteZahl - zweiteZahl;  // Verwendung
    System.out.println(" 8754 - 398  = " + ergebnis);
  }
}
```

Das Wunder der Deklaration

Zum Teufel mit diesen Wortspielen! Soll das jetzt bedeuten, dass die Deklaration einer Variablen ihrer Geburt gleichkommt?

Genau das!

Leser mit Vorkenntnissen in Sprachen wie C++ werden jetzt ins Grübeln kommen. Sollte man nicht zwischen *Deklaration und Definition* unterscheiden, und wenn ja, wäre dann nicht eher die Definition der Variablen mit ihrer Geburt zu vergleichen? Schon richtig, aber in Java wird nicht mehr zwischen Deklaration und Definition unterschieden.

In C++ bezeichnete man als Deklaration die Einführung des Variablennamens zusammen mit der Bekanntgabe des zugehörigen Datentyps. Die Reservierung des Speichers und die Verbindung des Speichers mit der Variablen erfolgten aber erst in einem zweiten Schritt, der sogenannten Definition. Allerdings ist die Unterscheidung etwas verschwommen, denn die Deklaration einfacher Variablen schließt auch in C++ meist deren Definition ein.

In Java schließlich ist die Variablendeklaration immer mit einer Speicherreservierung verbunden.

Jetzt wissen wir also, wozu Variablen deklariert werden, wir wissen, welche Vorgänge mit der Deklaration verbunden sind, und wir wissen, dass die Deklaration immer der Benutzung der Variablen vorangehen muss, da der Compiler ja sonst nichts mit dem Variablennamen anfangen kann. Was wir nicht wissen, ist, was es genau heißt, wenn wir so salopp sagen, „die Deklaration muss der Benutzung *vorangehen*". Um nicht schon wieder vorgreifen zu müssen, verweisen wir diesmal auf die weiter hinten folgenden Abschnitte 3.4, „Methoden von Klassen", und 5.3, „Dreierlei Variablen", wo wir diese Frage klären werden. Im Moment, da wir uns nur mit sogenannten lokalen Variablen beschäftigen, die innerhalb einer Methode deklariert werden (die anderen Variablentypen hängen mit der Definition von Klassen zusammen und werden später beschrieben), begnügen wir uns mit dem Hinweis, dass die Deklaration der Variablen vor, d. h. im Quelltext über, der Benutzung der Variablen stehen muss.

Die einfachen Datentypen

Nun aber wieder zurück zu Variablen und Datentypen. Außer dem Datentyp `int` für Ganzzahlen kennt Java noch eine Reihe weiterer einfacher Datentypen:

Tabelle 3.1 Einfache Datentypen

Datentyp	Beschreibung	Wertebereich
`boolean`	boolescher Wert (wahr, falsch)	`true`, `false`
`char`	Zeichen, Buchstabe	Unicode-Werte
`byte`	ganze Zahl	-128 bis +127
`short`	ganze Zahl	-32.768 bis 32.767
`Int`	ganze Zahl	-2.147.483.648 bis +2.147.483.647
`long`	ganze Zahl	-9.223.372.036.854.775.808 bis 9.223.372.036.854.775.807
`float`	Fließkommazahl	$-3,40282347 * 10^{38}$ bis $+3,40282347 * 10^{38}$
`double`	Fließkommazahl	$-1,7976931348623157 * 10^{308}$ bis $+1,7976931348623157 * 10^{308}$

In der Tabelle ist für `char`-Variablen der Unicode angegeben. Was sich recht unscheinbar anhört, ist eine bahnbrechende Neuerung! *Unicode* ist ein standardisierter Zeichensatz mit über 90 000 Zeichen, mit dem alle diversen Umlaute und Sonderzeichen aller gängigen Sprachen, ja sogar japanische und chinesische Schriftzeichen dargestellt werden können!

Wie Sie sehen, gibt es verschiedene Datentypen mit unterschiedlichen Wertebereichen. Um z. B. eine ganze Zahl abzuspeichern, haben Sie die Wahl zwischen `byte`, `short`, `int` und `long`! Die größeren Wertebereiche erkauft man sich mit einem höheren Speicherverbrauch. Eine `long`-Variable benötigt beispielsweise doppelt so viel Speicher wie eine `int`-Variable. Glücklicherweise ist Arbeitsspeicher kein allzu großes Problem mehr und viele Programmierer verwenden standardmäßig long für ganzzahlige Werte und double für Fließkommazahlen.

Achtung!

Der *Datentyp* legt also nicht nur fest, wie der Wert der Variablen zu interpretieren ist, er gibt auch an, wie groß der für die Variable bereitzustellende Speicherbereich sein muss.

Schauen wir uns einige Beispiele an:

```
int ganzeZahl;
double krummeZahl;
boolean ja, nein, oder_doch;
boolean Antwort;
short klein = -4;
char buchstabe;
char Ziffer;

ganzeZahl = 3444;
krummeZahl = 47.11;
buchstabe = 'Ü';
Ziffer = '4';
Antwort = true;
```

Wie Sie an den Beispielen sehen, kann man auch mehrere Variablen des gleichen Typs durch Komma getrennt auf einmal deklarieren und es ist sogar erlaubt, eine Variable direkt im Zuge ihrer Deklaration zu initialisieren, d. h. ihr einen ersten Wert zuzuweisen (siehe klein).

Das hört sich ganz so an, als sei der Java-Compiler, der Ihren Quelltext in binären Bytecode übersetzt, recht großzügig, was die verwendete Syntax angeht. Nun, dem ist keineswegs so.

Java für Pedanten

Auch wenn Ihnen die Syntax von Java einerseits viele Möglichkeiten offen lässt, ist sie andererseits doch recht starr vorgegeben und der Compiler wacht penibel darüber, dass Sie sich an die korrekte Syntax halten.

Wenn Sie es sich also nicht mit dem pedantischen Compiler verderben wollen, sollten Sie insbesondere auf folgende Punkte achten:

■ Alle *Anweisungen* (also Zuweisungen, Funktionsaufrufe und Deklarationen) müssen mit einem Semikolon abgeschlossen werden.

```
krummeZahl = 47.11;
```

Klein ist nicht gleich klein!

- Java unterscheidet streng zwischen *Groß- und Kleinschreibung*. Wenn Sie also eine Variable namens `krummeZahl` deklariert haben, dann müssen Sie auch `krummeZahl` schreiben, wenn Sie auf die Variable zugreifen wollen, und nicht `krummezahl`, `KrummeZahl` oder `KRUMMEZAHL`.

Und natürlich gibt es auch spezielle Regeln für die Auswahl von Bezeichnern (Namen von Variablen, Methoden, Klassen).

- *Bezeichner* können beliebig lang sein, müssen mit einem Buchstaben[1], '_' oder '$' beginnen und dürfen nicht identisch zu einem Schlüsselwort der Sprache sein.

Sie dürfen Ihre Variable also nicht `class` nennen, da dies ein reserviertes Schlüsselwort der Sprache ist. In Anhang C finden Sie eine Liste der reservierten Wörter.

 Nicht obligatorisch, aber allgemein üblich ist es, in Java Variablennamen grundsätzlich klein zu schreiben. In Namen, die aus mehreren Teilen zusammengesetzt sind, beginnt jeder Teil mit einem Großbuchstaben (die sogenannte *CamelCase*-Schreibweise). Der erste Buchstabe ist aber immer klein:

```
eineVariable, zahl, nochEineZahl, alter
```

Variablen versus Konstanten

Muss man wirklich erst erwähnen, dass man den Wert einer Variablen ändern kann, indem man ihr einen neuen Wert zuweist (d.h. einen neuen Wert in ihren Speicherbereich schreibt), während der Wert einer Konstanten unverändert bleibt? Wohl nicht. Interessanter ist es schon zu erfahren, wie man mit Konstanten arbeitet. Dazu gibt es zwei Möglichkeiten:

Erstens:

Sie tippen die Konstante direkt als Wert ein, man spricht dann von sogenannten *Literalen*.

```
krummeZahl = 47.11;                    // Zuweisung eines Literals
krummeZahl = ganzeZahl + 47.11;
```

Da mit einem Literal kein Datentyp verbunden ist, muss der Compiler den Datentyp aus der Syntax des Literals ablesen:

Tabelle 3.2 Literale

Datentyp	Literal	
`boolean`	`true, false`	
`char`	`'c', 'Ü'`	// einfaches Zeichen
	`'\n', '\\',`	// Sonderzeichen
	`'\u1234'`	// Unicode-Codierung

---

[1]   Als „Buchstaben" gelten unter anderem auch die deutschen Umlaute. Wenn Sie also eine Variable **begrüßung** nennen wollen, brauchen Sie sie nicht wie in anderen Programmiersprachen als **begruessung** zu deklarieren, sondern können ruhig **begrüßung** schreiben. In Klassen- und Dateinamen sollten Sie allerdings keine Umlaute verwenden, da dies auf manchen Plattformen zu Schwierigkeiten bei der Kompilation führen kann.

Datentyp	Literal
String	"Dies ist ein String"
int	12, -128
	077 // oktal für 63
	0xFF1F // hexadezimal für 65311
	0b00010001 // binär für 17
	0b0001_0001 // binär mit eingefügtem
	// Unterstrich zur
	// besseren Lesbarkeit
long	12L, 1400000
float	12.4f, 10e-2f
double	47.11, 1e5

 Achtung!

Ab Java 7 kann man die Lesbarkeit von Zahlenliteralen durch das Einfügen von Unterstrichen verbessern, also z. B. 1_000_000 statt 1000000. Die Unterstriche dürfen aber nur **zwischen** die Ziffern gesetzt werden. ∎

Zweitens:

Sie deklarieren eine Variable mit dem Schlüsselwort final:

```
final double KRUMMEZAHL = 47.11;
final double PI = 3.141592654;
```

Der Wert einer solchen „konstanten Variablen" kann nach der Initialisierung (ersten Wertzuweisung) nicht mehr verändert werden.

 Konstante Variablen werden gemäß allgemeiner Konvention ganz in Großbuchstaben geschrieben. ∎

▓ 3.2 Operatoren

Nachdem wir nun gesehen haben, was Variablen sind und wie man sie definiert und ihnen einen Wert zuweist, sollten wir nun endlich auch damit beginnen, etwas Sinnvolles mit ihnen zu machen. Dazu dienen bei den bisher vorgestellten einfachen Datentypen vor allem die sogenannten Operatoren.

Listing 3.2 Operatoren.java

```java
public class Operatoren {
  public static void main(String[] args) {
    int x,y,z;
    int ergebnis_1,ergebnis_2;

    x = 1;
    y = 2;
    z = 3;

    ergebnis_1 = x + y * z;          // = 7
    ergebnis_2 = (5 - 3) * z;        // = 6
    System.out.println(ergebnis_1);
    System.out.println(ergebnis_2);

    x = x + z;                       // = 4
    System.out.println(x);
    x += z;                          // = 7
    System.out.println(x);
    x += 1;                          // = 8
    System.out.println(x);
    x++;                             // = 9
    System.out.println(x);
  }
}
```

Das sieht doch ziemlich vertraut aus, oder? Eigentlich genau so, wie man es von algebraischen Gleichungen her kennt. Aber achten Sie bitte auf die letzten Zeilen des Beispiels. Hier sehen wir seltsame Konstruktionen, die wir nun erklären wollen:

```java
x = x + z;
```

Diese Anweisung bewirkt, dass der Computer die aktuellen Werte von x und z zusammenaddiert und dann in x speichert, d. h., die Variable x enthält nach Ausführung dieser Zeile als neuen Wert die Summe aus ihrem alten Wert und z.

Da das Hinzuaddieren eines Werts zum Wert einer Variablen sehr häufig vorkommt, gibt es dafür eine Kurzschreibweise, nämlich:

```java
x += z;
```

Dies teilt dem Rechner mit, dass er zum Wert von x den Inhalt von z hinzuaddieren und das Ergebnis wieder in x speichern soll.

Sehr oft möchte man eine Variable hochzählen (*inkrementieren*). Java kennt auch hierfür einen speziellen Operator: ++.

```java
x++;
```

Diese Anweisung erhöht den Wert von x um 1. Äquivalente Anweisungen wären:

```java
x = x + 1;
```

oder

```java
x += 1;
```

Aber Programmierer sind schreibfaul und x++ sieht ja auch viel geheimnisvoller aus!

 Das oben Gesagte gilt gleichermaßen für die anderen Grundrechenarten (−, *, /) und das Dekrementieren von Variablen (−).

Die verschiedenen Operatoren

In Java gibt es natürlich noch andere Operatoren. Die wichtigsten sind:

Tabelle 3.3 Operatoren

Operator	Beschreibung	Beispiel
++, --	Inkrement, Dekrement	Erhöht oder erniedrigt den Wert einer Variablen um 1.
!	logisches NICHT	Negiert den Wahrheitswert einer Aussage (beispielsweise eines Vergleichs). Wird meist in Kontrollstrukturen (siehe Kapitel 4) verwendet.
*, /	Multiplikation, Division	Multiplikation und Division
%	Modulo-Division	Liefert den Rest einer ganzzahligen Division. 4 % 3 liefert z. B. 1.
−, +	Subtraktion, Addition	Subtraktion und Addition
<=, <, >, >=	Vergleich	Zum Vergleich zweier Werte. Die Operatoren liefern `true` oder `false` zurück.
==, !=	Vergleich (gleich ungleich)	Zum Vergleich auf Gleichheit oder Ungleichheit. Die Operatoren liefern `true` oder `false` zurück.
&&	logisches UND	Verknüpft zwei Aussagen. Liefert `true`, wenn beide Aussagen `true` sind. `if ( (x < 1) && (y > 1) )`
||	logisches ODER	Verknüpft zwei Aussagen. Liefert `true`, wenn eine der beiden Aussagen `true` ist. `if ( (x < 1) || (y > 1) )`
&	bitweises UND	UND-Verknüpfung der Binärpräsentation zweier Zahlen `var1 = 1; // ...0001` `var2 = 5; // ...0101` `var3 = var1 & var2; // ...0001`
|	bitweises ODER	ODER-Verknüpfung der Binärpräsentation zweier Zahlen `var1 = 1; // ...0001` `var2 = 5; // ...0101` `var3 = var1 | var2; // ...0101`

Die Reihenfolge in der Tabelle deutet die *Priorität* der Operatoren bei der Auswertung von Ausdrücken an. Beispielsweise sind * und / höher eingestuft als + und –, was genau der altbekannten Schulregel entspricht „Punktrechnung vor Strichrechnung".

 Ein *Ausdruck* ist eine Berechnung aus Variablen, Konstanten und Operatoren, die auf der rechten Seite einer Zuweisung steht.

Wenn man sich bei der Reihenfolge nicht ganz sicher ist oder eine bestimmte Reihenfolge der Auswertung erzwingen möchte, kann dies durch die Verwendung von Klammern erreicht werden. Aber auch wenn keine direkte Notwendigkeit zum Setzen von Klammern besteht, können Sie diese verwenden, um eine Berechnung besser lesbar zu machen.

```
z *= ((2*loop)/(2*loop-1)) * ((2*loop)/(2*loop+1));
```

■ 3.3 Typumwandlung

Damit wissen Sie schon fast alles, was ein guter Java-Programmierer über Variablen, Operatoren und einfache Datentypen (nennt man manchmal auch elementare, primitive oder built-in Datentypen) wissen muss.

Aber ein wichtiger Aspekt fehlt noch: Was passiert, wenn Ausdrücke mit verschiedenen Datentypen auftreten? Darf man Datentypen mischen? Die Antwort kommt von Radio Eriwan: Ja, aber ...

Automatische Typumwandlung

Schauen wir zunächst ein Code-Beispiel an.

```
public class Demo1 {
    public static void main(String[] args) {
        int x = 4711;
        double y;

        y = x;
        System.out.println(y);
    }
}
```

Die Variable y kann nur Fließkommazahlen (double) speichern, soll aber einen int-Wert zugewiesen bekommen. Ist diese Zuweisung erlaubt? Ja! Die Umformatierung des Integer-Werts 4711 in den Fließkommawert 4711.0 bereitet dem Compiler keine Mühen.

Doch nicht immer geht alles so glatt!

```
public class Demo2 {
  public static void main(String[] args)  {
    int x;
```

```
    double y = 3.14;

    x = y;
    System.out.println(x);
  }
}
```

In diesem Fall soll die Integer-Variable x einen Fließkommawert (double) aufnehmen. Ist diese Zuweisung erlaubt? Ja und nein! Wenn Sie obigen Code kompilieren, beschwert sich der Compiler, weil er eine Fließkommazahl in eine Integer-Variable quetschen soll, und dies ist meist mit Datenverlusten verbunden.

Mithilfe einer expliziten Typumwandlung können wir den Compiler aber zwingen, die gewünschte Umformatierung vorzunehmen.

Explizite Typumwandlung (Casting)

Um eine Typumwandlung zu erzwingen, die der Compiler nicht automatisch unterstützt, stellt man einfach dem zu konvertierenden Wert den gewünschten Datentyp in Klammern voran. Im Beispiel Demo2 würden wir also schreiben:

```
x = (int) y;
```

Aber man muss auf der Hut sein. Hier soll eine Bruchzahl in einen ganzzahligen Wert umgewandelt werden. Der Compiler behilft sich in diesem Fall einfach damit, dass er den Nachkommateil wegwirft und x den Wert 3 zuweist. Es gehen also Daten verloren bei der Umwandlung (Neudeutsch *cast*) von double zu int.

Bereichsüberschreitung

Manchmal merkt man auch gar nicht, dass man den falschen Typ verwendet hat. Dann kann auch der Compiler nicht mehr helfen.

```
public class Demo3 {
  public static void main(String[] args)  {
    int x,y;
    short z;

    x = 30000;
    y = 30000;

    z = (short) (x + y);
    System.out.println(z);
  }
}
```

Eine böse Falle! x + y ergibt 60.000 und das ist außerhalb des Wertebereichs von short! Das Ergebnis lautet in diesem Fall -5536.

Wie kommt dieses merkwürdige Ergebnis zustande?

Als Integer-Wert wird 60.000 als 32-Bit-Wert codiert:

```
0000 0000 0000 0000 1110 1010 0110 0000
```

Eine short-Variable verfügt aber nur über 16 Bit Arbeitsspeicher. Der Compiler schneidet bei der Typumwandlung also erst einmal die obersten 16 Bit weg. Übrig bleibt:

```
1110 1010 0110 0000
```

Dieses Bitmuster wird nun als short-Wert interpretiert. Das bedeutet, dass das oberste Bit zur Codierung des Vorzeichens und nur die fünfzehn unteren Bits zur Codierung des Werts benutzt werden.

```
110 1010 0110 0000 = 27232
```

Nun muss man noch wissen, dass der Compiler die negativen Zahlen von unten nach oben quasi rückwärts zählt, wobei die größte, nicht mehr darstellbare negative Zahl 32.768 ist.

-32.768 + 27.232 = -5536. Voilà, da haben wir unseren Wert.

Division

Im nächsten Versuch soll ein einfacher Bruch berechnet werden. So einfach und doch ein Stolperstein für viele Programmierer.

```java
public class Demo4 {
  public static void main(String[] args) {
    int x,y;
    double z1,z2;

    x = 3;
    y = 4;
    z1 = x / y;
    z2 = 3/4;
    System.out.println(z1);
    System.out.println(z2);
  }
}
```

Was glauben Sie, welche Werte z1 und z2 haben? Bestimmt nicht 0,75, wie man leichtfertig annehmen könnte. Beide sind 0! Wie kommt denn das?

Nun, denken Sie an die pedantische Vorgehensweise des Compilers. Er wertet die Ausdrücke Schritt für Schritt und streng nach Vorschrift aus.

Bei z1 = 3/4; wird zunächst die Division 3/4 ausgeführt. Da beide beteiligten Operanden ganzzahlig sind, wird nach einer „internen Dienstanweisung" auch das Ergebnis 0.75 in einen ganzzahligen Wert konvertiert, d. h., der Nachkommateil fällt weg und es bleibt eine Null übrig. Nun erst erfolgt die Zuweisung an die double-Variable z1. Pflichtbewusst wird daher die int-0 in eine double-0.0 konvertiert und an z1 zugewiesen. Analoges passiert bei z2 = x/y.

Was kann man nun tun, um das gewünschte Ergebnis zu erhalten?

Eine weitere „interne Dienstvorschrift" sagt dem Compiler, dass alle Operanden eines Ausdrucks den gleichen Datentyp haben müssen, und zwar den „größten", der auftaucht. Es reicht also, wenn wir einen Operanden explizit umwandeln lassen:

```
z1 = (double) x / y;
z2 = (double) 3/4;
```

Das Voranstellen des gewünschten Datentyps in Klammern veranlasst den Compiler, aus der ganzzahligen 3 eine double-3.0 zu machen. Dadurch greift beim nachfolgenden Auswerten der Division die besagte Regel, dass alle Operanden den größten auftretenden Typ haben müssen. Der Compiler castet daher auch die 4 zu 4.0 und wir haben eine reine double-Division 3.0 / 4.0 vorliegen. Das Ergebnis ist daher auch ein double-Wert und z1 und z2 erhalten beide den korrekten Wert 0.75.

 Bei Zahlenkonstanten wie 3/4 kann man auch gleich eine double-Zahl schreiben, also z1 = 3.0/4.0;.

Sie haben aber wohl schon gemerkt, dass man sehr leicht Fehler einbauen kann, besonders bei etwas größeren Programmen oder langen Formeln, die berechnet werden sollen. Daher unser Tipp:

Verwenden Sie nach Möglichkeit bei Berechnungen immer nur einen einzigen Datentyp, vorzugsweise double. Alle beteiligten Variablen sollten diesen Typ haben und auftretende Zahlenkonstanten immer in Dezimalschreibweise (also 47.0, 1.0 usw.) schreiben. Sie werden sich dadurch manche Fehlersuche ersparen!

◼ 3.4 Objekte und Klassen

Wie schon mehrfach angeklungen ist, existieren neben den beschriebenen elementaren Datentypen noch komplexere und das sind diese seltsamen Teile, die wir nun schon mehrere Male angetroffen, aber meist mehr oder weniger ignoriert haben: die Klassen.

Java für Philosophen

Bevor wir uns konkret anschauen, wie man eigene Klassen erstellt und bereits vordefinierte Klassen in seinen Programmen verwendet, wollen wir einen kurzen Blick auf die Philosophie werfen, die hinter dem Schlagwort *Objektorientierung* steckt, denn OOP (objektorientierte Programmierung) steht mehr für eine spezielle Sichtweise als eine ganz neue Programmiertechnik.

Zäumen wir das Pferd von hinten auf und stellen wir uns zunächst die Frage: Wie sieht denn die nicht objektorientierte Programmierung aus?

Nun, man definiert die notwendigen Variablen ähnlich wie in den kleinen Beispielen von vorhin und dann setzt man die Anweisungen auf, die mit diesen Variablen arbeiten. Fast alle Programmiersprachen bieten dabei die Möglichkeit, Anweisungen in sogenannten Funktionen zu bündeln und auszulagern. Der Programmierer hat dann die Möglichkeit, seinen Code in mehrere Funktionen aufzuteilen, die jede eine bestimmte Aufgabe erfüllen (beispielsweise das Einlesen von Daten aus einer Datei, die Berechnung einer mathematischen Funktion, die Ausgabe des Ergebnisses auf dem Bildschirm). Damit diese Funktionen zusammenarbeiten können, tauschen sie auf verschiedenen Wegen Variablen und Variablenwerte aus.

Bei diesem Modell haben wir auf der einen Seite die Daten (abgespeichert in Variablen) und auf der anderen Seite die Funktionen, die mit Daten arbeiten. Dabei sind beide Seiten prinzipiell vollkommen unabhängig voneinander. Welche Beziehung zwischen den einzelnen Funktionen einerseits und den Funktionen und den Daten andererseits besteht, wird erst klar, wenn man versucht nachzuvollziehen, wie die Funktionen bei Ausführung des Programms Daten austauschen.

Die Erfahrungen mit diesem Modell haben gezeigt, dass bei Programmprojekten, die etwas größer werden, sich sehr leicht Fehler einschleichen: Da verändert eine Funktion A nebenbei eine Variable, die später eine Funktion B an ganz anderer Stelle im Programm zum Absturz bringt. Die Fehlersuche dauert dann entsprechend lange, weil die Zusammenarbeit von Daten und Funktionen kaum nachzuvollziehen ist! Ferner tendieren solche Programme dazu, sehr chaotisch zu sein. Eine Wartung (Modifizierung, Erweiterung) zu einem späteren Zeitpunkt ist oft ein kühnes Unterfangen, vor allem, wenn es nicht mehr derselbe Programmierer ist, der nun verzweifelt zwischen Hunderten von Funktionen herumirrt und versucht, die Zusammenhänge und Wirkungsweise zu verstehen.

Schlaue Köpfe kamen daher auf die Idee, eine ganz andere Sichtweise anzunehmen und diese in der Programmiersprache umzusetzen. Ausgangspunkt war dabei die Vorstellung, dass bestimmte Daten und die Funktionen, die mit diesen Daten arbeiten, untrennbar zusammengehören. Eine solche Einheit von logisch zusammengehörigen Daten und Funktionen bildet ein **Objekt**. Abstrakt formuliert beschreiben die Daten (Variablen) dabei die Eigenschaften des Objekts und die Funktionen (die dann meist Methoden heißen) legen sein Verhalten fest. Der Datentyp, der die gleichzeitige Deklaration von Datenelementen und Methoden erlaubt, ist die Klasse, angezeigt durch das Schlüsselwort `class`.

Objekte und alte Datentypen

Im Grunde ist dies gar nicht so neu. Denken Sie nur an die einfachen Datentypen und die Operatoren. Stellen Sie sich eine `int`-Variable einfach als ein Objekt mit einem einzigen Datenelement, eben der `int`-Variablen, vor. Die Funktionen, die mit diesem Objekt verbunden sind, sind dann die Operatoren, die auf `int`-Variablen angewendet werden können (Addition, Subtraktion, Vergleiche etc.). Der Vorteil der Klassen liegt allerdings darin, dass in einem Datentyp mehrere Datenelemente vereinigt werden können und dass Sie in Form der Methoden der Klasse selbst festlegen können, welche Operationen auf den Variablen der Klasse erlaubt sind.

Klassen deklarieren

Der erste Schritt bei der objektorientierten Programmerstellung ist die Zerlegung des Problems in geeignete Objekte und die Festlegung der Eigenschaften und Verhaltensweisen, sprich der Datenelemente und der Methoden, die diese Objekte haben sollten. Dies ist z. T. sehr schwierig und braucht oft viel Erfahrung, damit durch sinnvolles Bestimmen der Programmobjekte auch die Vorteile der Objektorientiertheit zum Tragen kommen können!

Überlegen wir uns gleich mal eine kleine Aufgabe. Angenommen, Sie sollen für Ihre Firma ein Programm zur Verwaltung der Mitarbeiter schreiben. Wie könnte eine Aufteilung in Objekte aussehen? Welche Eigenschaften und Methoden sind erforderlich?

Das Schlüsselwort class

Eine naheliegende Lösung ist, die Mitarbeiter als die Objekte anzusehen. Schaffen wir uns also den Prototyp eines Mitarbeiters und implementieren wir diesen in Form der Klasse `Mitarbeiter`.

```
class Mitarbeiter {
}
```

 Unter Java-Programmierern ist es üblich, Klassennamen mit einem Großbuchstaben beginnen zu lassen, danach wird klein weiter geschrieben. In zusammengesetzten Namen beginnt jeder Teil mit einem Großbuchstaben.

Wir haben gerade eine Klasse kreiert! War doch gar nicht schwer, oder? Nun müssen wir unserer Klasse noch Eigenschaften und Methoden zuweisen.

Eigenschaften von Klassen

Was brauchen wir, um einen Mitarbeiter zu beschreiben? Na klar, einen Namen und Vornamen wird er wohl haben. Und ein Gehalt kriegt er fürs fleißige Werkeln. Erweitern wir also die Klasse um diese Eigenschaften in Form von geeigneten Variablen:

```
class Mitarbeiter {
  String m_name;
  String m_vorname;
  int    m_gehalt;
}
```

Langsam nimmt unsere Klasse – und damit die Mitarbeiter-Objekte, die wir aus ihr erzeugen werden – konkrete Formen an! Den Datentyp `int` kennen Sie ja schon. `String` ist kein einfacher Datentyp (daher haben wir ihn im vorherigen Abschnitt auch nicht kennengelernt), sondern ebenfalls ein Klassentyp, genau wie unsere Klasse `Mitarbeiter`. Im Gegensatz zu unserer Klasse ist `String` schon von anderen Leuten erstellt worden (genau gesagt von den Programmierern der Firma Sun) und wird jedem Java-Entwicklungspaket zusammen mit Hunderten anderer nützlicher Klassen mitgegeben.

 Strings = Zeichenketten

Aber auf diesen Punkt kommen wir in Kürze ausführlicher zu sprechen. Merken Sie sich im Moment, dass `String` eine Klasse ist und dazu dient, Zeichenfolgen (englisch „Strings") aufzunehmen und zu verarbeiten.

Diese Variablen, die innerhalb einer Klasse, aber außerhalb aller Methoden der Klasse deklariert werden, nennt man *Felder* oder *Membervariablen*. Alle Methoden der Klasse können auf diese Variablen zugreifen.

 Damit Sie schnell und sicher erkennen können, ob es sich bei einem Bezeichner um ein Feld oder eine lokal in einer Methode definierte Variable handelt, werden wir für alle Felder Namen verwenden, die mit m (für Membervariable[2]) beginnen. Später, wenn Sie etwas erfahrener in der objektorientierten Programmierung sind und eigene Programme schreiben, werden Sie auf dieses Präfix vermutlich verzichten.

Machen wir nun weiter mit dem Ausbau unserer eigenen Klasse. Nehmen wir an, dass Ihr Chef von Ihrem Programm erwartet, dass es folgende Dinge kann:

- die persönlichen Daten eines Mitarbeiters ausgeben,
- sein Gehalt erhöhen.

Sie scheinen einen netten Chef zu haben! Auf den Gedanken, das Gehalt zu senken, kommt er gar nicht. Lassen wir ihm keine Chance, es sich anders zu überlegen, und versuchen wir, seinen Anforderungen zu entsprechen.

Methoden von Klassen

Beachten Sie bitte, dass *persönliche Daten ausgeben* und *Gehalt erhöhen* Aktionen sind, die auf den Daten des Mitarbeiters operieren. Folglich werden diese als Methoden der Klasse Mitarbeiter implementiert:

```
class Mitarbeiter {
  String m_name;
  String m_vorname;
  int m_gehalt;

  Mitarbeiter(String name, String vorname,
              int gehalt) {
    m_name = name;
    m_vorname = vorname;
    m_gehalt = gehalt;
  }

  void datenAusgeben() {
    System.out.println("\n");
    System.out.println(" Name    : " + m_name);
    System.out.println(" Vorname : " + m_vorname);
    System.out.println(" Gehalt  : " + m_gehalt + " Euro");
  }

  void gehaltErhoehen(int erhoehung) {
    m_gehalt += erhoehung;
  }
} //Ende der Klassendeklaration
```

---

[2] Wir haben uns für das m als Präfix entschlossen, weil es im Schriftbild etwas unaufdringlicher ist als das f für Feld.

Die Klasse Mitarbeiter besitzt nun drei Methoden mit den Namen Mitarbeiter, daten-
Ausgeben und gehaltErhoehen.

Übung:

Bevor wir uns diese drei Methoden im Einzelnen anschauen, sollten wir uns überlegen, wie
eine Methodendeklaration im Allgemeinen auszusehen hat. Stellen Sie sich vor, dass Sie
selbst gerade dabei sind, eine Programmiersprache wie Java zu entwickeln, und stellen Sie
zusammen, was für die Deklaration einer Methode erforderlich ist.

Lösung:

1. Zuerst braucht die Methode einen Namen, damit sie später aufgerufen werden kann. Wie
   bei den Variablennamen verbirgt sich hinter dem Methodennamen eine Adresse. Diese
   weist bei den Methoden allerdings nicht auf einen Speicherbereich, in dem ein Wert abgelegt ist, sondern auf den Code der Methode. (Tatsächlich werden beim Aufruf eines Programms ja nicht nur die Daten in den Arbeitsspeicher kopiert, auch der Programmcode,
   die auszuführenden Maschinenbefehle, wird in den Speicher geladen.)

   Wird eine Methode aufgerufen, sorgt der Compiler dafür, dass der Code der Methode
   ausgeführt wird. Nach der Abarbeitung der Anweisungen der Methode wird das Programm hinter dem Aufruf der Methode weitergeführt. Damit hätten wir auch schon den
   zweiten wichtigen Bestandteil unserer Methodendeklaration:

2. Die Anweisungen, die bei Aufruf der Methode ausgeführt werden sollen. Denken Sie dabei daran, dass zusammengehörende Anweisungsblöcke in geschweifte Klammern
   gefasst werden.

3. Letztlich sollte der Compiler schnell erkennen können, dass ein Name eine Methode
   bezeichnet. Vereinbaren wir daher einfach, dass auf den Methodennamen zwei Klammern folgen sollen.

Unsere Methodendeklaration sieht damit folgendermaßen aus:

```
methodenName(){
    Anweisungen;
}
```

Mittlerweile haben wir die dritte Art von *Bezeichnern* (Namen, die der Programmierer einführt und per Deklaration dem Compiler bekanntgibt) kennengelernt.
Die erste Art von Bezeichnern waren die Variablennamen, die zweite Art von Bezeichnern stellen die Namen dar, die wir den selbst definierten Klassen geben,
und die dritte Art von Bezeichnern sind die Methodennamen.

Woher nimmt die Methode die Daten, mit denen sie arbeitet?

- Nun, zum einen ist eine Methode ja Bestandteil einer Klassendeklaration. Für die Methode
  bedeutet dies, dass sie auf alle *Felder* ihrer Klasse zugreifen kann. (Zur Erinnerung: Dies
  sind die Variablen, die innerhalb der Klasse, aber außerhalb jeder Methode deklariert
  sind.)

- Zum anderen kann eine Methode natürlich auch eigene, sogenannte *lokale Variablen* definieren. Von diesen haben wir in den vorangegangenen Abschnitten bereits eifrig

Gebrauch gemacht. Alle dort deklarierten Variablen waren lokale Variablen der Methode `main()`. Diese lokalen Variablen sind keine Klassenelemente, folglich können sie nicht in jeder beliebigen Methode der Klasse benutzt werden, sondern nur innerhalb der Methode, in der sie deklariert sind.

Was aber, wenn zwei Methoden unterschiedlicher Klassen Daten austauschen sollen?

4. Für den Austausch über Klassengrenzen hinweg sehen wir sogenannte Parameter vor. Dies sind Variablen, die innerhalb der Klammern der Methodendeklaration deklariert werden. Bei Aufruf der Methode werden diesen Parametern Werte übergeben (die sogenannten Argumente), die dann innerhalb der Methode wie lokale Variablen benutzt werden können.

5. Schließlich soll die Methode auch noch Daten nach außen exportieren. Zu diesem Zweck definiert jede Methode einen Rückgabewert, dessen Datentyp vor den Methodennamen gestellt wird. Später in Abschnitt 5.2 werden wir dann noch sehen, wie mithilfe des Schlüsselworts `return` dieser Rückgabewert an den Aufrufer der Methode zurückgeliefert wird.

Eine vollständige Methodendeklaration würde jetzt folgendem Schema folgen:

```
Rückgabetyp methodenName(Deklarationen_der_Parameter)  {
   lokaleVariablen;
   Anweisungen;
}
```

Schauen wir uns jetzt die beiden Methoden `datenAusgeben` und `gehaltErhoehen` aus unserem Beispiel an.

```
void datenAusgeben() {
   System.out.println("\n");
   System.out.println(" Name    : " + m_name);
   System.out.println(" Vorname : " + m_vorname);
   System.out.println(" Gehalt  : " + m_gehalt + " Euro");
}
```

Die leeren Klammern `()` besagen, dass keine Parameter übergeben werden. Das `void` zeigt an, dass auch kein Wert zurückgegeben wird. Die Methode `datenAusgeben()` erwartet also weder irgendwelche Parameter noch gibt sie beim Ausführen einen Wert zurück. Schauen wir nun in das Innere der Methode (also was zwischen dem Klammernpaar { } steht).

Dort finden wir wieder die Methode `System.out.println()`, die wir schon die ganze Zeit zur Ausgabe benutzen. Ihr können Sie als Parameter einen auszugebenden Text (eingeschlossen in Hochkommata) oder Variablen der einfachen Datentypen und der Klasse `String` übergeben, deren Inhalt ausgegeben werden soll.

Mehrere in einer Zeile auszugebende Texte und Variablen können Sie mithilfe des +-Operators verbinden.

Das Zeichen \n bewirkt bei der Ausgabe einen zusätzlichen Zeilenumbruch und dient hier nur zur optischen Verschönerung.

Gehen wir weiter zur Methode `gehaltErhoehen`.

```
void gehaltErhoehen(int erhoehung) {
    m_gehalt += erhoehung;
}
```

Das Schlüsselwort void gibt wiederum an, dass die Methode keinen Wert an die aufrufende Stelle zurückgibt. In den Klammern finden wir als Parameter eine int-Variable namens Erhoehung, die im Anweisungsteil zum aktuellen Gehalt addiert wird.

Konstruktoren von Klassen

Nun zu der Methode, die den gleichen Namen trägt wie die ganze Klasse:

```
Mitarbeiter(String name, String vorname, int gehalt) {
    m_name = name;
    m_vorname = vorname;
    m_gehalt = gehalt;
}
```

Dies ist eine ganz besondere Klassenfunktion, nämlich ein *Konstruktor*. Jede Klasse braucht einen oder sogar mehrere Konstruktoren, die beim Initialisieren der Variablen der Klasse behilflich sind. In unserem Fall übergeben wir die persönlichen Daten des Mitarbeiters an den Konstruktor, der sie den richtigen Variablen zuweist. Bitte beachten Sie, dass die Parameter anders heißen als die Felder (schließlich stellen die Parameter eigenständige Variablen dar und müssen daher auch eigene Namen haben).

 Merksatz

Jede Klasse braucht zumindest einen Konstruktor zur Initialisierung ihrer Felder. Wenn Sie selbst keinen solchen Konstruktor vorsehen, weist der Compiler der Klasse einen Ersatzkonstruktor zu. ∎

Damit ist die Mitarbeiter-Klasse fürs Erste vollendet! Das war doch nicht allzu schwer?! Nun wollen wir diese Klasse auch benutzen. Wir nehmen das Grundgerüst für ein Java-Programm, fügen die Klassendefinition von Mitarbeiter hinzu und erzeugen dann in der main()-Methode einige Instanzen unserer neuen Klassen.

 Bei der Namensgebung von Methoden[3] hat es sich eingebürgert, aktive Namen (mit Verben) zu wählen und sie mit Kleinbuchstaben beginnen zu lassen. Zusätzlich lässt man sinnvolle Teilwörter mit Großbuchstaben beginnen, z. B. leseKonfigurationsDaten(). ∎

---

[3] Für Konstruktoren hat man natürlich keine Wahl bei der Namensgebung, da hier der Klassenname genommen werden muss.

Instanzen

Moment mal, Instanzen? Was soll denn das sein? Denken Sie am besten an den Mitarbeiter aus der realen Welt, nachdem wir die Klasse `Mitarbeiter` modelliert haben. Die Klasse `Mitarbeiter` ist völlig abstrakt; eine Idee, eine Beschreibung, einfach nicht existent! Hugo Piepenbrink oder Erna Mustermann oder so ähnlich heißen die Menschen, die mit Ihnen zusammen in der Firma arbeiten! Sie sind die *Instanzen* des abstrakten Begriffs `Mitarbeiter`!

Anders ausgedrückt: Unsere Klasse `Mitarbeiter` stellt einen neuen Datentyp dar. Die „Werte" dieses Datentyps sind die Instanzen oder Objekte, die wir aus der Klasse erzeugen. Wie das geht, zeigt das folgende Beispiel.

 Instanzen, Felder, Variablen … die objektorientierte Terminologie kann schon recht verwirrend sein. In Abschnitt 5.3 „Dreierlei Variablen" werden wir daher die wichtigsten Begriffe noch einmal zusammenfassen und gegenüberstellen.

Mit Klassen programmieren

Kommen wir zurück zu unserer Klasse `Mitarbeiter` und schauen wir uns an, wie wir Instanzen dieser Klasse bilden und verwenden können.

Listing 3.3 MitarbeiterBeispiel.java

```java
class Mitarbeiter {
  String m_name;
  String m_vorname;
  int m_gehalt;

  Mitarbeiter(String name, String vorname,
              int gehalt) {
    m_name = name;
    m_vorname = vorname;
    m_gehalt = gehalt;
  }

  void datenAusgeben() {
    System.out.println("\n");
    System.out.println(" Name    : " + m_name);
    System.out.println(" Vorname : " + m_vorname);
    System.out.println(" Gehalt  : " + m_gehalt + " Euro");
  }

  void gehaltErhoehen(int erhoehung) {
    m_gehalt += erhoehung;
  }
}

public class MitarbeiterBeispiel {
  public static void main(String[] args) {
    // 2 neue Mitarbeiter instanzieren
    Mitarbeiter billy = new Mitarbeiter("Gates","Bill",3000);
    Mitarbeiter stevie = new Mitarbeiter("Jobs","Steve",3500);
```

```
    // Daten ausgeben
    billy.datenAusgeben();
    stevie.datenAusgeben();

    // Gehalt von a erhöhen
    billy.gehaltErhoehen(500);

    // Kontrolle
    billy.datenAusgeben();
    stevie.datenAusgeben();
  }
}
```

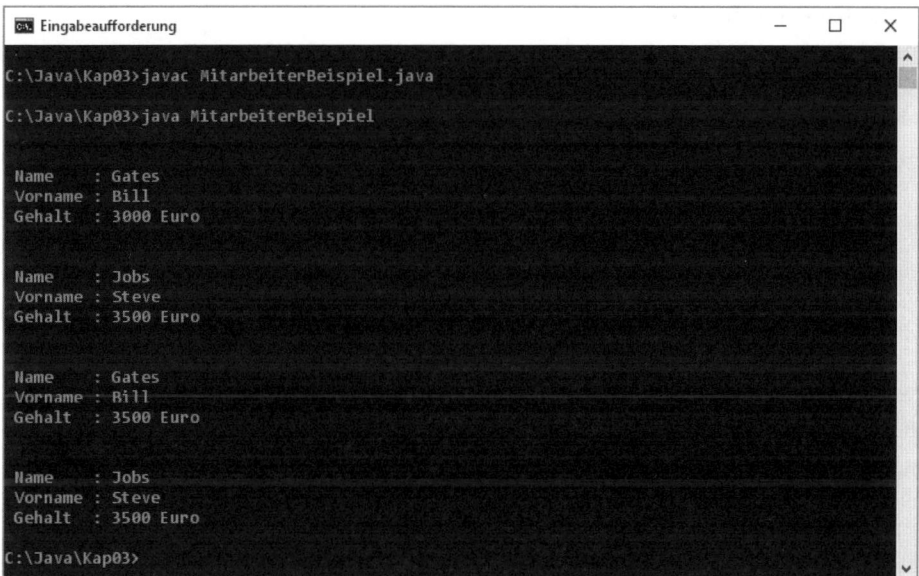

Bild 3.2 Ausgabe des Programms MitarbeiterBeispiel

Sie sollten das Beispiel in den Editor eingeben, kompilieren und ausführen. Denken Sie daran, dass die Datei den gleichen Namen wie die public-Klasse tragen muss, also in diesem Fall *MitarbeiterBeispiel.java*. Wenn die erste Begeisterung über das funktionierende Programm vorbei ist, können Sie sich wieder setzen und die nachfolgenden Erläuterungen lesen.

Instanzen werden mit new gebildet

Das meiste sollte Ihnen mittlerweile schon vertraut vorkommen. Spannend wird es in der main()-Funktion der Hauptklasse. Dort werden Instanzen der Klasse Mitarbeiter angelegt:

```
Mitarbeiter billy = new Mitarbeiter("Gates","Bill",3000);
```

Was macht der Compiler, wenn er diese Zeile antrifft? Nun, er legt eine neue Variable mit Namen `billy` an! Das sagt ihm die Seite links von dem Gleichheitszeichen. Die rechte Seite teilt ihm mit, dass er eine neue Instanz der Klasse `Mitarbeiter` erzeugen soll. Dazu wird mithilfe des Schlüsselworts `new` der Konstruktor der Klasse aufgerufen, der drei Parameter erwartet, die wir ihm ordnungsgemäß übergeben.

    Merksatz

Instanzen von Klassen müssen mit dem Operator new gebildet werden.

Instanzen sind Referenzen

Damit Sie später nicht den Durchblick verlieren, wollen wir an dieser Stelle etwas technischer werden, denn es besteht ein fundamentaler Unterschied zwischen den Variablenvereinbarungen

```
int billy = 4;
```

und

```
Mitarbeiter billy = new Mitarbeiter("Gates","Bill",3000);
```

Im ersten Fall wird eine `int`-Variable angelegt, d. h., der Compiler ordnet dem Namen `billy` einen bestimmten Speicherbereich zu. Gleichzeitig initialisieren wir die Variable mit dem Wert 4, wobei der Wert 4 direkt in dem Speicherbereich der Variablen abgelegt wird (siehe Bild 3.3).

Im zweiten Fall wird zwar ebenfalls eine Variable `billy` angelegt, aber in ihr wird nicht einfach ein Wert abgelegt. Stattdessen wird mithilfe des new-Operators der Konstruktor der Klasse `Mitarbeiter` aufgerufen. Dieser bildet eine Instanz der Klasse, die im Speicher angelegt wird – aber nicht in dem Speicherbereich, der für die Variable `billy` eingerichtet wurde. Tatsächlich existiert die Instanz ganz unabhängig irgendwo im Speicher. Bei der Zuweisung der Instanz an die Variable `billy` wird dann nicht etwa der Inhalt aus der Instanz in den Speicherbereich der Variablen `billy` kopiert. Nein, stattdessen wird in der Variablen `billy` die *Adresse* des Speicherbereichs der Instanz abgespeichert. Ist dies erst einmal geschehen, sprechen wir wieder einfach von der Instanz `billy` und sehen großzügig darüber hinweg, dass `billy` eigentlich nur eine Variable ist, die eine Speicherzelle bezeichnet, in der ein Verweis (eine *Referenz*) auf die eigentliche Instanz abgespeichert ist.

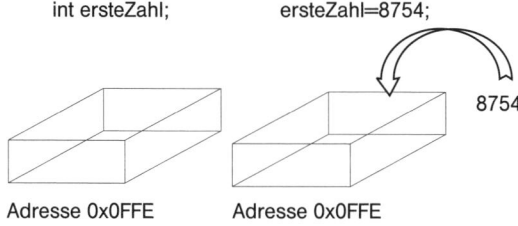

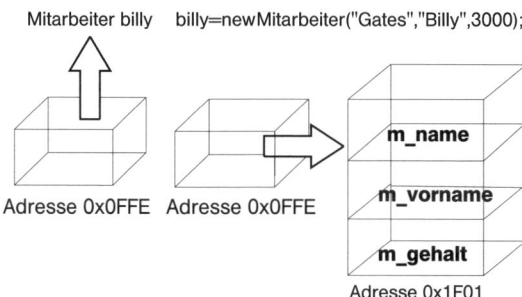

Bild 3.3 Instanzbildung

Noch deutlicher werden die Vorgänge, wenn wir die Instanzbildung in zwei Schritte zerlegen:

```
Mitarbeiter billy;
billy = new Mitarbeiter("Gates","Bill",3000);
```

Zuerst wird eine Variable vom Typ `Mitarbeiter` deklariert, die zu diesem Zeitpunkt noch keinen gültigen Wert besitzt. In der zweiten Zeile wird mit dem `new`-Operator eine neue Instanz kreiert und `billy` erhält dann den Verweis auf die Speicherzellen, wo die Instanz der Klasse zu finden ist.

Dies ist eine äquivalente Möglichkeit. Meistens werden Sie in Programmen die kompakte Variante sehen. Sie wissen ja, Programmierer sind schreibfaul und lieben das Kryptische ...

 Achtung!

Alle Variablen von Klassen sind Referenzen.

Gewöhnen Sie es sich an, Referenzen direkt mit einer Instanz zu verbinden (beispielsweise durch Aufruf des `new`-Operators oder durch Zuweisung eines Werts). Ansonsten kann es zu Fehlern kommen, wenn Sie Referenzen verwenden, die wahllos auf irgendeinen Speicherbereich und nicht auf eine konkrete Instanz verweisen.

Zugriff auf Instanzen

Wie erfolgt nun der Zugriff auf die Instanzen `billy` und `stevie`? Nehmen wir beispielsweise die Anweisung `billy.datenAusgeben()`. Man gibt einfach den Namen der Instanz an und den Namen der gewünschten Methode, verbunden durch einen besonderen Operator, den Punkt-Operator „.".

Verfügt die Methode über Parameter, werden diesen in der Klammer Argumente übergeben. Wichtig bei der Parameterübergabe ist vor allem die Reihenfolge. Sie muss identisch sein mit der Reihenfolge in der Definition der Methode. Der Konstruktor der Klasse Mitarbeiter muss also immer zuerst zwei Zeichenfolgen für die Namen erhalten und dann eine Zahl für das Gehalt.

■ 3.5 Arrays

Nun wäre es recht unpraktisch, wenn wir uns in dem Beispiel für jeden neuen Mitarbeiter, für den wir eine Instanz der Klasse Mitarbeiter anlegen, auch einen neuen Variablennamen ausdenken müssten. Wenn die Firma etwas größer ist, dann kommen wir schon in arge Bedrängnis. Aber glücklicherweise gibt es dafür eine Konstruktion, die man Array nennt. Am besten schauen wir uns gleich ein Beispiel für die Definition eines Arrays an:

```
int[] werte = new int[100];
```

Obige Deklaration erzeugt ein Array mit dem Namen werte und 100 Elementen, wobei als Elemente nur Integer-Werte erlaubt sind. Möchte man andere Werte in dem Array ablegen, tauscht man einfach den Datentyp int in der Deklaration gegen einen beliebigen anderen Datentyp oder eine Klasse aus:

```
int[] vektor = new int[3];
boolean[] optionen = new boolean[3400];
Mitarbeiter[] personalListe = new Mitarbeiter[4000];
double[][] matrix = new double[3][3];
```

Sicherlich ist Ihnen aufgefallen, dass der Operator [] bei der Array-Definition die entscheidende Rolle spielt; er gibt an, wie viele Elemente in das Array aufgenommen werden können. Mit seiner Hilfe können auch mehrdimensionale Arrays angelegt werden, die man sich als eindimensionale Arrays vorstellen kann, deren Elemente wiederum aus Arrays bestehen.

Der []-Operator wird aber nicht nur bei der Definition der Arrays, sondern auch zum Zugriff auf einzelne Elemente der Arrays verwendet: Man braucht lediglich in den eckigen Klammern anzugeben, auf das wievielte Element zugegriffen werden soll. Die Zahl in den Klammern nennt man daher auch Index und die Art des Zugriffs „indizierten Zugriff".

 Achtung!

Wenn Sie ein Array von zehn Elementen eines elementaren Datentyps deklarieren, beispielsweise int-Werte, dann sind in dem Array direkt zehn int-Werte enthalten (allerdings alle 0). Wenn Sie ein Array von zehn Objekten einer Klasse definieren, dann enthält das Array nur Null-Verweise (null-Referenzen). Sie müssen den einzelnen Array-Elementen erst Objekte der Klasse zuweisen.

```
vektor[0] = 4;
optionen[4] = false;
matrix[0][10] = 1.72;

// Objekte in Array ablegen
personalListe[0] = new Mitarbeiter("Schramm", "Herbert", 3500);
personalListe[1] = billy; // billy sei eine Mitarbeiter-Instanz

// Objekte in Array verwenden
personalListe[0].datenAusgeben();
personalListe[1].datenAusgeben();
```

Sie sehen, Arrays sind ganz einfach zu verwenden. Aber eine Regel müssen Sie sich besonders nachhaltig einprägen:

Das erste Element eines Arrays hat den Index 0 (in Worten NULL!). Diese seltsame Eigenschaft hat Java von der Programmiersprache C geerbt, wo sie schon Tausenden von Programmierern zahllose Stunden an Fehlersuche beschert hat.

Wieso? Der Grund liegt wohl in der menschlichen Psyche. Wenn Sie wie oben das Array personalListe mit 4000 Einträgen definiert haben, erfordert es geradezu übermenschliche Kräfte, um Ihrem Gehirn die fixe Idee auszutreiben, dass der Eintrag personalListe[4000] existiert. Da bei der Definition des Arrays aber die Anzahl an Elementen angegeben wird und der erste Eintrag bei 0 beginnt, ist das **falsch**. Das letzte gültige Element ist personalListe[3999].

Im Gegensatz zu anderen Programmiersprachen werden Sie bei Java immerhin während der Programmausführung darauf hingewiesen, dass ein Zugriff auf nicht legale Elemente eines Arrays stattfindet, und der Java-Interpreter bricht ab mit der Fehlermeldung ArrayIndexOutOfBoundsException.

 Achtung!

Das erste Element eines Arrays hat immer den Index 0.

Nun sind Sie auch gerüstet, um die main()-Funktion, die in jedem Programmbeispiel auftaucht, etwas besser zu verstehen:

```
public static void main(String[] args)
```

Wie Sie mittlerweile wissen, stehen in den runden Klammern die Parameter, die diese Funktion erwartet. String[] args bedeutet, dass main() ein Array von String-Objekten als Parameter erwartet. In Abschnitt 6.7 werden wir noch ein kleines Beispiel dazu sehen, wie man mithilfe von args Kommandozeilenargumente einliest und innerhalb des Programms verarbeitet.

Arrays sind Klasseninstanzen

Noch eine letzte Bemerkung zu Arrays: Jedes Array, das Sie anlegen, ist selbst automatisch eine Instanz der Klasse Array (auch so eine von den vielen schon mitgelieferten Klassen in Java, allerdings eine ganz besondere). Es gibt daher auch Methoden und Felder, auf die Sie zugreifen können (wenn man sie kennt!). Ein sehr nützliches Feld ist beispielsweise `length`, es liefert die Größe des Arrays zurück:

```
Mitarbeiter[] personalListe = new Mitarbeiter[100];
int anzahlElemente;
// ....

anzahlElemente = personalListe.length;

// Gibt die Größe aus, also 100
System.out.println("Array Größe ist " + anzahlElemente);
```

Nach diesem ersten intensiven Kontakt mit Klassen wenden wir uns im nächsten Kapitel wieder anderen Grundbestandteilen von Java zu (obwohl Klassen uns auch da begegnen werden), bevor Sie in Kapitel 5 in die Tiefen der objektorientierten Programmierung eintauchen!

■ 3.6 Vordefinierte Klassen und Pakete

Zum Schluss aber noch einige wichtige Informationen über die Klassen, die schon fix und fertig in Java integriert sind, wie die `String`-Klasse. Diese Klassen sind in logische Gruppen sortiert, die sich *Pakete* nennen. Im Java-Standard (den dieses Buch behandelt) gibt es Dutzende von Paketen mit weit über 1000 Klassen! Eine immense Zahl, nicht wahr? Alle werden wir im Laufe des Buchs nicht kennenlernen, aber die wichtigsten und nützlichsten. Danach werden Sie als alter Java-Hase kein Problem mehr haben, in der Java-API-Dokumentation unter *http://docs.oracle.com/javase/9/docs/api/* herumzustöbern und hilfreiche Klassen zu entdecken und in Ihre Programme einzubauen, evtl. sogar zu modifizieren. Ja, auch das geht (meistens jedenfalls)!

Was muss man tun, um solche fertigen Klassen in eigenen Programmen zu verwenden? Ganz einfach: Entweder man stellt überall im Quellcode dem Klassennamen den Paketpfad voran oder man *importiert* den Klassennamen und verwendet die Klasse danach einfach so, als hätte man sie selbst definiert.

Die `String`-Klasse befindet sich beispielsweise im Paket `java.lang`. In unser Programm importieren wir sie mithilfe der Anweisung:

```
import java.lang.String;
```

Meistens braucht man mehrere Klassen aus einem Paket. Anstatt nun jede einzelne Klasse explizit zu importieren, kann man auch alle Klassennamen aus dem Paket mithilfe des *-Symbols importieren:

```
import java.lang.*;
```

Bestimmt nagen im Moment an Ihnen die Zweifel, ob Sie das richtige Buch lesen. Wieso hat denn das Beispiel von vorhin geklappt? Da war weit und breit kein Import-Schnickschnack. Es geht wohl doch ohne! Was also soll das alles? Nun ja, es gibt ein Paket, das automatisch vom Compiler importiert wird, weil in ihm so viele wichtige und immer wieder benötigte Klassen sind, dass praktisch kein Programm ohne es auskäme. Und jetzt raten Sie mal, wie dieses Paket heißt! Genau. Aber für die anderen Pakete gilt das oben Gesagte. Sie müssen die Klassennamen explizit importieren oder sich die Mühe machen, die Klassennamen mit Paketpfad zu schreiben.

 Eine Frage der Eindeutigkeit

Welcher Sinn liegt darin, die Klasse in Pakete aufzuteilen? Stellen Sie sich vor, Sie arbeiten mit anderen Programmierern zusammen an einem größeren Objekt. Jeder bearbeitet einen kleinen Teilaspekt der Anwendung und definiert dafür seine eigene Klassen, die später zur Gesamtanwendung zusammengefasst werden. Gut möglich, dass dabei zwei Programmierer Klassen gleichen Namens, beispielsweise Vektor, definiert haben. Wie aber soll der Compiler beim Übersetzen des Gesamtprogramms dann wissen, welche Vektor-Klasse wann gemeint ist.

Sind die beiden Vektor-Klassen in unterschiedlichen Paketen definiert, können sie dagegen problemlos beide verwendet und durch die Paketpfade voneinander unterschieden werden:

```
// Vektor-Klasse des einen Programmierers
projekt.jim.Vektor v = new projekt.jim.Vektor();

// Vektor-Klasse des anderen Programmierers projekt.kurt.Vektor v = new
projekt.kurt.Vektor();
```

Oder es wird eine Vektor-Klasse importiert und die andere bei Bedarf über den Paketpfad referenziert:

```
import projekt.jim.Vektor;
...
Vektor v = Vektor();
projekt.kurt.Vektor v = new projekt.kurt.Vektor();
```

Das Einzige, was man nicht tun darf, ist, beide Klassennamen in ein gemeinsames Paket zu importieren (und dadurch die eindeutige Zuordnung wieder aufzuheben).

3.7 Zusammenfassung

Daten werden in Programmen durch Variablen repräsentiert. Jeder Variablen entspricht ein Speicherbereich, in dem der aktuelle Wert der Variablen abgelegt wird. Variablen müssen deklariert werden, um dem Compiler den Namen der Variablen bekanntzumachen. Bei der Deklaration der Variablen wird auch der Datentyp der Variablen angegeben, der festlegt, welche Werte die Variable aufnehmen kann und welche Operationen auf der Variablen durchgeführt werden können.

Klassen definieren Eigenschaften (Felder) und Verhaltensweisen (Methoden). Instanzen von Klassen werden mit dem Operator new und durch Aufruf des Konstruktors der Klasse gebildet.

Java-Programme sind Ansammlungen von Klassendefinitionen.

■ 3.8 Fragen und Antworten

1. Datentypen sind das A und O der Variablendeklaration. Zählen Sie die Schlüsselwörter auf, mit denen die verschiedenen Datentypen bei der Variablendeklaration spezifiziert werden.

   int, short, byte, long, char, boolean, float, double

2. Welche der folgenden Variablennamen sind nicht zulässig?

```
123
zähler
JW_Goethe
JR.Ewing
_intern
double
Liebe ist
```

Die folgenden Bezeichner sind nicht zulässig:

```
123         // Ziffer als erstes Zeichen
JR.Ewing    // Punkt in Namen
double      // reserviertes Schlüsselwort
Liebe ist   // Leerzeichen in Namen
```

3. Welche der folgenden Variablendeklarationen sind nicht zulässig?

```
int 123;
char c;
boolean option1, option2;
boolean option1 option2;
short y = 5;
short x = 5+1;
short x = y; // y wie oben
```

Die folgenden Deklarationen sind nicht zulässig:

```
int 123;                  // ungültiger Name
boolean option1 option2;  // fehlendes Komma
short x = y;              // x zuvor deklariert
```

4. Warum führt der folgende Code zu einem Compiler-Fehler?

```
long x;
x = 5;
long x;
x = 4;
```

Die Variable x wird zweimal definiert. Würde der Compiler diesen Anweisungen folgen, würde er für jede Definition einen Speicherbereich reservieren und mit dem Namen x verbinden. Die Variable x wäre dann mit zwei Speicherbereichen verbunden. Dies darf aber nicht sein – zwischen einer Variablen und ihrem Speicherbereich muss immer eine eindeutige Beziehung bestehen.

5. Die Division haben Sie in Abschnitt 3.3 kennengelernt. Erinnern Sie sich noch an den Unterschied zwischen 250/4 und 250.0/4?

250/4 ist eine Division von Ganzzahlen. Der Compiler liefert daher auch ein ganzzahliges Ergebnis zurück: 62. Im Falle von 250.0/4 wandelt der Compiler alle Werte in double-Fließkommazahlen um. Das Ergebnis lautet daher 62.5.

6. Warum rechnet der Computer mit Binärzahlen?

Computer sind elektronische Rechner, in denen Daten in Form von Spannungswerten verarbeitet werden. Einfacher als die Unterscheidung verschiedener Spannungswerte ist die Entscheidung, ob überhaupt Spannung vorhanden ist oder nicht. Ja oder Nein, Null oder Eins. Darum werden alle Daten binär codiert.

7. Was sind Klassen?

Klassen sind spezielle Datentypen, in denen verschiedene Variablen und Methoden zusammen deklariert werden können. In Java bestehen Programme praktisch nur aus der Definition von Klassen.

8. Welche Beziehung besteht zwischen einer Klasse und ihren Instanzen?

Klassen sind Datentypen, Instanzen sind „Werte" von Klassen.

9. Welches Paket muss nicht explizit importiert werden?

Das Paket java.lang braucht nicht explizit importiert zu werden.

■ 3.9 Übungen

1. Angenommen, Sie wollten einen Flugsimulator schreiben. Ihre Szenerie ist ganz einfach aufgebaut und besteht praktisch nur aus einem Untergrund und drei Wassertürmen, die umflogen werden sollen. Überlegen Sie sich, welche Klassen Sie für diesen Flugsimulator definieren müssen, welche Felder und Methoden benötigt werden und welche Instanzen Sie erzeugen müssen.

2. Angenommen, Sie haben von einem anderen Programmierer eine Klasse Auto mit den Feldern m_geschwindigkeit und m_benzinverbrauch sowie den Methoden anlassen(),

beschleunigen() und bremsen(). Sie wissen sonst nichts über die Implementierung der Klasse. Wie rufen Sie die Methode anlassen() auf?

3. Was passiert in obiger Aufgabe, wenn Sie die Methode bremsen() aufrufen, bevor Sie die Methoden anlassen() und beschleunigen() aufgerufen haben?

4 Programmfluss und Fehlererkennung mit Exceptions

In diesem Kapitel werden wir ein Thema aufgreifen, das im letzten Kapitel schon unterschwellig mit angeklungen ist, ohne dass wir jedoch etwas wirklich Konkretes dazu angemerkt hätten. Es geht um die Steuerung des Programmflusses. Hier kommen eine Reihe unterschiedlicher Konzepte zum Tragen, deren korrekter und sinnvoller Einsatz oftmals den Unterschied zwischen einem guten und einem schlechten Programm ausmacht.

■ 4.1 Die Axiomatik des Programmablaufs

Tragen wir zuerst einmal zusammen, was Sie schon über den Programmfluss wissen (oder zu wissen glauben).

1. Die Ausführung einer Anwendung beginnt mit der Methode main().

2. Die Anweisungen in der main()-Methode werden der Reihe nach von oben nach unten ausgeführt.

3. Trifft der Compiler dabei auf einen Methodenaufruf, springt die Ausführung in die erste Zeile dieser Methode. Sind alle Anweisungen der Methode abgearbeitet, kehrt die Programmausführung in die aufrufende Methode zurück und wird mit der auf den Methodenaufruf folgenden Zeile fortgesetzt.

4. Mit der letzten Anweisung der main()-Methode endet das Programm.

Sie denken jetzt, ein Programm besteht aus Anweisungen. Falsch gedacht!
Ein Java-Programm besteht nicht aus Anweisungen, sondern aus Deklarationen – um genau zu sein, aus Klassendeklarationen. Jede Klasse kann Felder und Methoden definieren und nur in diesen Methoden findet man die Anweisungen eines Programms (siehe Kapitel 2.1 und 3.4).

■ 4.2 Modularisierung durch Klassen und Methoden

Gäbe es nicht die Möglichkeit, dass eine Methode eine andere Methode aufruft, müssten Sie alle Anweisungen des Programms untereinander in die `main()`-Methode schreiben. Das klingt nicht so problematisch, solange die Programme klein sind, aber es wird zum Horror, wenn Sie beginnen, größere Programme zu schreiben.

Beginnen wir mit einem ganz einfachen Beispiel. Sie haben ein Sparkonto mit 15.000 EURO angelegt, die Ihnen die Bank mit 3,5 % verzinst. Jetzt brennen Sie natürlich darauf zu wissen, wie sich Ihr Geld in Windeseile von Jahr zu Jahr vermehrt. Gehen wir davon aus, dass Sie die jedes Jahr hinzukommenden Zinsen nicht abheben, sondern weiter verzinsen lassen, dann berechnet sich Ihr Guthaben nach n Jahren zu:

$$\text{Endkapital} = \text{Startkapital} * \left(1 + \frac{\text{Zinssatz}}{100}\right)^n$$

Lassen Sie uns also einmal ausrechnen, welcher Geldsegen sich in den folgenden sieben Jahren über Sie ergießt. Das zugehörige Programm sieht folgendermaßen aus:

Listing 4.1 Zinsen.java

```java
public class Zinsen {
  public static void main(String[] args) {
    double startkapital = 15000;
    double zinssatz = 3.5;
    double laufzeit;
    double endkapital;

    // Berechnung des Endkapitals
    System.out.println();
    endkapital = startkapital * Math.pow((1 + zinssatz/100),1);
    System.out.println(" Nach 1. Jahr: " + (int)endkapital + " Euro");

    endkapital = startkapital * Math.pow((1 + zinssatz/100),2);
    System.out.println(" Nach 2. Jahr: " + (int)endkapital + " Euro");

    endkapital = startkapital * Math.pow((1 + zinssatz/100),3);
    System.out.println(" Nach 3. Jahr: " + (int)endkapital + " Euro");

    endkapital = startkapital * Math.pow((1 + zinssatz/100),4);
    System.out.println(" Nach 4. Jahr: " + (int)endkapital + " Euro");

    endkapital = startkapital * Math.pow((1 + zinssatz/100),5);
    System.out.println(" Nach 5. Jahr: " + (int)endkapital + " Euro");

    endkapital = startkapital * Math.pow((1 + zinssatz/100),6);
    System.out.println(" Nach 6. Jahr: " + (int)endkapital + " Euro");

    endkapital = startkapital * Math.pow((1 + zinssatz/100),7);
    System.out.println(" Nach 7. Jahr: " + (int)endkapital + " Euro");
  }
}
```

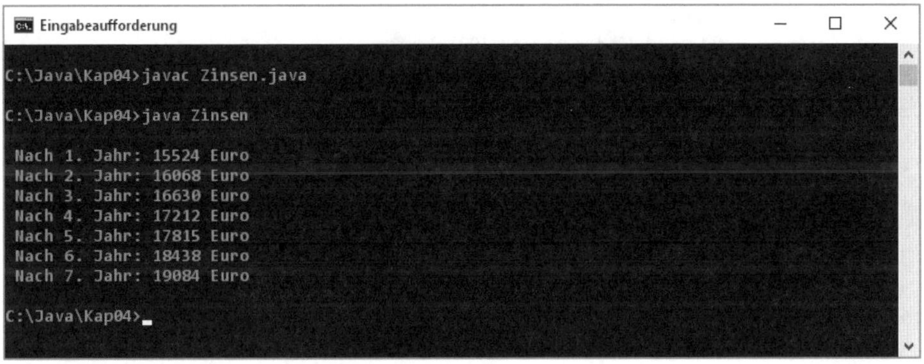

Bild 4.1 Ausgabe des Zinsen-Programms

Das Programm arbeitet ordnungsgemäß und doch stimmt etwas nicht damit. (Nein, es liegt nicht an der Formel, dass die Zinserträge so niedrig sind; dafür müssen Sie schon Ihre Bank verantwortlich machen.)

Das Problem ist der Quelltext. Jedem Programmierer, der etwas auf sich hält, wird beim Anblick dieses Programms das Herz stocken. Hier wird eine wiederkehrende Aufgabe (die Zinsberechnung) jedes Mal neu implementiert. Das macht das Programm äußerst unübersichtlich und erschwert das Debuggen, sprich das Ausmerzen von Fehlern. Wenn sich jetzt ein Fehler in die Formel eingeschlichen hätte, müssten Sie diesen sieben Mal korrigieren. In größeren Programmen hätten Sie vielleicht sogar noch das Problem, dass Sie gar nicht mehr wissen, wo überall in Ihrem Quelltext diese Formel auftaucht.

Teilprobleme in Methoden implementieren I

Die Lösung dieses Problems liegt aber auf der Hand. Öfter wiederkehrende Aufgaben werden in Form von Methoden implementiert. Und dies soll nun Ihre Übung sein.

Übung:

Schreiben Sie das obige Programm neu, wobei Sie die Zinsberechnung als eigene Methode implementieren und diese in der main()-Methode für die ersten sieben Jahre aufrufen. Große Schwierigkeiten sollte Ihnen dies nicht bereiten, da Sie die Berechnung fast unverändert übernehmen können. Lediglich die Laufzeit ändert sich bei jedem Aufruf der Methode und muss dieser daher als Parameter übergeben werden.

Lösung:

Wenn alles geklappt hat, könnte Ihr Programm jetzt ungefähr folgendermaßen aussehen.

Listing 4.2 Zinsberechnung.java

```java
public class Zinsberechnung {

  public static void zinsBerechnen(double laufzeit) {
    double startkapital = 15000;
    double zinssatz = 3.5;
    double endkapital;

    // Berechnung des Endkapitals
```

```
     endkapital = startkapital *
              Math.pow((1 + zinssatz/100),laufzeit);
     System.out.println(" Nach " + (int) laufzeit + ". Jahr: "
                      + (int) endkapital + " Euro");
   }

   public static void main(String[] args) {
     System.out.println();

     zinsBerechnen(1);
     zinsBerechnen(2);
     zinsBerechnen(3);
     zinsBerechnen(4);
     zinsBerechnen(5);
     zinsBerechnen(6);
     zinsBerechnen(7);
   }
}
```

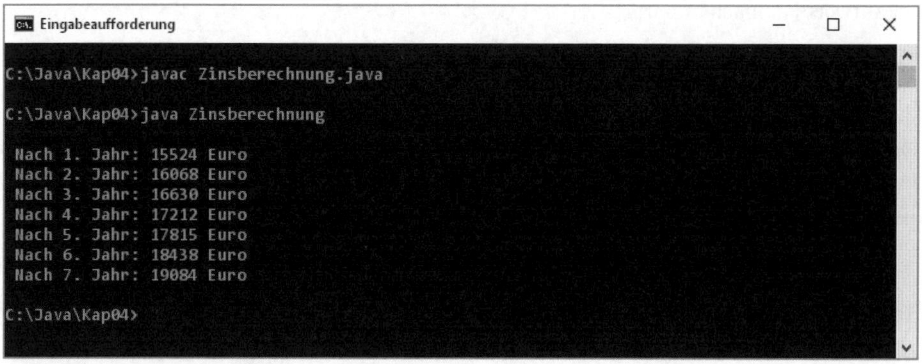

```
Eingabeaufforderung                                    —    □    ×

C:\Java\Kap04>javac Zinsberechnung.java

C:\Java\Kap04>java Zinsberechnung

Nach 1. Jahr: 15524 Euro
Nach 2. Jahr: 16068 Euro
Nach 3. Jahr: 16630 Euro
Nach 4. Jahr: 17212 Euro
Nach 5. Jahr: 17815 Euro
Nach 6. Jahr: 18438 Euro
Nach 7. Jahr: 19084 Euro

C:\Java\Kap04>
```

Bild 4.2 Ausgabe des Programms Zinsberechnung

 Die Aufnahme der println()-Anweisung in die Methode ist eher ungewöhnlich, führt den Effekt der Auslagerung in eine Methode aber noch stärker vor Augen.

Was hier vorgeführt wurde, ist die Modularisierung des Codes. Programme, die Teilprobleme in Form von Methoden lösen, sind besser lesbar, besser wartbar, leichter zu debuggen und der modulare Code ist leichter wiederzuverwerten und besser zwischen Programmen auszutauschen (bestes Beispiel hierfür sind die Klassenbibliotheken von Java, in deren Klassen und Methoden bereits viele Standardprobleme für Sie gelöst sind und die Sie in Ihren Programmen verwenden können (siehe Kapitel 3.6 und den letzten Abschnitt dieses Unterkapitels).

Teilprobleme in Methoden implementieren II

Wenn Sie Teilprobleme in Methoden isolieren, sollten Sie versuchen, die Methode so allgemein wie nur möglich und sinnvoll zu halten. Was bedeutet das? Bleiben wir einfach bei obigem Beispiel. Wir haben jetzt zwar eine Methode zur Zinsberechnung, doch ihr Einsatzbereich ist recht beschränkt. Wenn Sie im weiteren Verlauf des Programms *Zinsberechnungen* durchführen wollen, ohne das Ergebnis gleich auszugeben, oder Berechnungen ausführen, bei denen Sie den Zinssatz und die Laufzeit variieren wollen, können Sie obige Methode nicht verwenden. Welche Grundsätze lassen sich daraus für eine brauchbare Implementierung der Methode ableiten?

Modularisierung durch Methoden:

- Die Methode sollte sich streng darauf beschränken, nur die von ihr geforderte Aufgabe zu erledigen (also nur die Zinsberechnung und nicht schon die Weiterverarbeitung des Ergebnisses).

- Soll die Methode Ergebnisse zurückliefern, sollte sie dazu einen Rückgabewert definieren.

- Schließlich sollten alle wichtigen Optionen, über die man die Arbeitsweise der Methode vielleicht anpassen möchte, als Parameter an die Methode übergeben werden (im Falle unserer Zinsberechnung wären dies die Variablen startkapital, zinssatz und laufzeit).

Unsere neue, allgemein verwendbare Methode sähe dann folgendermaßen aus:

Listing 4.3 Zinsberechnung2.java

```java
public class Zinsberechnung2 {

    public static double zinsBerechnen(double startkapital,
                                       double zinssatz,
                                       double laufzeit) {
        double endkapital;

        // Berechnung des Endkapitals
        endkapital = startkapital *
                    Math.pow((1 + zinssatz/100),laufzeit);

        return endkapital;
    }
...
```

Startkapital, Zinssatz und Laufzeit werden jetzt als Parameter an die Methode übergeben. Das Ergebnis der Berechnung wird am Ende der Methode mithilfe des Schlüsselworts return zurückgeliefert. Ein Aufruf dieser Methode könnte nun folgendermaßen aussehen:

```java
...
public static void main(String[] args) {
    double endkapital;

    endkapital = zinsBerechnen(15000, 3.5, 7);

    System.out.println();
    System.out.println(" Der Endbetrag nach 7 Jahren: "
                        + (int) endkapital);
}
```

Teilprobleme in Klassen implementieren

Methoden sind Teile von Klassen. Wenn Sie also eine Methode in mehreren Programmen verwenden wollen, müssen Sie die Methode mit der Klasse, in der sie definiert ist, importieren. Bevor wir uns dies im folgenden Abschnitt noch einmal genauer ansehen, wollen wir uns überlegen, wie wir diesen Umstand (und damit die Möglichkeiten der objektorientierten Programmierung) nutzen können.

In Kapitel 3.4 ist angeklungen, dass Klassen in der objektorientierten Programmierung Objekte der realen Welt repräsentieren (beispielsweise die Mitarbeiter einer Firma, das Flugzeug eines Flugzeugsimulators, die verschiedenen geometrischen Formen eines Grafikprogramms oder auch Zeichenfolgen, die sogenannten Strings). In diesem Kapitel sind wir auf eine weitere Verwendung gestoßen, nämlich Klassen als Sammlungen von Methoden. Dabei steht es Ihnen durchaus frei, ein Sammelsurium an verschiedensten, aber häufig benötigten Methoden in einer Klasse zu vereinen (geschehen beispielsweise in der Klasse java.lang.System). Sinnvoller ist es jedoch, solche Sammelklassen einem bestimmten Thema zu widmen und nur solche Methoden in die Klasse aufzunehmen, die mit diesem Thema zu tun haben. Die Klasse repräsentiert dann zwar immer noch kein echtes Objekt, aber immerhin ein definiertes Thema (wie z. B. bei der Java-Klasse java.lang.Math).

Übung:

Das Thema für unsere Sammelklasse liegt auf der Hand, es lautet „Zinsberechnung". Als weise objektorientierte Programmierer tippen wir nicht gleich sinnlos drauf los, sondern überlegen uns zuerst, wie man die Klasse sinnvoll aufbauen könnte.

Lösung:

Zuerst einmal brauchen wir einen passenden, aussagekräftigen, aber nicht zu langen Namen, wie zum Beispiel Zins.

Dann wollen wir den Leistungsumfang der Klasse erhöhen, indem wir eine zweite Methode in die Klasse aufnehmen, die das Endkapital ohne Zinseszins berechnet (also für den Fall, dass die Zinserträge nicht auf dem Sparbuch, sondern einem anderen Konto gutgeschrieben werden). Unsere Klasse sähe jetzt folgendermaßen aus:

```java
class Zins {

    public static double ertragZ(double startkapital,
                                 double zinssatz,
                                 double laufzeit) {
        // Berechnung mit Zinseszins
        return startkapital * Math.pow((1 + zinssatz/100),laufzeit);
    }

    public static double ertrag(double startkapital,
                                double zinssatz,
                                double laufzeit) {
        // Berechnung ohne Zinseszins
        return startkapital * (1 + zinssatz/100 * laufzeit);
    }
}
```

Wir haben diesmal das Ergebnis der Berechnungen nicht mehr in einer eigenen lokalen Variablen (endkapital) abgespeichert, sondern direkt über die return-Anweisung an den Aufrufer der Methode zurückgeliefert.

Wie könnte man aus dieser Sammelklasse eine „echt" objektorientierte Klasse machen?

Beachten Sie, dass sich die von uns getroffene Unterscheidung in Sammelklasse und „echt" objektorientierte Klasse rein auf die Art der Verwendung der Klasse bezieht. Rein programmiertechnisch sind beides echte objektorientierte Klassen. Nur dass wir die Instanz einer Sammelklasse nicht benutzen, um ein Objekt zu repräsentieren, sondern bloß, um auf die Methoden der Klasse zugreifen zu können.

Die Instanzen unserer „echt" objektorientierten Klasse sollen reelle Objekte repräsentieren. Was böte sich da an? Sparbücher! Ein Sparbuch ist charakterisiert durch seine Einlage und seine Verzinsung. Für beide muss die Klasse Sparbuch also Felder vorsehen. Des Weiteren braucht die Klasse einen Konstruktor, der für jede Instanz der Klasse (also für jedes einzelne Sparbuch) Einlage und Verzinsung festlegt. Schließlich wollen wir fünf Methoden vorsehen:

- einzahlen(). Die Einlage wird um einen bestimmten Betrag erhöht.
- abheben(). Die Einlage wird um einen bestimmten Betrag vermindert.
- ertragZ(). Berechnet den voraussichtlichen Ertrag nach n Jahren mit Zinseszins.
- ertrag(). Berechnet den voraussichtlichen Ertrag nach n Jahren ohne Zinseszins.

Die Klasse Sparbuch und eine passende Hauptklasse, die in ihrer main()-Methode Sparbuch verwendet, sähen dann folgendermaßen aus:

Listing 4.4 SparbuchNutzen1.java

```
class Sparbuch {
  double kapital;
  double zinssatz;

  Sparbuch(double kap, double zins) {
    kapital = kap;
    zinssatz = zins;
  }

  void einzahlen(double betrag) {
    kapital += betrag;
  }

  void abheben(double betrag) {
    kapital -= betrag;
  }

  double ertragZ(double laufzeit) {
    return kapital *
          Math.pow((1 + zinssatz/100),laufzeit);
  }
```

```
  double ertrag(double laufzeit)  {
    return kapital * (1 + zinssatz/100 * laufzeit);
  }
}

//Hauptklasse des Programms
class SparbuchNutzen1 {

  public static void main(String[] args) {
    Sparbuch meinSparbuch = new Sparbuch(0,3);
    meinSparbuch.einzahlen(10000);

    System.out.println();
    System.out.println(" Ertrag nach 5 Jahren : \n");
    System.out.println("\t ohne Zinseszins: " +
                       (int) meinSparbuch.ertrag(5));
    System.out.println("\t mit  Zinseszins: " +
                       (int) meinSparbuch.ertragZ(5));
  }
}
```

Die Klasse ist für einen professionellen Einsatz noch nicht ausgereift genug. Dies liegt daran, dass bei der Verzinsung davon ausgegangen wird, dass sich der in dem Feld kapital festgehaltene Betrag schon das ganze Jahr auf dem Sparbuch befindet. Tatsächlich müsste man Buch darüber führen, wie sich die Einlage des Sparbuchs übers Jahr verändert hat, und jeden Betrag für sich verzinsen. ∎

Bestehende Klassen wiederverwenden

Bisher hatten wir es vorwiegend mit ganz einfach gestrickten Programmen zu tun, die lediglich aus einer einzigen Klassendefinition bestanden. Die Quelltextdatei dieser Programme haben wir mit der Dateiendung *.java* abgespeichert und kompiliert. Der Compiler hat dann eine zugehörige, binäre *.class*-Datei erzeugt, die wir mithilfe des Interpreters ausführen konnten.

Mehrere Klassen in einer Datei

Nun haben wir aber zwei Klassen, die wir verwenden möchten: die Klasse Sparbuch und die public-Hauptklasse des Programms, das die Klasse Sparbuch verwendet.

Zur Erinnerung: Als Hauptklasse eines Programms bezeichnen wir diejenige Klasse, die die main()-Methode enthält. ∎

Im einfachsten Fall schreiben wir alle Klassen, die wir nutzen, in eine Quelltextdatei (siehe obiges Beispiel *SparbuchNutzen1*). Der Compiler erzeugt dann für jede in der *.java*-Quelldatei definierte Klasse eine eigene binäre *.class*-Datei. Zur Ausführung des Programms wird die *.class*-Datei der Hauptklasse mit dem Interpreter aufgerufen.

In diesem Fall gibt es kaum Probleme:

- Der Compiler kennt alle Klassen, die im Programm benutzt werden.

- Der Interpreter weiß, wo er die *.class*-Dateien der verwendeten Klassen finden kann (stehen alle im Verzeichnis des Programms).

- Der wechselseitige Zugriff auf die Klassen und deren Elemente ist wie in den bisherigen Beispielen uneingeschränkt möglich. (Was im Übrigen daran liegt, dass die Klassen alle im gleichen Paket definiert sind – dem namenlosen Standardpaket.)

Klassen aus CLASS-Dateien wiederverwenden

Nun wäre es aber unschön, wenn man die Definition jeder benutzten Klasse in den Quelltext des Programms kopieren müsste, obwohl eine binäre *.class*-Datei für die Klasse schon längstens vorliegt.

Nun, solange die binäre *.class*-Datei der zu verwendenden Klasse in dem gleichen Verzeichnis wie das aktuelle Programm (sprich die zu kompilierende *.java*-Datei) steht, ist dies kein Problem.

Das Programm *SparbuchNutzen2* verwendet die Klasse Sparbuch. Das Besondere daran ist, dass Sparbuch nicht in dem Quelltext der Datei *SparbuchNutzen2.java* definiert ist. Damit Sie *SparbuchNutzen2* kompilieren können, muss in dem aktuellen Verzeichnis neben *SparbuchNutzen2.java* auch *Sparbuch.class* zu finden sein (die *.class*-Datei können Sie beispielsweise durch Kompilierung der Datei *SparbuchNutzen1.java* erstellen und dann gegebenenfalls kopieren).

Listing 4.5 SparbuchNutzen2.java

```
// wird nur kompiliert, wenn im aktuellen
// Verzeichnis Sparbuch.class zu finden ist

// Hauptklasse des Programms
public class SparbuchNutzen2 {

  public static void main(String[] args)  {
    Sparbuch meinSparbuch = new Sparbuch(0,3);
    meinSparbuch.einzahlen(10000);

    System.out.println();
    System.out.println(" Ertrag nach 5 Jahren : \n");
    System.out.println("\t ohne Zinseszins: " +
              (int) meinSparbuch.ertrag(5));
    System.out.println("\t mit  Zinseszins: " +
              (int) meinSparbuch.ertragZ(5));
  }
}
```

Eigene Klassen in Paketen verwalten

Im Laufe Ihrer Tätigkeit als Java-Entwickler werden Sie immer mehr eigene Klassen implementieren und erstellen und irgendwann entsteht die Notwendigkeit, diese Klassen zu ordnen. Dazu dient das Konzept der Pakete, auf das wir schon in Kapitel 3.6 kurz eingegangen sind.

Im Grunde ist es ganz einfach:

- Pakete verwalten zwar Klassen, werden aber aus Quelltextdateien aufgebaut. Indem Sie an den Anfang einer Quelltextdatei (Dateiendung *.java*) folgende Anweisung stellen:

```
package paketname;
```

legen Sie fest, dass alle Klassen, die in dieser Datei definiert werden, dem Paket `paket-name` zugeordnet werden.

 Nicht obligatorisch, aber allgemein üblich ist es, in Java Paketnamen grundsätzlich klein zu schreiben und keine allzu langen Namen zu verwenden. ∎

- Wenn Sie umgekehrt Klassen aus einem Paket verwenden wollen, stellen Sie dem Klassennamen den Paketnamen voran:

```
paketname.KlasseSowieso
```

Wenn Sie möchten, können Sie die zu verwendende(n) Klasse(n) auch „importieren". In diesem Fall fügen Sie zu Beginn Ihres Quelltextes eine `import`-Anweisung ein, in der Sie den vollständigen Klassennamen (samt Paketnamen) angeben. Danach können Sie die Klasse allein über ihren Klassennamen ansprechen:

```
import paketname.KlasseSowieso;
KlasseSowieso obj = new KlasseSowieso();
```

Gibt es in einem Paket mehrere Klassen, die Sie verwenden möchten, können Sie den Platzhalter * zur Auswahl aller Klassen des Pakets einsetzen:

```
import paketname.*;
```

Um also die Klasse `Sparbuch` in einem eigenen Paket namens `zinsrechnung` abzulegen, brauchen Sie nur die Klassendefinition in eine eigene Quelltextdatei zu kopieren und dieser die Anweisung

```
package zinsrechnung;
```

voranzustellen (die `package`-Anweisung muss die erste Quelltextzeile in der Datei sein). Um dann in dem Programm *SparbuchNutzen2* wie gehabt auf die Klasse `Sparbuch` zugreifen zu können, müssen wir nur die folgende `import`-Anweisung einfügen:

```
import zinsrechnung.Sparbuch;
```

Richtig?

Leider nein! Ganz so einfach ist es dann doch nicht. Es gibt da noch zwei Besonderheiten der Pakete zu beachten.

- Pakete müssen sich auf Ihrem Computer in einer gleich aufgebauten Verzeichnisstruktur widerspiegeln. Für jedes Paket müssen Sie ein eigenes Verzeichnis anlegen und in dieses die *.class*-Dateien der Java-Klassen des Pakets kopieren. Wenn Sie Pakete mithilfe des

.-Operators hierarchisch gliedern, müssen auch die entsprechenden Verzeichnisse in gleicher Weise hierarchisch gegliedert werden.

■ Pakete dienen nicht nur der Gruppierung von Klassen, sie regeln auch den Zugriff auf Klassen. So kann eine Klasse, die einem Paket angehört, ohne Probleme auf alle anderen Klassen des Pakets zugreifen. Dagegen ist der Zugriff auf eine Klasse eines anderen Pakets nur dann möglich, wenn die Klasse, auf die zugegriffen werden soll, als `public` deklariert wurde (Gleiches gilt für Methoden und Felder von Klassen).

 Im Übrigen arbeiten Sie auch dann mit Paketen, wenn Sie Ihre Quelltextdateien nicht explizit einem bestimmten Paket zuordnen. Ihre Klassen gehören dann dem „unnamed"-Paket an.   ■

 Seit Java 9 gibt es übrigens noch ein weiteres Mittel zur Strukturierung: das Java-Modulkonzept. Mit ihm lassen sich Pakete zu logischen Einheiten zusammen-fassen. Mehr dazu in Kapitel 16.   ■

Übung:

Setzen wir jetzt ein Programm *SparbuchNutzen3* auf, das eine Instanz der Klasse Sparbuch aus dem Paket `zinsrechnung` benutzt.

Lösung:

Wir beginnen mit der Einrichtung der Verzeichnisstruktur:

1. Legen Sie ein Verzeichnis *SparbuchNutzen3* für das Programm an und dazu ein Unterver-zeichnis, das den gleichen Namen wie das Paket trägt: *zinsrechnung*.

Als Nächstes wird die Klasse Sparbuch erzeugt:

2. Öffnen Sie eine neue Datei für die Klasse Sparbuch.

3. Übernehmen Sie den Quelltext der Klasse Sparbuch aus der Datei *SparbuchNutzen1.java*, aber deklarieren Sie die Klasse Sparbuch und alle ihre Methoden als `public`.

4. Setzen Sie an den Anfang der Datei die Anweisung `package zinsrechnung;`.

5. Speichern Sie die Datei als *Sparbuch.java* in dem Unterverzeichnis *zinsrechnung*.

6. Kompilieren Sie die Datei.

Jetzt noch das eigentliche Programm:

7. Öffnen Sie eine neue Datei.

8. Übernehmen Sie den Quelltext der Klasse SparbuchNutzen2, aber benennen Sie Klasse und Datei in *SparbuchNutzen3* um und fügen Sie unter den einleitenden Kommentarzei-len die folgende `import`-Anweisung ein:

```
import zinsrechnung.Sparbuch;
```

9. Speichern Sie die Datei im Programmverzeichnis *SparbuchNutzen3*.

10. Kompilieren Sie die Datei.

11. Führen Sie das Programm aus.

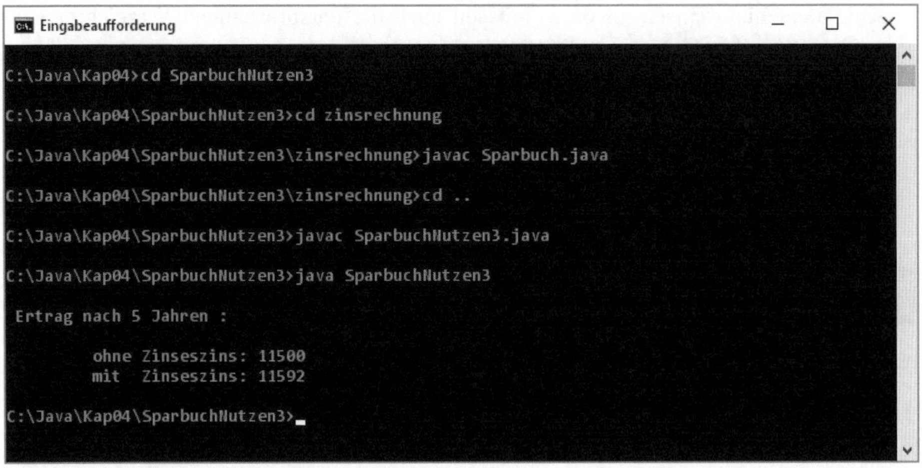

Bild 4.3 Ausgabe des Programms SparbuchNutzen3

■ 4.3 Kontrollstrukturen

Nachdem wir im obigen Abschnitt gesehen haben, wie man den Programmablauf in Methoden aufteilt, wollen wir uns jetzt ansehen, wie der Programmablauf innerhalb einer Methode gesteuert werden kann.

Dabei hat es der Programmierer mit zwei typischen Problemstellungen zu tun, die ständig wiederkehren:

- das Testen von Bedingungen (wenn Bedingung erfüllt, dann tue dies und das, sonst etwas anderes) und

- das unzählige Wiederholen von bestimmten Anweisungen.

Für beide Aufgaben gibt es in Java spezielle Konstrukte, die wir nun kennenlernen werden.

Bedingungen if-else

Für Bedingungen verwendet man die folgende Konstruktion:

```
if (Bedingung) {
    // Bedingung ist wahr
    Anweisungen;
} else {
    // Bedingung ist falsch
    Anweisungen;
}
```

Machen wir uns das am besten mit Beispielen klar:

```java
boolean esRegnet;

// irgendwo wird esRegnet auf true oder false gesetzt

// hier testen wir nun diese Variable
if(esRegnet == true) {
    System.out.println("Heute regnet es!");
} else {
    System.out.println("Heute regnet es nicht!");
}
```

Wenn es alternativ nichts Besonderes zu tun gibt, kann der else-Teil auch wegfallen. Außerdem dürfen die Klammernpaare {} weggelassen werden, wenn nach if bzw. else jeweils nur eine einzige Anweisung (wie im Beispiel oben) steht.

Bedingungen und boolesche Ausdrücke

Die auszuwertende Bedingung muss einen Wahrheitswert liefern, also wahr (true) oder falsch (false) sein. Daher war auch die zu testende Variable bisher vom Typ boolean. In der Klammer dürfen aber auch logische Ausdrücke stehen, deren Auswertung durch den Compiler einen Wahrheitswert zurückgibt:

```java
int a, b, c;

// ... a, b, c erhalten irgendwo Werte zugewiesen

// Auf Gleichheit testen
if( a == b && a == c)
  System.out.println("a, b und c sind identisch.");
```

 Achtung!

Bitte beachten Sie, dass ein Vergleich auf Gleichheit mit dem Operator == erfolgen muss. Wenn Sie nur *ein* Gleichheitszeichen tippen (ein sehr beliebter Fehler!), wird sich der Compiler beschweren. ▪

Weitere Vergleichsoperatoren sind:

<, <=	Vergleich kleiner/kleiner gleich
>, >=	Vergleich größer/größer gleich
==, !=	Vergleich gleich/ungleich

Schauen wir uns ein weiteres Beispiel an, das uns gleichzeitig noch etwas über objektorientierte Programmierung lehrt.

Wenn Sie eine Klasse benutzen, die von einem anderen Programmierer implementiert wurde, informieren Sie sich meist nur über die zur Verfügung stehenden Felder und Methoden. Wie diese Methoden implementiert sind, interessiert Sie nicht und soll Sie auch nicht interessieren. Man bezeichnet dieses Konzept als *Kapselung* oder *Information Hiding*. Die konkrete Implementierung einer Klasse ist für den Benutzer der Klasse unwichtig, er braucht für den korrekten Umgang mit der Klasse nur zu wissen, auf welche Felder und Methoden er zugreifen kann. Damit geht aber eine besondere Verantwortung bei der Implementierung der Klasse einher. Dazu gehört auch, dass jede Methode darauf achtet, dass sie korrekt eingesetzt wird. Schauen wir uns dazu die beiden folgenden Methoden an, die Sie bereits aus Abschnitt 4.2 kennen und die Kapitalflüsse von Sparbüchern regeln.

```java
public void einzahlen(double betrag) {
  kapital += betrag;
}
public void abheben(double betrag) {
  kapital -= betrag;
}
```

In diesem einfachen Beispiel hätte prinzipiell eine Methode gereicht, der man dann einen positiven oder negativen Betrag übergibt – je nachdem, ob man einzahlen oder abheben möchte. Übersichtlicher und für den Benutzer der Klasse intuitiv leichter umzusetzen ist aber die Vorgabe zweier Methoden mit entsprechenden Namen. Vielleicht möchte man mit dem Abheben von Geldern auch noch weitere Bearbeitungsschritte verbinden (beispielsweise wenn nur ein bestimmter Betrag abgehoben werden darf), die beim Einzahlen nicht anfallen. Auch in solchen Fällen ist die Implementierung zweier Methoden vorteilhaft.

Allerdings müssen Sie dann darauf achten, dass die Methode `einzahlen()` nicht durch Übergabe eines negativen Betrags zum Vermindern des Einlagekapitals führt bzw. umgekehrt das Kapital beim Abheben erhöht wird. Wir fügen daher `if`-Bedingungen in die Methoden ein, die sicherstellen, dass nur positive Beträge bearbeitet werden.

```java
public void einzahlen(double betrag) {
  if(betrag < 0)
    System.out.println(" Nur positive Beträge erlaubt");
  else
    kapital += betrag;
}
public void abheben(double betrag) {
  if(betrag < 0)
    System.out.println(" Nur positive Beträge erlaubt");
  else
    kapital -= betrag;
}
```

Übung:

Wenn Sie möchten, können Sie jetzt als Übung auch vorsehen, dass ab einer Einlage von 50.000 Euro der Zinssatz um 0,5 % erhöht wird und dass nicht mehr als 3000 Euro abgehoben werden können.

Lösung:

```java
public void einzahlen(double betrag) {
  if(betrag < 0)
    System.out.println(" Nur positive Beträge erlaubt");
  else {
    kapital += betrag;
```

```
      if(kapital >= 50000 && kapital-betrag < 50000)
         zinssatz += 0.5;
   }
}
public void abheben(double betrag) {
   if(betrag < 0)
      System.out.println(" Nur positive Beträge erlaubt");
   else if(betrag > 3000)
         System.out.println(" Limit sind 3000 EUR");
      else
         kapital -= betrag;

   if(kapital < 50000 && kapital+betrag >= 50000)
      zinssatz -= 0.5;
}
```

Mehrfachbedingungen switch

Oft ergibt sich die Situation, dass eine Variable auf mehrere Werte getestet werden soll, damit dann entsprechende Anweisungen abgearbeitet werden.

```
char option;
option = 'S';

if(option == 'A') {
   System.out.println(" Gewaehlte Option: Abbrechen");
}
if(option == 'S') {
   System.out.println(" Gewaehlte Option: Speichern");
}
if(option == 'L') {
   System.out.println(" Gewaehlte Option: Laden");
}
```

Eine elegantere Formulierung erlaubt in solchen Fällen die switch-Anweisung:

```
switch(option) {
   case 'A': System.out.println(" Gewaehlte Option: Abbrechen");
             break;
   case 'S': System.out.println(" Gewaehlte Option: Speichern");
             break;
   case 'L': System.out.println(" Gewaehlte Option: Laden");
             break;
   default : System.out.println(" Ungueltige Option");
             break;
}
```

Der switch-Befehl erhält als Argument die zu testende Variable, die dann mit den case-Werten verglichen wird. Wird eine Übereinstimmung gefunden, werden die entsprechenden Anweisungen abgearbeitet.

Natürlich kann es auch einmal passieren, dass der Ausdruck in der switch-Bedingung mit keinem der case-Werte übereinstimmt. Wenn Sie möchten, können Sie solche Fälle mit dem default-Label abfangen.

Merksatz

case-Werte müssen Konstanten von Ganzzahlen, einzelne Zeichen oder Strings sein. Darüber hinaus sind auch Aufzählungsobjekte (Typ enum) erlaubt, siehe Kapitel 16.1.

Wie sieht nun die Abarbeitung der switch-Anweisung aus?

Das Programm geht der Reihe nach alle case-Konstanten durch. Trifft es auf eine case-Konstante, die mit dem Wert der switch-Bedingung übereinstimmt, führt es die zugehörigen Anweisungen und die Anweisungen aller folgenden case-Blöcke aus – so lange, bis es auf eine break-Anweisung trifft. Wenn Sie dies unterbinden wollen (und meist werden Sie es unterbinden wollen), beenden Sie die case-Blöcke mit break-Anweisungen, die die Ausführung der switch-Anweisung beenden. Das Programm wird dann direkt hinter der switch-Anweisung fortgesetzt.

Übung:

Nehmen wir an, in obiger switch-Anweisung wäre die Variable option gleich 'S'. Denken Sie sich weiterhin die break-Anweisungen aus der switch-Anweisung weg. Welche Ausgaben würde die switch-Anweisung dann erzeugen? Wenn Sie sich nicht ganz sicher sind, probieren Sie es doch einfach in einem kleinen Programm aus.

Lösung:

Beim Vergleich der Variablen option mit case 'A' erkennt das Programm, dass keine Übereinstimmung vorliegt. Das Programm springt direkt zur nächsten case-Marke: 'S'. Hier liegt eine Übereinstimmung vor, der Anweisungsblock der case-Marke wird ausgeführt. Da der Anweisungsblock nicht mit einer break-Anweisung endet, werden auch noch die Anweisungen der Label 'L' und default ausgeführt. Die gesamte Ausgabe sieht unerfreulicherweise daher folgendermaßen aus:

```
Gewählte Option Speichern
Gewählte Option Laden
Ungültige Option
```

Viel mehr gibt es über Vergleiche nicht zu berichten und wir machen gleich weiter mit den Schleifen. Hier stehen uns zwei Konstrukte zur Verfügung: die sogenannte for-Schleife und die while-Schleife.

Die Schleifen for und while

Wenn Sie bestimmte Anweisungen mehrmals hintereinander ausführen müssen, wobei sich lediglich einzelne Parameter nach einem bestimmten Muster verändern, bietet sich eine for-Schleife oder eine while-Schleife an.

Obige Beschreibung klingt furchtbar, dabei ist es im Grunde ganz einfach. Schauen wir uns am besten wieder ein Beispiel an.

```
int i;

// for-Schleife
```

```
for(i = 1; i <= 100; i++) {
  System.out.println("i hat den Wert " + i + "\n");
}

// das Gleiche als while-Schleife
i = 1;
while(i <= 100) {
  System.out.println("i hat den Wert " + i + "\n");
  i++;
}
```

Bei der for-Schleife weisen Sie im *Schleifenkopf* einer oder mehreren Zählvariablen (auch *Schleifenvariablen* genannt) einen Anfangswert zu und geben durch Semikolon getrennt die *Abbruchbedingung*[1] und die Hochzählanweisung an. In geschweiften Klammern folgt dann der *Schleifenrumpf* mit den Anweisungen (wie bei der if-Anweisung braucht man keine Klammern, wenn der Rumpf nur aus einer Anweisung besteht).

Die while-Schleife hat die gleiche Funktionalität, aber Sie sehen schon, dass das Initialisieren der Variablen, die Abbruchbedingung und die Inkrementanweisung etwas in der Landschaft verstreut sind. Suchen Sie sich aus, was Ihnen mehr zusagt, und wählen Sie Ihre Lieblingsschleife. Handlicher ist meist die for-Schleife, während die while-Schleife universeller einsetzbar ist (so lässt sich zum Beispiel jede for-Schleife auch als while-Schleife schreiben).

 Achtung!

Wir möchten Sie noch auf eine geradezu klassische Fehlerquelle hinweisen, die bei if-Anweisungen und Schleifen auf den Programmierer (also Sie!) lauert: Nach der runden Klammer mit der Bedingung bzw. dem Schleifenkopf darf *kein* Semikolon stehen! Das interpretiert der Compiler ansonsten als eine „leere" Anweisung, für die nichts zu tun ist. Diese führt das Programm dann so oft aus, wie es die Schleife verlangt, und Sie fragen sich verzweifelt, was schief läuft. Und Sie haben nach dutzendfachem Lesen des Quellcodes längst nicht mehr den Durchblick, um das unscheinbare, kleine Semikolon zu sehen ...

Schleifenvariablen und Abbruchbedingungen

Die Inkrementanweisung kann auch eine Dekrementanweisung sein! Und es muss auch nicht im Einerschritt gezählt werden, z. B.:

```
public class GeradeZahlen {
  public static void main(String[] args) {
    int i;

    for ( i= 100; i != 0; i -= 2) {
      // von 100 bis 2 alle geraden Zahlen ausgeben
```

---

[1] Ist die angegebene Bedingung nicht mehr erfüllt, wird die Schleifenausführung beendet. Wichtig ist aber, dass die Abbruchbedingung der Schleife irgendwann erfüllt oder die Schleife auf sonstigem Wege (siehe unten, Abschnitt „Unterbrechung des Programmflusses") verlassen wird.

```
        System.out.println(" i hat den Wert "+ i + "\n");
    }
  }
}
```

Betrachten Sie beispielsweise folgende Schleife:

```
for ( i= 99; i != 0; i -= 2) {
  // von 99 bis 1 alle ungeraden Zahlen ausgeben
  System.out.println(" i hat den Wert " + i + "\n");
}
```

Diese Schleife wird endlos fortgesetzt, da die Schleifenvariable i nie den Wert 0 annimmt. Stattdessen zählt sie bis zum Sankt-Nimmerleins-Tag (oder zumindest bis zum Programmabbruch durch Bereichsüberschreitung) die negativen Zahlen runter.

Auch der Urheber der folgenden Schleife wurde ein Opfer seiner Schusseligkeit:

```
for ( i= 99; i > 0; i += 2) {
  // von 99 bis 1 alle ungeraden Zahlen ausgeben
  System.out.println(" i hat den Wert " + i + "\n");
}
```

Hier würde die Abbruchbedingung zwar im geeigneten Moment abgebrochen, doch leider wird i inkrementiert, statt dekrementiert zu werden.

Noch teuflischer wird es freilich, wenn Sie den Wert der Schleifenvariablen auch noch innerhalb der Schleife verändern. Dies ist zwar durchaus erlaubt und kann auch sinnvoll eingesetzt werden, doch achten Sie dann ganz besonders darauf, dass die Abbruchbedingung irgendwann erfüllt wird.

Achtung!

Wenn Sie Schleifen implementieren, achten Sie darauf, dass die Schleifen auch korrekt wieder verlassen werden.

Schleifen und Arrays

Sie erinnern sich hoffentlich noch an die Mitarbeiter-Klasse aus dem Kapitel 3.5?! Dort hatten wir unter anderem ein Array von 100 Mitarbeitern angelegt. Mit den Schleifen haben wir nun die ideale Waffe, um dieses Array zu durchlaufen und alle Mitarbeiter zu bearbeiten:

Listing 4.6 MitarbeiterVerwaltung.java

```
// die Datei Mitarbeiter.class aus Kapitel 3 muss im gleichen
// Verzeichnis stehen

public class MitarbeiterVerwaltung {
  public static void main(String[] args) {
    Mitarbeiter[] personalliste = new Mitarbeiter[4];
    int mitarbeiterzahl;
```

```
        personalliste[0] = new Mitarbeiter("Marx","Groucho",8000);
        personalliste[1] = new Mitarbeiter("Marx","Chico",7000);
        personalliste[2] = new Mitarbeiter("Marx","Harpo",7000);
        personalliste[3] = new Mitarbeiter("Marx","Zeppo",7000);
        mitarbeiterzahl = 4;

        // alle Mitarbeiter ausgeben
        for(int i = 0; i < personalliste.length; i++)
            personalliste[i].datenAusgeben();
    }
}
```

Bild 4.4 Ausgabe des Programms MitarbeiterVerwaltung

Da die for-Schleife häufig zum Durchlaufen von Arrays verwendet wird und man sich dabei für die Schleifenvariable selbst meist nicht interessiert, hat man sich bei Sun dazu entschlossen, für solche Fälle eine besondere Variante der for-Schleife einzuführen. Die obige Schleife zum Durchlaufen des Arrays personalliste sieht dann folgendermaßen aus:

```
// lies: "für m in personalliste"
for(Mitarbeiter m : personalliste)
    m.datenAusgeben();
```

Als Laufvariable dient nunmehr nicht mehr eine Indexvariable, sondern eine Variable vom Typ der Array-Elemente, im Beispiel also von der Klasse Mitarbeiter. Die Schleifenvariable wird dabei vom zu durchlaufenden Array durch einen Doppelpunkt, den man gedanklich als „in" lesen könnte, getrennt. Diese Art der for-Schleife funktioniert übrigens auch mit Arrays von elementaren Datentypen, z. B.

```
int[] zahlen = new zahlen[100];
...
for(m : zahlen)
   System.out.println(m);
```

Zauber mit Schleifen, Zahlen und Kaninchen

Kürzlich haben mich meine Kinder darauf angesprochen, ob sie nicht zwei Kaninchen haben könnten. Nun wäre es natürlich nett, ein Kaninchenpärchen zu halten, doch ist die Vermehrung dieser Tierchen ja geradezu sprichwörtlich. Vielleicht sollte man daher vor dem Kauf abschätzen, mit wie viel Kaninchen man nach zehn Jahren zu rechnen hat.

Ein Kaninchenweibchen kann direkt nach einer Geburt wieder trächtig werden. Bei einer Tragzeit von ziemlich genau einem Monat bestehen daher gute Chancen, dass ein Kaninchenweibchen im Jahr sieben Würfe zu durchschnittlich (hier schwanken die Voraussagen etwas) vier Jungen austrägt. Die in einem Jahr geborenen Jungen erzeugen meist erst im darauffolgenden Jahr eigenen Nachwuchs. Ein Kaninchenpärchen erzeugt nach dieser Rechnung also jedes Jahr 28 Nachkommen. Wie sieht die Population dann nach 20 Jahren aus?

Solch ungehinderte Wachstumsvorgänge folgen meist der Formel:

$$N(t) = N(0) * e^{k*t}.$$

Da wir wissen, dass im ersten Jahr aus 2 Kaninchen insgesamt 30 Kaninchen werden, lässt sich die Wachstumsrate k (pro Jahr) leicht bestimmen:

$$k = \ln(30 / 2) = \ln 15$$

Das folgende Programm errechnet uns daraus die Populationsgröße für die ersten zehn Jahre:

Listing 4.7 Kaninchen.java

```
import java.lang.Math;

public class Kaninchen {
  public static void main(String[] args) {
    double pop = 2;

    System.out.println();

    for(int jahr = 1; jahr <= 10; jahr++) {
        pop = 2*Math.exp(Math.log(15)*jahr);
        System.out.println(" Nach " + jahr + ". Jahr: "
                        + (long) pop + " Tiere");
    }
  }
}
```

Wir überlassen es Ihnen, dieses kleine Programm nachzuprogrammieren und diese wundersame Kaninchenvermehrung zu bestaunen.

Übung:

Zur Übung sollten Sie noch einmal das Programm *Zinsberechnung* aus Abschnitt 4.2 hervorkramen und die Berechnung der Zinsen in der `main()`-Methode in Form einer `for`-Schleife implementieren.

Lösung:

Listing 4.8 Zinsberechnung3.java

```java
public class Zinsberechnung3 {
  public static double zinsBerechnen(double startkapital,
                                     double zinssatz,
                                     double laufzeit) {
    double endkapital;

    // Berechnung des Endkapitals
    endkapital = startkapital *
                Math.pow((1 + zinssatz/100),laufzeit);

    return endkapital;
  }

  public static void main(String[] args) {
    System.out.println();

    for(int laufzeit = 1; laufzeit < 8; laufzeit++)
      System.out.println(" Nach " + laufzeit + ". Jahr: "
              + (long) zinsBerechnen(15000,3.5,laufzeit)
              + " EUR");
  }
}
```

Unterbrechung des Programmflusses

Darunter versteht man bei Programmiersprachen die plötzliche Änderung der Reihenfolge, in der der Computer die Anweisungen abarbeitet: normalerweise eine nach der anderen, also sequenziell. Durch bestimmte Anweisungen kann man jedoch veranlassen, dass bestimmte Code-Sequenzen übersprungen werden.

Ein Beispiel hierfür ist die `break`-Anweisung, die wir bereits im Zusammenhang mit dem `switch`-Konstrukt kennengelernt haben. Stößt das Programm bei der Abarbeitung eines `switch`-Blocks auf eine `break`-Anweisung, wird die gesamte `switch`-Anweisung verlassen und mit der Ausführung der Befehle nach dem `switch`-Block fortgefahren.

Die `break`-Anweisung kann aber auch zum Verlassen von Schleifen verwendet werden:

```java
int i;

for(i = 0; i < 1000; i++) {
  // wenn i den Wert 500 hat, die Schleife verlassen
  if(i == 500)
    break;
}
```

Diese Schleife wird nicht 1000 Mal, sondern nur 500 Mal durchlaufen.

Eine andere nützliche Anweisung ist continue. Sie bewirkt, dass die aktuelle Iteration beendet wird und mit dem nächsten Durchlauf begonnen wird:

Listing 4.9 Continue.java

```java
public class Continue {
  public static void main(String[] args) {
    int i;

    System.out.println();
    for(i = 0 ; i< 1000; i++) {
      if ( i != 500)
        continue;

      System.out.println(" i hat den Wert 500!");
    }
  }
}
```

Bild 4.5 Ausgabe des Programms Continue

Im Schleifenrumpf wird getestet, ob i den Wert 500 hat. Ist dem nicht so, beendet continue den aktuellen Schleifendurchgang, i wird im Schleifenkopf um 1 erhöht und die nächste Iteration beginnt. Nur bei 500 wird diese Sperre passiert und die Druckanweisung kommt zum Zuge.

 Achtung!

Gefährlich ist der Einsatz der continue-Anweisung in while-Schleifen. Da in einer while-Schleife die Schleifenvariable innerhalb der Schleife inkrementiert oder dekrementiert wird, kann es Ihnen passieren, dass Sie die continue-Anweisung vor die Bearbeitung der Schleifenvariablen setzen. Unter Umständen führt dies dann dazu, dass sich die Schleifenvariable nicht mehr ändert und die Abbruchbedingung der Schleife nie erfüllt wird.

■ 4.4 Fehlerbehandlung durch Exceptions

Eine weitere Möglichkeit, den Programmfluss zu beeinflussen, sind Exceptions. Lassen Sie sich wegen des Ausdrucks nichts anmerken und lesen Sie einfach lässig weiter!

Leider sind Computerprogramme nie ganz fehlerfrei, man sagt dafür meistens neudeutsch „sie haben Bugs". Die Entwicklung von Programmiersprachen war und ist geprägt von der Sehnsucht nach dem bugfreien Programm. Ein Weg in diese Richtung war die Verbesserung der Compiler, die viele Fehler schon beim Übersetzen entdecken.

Auch bei der Programmausführung bieten moderne Sprachen wie Java viel mehr Unterstützung, als das früher möglich war.

Denken Sie z. B. an die Arrays. Wenn während der Programmausführung auf einen nicht legalen Eintrag des Arrays zugegriffen wird, stoppt der Java-Interpreter mit `ArrayOutOf BoundsException` Ihr Programm mit der Angabe der Zeilennummer, wo der Fehler auftrat. Wenn Sie in einer anderen Sprache programmiert hätten (z. B. C++), wäre das Programm einfach sang- und klanglos abgestürzt oder zumindest mit fehlerhaften Daten weitergelaufen. Sie können sich vorstellen, wie aufwendig in solchen Fällen die Fehlersuche sein kann!

So schön es auch ist, einen kontrollierten Abbruch zu haben: In vielen Fällen möchte man, dass das Programm solche Fehlermeldungen des Java-Interpreters abfängt und sich kontrolliert selbst beendet oder unter anderen Bedingungen weiterläuft. Dies leisten die schon erwähnten Exceptions.

Was sind Exceptions?

Im Prinzip sind Exceptions Objekte, d. h. Instanzen von Klassen. Dabei gibt es für die verschiedenen Typen von Fehlern jeweils eigene Exception-Klassen, beispielsweise die Klasse `ArrayIndexOutOfBoundsException` für Fehler beim indizierten Zugriff auf Arrays. Wenn Sie versuchen, auf das elfte Element eines Arrays von nur fünf Elementen zuzugreifen, erzeugt die interne Implementierung der Array-Klasse ein Objekt der Klasse `ArrayIndex OutOfBoundsException` und wirft dieses Objekt als Exception aus.

Wenn man nun bestimmte Code-Sequenzen vor dem Auftreten von gewissen Fehlern sichern möchte, gibt man an, welche Exceptions abgefangen werden sollen und wie im Falle einer aufgetretenen Exception weiter vorgegangen werden soll. Tritt dann während der Ausführung der so gesicherten Code-Abschnitte eine Exception auf, wird der Kontrollfluss geändert, indem der Computer zu dem Anweisungsblock springt, der zur Fehlerbehandlung vom Programmierer vorgesehen wurde.

Vordefinierte Exceptions abfangen

Soviel zur Theorie der Exceptions. Schauen wir uns nun ein konkretes Beispiel an.

Angenommen, wir durchlaufen ein Array und trauen uns selbst nicht so ganz bei der Programmierung. Daher sichern wir den Anweisungsteil vor einem `ArrayOutOfBounds`-Fehler, also dem Zugriff auf nicht legale Array-Einträge.

Listing 4.10 ExceptionTest.java

```java
public class ExceptionTest {
  public static void main(String[] args) {
    int i;
    int[] zahlen = new int[100];
    System.out.println();

    // hier kann der Fehler auftreten, also absichern
    try {
      for( i = 0; i<= 100; i++) {
        System.out.println(" i hat den Wert " + i +"\n");
        zahlen[i] = i;
      }
    }
    // hier ist die Fehlerbehandlung
    catch(ArrayIndexOutOfBoundsException e) {
      System.err.println(" Ein illegaler Zugriff!\n");
    }
  }
}
```

Bild 4.6 Ausgabe des Programms ExceptionTest

Welche Zutaten brauchen wir zum Abfangen von Exceptions?

1. Methoden, die Exceptions auslösen. Um eine Exception auszulösen, erzeugt man eine Instanz der entsprechenden Exception-Klasse und schickt diese mit dem Schlüsselwort throw ab:

```
throw ExceptionInstanz;
```

Wird die Exception nicht direkt in der Methode abgefangen, in der sie ausgelöst wird, soll sie an die Aufrufer der Methode weitergereicht werden. Dazu muss die Methode den Klassentyp der Exception in ihrer Deklaration bekanntmachen. Nach der Klammer mit den Parametern der Methode folgen dann das Schlüsselwort throws und die Liste der Exception-Klassen, die nach außen weitergereicht werden sollen.

```
methodenName(Parameter) throws e1, e2;
```

In den Java-Bibliotheken gibt es eine ganze Menge von Methoden, die Exceptions auslösen und nach außen weiterreichen. Hierzu gehören auch die Exceptions der Klasse `ArrayIndexOutOfBoundsException`, die wir im obigen Beispiel abfangen. Das Auslösen der Exceptions geschieht also innerhalb der Array-Klasse, sodass wir davon im Quelltext unseres Programms nichts sehen.

2. Der zu sichernde Code-Abschnitt. Alle Anweisungen, für die Sie bestimmte Exceptions abfangen wollen, werden in einen `try`-Block geklammert.

3. Die Fehlerbehandlung. Direkt an den `try`-Block schließen sich die `catch`-Blöcke an. Für jede Exception-Klasse, deren Exception Sie abfangen wollen, definieren Sie einen `catch`-Block. In den Klammern wird die Klasse der abzufangenden Exceptions spezifiziert und einkommende Exceptions werden an den zugehörigen Parameter übergeben.

Das war schon alles! OK, fast. Vier Punkte wollen wir noch etwas genauer betrachten.

Punkt 1: Fehlermeldungen ausgeben

Fehlermeldungen werden in der Regel auf `System.err` ausgegeben:

```
catch(ArrayIndexOutOfBoundsException e) {
    System.err.println(" Zugriff ueber Array-Grenzen hinaus!\n");
}
```

`System.err` ist ebenso wie `System.out` ein Objekt, das mit dem Konsolenfenster der Anwendung verbunden ist. Grundsätzlich besteht also erst einmal kein Unterschied zwischen einer Ausgabe auf `System.out` und `System.err`. Warum dann also nicht gleich `System.out` verwenden?

Natürlich können Sie Fehlermeldungen auch auf `System.out` ausgeben. Wenn Sie allerdings für die Fehlermeldungen eines Programms konsequent `System.err` verwenden, hat dies den Vorzug, dass Sie die Fehlermeldungen bei Bedarf durch Umlenkung von `System.err` in eine Protokolldatei schreiben können – während die sonstigen Ausgaben des Programms weiter über `System.out` an das Konsolenfenster geschickt werden. In diesem Buch werden wir zwar nicht näher auf diese Technik eingehen, aber es ist gut zu wissen, dass dies möglich ist.

Wichtiger als das Ziel der Fehlermeldungen ist meist ihr Inhalt. Sie können wie oben eigene Fehlermeldungen texten oder Sie geben die Daten aus dem Exception-Parameter aus:

```
System.err.println(e.getMessage());      // Meldungstext der Exception
e.printStackTrace());                    // listet die Methoden, die
                                         // aufgerufen waren, als die
                                         // Exception auftrat

System.err.println(e);                   // Name und Meldungstext
                                         // der Exception
```

 Sie können diese Informationen natürlich auch mit eigenen Meldungstexten kombinieren oder Sie reagieren statt mit einer Fehlermeldung mit sonstigem Code auf die Exception oder Sie verzichten ganz auf eine Behandlung und fangen die Exception nur ab, um den Compiler zufriedenzustellen.

Punkt 2: Behandeln oder nicht behandeln

In Java gibt es zwei Klassen von Exceptions: solche, die behandelt werden müssen, und solche, die nicht behandelt werden müssen. Glücklicherweise müssen Sie sich aber nicht merken, welche Exceptions behandelt werden müssen und welche Methoden diese Exceptions auslösen.

Wenn Sie in Ihrem Code, ohne es zu wissen, eine Methode aufrufen, die eine Exception mit Behandlungszwang auslösen kann, wird Sie der Compiler beim Übersetzen darauf aufmerksam machen. Sie müssen dann nur der Compiler-Meldung den Namen der Exception entnehmen und den betroffenen Code-Abschnitt (in dem die Exception ausgelöst werden kann) in einen try-Block mit passendem catch-Block packen. Oder Sie wandern hoch zum Methodenkopf und erweitern diesen um eine throws-Deklaration (siehe oben).

Punkt 3: Abschlussarbeiten

Wenn in einer Methode eine Exception auftritt, bedeutet dies, dass die normale Programmausführung unterbrochen und erst bei dem nächsten zugehörigen catch-Block wieder aufgenommen wird. Gibt es in der Methode keinen passenden catch-Block, wird die Methode sogar verlassen und in den aufrufenden Methoden nach einem catch-Block gesucht.

Dies kann natürlich dazu führen, dass wichtige Abschlussarbeiten am Ende der Methode (etwa das Schließen einer zuvor geöffneten Datei) nicht ausgeführt werden. Um dies zu verhindern, können Sie am Ende der Methode einen finally-Block definieren und in diesen den Code für die Abschlussarbeiten platzieren. Der finally-Block wird stets bei Verlassen der Methode ausgeführt – selbst wenn diese durch eine Exception vorzeitig verlassen wird (siehe auch Kapitel 6.6).

Punkt 4: Nicht übertreiben!

Bevor Sie nun aber losstürzen und alle bisherigen und zukünftigen Programme nach dem Motto „Exceptions schützen" absichern, bedenken Sie bitte folgende Hinweise:

- Das Beispiel oben ist nicht zur Nachahmung empfohlen! Den hier behandelten Fehler hätten Sie schon durch aufmerksame Programmierung beheben können. Exceptions sollten nicht dazu verleiten, sorglos drauflos zu programmieren, mit dem Hintergedanken, dass nichts passieren kann, da ja die praktische Exception-Behandlung alles abfängt!

- Exceptions dienen meist zur Behandlung schwerwiegender Fehler im Programmablauf. Ihr Vorteil liegt darin, dass das Auftreten des Fehlers und die Auslösung der Exception von der Behandlung der Exception getrennt werden. Ist das ein Vorteil? Wenn man richtig damit arbeitet schon. So werden in den von Ihnen verwendeten Java-Klassen in allen kritischen Code-Abschnitten notfalls Exceptions ausgelöst. Die Behandlung dieser Exceptions bleibt aber Ihnen überlassen. Sie brauchen lediglich die Anweisungen Ihrer main()-Methode in einen try-Block einzuschließen und einen catch-Block für die abzufangenden Exceptions einzurichten. Fazit: Klassenbibliotheken werden durch die Auslösung von Exceptions gesichert – die Behandlung der Exceptions übernimmt das aufrufende Programm, das mit den Klassen arbeitet.

Die Exception-Behandlung ist ein sehr komplexes Thema, das wir im Rahmen eines Einsteigerbuchs nicht weiter vertiefen können. Allerdings werden im Laufe der folgenden Kapitel gelegentlich Beispiele für Situationen angegeben, wo Exceptions sinnvoll sind. Ein typischer Fall ist die Dateiein- und -ausgabe, bei der wir noch einige Beispiele zur Exception-Behandlung sehen werden.

4.5 Zusammenfassung

Übersichtliche Programme zeichnen sich durch Strukturierung und Modularisierung aus.

- Modularität erreicht man durch die Identifizierung von Teilproblemen und deren Implementierung in Methoden beziehungsweise durch die Identifizierung von Objekten und deren Implementierung in Klassen (Divide-and-conquer).
- Strukturierung erreicht man durch Bedingungen (`if`, `if-else`, `switch`) und Schleifen (`for`, `while`).

Mithilfe der `if`-Bedingung können Sie den Wahrheitswert eines booleschen Ausdrucks überprüfen und je nach Ergebnis einen Anweisungsblock ausführen oder überspringen.

Mithilfe der `if`/`else`-Bedingung können Sie den Wahrheitswert eines booleschen Ausdrucks überprüfen und je nach Ergebnis unterschiedliche Anweisungsblöcke ausführen lassen.

Mithilfe der `switch`-Bedingung können Sie den Wert eines Ausdrucks überprüfen und je nach Ergebnis unterschiedliche Anweisungsblöcke ausführen lassen.

Schleifen dienen dazu, sich wiederholende Anweisungen mehrmals hintereinander ausführen zu lassen. Mit dem Schlüsselwort `continue` kann die aktuelle Schleifeniteration abgebrochen werden. Mit dem Schlüsselwort `break` wird die ganze Schleife verlassen.

Exceptions sind eine spezielle, objektorientierte Form der Fehlerbehandlung. Der Vorteil der Exceptions ist vor allem die Trennung von Fehlerauslösung und Fehlerbehandlung. Ausgelöst werden Exceptions mit dem Schlüsselwort `throw`. Abgefangen werden Exceptions nur für Code-Anweisungen, die in einen `try`-Block gefasst sind, und nur dann, wenn sich an den `try`-Block ein `catch`-Block für die betreffende Exception-Klasse anschließt.

■ 4.6 Fragen und Antworten

1. In welchen drei Stufen werden Programme modularisiert?

   Methoden – Klassen – Pakete.

2. Ist die folgende if-Bedingung korrekt?

```java
int i;

i = 3;
if(i) {
   // tue irgendetwas
}
```

Integer-Werte oder -Variablen sind als boolesche Ausdrücke in if-Bedingungen nicht erlaubt. (Was unter anderem daran liegt, dass Integer-Werte nicht vom Compiler in boolesche Werte umgewandelt werden können.) Erlaubt wäre aber folgende Formulierung:

```java
boolean i;

i = true;
if(i) {
   // tue irgendetwas
}
```

3. Wann wird die folgende Bedingung zu `true` ausgewertet? (Hilfe: Betrachten Sie x und y als Koordinaten in der Ebene.)

```java
if (   (x < 35 && x > 20) && (y < 100 && y > 80)
    || (x < 150 && x > 120) && (y < 95 && y > 75))
```

Die if-Bedingung überwacht zwei Rechtecke in der Ebene und wird zu `true` ausgewertet, wenn die Koordinaten von x und y in einem der beiden Rechtecke liegen. Auf diese Weise kann man beispielsweise überwachen, ob der Anwender in einen bestimmten Bereich eines Fensters einer GUI-Anwendung oder eines Bilds geklickt hat.

4. Worin besteht der Fehler in der folgenden Schleife?

```java
int i,j,k;

i = 1;
System.out.println("i \t j \t k");
while (i < 10)  {
    j = i*i - 1;
    k = j*j - 1;
    System.out.println(i + " \t" + j + " \t" +k);
}
```

Der Fehler liegt darin, dass die Schleifenvariable i nicht verändert und die Schleife folglich nicht beendet wird.

5. Die folgende Schleife definiert zwei Schleifenvariablen. Wie sieht die Ausgabe der Schleife aus?

```
int n,m;

for(n = 0, m = 0; n < 10 && m <3; n++, m += 2) {
  System.out.println(" n * m = " + n*m);
}
```

Die Ausgabe der Schleife lautet:

```
n * m = 0
n * m = 2
```

6. Wissen Sie, was eine Modulo-Operation ist? Wenn ja, benutzen Sie den Modulo-Operator, um zu überprüfen, ob eine Zahl gerade ist.

Wenn Sie zwei Zahlen mit dem Modulo-Operator % dividieren, errechnet der Compiler, wie oft der Divisor in den Dividenden passt. Die Differenz zwischen diesem Wert und dem Dividend wird zurückgeliefert. Für 250%4 würde also 2 zurückgeliefert. Um zu prüfen, ob eine Zahl gerade ist, dividiert man sie modulo 2 und prüft, ob das Ergebnis gleich 0 ist:

```
for(int i = 0; i < 10; i++)
  if( (i % 2) == 0)
    System.out.println(i + " ist gerade");
```

■ 4.7 Übungen

1. In der ersten Übung aus Kapitel 3 haben Sie zwei Klassen für einen Flugsimulator aufgesetzt. Überlegen Sie sich jetzt, wie Sie feststellen können, wann das Flugzeug auf den Boden gestürzt oder in einen Wasserturm hineingeflogen ist.

2. Setzen Sie eine for-Schleife zur Berechnung der ersten hundert Quadratzahlen auf.

3. Wandeln Sie die for-Schleife aus der vorherigen Übung in eine while-Schleife um.

4. Nutzen Sie die Binärcodierung des Computers, um zu entscheiden, ob eine Zahl gerade ist.

5 Objektorientierte Programmierung mit Java

Wenn Sie alle Kapitel bis hierher aufmerksam gelesen haben, sind Sie nun bestens vorbereitet, in die Tiefen der objektorientierten Programmierung einzutauchen. Die wichtigste Neuerung, die Sie nun kennenlernen werden, ist das Konzept der *Vererbung*. Daneben werden wir uns aber auch die Implementierung und Programmierung mit Methoden noch einmal etwas näher anschauen und ein paar Worte zu Gültigkeitsbereichen und Sichtbarkeit verlieren.

■ 5.1 Vererbung

Vererbung? Kommen jetzt nach den genmanipulierten Tomaten die genmanipulierenden Programmierer? Keine Sorge, im Vergleich zu manchen Genetikern sind wir noch ganz harmlos. Aber Klassen können ihre Eigenschaften (also ihre Felder) und Methoden an andere Klassen weitervererben. Man spricht dann auch von *Vererbung* oder *Ableitung* und bezeichnet die Klasse, die ihre Elemente vererbt, als Basisklasse. Die Klasse, die die Elemente der Basisklasse erbt, bezeichnet man als abgeleitete Klasse.

Erinnern wir uns an die Klasse Mitarbeiter aus Abschnitt 3.4. In jeder Firma gibt es verschiedene Arten von Mitarbeitern, z.B. den Chef, die Angestellten und die Lehrlinge. Nehmen wir an, dass Ihr Chef mit der zusätzlichen Anforderung an das Programm kommt, dass Beförderungen durchführbar sein sollen. Wenn wir weiter annehmen, dass Lehrlinge und der Chef selbst nicht befördert werden können, bleiben dafür nur die normalen Angestellten. Allerdings sollen die Lehrlinge eine Prüfung ablegen. Nun wäre es umständlich, für Lehrlinge, Angestellte und den Chef jeweils eine komplett neue Klasse anzulegen, denn bis auf die Beförderungen und Prüfungen sind die Klassen ja identisch! Hier kommt der Vorteil der Vererbung ins Spiel: Wir nehmen die Mitarbeiter-Klasse als Basisklasse, leiten von ihr Klassen für Lehrlinge, Angestellte und den Chef ab und erweitern die abgeleiteten Klassen um zusätzliche Fähigkeiten (in unserem Fall z.B. die Beförderungsmöglichkeit).

Wie sieht das als Java-Programm aus?

Listing 5.1 Aus MitarbeiterBeispiel.java

```java
class Mitarbeiter {
  String m_name;
  String m_vorname;
  int m_gehalt;

  Mitarbeiter(String name, String vorname, int gehalt) {
    m_name = name;
    m_vorname = vorname;
    m_gehalt = gehalt;
  }

  void datenAusgeben() {
    System.out.println("\n");
    System.out.println(" Name    : " + m_name);
    System.out.println(" Vorname : " + m_vorname);
    System.out.println(" Gehalt  : " + m_gehalt + " Euro");
  }

  void gehaltErhoehen(int erhoehung) {
    m_gehalt += erhoehung;
  }
}


// Die abgeleiteten Klassen
class Lehrling extends Mitarbeiter {
  int abgelegtePruefungen;

  // Konstruktor setzt die Anzahl der Prüfungen auf 0
  Lehrling(String name, String vorname, int gehalt)  {
    // den Konstruktor der Basisklasse aufrufen
    super(name, vorname, gehalt);

    // Initialisierung der eigenen Felder
    abgelegtePruefungen = 0;
  }
}

class Angestellter extends Mitarbeiter {
  int hierarchiestufe;
  final int MAX_HIERARCHIE = 5;

  // Konstruktor
  Angestellter(String name, String vorname, int gehalt) {
    // den Konstruktor der Basisklasse aufrufen
    super(name,vorname,gehalt);

    // Initialisierung der eigenen Felder
    hierarchiestufe = 0;
  }

  void befoerdern() {
    // falls noch möglich, befördern
    if(hierarchiestufe < MAX_HIERARCHIE)
        hierarchiestufe++;
  }
}
```

```
class Chef extends Mitarbeiter {
  // keine Erweiterungen

  // Konstruktor von Chef ruft nur den Konstruktor
  // der Basisklasse auf
  Chef(String name, String vorname,int gehalt) {
    super(name,vorname,gehalt);
  }

  // beim Gehalt erhält der Chef mehr
  void gehaltErhoehen(int erhoehung) {
    m_gehalt += 2*erhoehung;
  }
}
```

Analyse:

Gehen wir das Beispiel durch, das uns die vier wichtigsten Punkte bei der Vererbung illustriert:

- Die Ableitung an sich – das heißt die Deklaration der abgeleiteten Klasse und die Angabe der Basisklasse (siehe nachfolgender Abschnitt)

- Die Definition eigener Felder und Methoden in der abgeleiteten Klasse. Hierfür gelten haargenau die gleichen Regeln wie bei einfachen Klassen, sodass es eigentlich nichts mehr dazu zu sagen gibt.

- Die Überschreibung geerbter Methoden – das wichtigste Werkzeug, um das geerbte Verhalten anzupassen (siehe Abschnitt „Geerbte Methoden überschreiben")

- Der Aufruf überschriebener Methoden – denn auch wenn wir eine geerbte Methode überschreiben, ist der Zugriff auf die überschriebene Methode immer noch möglich und oft auch notwendig, beispielsweise bei Konstruktoraufrufen (siehe Abschnitt „Überschriebene Basisklassenmethoden aufrufen – super").

Basisklasse festlegen – extends

Wir haben drei neue Klassen Lehrling, Angestellter, Chef deklariert. Alle drei Klassen wurden von unserer Basisklasse Mitarbeiter abgeleitet. Dem Compiler teilen wir die gewünschte Ableitung durch das Schlüsselwort extends mit:

```
class Angestellter extends Mitarbeiter {
  ...
```

Danach stehen in Angestellter automatisch alle Felder und Methoden der Klasse Mitarbeiter zur Verfügung.

Wenn Sie jetzt also eine Instanz der Klasse Angestellter bilden, können Sie für diese ohne Probleme die Methode datenAusgeben() aufrufen:

```
Angestellter billy = new Angestellter("Gates","Billy",4000);
billy.datenAusgeben();
```

Aber natürlich wäre nichts gewonnen, wenn Angestellter eine billige „Kopie" der Klasse Mitarbeiter bliebe. Sie haben daher die Möglichkeit:

- die abgeleitete Klasse um neue Felder und Methoden zu erweitern und/oder
- geerbte Methoden zu überschreiben.

Allerdings können Sie nicht geerbte Elemente aus der abgeleiteten Klasse löschen.

Versuchen Sie sich beim Entwurf von Basisklassen auf die wichtigsten Elemente zu beschränken, damit die abgeleiteten Klassen nicht zu sehr mit nutzlosem Schrott aus der Basisklasse belastet werden.

Die Art, in der Sie auf die geerbten Elemente zugreifen können, hängt allerdings von den in der Basisklasse verwendeten Zugriffsmodifizierern ab (siehe Abschnitt 5.3 „Die Zugriffsmodifizierer").

Geerbte Methoden überschreiben

Um eine geerbte Methode in der abgeleiteten Klasse zu überschreiben, brauchen Sie die Methode lediglich in der abgeleiteten Klasse neu zu definieren. Im Grunde genau so, als ob es sich um eine neue Methode handelte, nur dass Sie darauf achten müssen, dass die Signatur der Methode (Rückgabewert, Name, Parameter) absolut identisch zu der Signatur der Methode aus der Basisklasse ist. So geschehen bei der Methode gehaltErhoehen() der Klasse Chef.

Vererbung wirkt nur in eine Richtung!

Ganz wichtig! Was bedeutet es für die Basisklasse, wenn eine ihrer Methoden in einer abgeleiteten Klasse überschrieben wird? Nichts. Vererbung wirkt halt nur in eine Richtung. Was im Grunde passiert, ist, dass der Compiler für die abgeleitete Klasse Kopien der geerbten Felder anlegt und die Aufrufe der geerbten Methoden in Aufrufe der Methoden aus der Basisklasse umwandelt.

Und was geschieht, wenn eine Methode überschrieben wird? Dann lädt der Compiler bei einem Aufruf der Methode natürlich nicht mehr die Version aus der Basisklasse, sondern die neue Version der abgeleiteten Klasse. Die geerbte Methode der Basisklasse ist danach allerdings immer noch vorhanden – sie ist nur nicht mehr mit dem Methodennamen verbunden. Wie Sie die überschriebene Basisklassenversion aufrufen können, erfahren Sie im nächsten Abschnitt.

Worin liegt der Vorteil, eine Methode der Basisklasse zu überschreiben, anstatt einfach eine neue Methode zu definieren?

Denken Sie objektorientiert! Die Klasse Chef ist von der Klasse Mitarbeiter abgeleitet, folglich ist ein Chef-Objekt auch ein Mitarbeiter-Objekt. Dann macht es auch Sinn, dass ein Chef-Objekt über die gleichen Eigenschaften (Felder) und Verhaltensweisen (Methoden) wie ein Mitarbeiter-Objekt verfügt. Es wäre eher verwirrend, wenn die Verhaltensweise des gehaltErhoehen() plötzlich einen anderen Namen hätte.

Denken Sie an Autos. Diese verfügen über vier Räder und die Methoden `anlassen()`, `beschleunigen()`, `bremsen()`. Eine Ableitung der allgemeinen Autos sind die PKWs. Von diesen sind wieder die `Sportwagen` abgeleitet. Wenn Sie jetzt die Instanz von `Sportwagen` bilden, beispielsweise einen Ferrari Dino – in Rot natürlich –, sagen Sie dann nicht, dass der Ferrari wie jedes Auto vier Räder hat, und sprechen Sie nicht auch vom Anlassen, vom Beschleunigen und vom Bremsen (auch wenn ein Ferrari natürlich viel schneller beschleunigen kann als ein Volvo).

Sie sehen, die objektorientierte Programmierung hat viel damit zu tun, wie wir selbst die Objekte der realen Welt klassifizieren und hierarchisch ordnen. Innerhalb dieser Hierarchien akzeptieren wir, dass sich von oben nach unten weitergereichte Verhaltensweisen und Charakteristika in ihrer Ausprägung wandeln, aber wir benutzen weiterhin die gleichen Begriffe, um auf sie zu verweisen. Aus diesem Grunde:

 Achtung!

Wenn Sie die von einer Basisklasse übernommenen Verhaltensweisen abwandeln wollen, überschreiben Sie die entsprechenden Methoden, definieren Sie keine neuen Methoden.

Polymorphie

Die Anpassung abgeleiteter Klassen durch Überschreibung geerbter Methoden bezeichnet man auch als *Polymorphie* – ein äußerst interessantes Konzept der objektorientierten Programmierung, hinter dem sich natürlich noch etwas mehr verbirgt als die bloßen Vorteile einer verbesserten, in sich konsistenten Namensgebung.

Angenommen, Sie wollten alle Mitarbeiter – Lehrlinge ebenso wie Angestellte und Top-Manager – in einem einzigen Array verwalten. Dann haben Sie das Problem, dass ein Array nur Elemente eines einzigen Datentyps akzeptiert. Nun kann aber jedes Objekt einer abgeleiteten Klasse auch als Objekt seiner Basisklasse angesehen werden (logisch, ein Lehrling ist schließlich auch ein Mitarbeiter – ebenso wie Angestellte und Chefs). Sie können also alle Mitarbeiter in einem Array mit Elementen des Datentyps `Mitarbeiter` speichern. Wenn Sie jetzt dieses Array durchlaufen, beispielsweise um die Gehälter zu erhöhen oder die persönlichen Daten der Mitarbeiter auszugeben, auf welche Methoden und Daten können Sie dann zugreifen? Nun, da die Array-Elemente alle vom Datentyp `Mitarbeiter` sind, können Sie auch nur auf die Variablen und Methoden zugreifen, die in der Klasse `Mitarbeiter` definiert sind – auch wenn die Instanzen, die Sie den Array-Elementen zugewiesen haben, von abgeleiteten Klassen stammen (um auf Erweiterungen der abgeleiteten Klassen zuzugreifen, bedarf es einer expliziten Typumwandlung). Wenn Sie dabei jedoch eine Methode aufrufen, die in der abgeleiteten Klasse, von der das Array-Element ursprünglich stammt, überschrieben wurde, dann merkt der Compiler doch, dass er es mit einem Objekt einer abgeleiteten Klasse zu tun hat, und ruft die überschriebene Version auf!

Fazit:

In einem Array von Elementen der Klasse B kann man nicht nur Objekte der Klasse B, sondern auch Objekte von abgeleiteten Klassen ablegen. Für alle Elemente im Array kann man die Methoden aufrufen, die in der Klasse B sind (wobei für Elemente abgeleiteter Klassen automatisch die überschriebenen Versionen aufgerufen werden). Um für ein Array-Element, das von einer abgeleiteten Klasse stammt, eine Methode aufzurufen, die nur in der abgeleiteten Klasse existiert (und nicht eine Basisklassenmethode überschreibt), ist eine explizite Typumwandlung erforderlich. (Im nächsten Abschnitt finden Sie hierzu ein Beispiel mit Kreisen, Rechtecken und Linien.)

Sie sehen also: Polymorphie erlaubt die gleichartige Behandlung verschiedener Objekte unter gleichzeitiger Berücksichtigung der speziellen Eigenheiten der einzelnen abgeleiteten Objekte.

Überschriebene Basisklassenmethoden aufrufen – super

Manchmal wird es Ihnen passieren, dass Sie eine Basisklasse überschrieben haben und dann feststellen, dass Sie die Methode der Basisklasse aber auch gerne aus der abgeleiteten Klasse heraus aufrufen würden.

Kein Problem!

Natürlich reicht es nicht, wie üblich die Methode mit ihrem Namen aufzurufen (denn in diesem Fall würde ja die Version aus der abgeleiteten Klasse aufgerufen, mit der die Methode der Basisklasse überschrieben wurde). Stellen Sie dem Methodennamen daher das Schlüsselwort super voran (vom Methodennamen durch den Punktoperator getrennt).

 Merksatz

Das Schlüsselwort super steht für die Basisklasse.

Ein wichtiger Einsatz für das Schlüsselwort super ist der Aufruf des Konstruktors der Basisklasse. Jede abgeleitete Klasse definiert natürlich einen Konstruktor, der notwendige Initialisierungen durchführt. Wichtig ist dabei der Aufruf des Konstruktors der Basisklasse, damit auch die geerbten Elemente korrekt initialisiert werden.

Als Beispiel schauen Sie sich den Konstruktor der Klasse Lehrling an:

```
Lehrling(String name,String vorname,int gehalt) {
    // den Konstruktor der Basisklasse aufrufen
    super(name,vorname,gehalt);

    // Initialisierung der eigenen Felder
    abgelegtePrüfungen = 0;
}
```

Konstante Klassen – final

Das Schlüsselwort final (vgl. Abschnitt 3.1 „Variablen versus Konstanten") darf übrigens auch vor einer Klasse stehen. In diesem Fall bedeutet es, dass man von dieser Klasse nicht ableiten darf. Wenn wir also die Mitarbeiter-Klasse mit

```
final class Mitarbeiter { ....}
```

definieren würden, dann kämen vom Compiler bittere Beschwerden wegen der versuchten Ableitung von Lehrling, Angestellter und Chef.

Worin liegt dann der Vorteil einer final-Klasse?

Klare Antwort: Geschwindigkeit. Wenn der Compiler voraussetzen darf, dass von einer Klasse keine anderen Klassen abgeleitet werden, kann er besseren und schneller ausführbaren Bytecode generieren. Ein weiterer Grund ist Sicherheit. Mit gewissen Tricks könnten Hacker versuchen, durch Vererbung das Java-Sicherheitssystem zu unterlaufen. Daher sind viele wichtige vordefinierte Klassen (z. B. die String-Klasse) nicht ableitbar.

final Methoden

Nun wissen wir, was das Schlüsselwort final bewirkt, wenn man es einer Variablendeklaration oder einer Klassendeklaration voranstellt. Was könnte es dann vor einer Methodendefinition bewirken? Natürlich, dass sich die Methode nicht ändern darf, und das bedeutet, dass final-Methoden nicht in abgeleiteten Klassen überschrieben werden können.

Wenn Sie also verhindern wollen, dass eine Methode Ihrer Klasse in abgeleiteten Klassen überschrieben wird, deklarieren Sie die Methode als final. Umgekehrt könnte es aber auch interessant sein, die Überschreibung einer Methode zu erzwingen. In diesem Fall deklarieren Sie abstrakte Methoden in einer abstrakten Basisklasse.

Abstrakte Klassen – abstract

Rufen Sie sich noch einmal das Beispiel aus dem Abschnitt „Polymorphie" ins Gedächtnis, wo wir davon sprachen, dass es sinnvoll sein kann, eine Instanz einer abgeleiteten Klasse als Objekt ihrer Basisklasse zu behandeln – mit der Einschränkung, dass man dann nur auf die Felder und Methoden der Basisklasse zugreifen kann (unter Berücksichtigung überschriebener Methoden). Es lohnt sich also tatsächlich, alle Methoden, die den abgeleiteten Klassen gemeinsam sind, bereits in der gemeinsamen Basisklasse zu deklarieren. Was sich nicht immer lohnt, ist, für alle diese Methoden Implementierungen vorzugeben. Unter Umständen kann es sogar zu schweren Programmfehlern führen, wenn die Methode in einer abgeleiteten Klasse nicht überschrieben wird, obwohl die Implementierung der Basisklasse für die abgeleitete Klasse vollkommen ungeeignet ist (beispielsweise, wenn der Chef die gleiche Gehaltserhöhung bekommt wie der Lehrling).

Als Beispiel betrachten wir diesmal eine einfache Klassenhierarchie zur Verwaltung verschiedener Zeichenobjekte. Wir haben eine Basisklasse Figur und drei abgeleitete Klassen Kreis, Rechteck, Linie.

Listing 5.2 Aus Zeichnen.java

```
// Die Basisklasse
abstract class Figur {
  int m_xKoord, m_yKoord;  //xy.Koordinate der Figur

  Figur(int x, int y) {
    m_xKoord = x;
    m_yKoord = y;
  }
```

```
    abstract void zeichnen();
}
```

Später bei der Implementierung der abgeleiteten Klassen werden wir jeweils spezielle Definitionen der Methode zeichnen() vorsehen (was auch notwendig ist, da Kreise, Rechtecke und Linien ganz unterschiedlich gezeichnet werden). Um die Methode zeichnen() aber auch dann aufrufen zu können, wenn wir über eine Figur-Variable auf die einzelnen Objekte zugreifen, muss die Methode zeichnen() bereits in der Basisklasse Figur deklariert werden. Dort sehen wir aber keine Implementierung vor und deklarieren die Methode zeichnen() wie auch die ganze Klasse Figur als abstract. Damit erreichen wir,

- dass von der abstrakten Klasse Figur keine Instanzen gebildet werden können und

- dass die Methode zeichnen() in abgeleiteten Klassen überschrieben werden muss. Sonst wird die abgeleitete Klasse automatisch selbst zu einer abstrakten Klasse.

Listing 5.3 Aus Zeichnen.java

```
// Abgeleitete Klasse
class Kreis extends Figur {
  int m_radius;

  Kreis(int x, int y, int r) {
    super(x,y);
    m_radius = r;
  }

  void zeichnen() {
    System.out.println(" Zeichnen-Methode fuer Kreise");
  }
}

// Abgeleitete Klasse
class Rechteck extends Figur {
  int m_breite, m_laenge;

  Rechteck(int x, int y, int l, int b) {
    super(x,y);
    m_laenge = l;
    m_breite = b;
  }

  void zeichnen() {
    System.out.println(" Zeichnen-Methode fuer Rechtecke");
  }
}

// Abgeleitete Klasse
class Linie extends Figur {
  int m_endpX, m_endpY;

  Linie(int ax, int ay, int ex, int ey) {
    super(ax,ay);
    m_endpX = ex;
    m_endpY = ey;
  }
```

```
    void zeichnen() {
        System.out.println(" Zeichnen-Methode fuer Linien");
    }
}
```

Im Hauptprogramm bilden wir mithilfe des new-Operators Instanzen der Klassen Kreis, Rechteck und Linie und speichern diese in einem Array als Elemente der Basisklasse Figur. Um die vollständige Grafik auszugeben, durchlaufen wir dann einfach das Array und rufen für jedes Array-Element die Methode zeichnen() auf, die die jeweilige geometrische Figur ausgibt.

Listing 5.4 Aus Zeichnen.java

```
//... oben definierte Klassen

public class Zeichnen {
    static Figur[] zeichenobjekte = new Figur[5];

    public static void main(String[] args) {
        System.out.println();

        zeichenobjekte[0] = new Kreis(20,30,10);
        zeichenobjekte[1] = new Rechteck(2,78,50,50);
        zeichenobjekte[2] = new Kreis(99,30,10);
        zeichenobjekte[3] = new Linie(201,44,201,66);
        zeichenobjekte[4] = new Linie(10,50,50,50);

        for(int loop=0;loop<zeichenobjekte.length;loop++)
            zeichenobjekte[loop].zeichnen();
    }
}
```

■ 5.2 Methoden (Klassenfunktionen)

Es ist an der Zeit, etwas genauer auf die Elemente der Klassen einzugehen, in denen die eigentliche „Action" stattfindet: die Methoden.

Damit Ihnen nichts entgeht, beginnen wir diesen Abschnitt mit einer kleinen Wiederholung und versuchen, unser bisheriges Wissen zu konsolidieren und zu vertiefen.

Definition von Methoden

Die Definition einer Methode setzt sich aus zwei Teilen zusammen:

- der Signatur, welche Angaben über Rückgabetyp, Name der Methode und Parameter macht, und
- dem Methodenrumpf (oder -körper), in dem die Deklarationen der lokalen Variablen und die eigentlichen Anweisungen stehen.

```
Rückgabewert Methodenname (Datentyp1 Name1, Datentyp2 Name2 ...)  {
    lokale Variablen und Anweisungen
}

class Dummy {
   int wert;
}

class Beispiel  {
   int wert;

   int machWas(double para1, Dummy para2) {
   // ...Anweisungen ...
   para1 = 0;
   para2.wert = 50;

   // ein Rückgabewert
   return 0;
   }
}
```

Die Methode machWas erwartet einen double-Wert und ein Objekt der Klasse Dummy als Parameter und liefert einen ganzzahligen Wert zurück.

Rückgabewerte von Methoden – return

Die Rückgabe eines Werts an die aufrufende Methode erfolgt durch die sogenannte return-Anweisung, deren Syntax

```
return Wert; // bei Rückgabe eines Werts
```

oder einfach nur

```
return; // wenn kein Ergebnis zurückgegeben wird
```

lautet.

Der Datentyp des zurückgelieferten Werts muss dem Rückgabetyp der Signatur entsprechen. Wird kein Wert zurückgeliefert, wird dies in der Signatur durch den Datentyp void angezeigt.

 Liefert eine Methode keinen Wert zurück, wird auch keine return-Anweisung benötigt. Sie können sie aber trotzdem einsetzen, um eine Methode vorzeitig (vor der Abarbeitung der letzten Zeile) zu beenden.

Parameterübergabe

Schauen wir uns jetzt einmal die Parameterübergabe näher an. Was passiert da eigentlich? Die Klassen Beispiel und Dummy seien wie oben definiert.

```
Beispiel hugo = new Beispiel();
Dummy uebergabe = new Dummy();
int ergebnis;
double wert = 10.5;

uebergabe.wert = 100;
System.out.println(" Parameter vor Aufruf:\t"
                   + wert + "\t" + uebergabe.wert);
ergebnis = hugo.machWas(wert,uebergabe);
System.out.println(" Parameter nach Aufruf: \t"
                   + wert + "\t" + uebergabe.wert);
```

Beim Aufruf der Methode passiert nun Folgendes: Die Ausdrücke oder Variablen, die übergeben wurden, werden ausgewertet und die Werte werden in die entsprechenden Parametervariablen *kopiert*. Dies nennt man im Fachchinesisch *call by value*. Da die Parametervariablen Kopien der übergebenen Werte enthalten, kann die Methode mit diesen Werten machen, was sie will: Es hat absolut keine Auswirkungen auf die Variablen, die beim Aufruf übergeben worden sind. Die Anweisung para1 = 0 in unserer Beispielfunktion ändert daher nicht den Wert der Variablen Wert im Hauptprogramm!

 Achtung!

Variablen einfacher Datentypen werden als kopierte Werte an Methoden übergeben. Die aufgerufene Methode kann daher die eigene Kopie, nicht aber das Original aus der aufrufenden Methode ändern.

Die beschriebene Art der Parameterübergabe gilt allerdings nur für die elementaren Datentypen wie z. B. double. Sie werden es schon ahnen: Nicht zufällig ist im Beispiel der zweite Parameter kein einfacher Datentyp, sondern ein Objekt. Bei diesen Datentypen wird zwar auch eine Kopie des Variablenwerts übergeben, dennoch ist die Wirkung eine ganz andere. Sie erinnern sich doch noch daran, dass Variablen von Klassen nicht die Instanz selbst enthalten?! Falls nicht, sollten Sie einen Blick in das Abschnitt 3.4 über Variablen und Referenzen werfen.

Objektvariablen enthalten lediglich einen Verweis auf die Stelle im Hauptspeicher, wo das jeweilige Objekt (die Instanz der Klasse) gespeichert ist. Bei der Parameterübergabe wird also lediglich eine Kopie dieser Referenz angelegt, d. h. **keine Kopie** des eigentlichen Objekts (*call by reference*)!

Und dies bedeutet: Wenn Referenzen an Methoden übergeben werden, kann die Instanz, auf die die Referenz verweist, aus der Methode heraus verändert werden! Die Anweisung para2.wert = 50 verändert daher direkt das übergebene Objekt!

Achtung!

Variablen von Klassen werden als Referenzen an Methoden übergeben. Die aufgerufene Methode arbeitet daher mit dem gleichen Objekt wie die aufrufende Methode. Wenn Sie nicht möchten, dass die aufgerufene Methode den Inhalt einer übergebenen Referenz verändert, deklarieren Sie den zugehörigen Parameter als `final`.

Übung:

Erweitern Sie das Beispiel zu einem lauffähigen Programm und überprüfen Sie die Ausgabe!

Lösung:

Listing 5.5 Parameter.java

```java
class Dummy {
    int wert;
}

class Beispiel  {
  int wert;

  int machWas(double para1, Dummy para2) {
    para1 = 0;
    para2.wert = 50;

    return 0;
  }
}


public class Parameter {
  public static void main(String[] args) {
    System.out.println();

    Beispiel hugo = new Beispiel();
    Dummy uebergabe = new Dummy();
    int ergebnis;
    double wert = 10.5;

    uebergabe.wert = 100;
    System.out.println(" Parameter vor  Aufruf: \t"
                 + wert + "\t" + uebergabe.wert);
    ergebnis = hugo.machWas(wert,uebergabe);
    System.out.println(" Parameter nach Aufruf: \t"
                 + wert + "\t" + uebergabe.wert);
  }
}
```

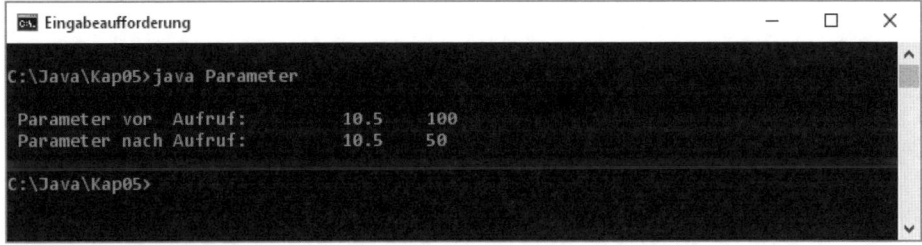

Bild 5.1 Ausgabe des Programms Parameter

Arrays als Parameter

Es wurde schon darauf hingewiesen, dass Arrays ebenfalls Objekte sind, auch wenn die einzelnen Elemente int oder einem anderen Datentyp angehören. Daher wird bei der Übergabe eines Arrays keine Kopie angelegt und übergeben, sondern nur eine Referenz auf das Array. Änderungen durch die aufgerufene Methode sind daher auch im aufrufenden Programmcode wirksam! Überprüfen Sie dies doch einmal mit dem folgenden Beispiel.

Listing 5.6 Tauschprogramm.java

```java
class Punkt {
  double x,y,z;
}

class Tauscher {
  void koordinatenTausch(Punkt[] pliste) {
    int i = 0;
    double tmp;

    for(i = 0; i < pliste.length; i++)  {
      // x und y vertauschen
      tmp = pliste[i].x;
      pliste[i].x = pliste[i].y;
      pliste[i].y = tmp;
    }
  }
}

public class Tauschprogramm {
  public static void main(String[] args) {
    int i;
    Tauscher tausche = new Tauscher();

    // Array von 3 Punkten anlegen
    Punkt[] liste = new Punkt[3];  // zuerst das
                                   // Array mit den
                                   // Referenzen

    // Nun Liste mit Punkt-Objekten initialisieren
    for(i = 0; i< liste.length; i++)
      liste[i] = new Punkt();

    // Koordinaten initialisieren
    liste[0].x = 0.0;
```

```
    liste[0].y = 1.0;
    liste[1].x = 2.0;
    liste[1].y = 3.0;
    liste[2].x = 4.0;
    liste[2].y = 5.0;

    System.out.println("\n Nach Initialisierung");
    for( i = 0; i < liste.length; i++) {
      System.out.println(" Liste[" + i + "] : x = " +
                  liste[i].x + "   y = " + liste[i].y);
    }

    tausche.koordinatenTausch(liste);

    System.out.println("\n Nach Tauschen");
    for( i = 0; i < liste.length; i++) {
      System.out.println(" Liste[" + i + "] : x = " +
                  liste[i].x + "   y = " + liste[i].y);
    }
  }
}
```

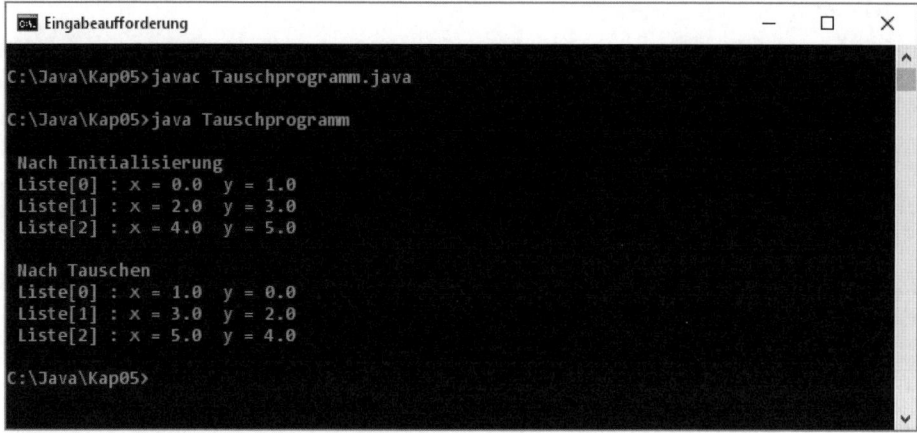

Bild 5.2 Ausgabe des Programms Tauschprogramm

■ 5.3 Variablen- und Methodensichtbarkeit

Bis jetzt hatten wir eigentlich nie große Probleme, wenn es darum ging, auf eine deklarierte Variable oder Methode zuzugreifen. Doch nun heißt es:

Aufwachen Dornröschen! Let's face reality! Das Leben ist nicht immer leicht, und erst recht dann nicht, wenn es um die Sichtbarkeit von Variablen und Methoden geht.

Aber wir wollen nicht ungerecht sein. Sie haben bis hierher prima mitgehalten und eigentlich eine Belohnung verdient. Wenn Sie im Moment die Nase voll haben von drögen Textbildschirmanwendungen und objektorientierten Konzepten, wenden Sie diesem Kapitel einfach den Rücken zu und springen Sie zu Kapitel 8, wo wir in die Erstellung von GUI-Anwendungen einsteigen. Das Rüstzeug dazu haben Sie mittlerweile allemal.

Wenn Sie aber mit der Zeit tiefer in die Java-Programmierung vordringen, wird Ihnen auffallen, dass Ihnen zu einem gründlichen Verständnis der objektorientierten Programmierung doch noch einiges zu fehlen scheint. Kommen Sie dann auf dieses Kapitel zurück und schließen Sie Ihre Wissenslücken.

Dreierlei Variablen

Bisher haben wir innerhalb einer Klasse nur zwischen lokalen Variablen und Feldern unterschieden. Felder gibt es aber in zwei Varianten: als Instanzvariablen (die Version, mit der wir bisher ausschließlich zu tun hatten) und als Klassenvariablen.

Schauen wir uns dazu ein kleines Beispiel an:

Listing 5.7 Instanzenzaehler.java

```java
class IchZaehlMich {
    int        m_instanzvariable = 0;
    static int m_klassenvariable = 0;

    IchZaehlMich() {
        m_instanzvariable++;
        m_klassenvariable++;
        System.out.print(" Inst.variable = " + m_instanzvariable);
        System.out.println("\t Klas.variable = " + m_klassenvariable);
    }

    protected void finalize() {
        m_klassenvariable--;
        System.out.println(" Klas.variable = " + m_klassenvariable);
    }
}

public class Instanzenzaehler {
    static void erzeugeInstanzen() {
        IchZaehlMich instanz_1 = new IchZaehlMich();
        IchZaehlMich instanz_2 = new IchZaehlMich();
        IchZaehlMich instanz_3 = new IchZaehlMich();
    }

    public static void main(String[] args)
                        throws InterruptedException  {
        System.out.println("\n Instanzen erzeugen: \n");
        erzeugeInstanzen();

        System.out.println("\n Instanzen aufloesen: \n");
        System.gc();
        System.runFinalization();
    }
}
```

```
Eingabeaufforderung                                    —    □    ×

C:\Java\Kap05>javac Instanzenzaehler.java
Note: Instanzenzaehler.java uses or overrides a deprecated API.
Note: Recompile with -Xlint:deprecation for details.

C:\Java\Kap05>java Instanzenzaehler

Instanzen erzeugen:

Inst.variable = 1        Klas.variable = 1
Inst.variable = 1        Klas.variable = 2
Inst.variable = 1        Klas.variable = 3

Instanzen aufloesen:

Klas.variable = 2
Klas.variable = 1
Klas.variable = 0
C:\Java\Kap05>
```

Bild 5.3 Ausgabe des Programms Instanzenzaehler

deprecated-Warnung

Wenn Sie das Programm Instanzenzaehler mit *javac* kompilieren, erhalten Sie
eine Warnung, weil das Programm die Methode finalize() verwendet, von deren
Gebrauch seit Java 9 abgeraten wird (deprecated). Sie können das Programm
trotzdem normal ausführen. (Mehr zu dieser Warnung und der Methode
finalize() im Abschnitt „Instanzen auflösen".)

Analyse:

Die Klasse IchZaehlMich definiert zu Beginn zwei Variablen. Die erste ist eine sogenannte
Instanzvariable. Dies besagt, dass jede kreierte Instanz der Klasse eine eigene separate
Kopie dieser Variablen besitzt. Nach der Bildung der drei Instanzen:

```
IchZaehlMich Instanz_1 = new IchZaehlMich();
IchZaehlMich Instanz_2 = new IchZaehlMich();
IchZaehlMich Instanz_3 = new IchZaehlMich();
```

in der Methode Instanzenzaehler.erzeugeInstanzen() gibt es also drei Variablen:

```
instanz_1.m_instanzvariable
instanz_2.m_instanzvariable
instanz_3.m_instanzvariable
```

Die Werte dieser Instanzvariablen haben nichts miteinander zu tun! Jede dieser Instanzvariablen wurde von ihrem Konstruktor von 0 auf 1 gesetzt.

Anders hingegen die Variable m_klassenvariable, die wir mit dem Schlüsselwort static
definiert haben und schon entsprechend getauft haben: Bei ihr handelt es sich um eine
Klassenvariable. Sie existiert nur *einmal*! Und das unabhängig davon, wie viele Instanzen

von der Klasse `IchZaehlMich` gebildet wurden. In unserem Beispiel wird bei jeder Instanz-bildung der Wert dieser Klassenvariablen durch den Konstruktor der Klasse `IchZaehlMich` um eins erhöht. Bei Auflösung einer Instanz der Klasse lassen wir die Variable dekremen-tieren. Die Klassenvariable fungiert hier also als eine Art Instanzenzähler.

 Da Klassenvariablen nicht an irgendwelche Instanzen gebunden sind, benötigt man auch keinen Instanznamen, um auf sie zuzugreifen. Der Zugriff erfolgt über den Namen der Klasse oder direkt.

Damit haben wir nun drei verschiedene Kategorien von Variablen kennengelernt.

Tabelle 5.1 Variablenkategorien

Variablen		Beschreibung
Lokale Variablen		Variablen, die innerhalb einer Methode deklariert werden
Felder	Instanzvariablen	Variablen, die außerhalb jeder Methode deklariert werden und von denen jede Instanz der zugehöri-gen Klasse eine eigene Kopie erhält
	Klassenvariablen	Variablen, die außerhalb jeder Methode deklariert werden und von denen es stets nur eine Kopie gibt

Statische Methoden – static

Etwas Vergleichbares zu den Klassenvariablen gibt es auch bei den Methoden. Wenn eine Methode als `static` vereinbart wurde, kann auf sie zugegriffen werden, ohne dass eine Instanz der Klasse überhaupt existieren muss. Aus diesem Grund muss beispielsweise die `main()`-Funktion immer als `static` definiert werden: Wenn das Programm gestartet wird, können logischerweise noch gar keine Instanzen von irgendwelchen Klassen existieren. Um die `main()`-Funktion überhaupt ausführen zu können und somit das Programm zu begin-nen, muss sie also schon existieren und daher `static` sein!

 Achtung!

Wenn Sie mit statischen Methoden arbeiten, beachten Sie, dass diese im Grunde genommen wie eigenständige Funktionen außerhalb aller Klassen zu benutzen sind. Eine statische Methode kann daher auch nicht so ohne Weiteres auf Instanzvariablen und andere Methoden der Klasse, in der sie definiert ist, zu-greifen (es sei denn, diese sind ebenfalls als `static` deklariert). Ist ein Zugriff erforderlich, muss dieser über eine Instanz der Klasse erfolgen.

Instanzen auflösen – finalize

Wir sind mit der Besprechung des Beispielprogramms *Instanzenzaehler* noch nicht ganz fertig. Jedes Mal, wenn mit new eine neue Instanz der Klasse IchZaehlMich gebildet wird, wird der Wert der Klassenvariablen m_klassenvariable inkrementiert. Instanzen können aber auch wieder aufgelöst, das heißt aus dem Speicher entfernt werden. Dies geschieht automatisch durch den Speicherbereiniger (im Englischen: Garbage Collector) von Java. Wann dies geschieht, hängt vom Speicherbereiniger und von der Lebensdauer der Variablen ab. Lokale Variablen, die nur innerhalb einer bestimmten Methode gültig sind, existieren auch nur während der Abarbeitung dieser Methode. Ist die Abarbeitung der Methode beendet, werden die lokalen Variablen nicht mehr weiter benötigt (sofern sie nicht als static deklariert sind). Bei der nächsten Gelegenheit werden sie dann vom Speicherbereiniger aus dem Speicher gelöscht. Handelt es sich bei den aufzulösenden lokalen Variablen um Instanzen, wird zuvor noch deren Methode finalize() aufgerufen, die automatisch allen Klassen zu Eigen ist. Standardmäßig tut diese Methode gar nichts, Sie können sie aber überschreiben, um auf die Auflösung der Instanzen Einfluss zu nehmen. In unserem Beispiel nutzen wir diese Methode zum Dekrementieren der Klassenvariablen m_klassenvariable.

```java
public class Instanzenzaehler {
  static void erzeugeInstanzen() {
    IchZaehlMich instanz_1 = new IchZaehlMich();
    IchZaehlMich instanz_2 = new IchZaehlMich();
    IchZaehlMich instanz_3 = new IchZaehlMich();
  }

  public static void main(String[] args)
                        throws InterruptedException {
    System.out.println("\n Instanzen erzeugen: \n");
    erzeugeInstanzen();

    System.out.println("\n Instanzen aufloesen: \n");
    System.gc();
    System.runFinalization();
  }
}
```

Analyse:

Als Erstes rufen wir in der Hauptfunktion main() die Methode erzeugeInstanzen() auf, in der drei Instanzen der Klasse IchZaehlMich (siehe oben) gebildet werden. Als Folge der Instanzbildungen wird die statische Klassenvariable m_klassenvariable bis 3 hochgezählt. Nach Ausführung der Methode werden die Instanzen nicht mehr benötigt und demnächst vom Speicherbereiniger entsorgt. Wir können dies aber noch beschleunigen, indem wir den Speicherbereiniger direkt zur Arbeit rufen – und zwar durch Aufruf der Methode System.gc().

Der Speicherbereiniger löst dann die Instanzen zu den drei ehemaligen lokalen Variablen auf, wobei jeweils die finalize()-Methoden der Instanzen aufgerufen werden (deren Implementierung ist im vollständigen Abdruck des Programms *Instanzenzaehler* zu sehen).

Nun gibt es nur noch ein kleines Problem. Wenn nach Aufruf des Speicherbereinigers das Programm direkt beendet wird, kann es passieren, dass die Verbindung unseres Programms zum Monitor unterbrochen wird, bevor die Ausgaben der finalize()-Aufrufe sichtbar werden. Wir rufen daher die statische Methode runFinalization() der Klasse System (aus dem Paket *java.lang*) auf, die die Java Virtual Machine auffordert, ihr Bestes zu geben und für alle aufzulösenden Objekte die finalize()-Methode auszuführen.

Sofern bei der Auflösung der Klasseninstanzen keine besonderen Arbeiten zu erledigen sind, brauchen Sie die Methode finalize() nicht zu definieren.

Verlassen Sie sich nicht auf finalize()

Wie die obigen Ausführungen schon angedeutet haben, ist es oft sehr schwierig, genau vorauszusagen, wann und ob überhaupt die Methode finalize() aufgerufen wird. Von dem Gebrauch der Methode wird daher seit Java 9 abgeraten. Code, der die Methode enthält, wird aber wie bisher ausgeführt. Sie erhalten lediglich eine deprecated-Warnung beim Kompilieren.

Lokale Variablen und Verdeckung

Kommen wir noch einmal zurück auf Instanzvariablen und lokale Variablen. Wie Sie wissen, können alle Methoden einer Klasse auf die Instanzvariablen der Klasse zugreifen, während die lokalen Variablen einer Methode nur in ihrer Methode sichtbar sind. Was aber passiert, wenn eine lokale Variable den gleichen Namen hat wie eine Instanzvariable der Klasse?

```java
class Beispiel {
  int wasBinIch = 4;

  void eineMethode() {
    int wasBinIch = 10;

    System.out.println(" wasBinIch = " + wasBinIch);      // 10
  }

  void nochEineMethode() {
    System.out.println(" wasBinIch = " + wasBinIch);      // 4
  }
}
```

Im obigen Beispiel wird die Instanzvariable wasBinIch in der Methode eineMethode() durch die gleichnamige lokale Variable wasBinIch verdeckt, während sie in der Methode nochEineMethode() wie üblich sichtbar ist.

Was macht man nun, wenn man den Wert der verdeckten Instanzvariablen und der lokalen Variablen benötigt?

Die einfachste Antwort darauf wäre: selbst schuld! Wer so dumm ist, dass er Variablen den gleichen Namen gibt, muss bestraft werden! In der Tat sollten Sie es nach Möglichkeit vermeiden, Instanzvariablen zu verdecken, da dies meist zu verwirrenden, schlecht lesbaren Programmen führt. Wenn es aber unbedingt sein muss, können Sie Folgendes machen:

Bei Klassenvariablen:	den vollen Klassennamen angeben, also z. B.: `Beispiel.m_klassenvariable`.
Bei Instanzvariablen:	den vollen Instanznamen angeben, wie: `instanz_1.wasBinIch` oder `this.wasBinIch`

Sie werden sich eventuell fragen, was das alles soll. Warum gibt es diese verwirrenden Unterschiede? Seien Sie froh und dankbar! Stellen Sie sich einmal vor, wie es wäre, wenn jede Variable, die Sie definieren, überall sichtbar wäre? Irgendwann kommt bestimmt der Zeitpunkt, wo Sie frisch und munter eine Variable definieren und die quälende Frage keimt in Ihnen auf: „Hm, die hatte ich doch schon mal irgendwo?!" Sie fangen an zu suchen und entdecken gleich noch drei andere Variablen mit dem gleichen Namen und schon haben Sie etliche Probleme am Hals. Lokale Variablen erlauben Ihnen modulares Programmieren: Sie müssen sich nur um den aktuellen Block kümmern, der Rest ist im Moment relativ egal. Das erleichtert die Programmerstellung und Wartbarkeit enorm!

this

`this` ist eine spezielle Instanzvariable, die der Compiler automatisch anlegt und die immer auf die aktuelle Instanz der Klasse, in der Sie sich gerade befinden, verweist. Wenn die Klasse von einer anderen Klasse abgeleitet ist, gibt es noch eine analoge Variable, nämlich super, die auf die übergeordnete Klasse zeigt.

Die Zugriffsmodifizierer

Wie schon erwähnt, stellt das Prinzip der Datenkapselung einen Grundpfeiler der objektorientierten Programmierung dar. Dazu gehört das Streben, Klassen möglichst autark zu machen, damit möglichst wenig von der Implementierung der Klasse nach außen sichtbar wird. Denn Sie wissen ja: Was man nicht weiß, macht einen nicht heiß. Wenn Sie als Programmierer nicht wissen müssen, wie eine bestimmte Klasse intern aufgebaut ist, erleichtert Ihnen dies den Umgang mit der Klasse und Sie werden nicht in Versuchung gebracht, eventuell irgendwelche Besonderheiten der Klasse auszunutzen, die sich vielleicht bei einer späteren (neueren) Version geändert haben und die dann plötzlich zu einem ganz anderen Programmverhalten oder gar Absturz führen.

Veranschaulichen wir uns dies wieder an einem kleinen Beispiel:

```
class Nuetzlich {
  int m_wichtigeVariable;

  int leseStatus()  {
    return m_wichtigeVariable;
  }
```

```
  // viele weitere Methoden
  // ...
}
```

Nehmen wir an, dass Sie die Klasse `Nuetzlich` in Ihrem Programm verwenden und Sie von einer Instanz dieser Klasse einen bestimmten Statuswert benötigen. Der Programmierer (Sie oder jemand anderes, wenn es eine „fremde" Klasse ist) hat zum Abgreifen des Werts extra eine Methode `leseStatus()` zur Verfügung gestellt. Sie kennen jedoch den Quellcode und sehen, dass diese Funktion den Wert der Instanzvariablen `m_wichtigeVariable` zurückliefert. Der Zugriff über die Methode ist Ihnen zu umständlich und zu langsam (Methodenaufrufe sind immer langsamer als direkte Zugriffe) und Sie greifen daher direkt auf diese Variable zu:

```
class Nuetzlich = new Nuetzlich();
int status;

....
status = Nuetzlich.m_wichtigeVariable;
```

So weit, so gut. Nehmen wir an, dass Sie die Klasse von einem Freund erhalten haben, der Ihnen zwei Monate später den Quellcode einer immens verbesserten Version gibt, die um den Faktor 50 schnellere Programme garantiert! Freudig erregt greifen Sie natürlich zu und wechseln die Klassendefinition gegen die neue Version aus, Sie kompilieren und lassen das Programm laufen, um den Geschwindigkeitsrausch zu genießen ... und was passiert? Das Programm ist nicht nur 50 Mal schneller, es ist sogar noch schneller, weil es laufend abstürzt oder gar nicht erst fehlerfrei kompiliert wird! Was ist schiefgelaufen? Wahrscheinlich hat Ihr Freund bei der Optimierung auch die interne Implementierung der Klasse geändert. Vielleicht hat er `m_wichtigeVariable` nun so genannt, wie er sie schon immer nennen wollte, nämlich `m_aktuellerStatus`. Da er auch die `leseStatus()`-Methode entsprechend korrigiert hat, würde Ihr Programm prächtig laufen, wenn Sie nicht diesen Direktzugriff auf eine Variable benutzt hätten, die es nun gar nicht mehr gibt! Dies wäre noch ein relativ harmloser Fehler, da er schon beim Kompilieren auffällt. Aber stellen Sie sich mal vor, die Variable `m_wichtigeVariable` gäbe es immer noch, nur ist sie jetzt mit einer ganz anderen Aufgabe betraut und hat völlig andere Werte! Und Sie greifen munter weiter darauf zu ... Sie können sich vorstellen, dass mit etwas Pech extrem schwer zu findende Fehler auftreten.

Aus diesem Grund gibt es in Java die Möglichkeit, den Zugriff auf Variablen und Methoden von Klassen einzuschränken, indem gewisse Schlüsselwörter (Zugriffsmodifizierer) vor die Variablendeklaration bzw. Methodendefinition gesetzt werden.

Tabelle 5.2 Zugriffsmodifizierer

Zugriffsmodifizierer	Verfügbarkeit
`public`	in allen Paketen verfügbar
kein Modifizierer	verfügbar innerhalb des eigenen Pakets
`protected`	verfügbar innerhalb des eigenen Pakets und in allen von dieser Klasse abgeleiteten Klassen
`private`	verfügbar nur innerhalb der eigenen Klasse

Wenn Ihr Freund Sie also gut kennt und weiß, dass Sie der Verlockung eines Direktzugriffs auf die Variable wohl nicht widerstehen können, kann er Sie zur Verwendung der entsprechenden Methode zwingen, indem er m_wichtigeVariable privat macht, sodass nur klasseninterne Methoden darauf zugreifen dürfen:

```java
class Nuetzlich {
  private int m_wichtigeVariable;

  int leseStatus() {
    return m_wichtigeVariable;
  }

  // viele weitere Methoden
  // ...
}
```

Wenn Sie nun weiterhin einen Direktzugriff auf diese Variable von außen versuchen, wird der Compiler mit einer Fehlermeldung abbrechen. Sie sind gezwungen, die dafür vorgesehene Methode zu verwenden!

Zugriffsmodifizierer public für Klassen

Der Modifizierer public kann nicht nur für Klassenelemente eingesetzt werden, sondern auch für die Klasse selbst. In den bisherigen Programmbeispielen sahen Sie vor dem class-Schlüsselwort der Hauptklasse immer auch den Zugriffsmodifizierer public:

```java
public class Super {
  ...
}
```

Eine derart definierte Klasse ist nicht nur in ihrem eigenen Paket, sondern auch in allen anderen Paketen sichtbar. Folglich können nicht die Klassen Instanzen von Super erzeugen, die zusammen mit Super im gleichen Paket definiert sind, sondern auch alle Klassen in anderen Paketen (zu Paketen siehe auch Abschnitt 3.6 und den letzten Teil von 4.2).

Falls Sie in Ihren Programmen keine package-Anweisung verwenden und Ihre Klassen nicht explizit in Pakete einteilen, gehören alle Klassen zum sogenannten „namenlosen" Paket. Dann ist es egal, ob Sie Ihre Klassen mit oder ohne public-Modifizierer definieren. Es gilt lediglich die allgemeine Java-Regel, dass pro Datei genau eine Klasse mit dem Zugriffsmodifizierer public beginnen muss und die Datei dann auch wie diese Klasse heißen muss.

■ 5.4 Innere Klassen

Bisher hatten wir Klassen immer eine nach der anderen definiert. Beeindrucken Sie Ihre nächste Party-Bekanntschaft mit dem Fachausdruck *Toplevel*-Klassen. Seit dem Java-Standard 1.1 gibt es nämlich auch die Möglichkeit, innere Klassen zu definieren, d. h., eine Klasse innerhalb einer anderen zu definieren:

```
class AeussereKlasse {
  // Variablen und Methoden
  ...

  // eine innere Klasse
  class InnereKlasse {
    // Variablen und Methoden
    ...
  }
}
```

Was bringt das nun? Für einen Einsteiger eigentlich nicht berauschend viel. Innere Klassen sind nur innerhalb der Klasse sichtbar, in der sie definiert sind. Man kann sie sogar ganz ohne Namen vereinbaren (anonyme Klassen). Das kann recht bequem sein bei der Code-Erstellung. Ferner unterstützen sie modulares Programmieren und Datenkapselung, aber notwendig sind sie nicht. Praktisch eingesetzt werden sie öfter bei der GUI-Programmierung und dort werden wir ihnen wieder begegnen. Lassen Sie sich dann nicht erschrecken: Es sind im Prinzip ganz normale Klassen mit beschränkter Sichtbarkeit.

■ 5.5 Mehrfachvererbung und Schnittstellen

In Java kann man eine Klasse von einer anderen Klasse ableiten. Diese kann wiederum von einer dritten Klasse abgeleitet sein und so fort, sodass ganze Erblinien[1] entstehen.

In der Realität findet man aber meist komplexere Erbhierarchien. Sie selbst haben Ihre Anlagen beispielsweise von Vater und Mutter geerbt, ein Klavier kann sowohl als Musikinstrument wie auch als Möbel betrachtet werden, wenn Sie eine Klassenhierarchie zur Repräsentation von Verkehrsmitteln erstellen müssen, könnte es praktisch sein, die Klasse Bus aus den beiden Basisklassen MotorisiertesFahrzeug und OeffentlichesVerkehrsmittel zusammenzusetzen. Man spricht in so einem Fall von Mehrfachvererbung, d.h., eine Klasse wird von zwei oder mehreren Klassen abgeleitet. Doch wie sieht es damit in Java aus? Leider nicht so gut, denn in Java sind keine Mehrfachvererbungen erlaubt.

 Achtung!

In Java gibt es keine Mehrfachvererbung von Klassen.

Warum diese Abneigung gegen Mehrfachvererbungen?

Zum einen sind die Möglichkeiten der Mehrfachvererbung meist nicht so mächtig, wie man sich das vorstellt. In der Praxis sieht man Mehrfachvererbungen daher auch in Programmiersprachen, die diese erlauben, eher selten.

---

[1] Die übrigens ausnahmslos auf die Klasse Object zurückgehen, von der alle Klassen in Java direkt oder indirekt abgeleitet sind. (Das heißt, Klassen, die nicht explizit von einer anderen Klasse abgeleitet werden, werden implizit von Object abgeleitet.)

Auf der anderen Seite stellen Mehrfachvererbungen einen Compiler vor etliche Probleme – beispielsweise dann, wenn der Programmierer eine Karo-Vererbung implementiert.

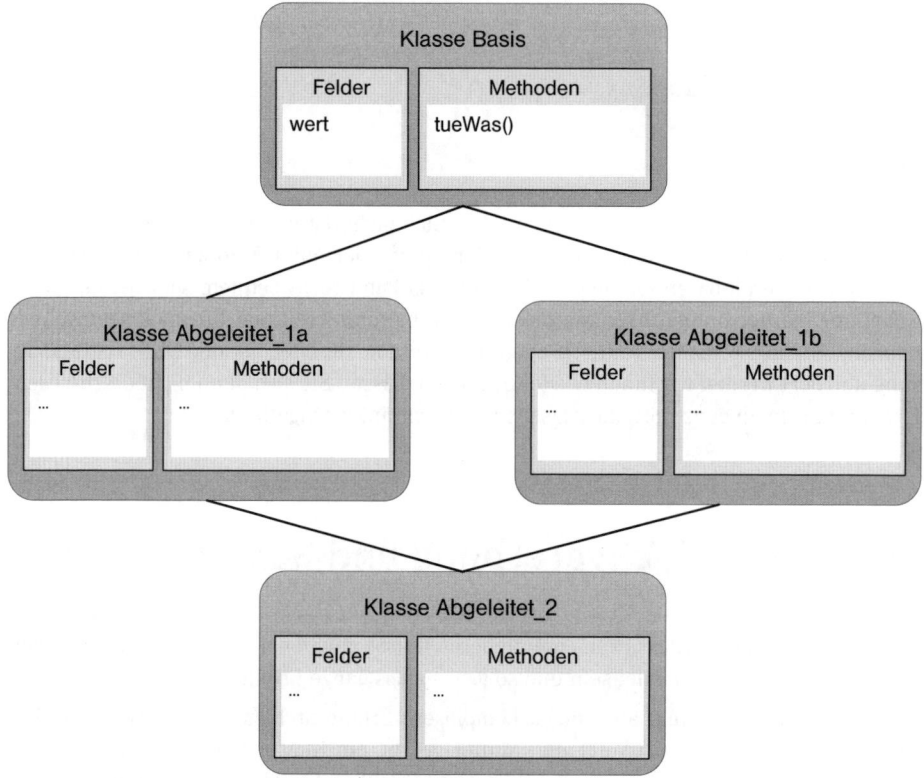

Bild 5.4 Karo-Vererbung

Das Vererbungsschema aus Bild 5.4 würde dazu führen, dass die Klasse `Abgeleitet_2` jeweils zwei Vorkommen der Felder `wert1` und `func1()` der Basisklasse `Basis` erbt: einmal auf dem Weg über die Klasse `Abgeleitet_1a` und einmal über `Abgeleitet_1b`. Das darf aber nicht sein: Ein Methodenname muss auf einen eindeutigen Code-Block weisen, ein Feld muss auf einen eindeutigen Speicherblock weisen. Der Compiler muss nun sehen, wie er damit fertig wird und dabei auch noch die Intention des Programmierers erfüllt.

Java umgeht diese Probleme, indem es ganz auf Mehrfachvererbung verzichtet und dafür ein anderes Konzept als Ersatz anbietet: die Schnittstellen.

Schnittstellen

Neben der Möglichkeit, Klassen voneinander abzuleiten und dadurch neue Klassen zu schaffen, gibt es in Java noch eine weiteres Konzept: die Schnittstelle.

Eine Schnittstelle ist vergleichbar mit einer abstrakten Klasse, die lediglich aus Methoden (aber mit leerem Rumpf) und Konstanten besteht. Ein typisches Beispiel einer Schnittstelle könnte folgendermaßen aussehen:

```
interface ListenElement {
    int konstante = 10;

    void ausgabe();
    void skalieren(double faktor);
}
```

Man kann die enge Verwandtschaft zu einer normalen Klasse erkennen. Tatsächlich gibt es nur einige wenige Unterschiede zwischen Klassen und Schnittstellen, die zu beachten sind.

Tabelle 5.3 Unterschiede zwischen Klassen und Schnittstellen

Kategorie	Klassen	Schnittstellen
Schlüsselwort	`class`	`interface`
Vererbung durch Schlüsselwort	`extends`	`implements`
Mehrfachvererbung	nein	ja (unter Verwendung des Komma-operators)
Klassenelemente	Felder und Methoden	nur Konstanten und Methodendeklarationen (ohne Implementierung)

Nun kommen wir zur Preisfrage. Welchen Vorteil bringt die Verwendung einer Schnittstelle?!

Stellen Sie sich vor, dass Sie eine Liste verwalten wollen, bei der verschiedene Objekte als Listenelemente vorkommen können, z. B. A, B und C. Als vorbildlicher Programmierer möchten Sie ein elegantes und leicht lesbares Programm schreiben und stehen nun vor einem kleinen Problem: Für jedes Listenelement werden die Methoden ausgeben() und skalieren() benötigt und Sie möchten auch jedes Listenelement gleich behandeln und nicht nach dem tatsächlichen Klassentyp A, B oder C unterscheiden und die jeweilige Klassenmethode aufrufen.

Moment, wo ist das Problem? Hatten wir nicht in den vorherigen Kapiteln gelernt, dass man genau solche Fälle durch Vererbung abhakt? Wir definieren eine gemeinsame Basisklasse K mit den Methoden ausgeben() und skalieren() und leiten davon A, B und C jeweils ab, die dann wiederum je nach Bedarf diese Methoden ihren speziellen Bedürfnissen anpassen.

Prima Idee und im Prinzip haben Sie Recht. Wenn A, B, C beispielsweise Panter, Tiger und Co. entsprechen sollen, ist es relativ einfach, eine gemeinsame Basisklasse zu definieren. Aber in der bösen Realität tritt manchmal der Fall auf, dass A, B, C sehr, sehr verschieden sind. Vielleicht sollen in der Liste Computermonitore, Eier und Katzen verwaltet werden und finden Sie nun mal eine gemeinsame Basisklasse! Natürlich kann man nun immer noch eine Basisklasse K verwenden und davon ableiten, aber aufgrund der immensen Unterschiede zwischen den Klassen wird es darauf hinauslaufen, dass die abgeleiteten Klassen praktisch nichts Brauchbares erben können und alles selbst implementieren müssen. Der Vorteil der Arbeitsersparnis und des klaren Programmdesigns, der durch Vererbung nutzbar gemacht werden sollte, ist dahin.

Einen Mittelweg geht nun die Schnittstelle. Da sie nur Methodennamen bereitstellt, aber keine Implementierungen, können auch völlig verschiedene Klassen davon abgeleitet werden, da jede Unterklasse sowieso die Methoden selbst bereitstellen muss. Der Programmierer spart sich also kaum Tipparbeit. Dafür werden aber die Klarheit und Lesbarkeit des Programms verbessert. Wenn man die Schnittstelle kennt und nun eine Klassendefinition sieht, die von dieser Schnittstelle abgeleitet ist, weiß man schon auf einen Blick, welche Methoden diese Klasse anbietet.

Von Schnittstellen ableiten

Das Ableiten einer Klasse von einer Schnittstelle wird durch `implements` angezeigt. Im Gegensatz zum Ableiten von einer anderen Klasse kann hierbei von mehreren Schnittstellen abgeleitet werden oder auch von einer Klasse und einer oder mehreren Schnittstellen. Jede Klasse, die eine Schnittstelle implementiert, **muss** alle Methoden der genannten Schnittstellen bereitstellen. Ansonsten wird der Compiler mit Fehlermeldungen um sich werfen.

```java
// Klasse DemoA implementiert die Schnittstelle ListenElement
class DemoA implements ListenElement {
    void ausgeben() {
        // Hier die Anweisungen...
    }

    void skalieren(double faktor) {
        // Anweisungen ...
    }

// Klasse DemoB wird abgeleitet von der Klasse
// Mitarbeiter und implementiert die Schnittstellen
// ListenElement und NochEinInterface

class DemoB extends Mitarbeiter
            implements ListenElement,
                NochEinInterface {
    // usw.
}
```

Wir wollen es mit diesem kurzen Ausflug in die Schnittstellenwelt bewenden lassen. Als Einsteiger werden Sie selten in die Lage kommen, eigene Schnittstellen zu erstellen. Sie werden jedoch in den AWT-Paketen, die wir im Laufe des Buchs noch kennenlernen, öfter mal auftauchen und Sie können ihnen nun gelassen entgegenblicken.

■ 5.6 Zusammenfassung

Einmal definierte Klassen können als Ausgangspunkt zur Definition neuer Klassen genutzt werden. Ermöglicht wird dies durch das Konzept der Vererbung. Die neue Klasse bezeichnet man dabei als abgeleitete Klasse und die Klasse, die ihren Code vererbt, als Basisklasse.

Abgeleitete Klassen lassen sich durch Definition neuer Klassenelemente problemlos erweitern. Durch Überschreiben kann man für abgeleitete Klassen eigene Implementierungen geerbter Methoden definieren (geerbte Elemente zu löschen, ist nicht möglich). Für die Vererbung sind neben den Zugriffsmodifizierern `public`, `protected` und `private` vor allem die folgenden Schlüsselwörter interessant:

- `super` – Zugriff auf eine überschriebene Methode,
- `final` – schützt eine Klasse vor Ableitung oder eine Methode vor Überschreibung,
- `abstract` – verhindert die die Instanzierung einer Klasse.

Die Werte von Variablen einfacher Datentypen werden als Kopien an Methodenparameter übergeben (call by value), Instanzen werden als Referenzen übergeben (call by reference).

Üblicherweise beziehen sich die Methoden und Felder einer Klasse immer nur auf eine Instanz. Mithilfe des Schlüsselworts `static` können Sie ein Element einer Klasse als klassenspezifisch statt als instanzspezifisch deklarieren.

Innerhalb von Methoden bezeichnen die Schlüsselwörter `this` und `super` die aktuelle Instanz und die Basisklasse (ausgenommen sind Methoden, die als `static` deklariert sind).

Java erlaubt keine Mehrfachvererbung von Klassen, wohl aber eine Mehrfachvererbung von sogenannten Schnittstellen, die im Prinzip abstrakte Klassen mit ausnahmslos abstrakten Methoden und ohne Felder darstellen.

■ 5.7 Fragen und Antworten

1. Ist nach der folgenden Ableitung `Abgeleitet` identisch zu `Basis`?

```
class Abgeleitet extends Basis {
}
```

Natürlich handelt es sich bei `Abgeleitet` und `Basis` um unterschiedliche Klassen. Dies merkt man insbesondere bei der Programmierung mit beiden Klassen.

Beispielsweise rufen Sie zur Instanzierung der Klasse `Basis` einfach deren Konstruktor auf. Bei der Instanzierung der Klasse `Abgeleitet` rufen Sie dagegen den Konstruktor der Klasse `Abgeleitet` auf und dieser muss für den Aufruf des Konstruktors der Basisklasse sorgen. (Dies kann automatisch geschehen, wenn Standardkonstruktoren (Konstruktoren ohne Parameter) vorliegen.)

Merksatz

Ein Standardkonstruktor ist ein Konstruktor ohne Parameter.

Ein anderes Problem gibt es, wenn in der Klasse `Basis` `private`-Elemente definiert sind. Auf diese können Sie nur über eine andere Methode der Basisklasse zugreifen (und nicht wie sonst direkt über den Namen einer Instanz). In der Definition der Klasse `Basis` können Sie einfach eine `public`-Methode einrichten, die auf die `private`-Elemente zugreifen kann. In der Klasse `Abgeleitet` geht dies nicht, da eine in einer abgeleiteten Klasse definierte Methode nicht auf geerbte `private`-Elemente zugreifen kann. Stattdessen muss die Klasse `Abgeleitet` brav die in der Basisklasse definierte `public`-Methode zum Zugriff auf die `private`-Elemente aufrufen.

2. Besitzt die folgende Klasse einen Standardkonstruktor?

```
class Abgeleitet {
}
```

Ja, die Klasse besitzt einen Standardkonstruktor. Dieser wird der Klasse automatisch zugewiesen, wenn sonst kein Konstruktor definiert wird.

3. Besitzt die folgende Klasse einen Standardkonstruktor?

```
class Abgeleitet {
  int m_wert;

  Abgeleitet(int i) {
    m_wert = i;
  }
}
```

Nein, die Klasse besitzt keinen Standardkonstruktor.

4. Besitzt die folgende Klasse einen Standardkonstruktor?

```
class Abgeleitet {
  int m_wert;

  Abgeleitet(int i) {
    m_wert = i;
  }
  Abgeleitet() {
    m_wert = 1;
  }
}
```

Ja, die Klasse besitzt einen Standardkonstruktor. Es ist dies der Konstruktor ohne Parameter, der in der Klasse explizit definiert ist.

5. Wie sieht das Pendant zum Konstruktor aus?

Das Pendant zum Konstruktor ist die Methode `finalize()`, die automatisch für jede Klasse definiert ist (stammt aus der obersten Basisklasse `Object`) und vom Speicherbereiniger (garbage collector) aufgerufen wird, wenn eine Instanz aus dem Speicher gelöscht wird.

6. Kann man Konstruktoren überladen?

Natürlich kann man Konstruktoren überladen, wie z. B. in der vorausgehenden Frage. Konstruktoren werden sogar recht häufig überladen, um Instanzen auf unterschiedliche Weise initialisieren zu können.

7. Wie kann man aus einer überschriebenen Methode heraus die gleichnamige Methode der Basisklasse aufrufen?

Mithilfe des Schlüsselworts `super`, das für die aktuelle Basisklasse steht.

8. Wie kann eine Methode mit ihrer Umwelt Daten austauschen?

Über Parameter, Instanzvariablen und Klassenvariablen kann eine Methode Daten von außen aufnehmen. Über Referenzparameter, Rückgabewert, Instanzvariablen und Klassenvariablen kann eine Methode Daten nach außen weiterreichen.

9. Wie kann man die Sichtbarkeit von Variablen steuern?

Die Sichtbarkeit von Variablen kann man auf drei verschiedenen Wegen steuern:

- durch den Ort der Deklaration (lokale Variablen oder Instanz- bzw. Klassenvariablen),
- durch die Modifizierer `public`, `protected` und `private`,
- durch die Aufteilung der zugehörigen Klassen in Pakete.

■ 5.8 Übungen

1. Definieren Sie eine Klasse mit einer Methode, in der Sie den Inhalt der `this`-Variablen ausgeben. Bilden Sie dann in der `main()`-Funktion des Programms eine Instanz dieser Klasse und geben Sie den Wert der Instanz aus. Rufen Sie schließlich die Methode zur Ausgabe des Werts der `this`-Variablen auf. Vergleichen Sie die Ausgaben.

2. Im Abschnitt „Polymorphie" wurde ausgeführt, dass man ein Objekt einer abgeleiteten Klasse auch als Objekt seiner Basisklasse betrachten kann. Schreiben Sie ein Programm, das fünf Instanzen der Klassen `Lehrling`, `Angestellter` und `Chef` bildet und diese in einem Array von `Mitarbeiter`-Elemente verwaltet. Lassen Sie dann die persönlichen Daten aller Mitarbeiter in einer Schleife ausgeben.

6 Ein- und Ausgabe

Was nutzt das beste Programm, wenn der Benutzer nicht die Ergebnisse der Berechnungen zu Gesicht bekommt? Nichts, und deshalb haben wir in Java gleich drei Möglichkeiten, mit der „Außenwelt" zu kommunizieren:

- über Tastatur und Bildschirm,
- über Dateien auf der Festplatte,
- über das Internet.

Mit den beiden ersten Punkten werden wir uns im Folgenden beschäftigen.

■ 6.1 Streams

Das Grundkonzept der Ein- und Ausgabe bildet in Java der *Stream* (Strom). Was ist darunter zu verstehen? Es handelt sich um einen Kommunikationskanal, einen Datenfluss zwischen einem Sender und einem Empfänger. Je nachdem, welche Arten von Sender/Empfänger man ansprechen will, gibt es verschiedene Arten von Streams, die zur Auswahl stehen. In Java sind Streams Klassen (ja, schon wieder welche von der praktischen, vordefinierten Sorte!) und das Hauptproblem besteht vor allem darin, dass man von ihrer Existenz wissen muss. Dazu wollen wir nun schleunigst beitragen.

Betrachten wir zunächst die Kommunikation über Tastatur und Bildschirm. Als Erstes sollten wir uns klarmachen, wie die Richtung der Datenströme ist. Da man naturgemäß mit einer Tastatur nur Zeichen eingeben und mit dem Bildschirm nur Zeichen darstellen kann, ist die Frage leicht zu beantworten: Im Stream-Modell ist die Tastatur ein Sender und das Programm der Empfänger von Daten; beim Bildschirm ist es umgekehrt. Da man beim Programmieren immer aus der Sicht des Programms denkt, ist somit der Datenfluss von der Tastatur ein *Eingabestream* und der Datenfluss an den Bildschirm ein *Ausgabestream*.

In vielen Programmiersprachen gibt es für diese Datenflüsse vordefinierte Streams - so auch in Java: System.out ist für die Ausgabe auf den Bildschirm zuständig und wird oft einfach *Standardausgabe* genannt. System.in ist das Pendant für den Eingabestream von der Tastatur und heißt *Standardeingabe*.

■ 6.2 Ausgaben auf den Bildschirm

Betrachten wir zunächst die Ausgabe auf den Bildschirm. Eine einfache und dennoch den täglichen Anforderungen meist genügende Möglichkeit ist die Verwendung der Methode System.out.println(), von der wir ja schon fleißig Gebrauch gemacht haben.

System.out: println(), print()

Mit den beiden Methoden println() und print() lassen sich sowohl Strings als auch alle einfachen Datentypen ausgeben[1].

Man übergibt den Text oder die Variable, deren Wert ausgegeben werden soll, einfach als Argument an die Methode:

```
System.out.println(" Auszugebender Text");
```

oder

```
int i = 3;
System.out.println(i);
```

Und wenn man nicht jedes Stück Text und jede Variable einzeln ausgeben möchte, reiht man sie einfach mit einem Pluszeichen aneinander:

```
System.out.println(" Der Wert der Variablen i ist " + i);
```

Schließlich kann man auch noch spezielle Sonderzeichen verwenden, die alle mit einem Backslash beginnen und wie normaler Text in Hochkommata gesetzt werden.

Tabelle 6.1 Sonderzeichen

Zeichen	Bedeutung	Zeichen	Bedeutung
\'	Hochkomma	\b	Zeichen löschen
\"	Anführungszeichen	\r	Wagenrücklauf
\\	Backslash	\f	Seitenvorschub
\t	Tabulator	\n	Neue Zeile (Zeilenumbruch)

 Muss man es erwähnen? Der einzige Unterschied zwischen den Methoden print() und println() ist, dass letztere Methode die Ausgabe automatisch mit einem Zeilenvorschub abschließt.

---

[1] Tatsächlich können sogar Objekte mit println() und print() ausgegeben werden. Wie die Ausgabe für ein bestimmtes Objekt aussieht, hängt davon ab, ob und wie die Klasse des Objekts die Methode toString() implementiert.

Da Sie mittlerweile das nötige Hintergrundwissen besitzen, sei an dieser Stelle angemerkt, dass die Standardausgabe `System.out` eine `static`-Variable vom (Klassen-)Typ `Print-Stream` ist. Da haben wir unseren Ausgabestream! `PrintStream` wiederum besitzt mehrere Versionen der Methoden `println()` und `print()`, die für die Ausgabe von Werten der verschiedenen Datentypen überladen sind.

 Aufsteiger

Neben den `print()`-Methoden definiert die Klasse `PrintStream` auch noch eine `write()`-Methode (genau genommen sind es zwei überladene Methoden), die man ebenfalls zur Ausgabe benutzen kann. Sie ist für die Bildschirmausgabe allerdings äußerst unhandlich, da sie keine formatierten Daten, sondern reine Bytes in den Ausgabestream schreibt.

Console

Ausgaben mit `System.out.println()` haben einen für uns Deutsche hässlichen Schönheitsfehler: Die Umlaute werden nicht korrekt dargestellt. Der Grund dafür ist die – etwas veraltete – OEM-Zeichencodierung der Windows-Konsole, die von dem `System.out`-Objekt nur halbherzig unterstützt wird.[2]

Glücklicherweise gibt es seit Java 6 eine Lösung für die einfache Ausgabe auf Konsole, inklusive Formatierung und Unterstützung für die Umlaute: die Klasse `Console` aus dem Paket `java.io` und ihre `printf()`-Methode.

Allerdings gibt es kein vordefiniertes Objekt `System.console`, welches analog zu `System.out` das Konsolenfenster repräsentiert. Dies ist aber nicht weiter tragisch, denn es existiert eine Methode `System.console()`, die Ihnen eine Referenz auf ein solches Objekt zurückliefert. Die `printf()`-Methode von `Console` können Sie dann ähnlich verwenden wie die `print()`-Methode von `System.out`.

```
import java.io.*;
...

Console cons = System.console();     // Console-Objekt beschaffen
cons.printf("Grüße");                // Text ausgeben
cons.printf("\n");                   // Text ausgeben
```

Wenn Sie nur wenige, über den Quelltext verstreute Ausgaben vornehmen, können Sie den `printf()`-Aufruf auch direkt an den `console()`-Aufruf anhängen:

```
System.console().printf("Grüße");
```

---

[2] Alle Zeichen aus dem 7-Bit-ASCII-Zeichensatz (dies wären die Buchstaben von A bis Z, die Ziffern und die wichtigsten Satzzeichen) werden korrekt ausgegeben. Zusätzliche Zeichen des erweiterten 8-Bit-OEM-Zeichensatzes können nur mit Tricks und Wissen über die beteiligten Zeichencodes korrekt ausgegeben werden.

Achtung!

Das €-Symbol wird selbst von `Console` nicht unterstützt, da es überhaupt nicht im OEM-Zeichensatz des Konsolenfensters zu finden ist. ∎

Formatierte Ausgabe mit printf()

Vielleicht ist es Ihnen im vorangehenden Abschnitt bereits aufgefallen: Die Methode `printf()` von `Console` schließt die Ausgabe nicht automatisch mit einem Zeilenumbruch ab. Wenn nach der Ausgabe eine neue Zeile begonnen werden soll, müssen Sie den Zeilenumbruch in Form des Sonderzeichens \n in den auszugebenden Text einfügen:

```
System.console().printf("Grüße \n");
```

Dies ist allerdings nicht der einzige Unterschied. Das „f" im Namen der `printf()`-Methode, die es im Übrigen auch für `System.out` gibt (nur dass `System.out.printf()` eben keine deutschen Umlaute unterstützt), steht nämlich für „formatiert" und dies lässt schon ahnen, worum es geht.[3] Mit `printf()` können Sie die Ausgabe formatieren. Beispielsweise können Sie festlegen, wie viele Stellen nach dem Komma von Fließkommazahlen angezeigt werden sollen oder wie viele Zeichen die Ausgabe eines Strings oder eines Variablenwerts insgesamt einnehmen soll.

Die `printf()`-Methode erwartet als erstes Argument einen Formatstring, gefolgt von einer beliebigen Zahl weiterer Argumente. Der Formatstring ist der String, der ausgegeben wird. Seine Besonderheit: Er kann Platzhalter für die nachfolgend übergebenen Argumente enthalten. Wenn die Methode ausgeführt wird, ersetzt sie die Platzhalter im Formatstring durch die Inhalte der zugehörigen Argumente und gibt den resultierenden String aus.

Im einfachsten Fall besteht ein Platzhalter aus dem einleitenden % gefolgt von einem Kennbuchstaben, der angibt, in welchem Format der Inhalt des zugehörigen Arguments ausgegeben werden soll – beispielsweise s für Strings oder f für Fließkommazahlen (siehe Tabelle 6.2).

Tabelle 6.2 Wichtige Umwandlungen für printf()

Umwandlung	Bedeutung
C	Ausgabe als Unicode-Zeichen
D	Ausgabe als Ganzzahl zur Basis 10
X	Ausgabe als Ganzzahl zur Basis 16 (hexadezimal)
F	Ausgabe als Fließkommazahl
S	Ausgabe als String

---

[3] Wenn Sie C-Erfahrung haben, dann wird Ihnen hier vieles sehr bekannt vorkommen.

Umwandlung	Bedeutung
T	Ausgabe als Zeit/Datum; gefolgt von einem weiteren Zeichen: H (Stunde), M (Minute), S (Sekunde), d (Tag), m (Monat), Y (Jahr) Zur Erleichterung gibt es auch komplette Formate wie T (Zeit in 24-Stunden-Darstellung) und D (Datum als Tag/Monat(Jahr).
%	Ausgabe des Prozentzeichens
n	Ausgabe des Zeilenumbruchzeichens (weitgehend äquivalent zu \n)

So erzeugt zum Beispiel der folgende Code

```
String ware  = "Heft";
double preis = 1.75;
System.console().printf(" 1 %s kostet %f Euro \n", ware, preis);

ware = "Füller";
preis = 0.55;
System.console().printf(" 1 %s kostet %f Euro \n", ware, preis);
```

die Ausgabe

```
1 Heft kostet 1,750000 Euro
1 Füller kostet 0,550000 Euro
```

Wie Sie der Ausgabe entnehmen können, berücksichtigt printf() automatisch nationale Eigenheiten. Nachkommastellen werden beispielsweise durch Komma und nicht durch Punkt wie bei System.out.println() abgetrennt. Doch printf() kann noch mehr.

Wir können hier nicht auf die vielen möglichen Formatierungen detailliert eingehen, dazu müssen wir Sie auf die API-Dokumentation (*http://docs.oracle.com/javase/9/docs/api/*) oder weiterführende Literatur (beispielsweise das Java-Kompendium) verweisen. Zwei häufig benötigte Formatierungsmöglichkeiten wollen wir Ihnen aber doch vorstellen.

- Fließkommastellen werden standardmäßig mit sechs Nachkommastellen angegeben. Für Ausgaben, in denen es auf exakte Zahlenwerte ankommt, mag dies sinnvoll sein. Meist aber wird eine derart genaue Zahlendarstellung gar nicht benötigt, schon gar nicht für Preisangaben, und man würde sich weniger Nachkommastellen wünschen, damit die Zahlen besser lesbar sind. Nun, mithilfe des f-Platzhalters ist dies kein Problem. Sie geben einfach an, wie viele Nachkommastellen die Ausgabe haben soll:

```
%.2f    // Ausgabe mit zwei Nachkommastellen
```

- Werden mehrere gleichartig aufgebaute Zeilen ausgegeben, ist es meist wünschenswert, diese aneinander auszurichten. Beispielsweise wäre die obige Ausgabe besser lesbar, wenn „kostet" in beiden Zeilen direkt untereinander stehen würde. Dies ist aber nur möglich, wenn die Ausgabe für den ersten Platzhalter %s stets gleich groß ist (statt sich nach der Länge des auszugebenden Strings zu richten). Zu diesem Zweck ist es möglich, eine Mindestbreite in Zeichen für die Ausgabe anzugeben:

```
%10s    // Ausgabe mit mindestens 10 Zeichen
%10.2f  // Ausgabe einer Fließkommazahl mit 2 Nachkommastellen;
        // insgesamt umfasst die Ausgabe mindestens 10 Zeichen
```

Der verbesserte Code sieht damit folgendermaßen aus:

Listing 6.1 Bildschirmausgabe.java

```java
import java.io.Console;

public class Bildschirmausgabe {
  public static void main(String[] args) {
    Console cons = System.console();
    cons.printf("\n");
    String ware  = "Heft";
    double preis = 1.75;
    cons.printf(" 1 %10s kostet %.2f Euro \n", ware, preis);

    ware = "Füller";
    preis = 0.55;
    cons.printf(" 1 %10s kostet %.2f Euro \n", ware, preis);
  }
}
```

Ausgabe:

```
1      Heft kostet 1,75 Euro
1     Füller kostet 0,55 Euro
```

PrintWriter

Eine andere Möglichkeit zur Ausgabe bieten die sogenannten *Writer*-Klassen. Der Writer für die Ausgabe auf den Bildschirm heißt PrintWriter und wird folgendermaßen eingesetzt:

Listing 6.2 PrintWriterDemo.java

```java
import java.io.PrintWriter;

public class PrintWriterDemo {
  public static void main(String[] args) {
    PrintWriter ausgabe = new PrintWriter(System.out);

    ausgabe.println();

    String ware  = "Heft";
    double preis = 1.75;
    ausgabe.printf(" 1 %10s kostet %.2f Euro \n", ware, preis);

    ware  = "Füller";
    preis = 0.55;
    ausgabe.printf(" 1 %10s kostet %.2f Euro \n", ware, preis);

    ausgabe.close();
  }
}
```

Analyse:

Zuerst wird der Klassenname `PrintWriter` aus dem Paket `java.io` importiert. Dann kann's losgehen. Sie erzeugen ein `PrintWriter`-Objekt und übergeben dabei dem Konstruktor den Ausgabestream, in den Sie schreiben möchten: hier die Standardausgabe `System.out`.

Die wesentlichen Methoden eines Writer sind `print()`, `println()` und `printf()`, die ebenso arbeiten wie die gleichnamigen Methoden von `System.out` und `Console`. Wenn das Ausgabeobjekt nicht mehr benötigt wird, sollten Sie es mit der `close()`-Methode schließen.

Das ist ja ganz nett, aber wo ist nun der Quantensprung gegenüber `System.out.println()`? Der Vorteil ist, dass Sie mit `PrintWriter` in jeden beliebigen Stream schreiben können. Wenn Sie beispielsweise Umlaute auf die Konsole ausgeben möchten, sollten Sie statt `System.out` den Ausgabestream des `Console`-Objekts verwenden:

```
PrintWriter ausgabe = new PrintWriter(System.console().writer(),
                                      true);
```

Hier liefert `System.console().writer()` den Ausgabestream des `Console`-Objekts zurück. Das zusätzliche Argument `true` teilt dem `PrintWriter`-Objekt mit, dass Ausgaben sofort geschrieben werden sollen. (Wenn Sie das Argument weglassen, werden die Ausgaben gepuffert.)

Wie Sie sehen, müssen Sie nur den Konstruktoraufruf von `PrintWriter` anpassen. Die nachfolgenden `PrintWriter`-Ausgaben bleiben unberührt.

Und ebenso einfach können Sie Ihre Ausgaben auch in eine Datei umleiten.

■ 6.3 Ausgabe in Dateien

Hat man sich erst einmal an die Arbeit mit `PrintWriter`-Objekten (siehe oben) gewöhnt, ist die Ausgabe in Dateien kein Problem mehr. Man muss nur ein `PrintWriter`-Objekt für die gewünschte Datei einrichten und kann dann mit `print()`, `println()` und `printf()` die Daten ausgeben.

Listing 6.3 DateiSchreiben.java

```java
import java.io.PrintWriter;

public class DateiSchreiben {
  public static void main(String[] args) {
    // Dateiein- und -ausgabe muss durch try-catch gesichert werden
    try {
      PrintWriter ausgabe = new PrintWriter("Test.txt");

      String ware  = "Heft";
      double preis = 1.75;
      ausgabe.printf(" 1 " + ware + " kostet " + preis + " Euro%n");
      ware  = "Füller";
      preis = 0.55;
      ausgabe.printf(" 1 " + ware + " kostet " + preis + " Euro%n");
```

```
        ausgabe.close();
      }
      catch(Exception e) {
        System.err.println(e);
      }
    }
  }
```

Wie Sie sehen, hat sich am Code der eigentlichen Ausgabe beim Übergang von der Konsolenausgabe zur Dateiausgabe praktisch nichts geändert. Lediglich das Zeilenumbruchzeichen \n in den printf()-Aufrufen haben wir durch den Platzhalter %n ersetzt, damit der ausgegebene Zeilenumbruch von allen Texteditoren korrekt interpretiert wird.[4]

Die entscheidende Änderung betrifft den Konstruktoraufruf, wo statt System.out (bzw. System.console().writer()) der Name der Ausgabedatei übergeben und der Code mit einem try-catch-Block gesichert wird. (Kann die angegebene Datei weder gefunden noch angelegt werden, wird eine FileNotFoundException ausgelöst.) Geht alles gut, wird eine neue Datei *Test.txt* angelegt; gibt es die Datei bereits im aktuellen Verzeichnis, wird sie überschrieben.

 Dadurch, dass der eigentliche Ausgabecode vom Ziel der Ausgabe unberührt bleibt, ist es beispielsweise möglich, auf elegante Weise das gewünschte Ausgabeziel per if-Abfrage festzulegen.

FileWriter

Neben PrintWriter existieren unzählige weitere Klassen zur Ausgabe. Werfen wir beispielsweise noch einen Blick auf die FileWriter-Klasse. Allerdings sind ihre zur Verfügung stehenden Methoden etwas rudimentär und nicht so komfortabel wie bei einem PrintWriter:

```
try {
   FileWriter ausgabe = new FileWriter("Test.txt");

   ausgabe.write('D');              // einzelnes Zeichen schreiben
   ausgabe.write("ies ist ein Test",0,16);
   ausgabe.write('\n');             // Zeilenumbruch

   ausgabe.close();
}
catch(Exception e) {
   System.err.println(e);
}
```

---

[4] Die verschiedenen Plattformen (Windows, Linux, Mac) verwenden unterschiedliche Darstellungen für den Zeilenumbruch. Wenn Sie möchten, dass Ihr Programm jeweils den plattformspezifischen Umbruch erzeugt, verwenden Sie in printf() den Platzhalter %n. Wenn Sie \n verwenden, kann es sein, dass der eine oder andere Texteditor, in den Sie den ausgegebenen Text laden, diesen nicht korrekt anzeigt.

Die Ausgabemethode heißt `write()` und erwartet entweder ein einzelnes Zeichen oder einen String (oder auch ein Array von Zeichen) und die Angabe, welcher Teil des Strings ausgegeben werden soll.

Aufsteiger

Anstatt den Namen der zu öffnenden Datei direkt als String an die Writer-Klassen zu übergeben, können Sie auch zuerst ein `File`-Objekt erzeugen:

```
File datei = new File("Test.txt");
File verzeichnis = new File("c:\java");
```

Der Vorteil ist, dass Sie über die Methoden der `File`-Klasse Informationen über eine Datei oder ein Verzeichnis sammeln und auch Dateien/Verzeichnisse manipulieren können (siehe auch das Programm *DateiListe.java* in der Beispielsammlung).

Tabelle 6.3 Wichtige Methoden der Klasse File

Methode	Beschreibung
`boolean exists()`	Liefert `true`, wenn es die Datei/das Verzeichnis bereits gibt.

`String getAbsolutePath()`
`String getCanonicalPath()`
`String getName()`
	Liefert den vollen Namen inklusive des Pfads bzw. nur den relativen Namen ohne Pfad.

`boolean isFile()` `boolean isDirectory()`	Liefert `true`, wenn es sich um eine Datei bzw. ein Verzeichnis handelt.
`File[] listFiles()`	Liefert bei einem Verzeichnis ein `File`-Array aller enthaltenen Dateien und Unterverzeichnisse.
`boolean renameTo(File neu)`	Weist der Datei den Namen von **neu** zu.
`boolean delete()`	Löscht die Datei; Rückgabe `true` bei Erfolg.

■ 6.4 Eingaben von Tastatur

Zum Einlesen von Tastatureingaben verwenden Sie am besten die readLine()-Methode von Console.

Console

Mit der readLine()-Methode der Klasse Console können Sie eine ganze Eingabezeile von der Konsole einlesen. In der Praxis sieht dies meist so aus, dass Sie zuerst einen Text ausgeben, der den Benutzer auffordert, die gewünschten Daten einzugeben. Anschließend rufen Sie readLine() auf. Die Methode wartet, bis der Benutzer seine Daten eingegeben und die **Enter**-Taste gedrückt hat. Dann liest die Methode die komplette Eingabezeile ein und gibt sie als String zurück.

```
import java.io.*;
...

cons.printf("Geben Sie Ihren vollständigen Namen ein: ");
String name = cons.readLine();
```

Wenn Sie den Benutzer auffordern, Zahlen einzugeben, müssen Sie bedenken, dass diese von der readLine()-Methode ebenfalls als Strings (beispielsweise als die Ziffernfolge "123") entgegengenommen und zurückgeliefert werden. Diese Strings müssen Sie dann erst noch in echte Zahlen umwandeln. Dafür gibt es die parse-Methoden der Klassen Integer, Long, Float und Double.

Tabelle 6.4 Ausgesuchte Umwandlungsmethoden

Umwandlung in	Methode
int	Integer.parseInt(str);
long	Long.parseLong(str);
float	Float.parseFloat(str);
double	Double.parseDouble(str);

Beachten Sie, dass die parse-Methoden scheitern, wenn der übergebene String keine Ziffernfolge enthält, die sich in den gewünschten Zahlentyp umwandeln lässt. Vorbildliche Programme fangen daher die in solchen Fällen ausgelöste NumberFormatException mit einer entsprechenden try-catch-Konstruktion (siehe Abschnitt 4.4) ab und geben eine Fehlermeldung aus.

Listing 6.4 Tastatureingabe.java

```
import java.io.Console;

public class Tastatureingabe {

    public static void main(String[] args) {
        Console cons = System.console();
```

```
    cons.printf("\n");

    try {
      cons.printf(" Geben Sie Ihren Nachnamen ein: ");
      String name = cons.readLine();

      cons.printf(" Geben Sie Ihr Alter ein     : ");
      String eingabe = cons.readLine();
      int alter = Integer.parseInt(eingabe);

      cons.printf("\n");
      cons.printf(" %d Jahre?", alter);
      cons.printf(" Haben Sie da auch nicht geflunkert,"
              + " Herr oder Frau %s?\n", name);
    }
    catch (NumberFormatException e) {
      System.err.println("\n Fehler! \n" +
              " Zahleneingabe kann nicht eingelesen werden.");
    }
  }
}
```

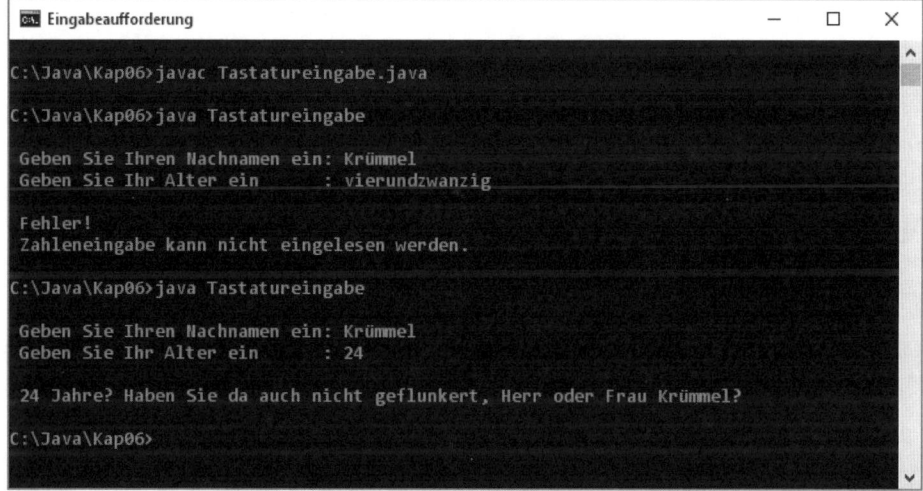

Bild 6.1 Ausgabe des Programms Tastatureingabe

Scanner

Sie wünschen sich ein wenig mehr Unterstützung beim Einlesen von der Tastatur? Dann dürfte Sie die Klasse Scanner interessieren, die für die Eingabe in etwa die gleiche Rolle spielen kann wie die oben beschriebene Klasse PrintWriter für die Ausgabe.

Die Klasse Scanner definiert ein ganzes Bündel von Einlesemethoden, die alle die Silbe „next" im Namen tragen, letzten Endes aber gar nicht selbst einlesen, sondern diese Arbeit delegieren. Aus diesem Grund müssen Sie dem Scanner-Konstruktor ein Objekt übergeben, mit dessen Hilfe intern die Daten eingelesen werden. Für die Tastatur wäre dies beispielsweise System.in oder besser noch System.console().reader(). Nach Erzeugung eines entsprechenden Scanner-Objekts können Sie dann mithilfe der next-Methoden der Klasse Scanner die Tastatureingaben einlesen. Wichtig ist dabei zu wissen, wie die Scanner-Methoden arbeiten.

Aufrufe der next-Methoden von Scanner sind *blockierend*, d. h., das Programm wartet so lange, bis der Benutzer eine Eingabe mit der Taste **Enter** abschickt. Die gesamte Eingabezeile landet dann beim Scanner-Objekt, welches die Zeile in ihre einzelnen Bestandteile zerlegt – die sogenannten *Tokens*. Ein Token ist hierbei einfach eine Folge von Zeichen. Als Trennzeichen zwischen zwei Tokens dient per Voreinstellung das Leerzeichen. Die meisten next-Methoden lesen immer nur ein Token. Lediglich die nextLine()-Methode liest alle Tokens, bis zum Ende der Eingabe.

Tabelle 6.5 Einlesemethoden der Klasse Scanner

Methode	Beschreibung
String **next**()	Liefert das nächste Token der Eingabe als String.
int **nextInt**() float **nextFloat**() double **nextDouble**()	Liefert das nächste Token der Eingabe als elementaren Datentyp.
String **nextLine**()	Liefert die nächste Eingabe als String.
boolean **hasNext**()	Liefert **true**, wenn es weitere, noch nicht extrahierte Tokens in der Eingabezeile gibt.

Das im vorangehenden Abschnitt vorgestellte Programm *Tastatureingabe* würde mit Scanner implementiert wie folgt aussehen:

Listing 6.5 Tastatureingabe_Scanner.java

```java
import java.util.*;
import java.io.Console;

public class Tastatureingabe_Scanner {

    public static void main(String[] args) {
        Console cons = System.console();
        Scanner sc = new Scanner(System.console().reader());
        cons.printf("\n");

        try {
            cons.printf(" Geben Sie Ihren Nachnamen ein: ");
            String name = sc.nextLine();

            cons.printf(" Geben Sie Ihr Alter ein     : ");
            int alter = sc.nextInt();

            cons.printf("\n");
            cons.printf(" %d Jahre?", alter);
            cons.printf(" Haben Sie da auch nicht geflunkert,"
                    + " Herr oder Frau %s?\n", name);
        }
        catch (InputMismatchException e) {
            System.err.println("\n Fehler! \n" +
                    " Zahleneingabe kann nicht eingelesen werden.");
```

```
      }
    }
  }
}
```

Analyse:

Beachten Sie, dass wir die erste Eingabe mit `nextLine()` einlesen. Der Benutzer kann dann sowohl nur seinen Vornamen oder Nachnamen als auch seinen vollständigen Namen eingeben. Würden wir die Eingabe mit `next()` einlesen, würde das Programm nur funktionieren, wenn der Benutzer einen einzelnen Namen eingibt, beispielsweise Karla oder Manfred. Gäbe er hingegen „Karla Karun" ein, würde der `next()`-Aufruf nur das Token „Karla" einlesen und der anschließende `nextInt()`-Aufruf erhielte automatisch das zweite Token in der Eingabe: „Karun" – was zum Programmabbruch führen würde, da `nextInt()` versucht, die Eingabe in einen `int`-Wert umzuwandeln.

Geändert hat sich auch die Exception-Behandlung, denn die next-Methoden der Klasse `Scanner` lösen im Falle gescheiterter Typumwandlungen keine `NumberFormatException`, sondern eine `java.io.InputMismatchException` aus.

■ 6.5 Aus Dateien lesen

Wie schaut es nun mit dem Lesen aus einer Datei aus? Zum einen kann man eine Datei wie eine Tastatureingabe lesen. Wir müssen lediglich dafür sorgen, dass wir einen Eingabestream mit der zu lesenden Datei verknüpfen:

```
try {
  File datei = new File("Test.txt");

  // Von hier an geht's wie oben weiter
  Scanner eingabe = new Scanner(datei);

  // Schließt Scanner und Datei
  eingabe.close();
}
catch(FileNotFoundException e) {
  System.err.println("Datei nicht vorhanden!");
}
```

FileReader

Eine andere Möglichkeit ist das Lesen einer Datei mithilfe einer besonderen Klasse namens `FileReader` (Paket `java.io`) (Pendant zu `FileWriter` aus Abschnitt 6.3).

Listing 6.6 DateiLesen.java

```
01 import java.io.*;
02
03 public class DateiLesen {
04   public static void main(String[] args) throws IOException {
```

```
05    FileReader eingabestream = new FileReader("john_maynard.txt");
06    StringBuilder text = new StringBuilder(10);
07    int gelesen;
08    boolean ende = false;
09
10    // lese Zeichen, bis Dateiende erreicht ist
11    while(!ende) {
12       gelesen = eingabestream.read();
13
14       if(gelesen == -1)
15          ende = true;
16       else
17          text.append( (char) gelesen);
18    }
19    System.console().printf("\n");
20    System.console().printf(text.toString());
21
22    eingabestream.close();
23  }
24 }
```

Analyse:

Als Erstes erzeugen wir ein `FileReader`-Objekt zur Repräsentation unserer Datei. Den Namen der einzulesenden Datei übergeben wir direkt dem Konstruktor (Zeile 5).

In der `while`-Schleife aus Zeile 11 wird der Inhalt der Datei Zeichen für Zeichen ausgelesen. Die einzelnen Zeichen liefert uns dabei die Methode `read()` zurück (Zeile 12), allerdings nicht als Zeichen vom Typ `char`, sondern als Zahlencode.

Ist die zurückgelieferte Zahl gleich -1, bedeutet dies, dass das Ende der Datei erreicht wurde, und wir sorgen für das Verlassen der `while`-Schleife (Zeile 15). Ansonsten hängen wir das Zeichen an den String in `text` an (Zeile 17).

Die Variable `text` ist übrigens eine Instanz der besonderen String-Klasse `StringBuilder` und nicht von `String`. Wieso? Der Grund liegt in der unterschiedlichen Speicherverwaltung beider Klassen. Das ständige Aneinanderketten von Zeichen kann intern in der Java Virtual Machine durch `StringBuilder` viel schneller erfolgen als mit `String`.[5] Wir werden uns mit den Strings später noch näher befassen.

 Aufsteiger

Da Dateizugriffe im Vergleich zu Operationen auf dem Hauptspeicher des Computers viel langsamer sind, kann es bei umfangreichen Lese- und Schreib-operationen deutlich schneller sein, Daten erst mal in einem internen Zwischen-speicher – man nennt dies einen *Puffer* – zu sammeln und dann als größeres Päckchen zu lesen bzw. zu sammeln.

---

[5] Um Missverständnisse zu vermeiden: Für die einfachen Beispiele in diesem Buch macht es keinen spürbaren Unterschied, ob man `StringBuilder` oder `String` verwendet. Aber wenn Sie mal ein Programm schreiben, das extensiv mit Zeichenfolgen hantiert, dann sollten Sie unbedingt `StringBuilder` verwenden!

Damit man sich als Programmierer mit solchen Kniffen nicht selbst abmühen muss, wird dies in begrenztem Maße vom zugrunde liegenden Betriebssystem bereits getan. Zusätzlich kann man auch in Java aus dem Paket `java.io` spezielle gepufferte Klassen für die Ein- und Ausgabe verwenden, vornehmlich `BufferedReader` (zum Lesen) und `BufferedWriter` (zum Schreiben). Interessierte Leser finden das Beispielprogramm *KopierenSchnell.java* hierzu in der Beispielsammlung (siehe Anhang F).

■ 6.6 Ein wichtiger Punkt: korrekte Exception-Behandlung

Viele neue Klassen, Stream-Konzept, Exception-Behandlung – der Zugriff auf Dateien ist in Java wahrlich nicht einfach. Und dabei haben wir den Code sogar noch extra ein wenig vereinfacht. Unser bisheriges Modell sah dabei wie folgt aus:

```java
public static void main(String[] args) {

  try {
    PrintWriter ausgabe = new PrintWriter("Test.txt");

    String ware  = "Heft";
    double preis = 1.75;
    ausgabe.printf(" 1 %s kostet %f Euro \n", ware, preis);
    ausgabe.close();
  }
  catch(Exception e) {
    System.err.println(e);
  }
}
```

Was passiert, in diesem Code, wenn die Datei nicht zum Schreiben geöffnet werden kann (etwa weil sie schreibgeschützt ist)?

Richtig! Der `PrintWriter`-Konstruktor löst eine Exception aus und wir landen in dem `catch`-Block, also alles wie gewünscht.

Was passiert jedoch, wenn die Datei geöffnet wird, dann aber eine Exception beim Schreiben in die Datei ausgelöst wird – also beispielsweise eine `IllegalFormatException`, weil ein in `printf()` verwendeter Platzhalter nicht zum Argument passt.

Auch in diesem Fall landen wir in dem `catch`-Block – und da die Anweisung `ausgabe.close()` nicht mehr ausgeführt wird, bleibt die Datei geöffnet. In unseren kleinen Programmen ist dies nicht weiter schlimm. Die Datei wird geschlossen, wenn das Programm endet. In größeren Programmen kann dies aber zu echten Problemen führen, beispielsweise wenn von anderer Stelle im Programm ebenfalls auf die Datei zugegriffen werden soll.

Die korrekte Lösung ist daher, einen finally-Block anzuhängen, der ja auf jeden Fall ausgeführt wird – gleichgültig, ob eine Exception auftrat oder nicht.

Listing 6.7 Aus ExceptionBehandlung1.java

```java
public static void main(String[] args) {
  PrintWriter ausgabe = null;

  try {
     ausgabe = new PrintWriter("Test.txt");

     String ware  = "Heft";
     double preis = 1.75;
     ausgabe.printf(" 1 %s kostet %f Euro \n", ware, preis);
     ausgabe.close();
  }
  catch(Exception e) {
     System.err.println(e);
  }
  finally {
     if (ausgabe != null)
        ausgabe.close();
  }
}
```

Der Vergleich gegen null stellt sicher, dass die Datei auch wirklich zuvor geöffnet wurde.

Seit Java 7 gibt es hierfür noch eine alternative Technik. Objekte von Klassen, die wie PrintWriter eine close()-Methode definieren, können in runden Klammern direkt hinter dem try-Schlüsselwort erzeugt werden. In diesem Fall wird für das Objekt automatisch bei Bedarf die close()-Methode aufgerufen.

 Um genau zu sein: Die Klasse des kontrollierten Objekts muss die Schnittstelle AutoCloseable oder java.io.Closeable implementieren.

Listing 6.8 Aus ExceptionBehandlung2.java

```java
public static void main(String[] args) {

  try ( PrintWriter ausgabe = new PrintWriter("Test.txt") ) {

     String ware  = "Heft";
     double preis = 1.75;
     ausgabe.printf(" 1 %s kostet %f Euro \n", ware, preis);
  }
  catch(Exception e) {
     System.err.println(e);
  }
}
```

■ 6.7 Rund um Strings

Eine der wichtigsten Klassen, die von Java bereitgestellt wird, ist die `String`-Klasse, die uns ja schon des Öfteren begegnet ist. Zum Abschluss des ersten Teils dieses Buchs wollen wir uns mit `String` ein wenig intensiver beschäftigen.

Strings konkatenieren

Sie wissen schon, dass `String`-Objekte zum Umgang mit Zeichenfolgen dienen und bequem mit dem +-Operator konkateniert (aneinandergehängt) werden können:

```
String text = "Dies ist ein String!";
String nochEinText = text + " Und noch einer!";
```

Da Strings Objekte sind, ist auch `text` lediglich eine Referenz, die auf die Speicherstelle verweist, wo das sogenannte String-Literal `"Dies ist ein String"` abgelegt ist. Strings haben allerdings eine Besonderheit: Sie können nicht mehr verändert werden! Die Variable `text` ist so gesehen gar keine Variable, sondern eine Konstante!

Dies hat eine ganz wichtige Auswirkung: Wenn zu einem vorhandenen `String`-Objekt noch eine Zeichenfolge wie oben gezeigt per +-Operator hinzuaddiert wird, dann wird in Wirklichkeit das bestehende Objekt `text` nicht erweitert (denn Strings können ja wie erwähnt nicht mehr verändert werden), sondern weggeworfen und durch ein ganz neues `String`-Objekt erzeugt. Da das Erzeugen von Objekten schon etwas Zeit kostet, sind solche Konkatenationen also tendenziell teuer.

 String-Objekte sind *unveränderlich* (immutable), d. h. ein einmal erstelltes String-Objekt kann nicht mehr verändert werden. Es kann bestenfalls eine veränderte Kopie erzeugt werden (z. B. mit dem +-Operator). ■

Die Länge eines Strings bestimmen

Was kann man nun mit Strings alles anstellen? Oft benötigt man die Länge des Strings, also die Anzahl der Zeichen. Dafür gibt es die Methode `length()`:

```
int laenge = text.length();
```

Zahlen in Strings konvertieren

Eine weitere typische Aufgabe, die immer wieder anfällt, ist die Konvertierung einer Zahl in einen String. Hierfür existiert die `static`-Methode `String.valueOf()`, die wir ohne eine Instanz direkt über den Klassennamen aufrufen können:

```
int zahl_1 = 4;
double zahl_2 = 34.34;
```

```
String intZahl = String.valueOf(zahl_1);
String doubleZahl = String.valueOf(zahl_2);
```

Strings in Zahlen konvertieren

Der umgekehrte Fall ist etwas aufwendiger. In der Java-Bibliothek gibt es zu jedem elementaren Datentyp eine passende Klasse – int -> Integer, double -> Double etc. –, die über eine entsprechende parseTYP()-Methode verfügt. Mithilfe dieser Methode kann ein String in den Wert eines elementaren Datentyps umgewandelt werden:

```
String str = "3200";
int zahl = Integer.parseInt(str);
```

Leider gibt es bei diesem Vorgehen einen kleinen Schönheitsfehler: Wenn der Inhalt des übergebenen Strings nicht in den gewünschten Typ umgewandelt werden kann, wird eine Exception ausgeworfen:

```
String str = "3200.345";
int zahl = Integer.parseInt(str);  // Fehler!!
```

Um solche Fälle abzufangen, sollte der Code, der die parseXxx()-Methode aufruft, die Exception abfangen – sei es durch einen try-catch-Block (siehe oben) oder indem die zugehörige Methode die Exception per throws-Deklaration weiterleitet:

```
public static void main(String[] args)  throws IOException {
    ...
    String str = "3200";
    int zahl = Integer.parseInt(str);
    ...
}
```

Strings vergleichen

Ein anderer häufig vorkommender Fall ist der Vergleich von zwei Strings: Sind sie beide gleich? Hier lauert eine Fehlerquelle auf den arglosen Benutzer, denn man darf zum Vergleichen zweier Strings nicht den Vergleichsoperator == verwenden! Für den String-Vergleich gibt es die Methode equals():

```
String land = "Deutschland";

if(land.equals("Frankreich")) {
  System.out.println("Land ist Frankreich");
}
```

Recht nützlich ist auch die Methode compareTo(), die einen lexikografischen Vergleich durchführt und einen int-Wert zurückgibt: 0 bei Gleichheit, einen Wert < 0 bei kleiner und > 0, wenn der zweite String lexikografisch[6] größer ist:

```
String abc = "abc";
String def = "xyz";
```

---

[6]   Für eine anschauliche Erklärung, was eine lexikografische Sortierung ist, greifen Sie bitte zu einem Telefonbuch!

```
if(abc.compareTo(def) < 0 )     // ja, den 'a' < 'x'

if(abc.compareTo(abc) == 0)     // auch wahr
```

 Achtung!

Strings werden nicht mit den Vergleichsoperatoren, sondern mithilfe der Methoden equals() und compareTo() verglichen.

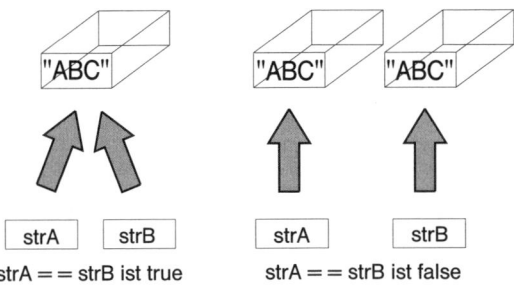

strA == strB ist true   strA == strB ist false

Bild 6.2 String-Vergleiche mit dem ==-Operator

Warum darf man für String-Vergleiche nicht den ==-Operator verwenden? Betrachten Sie folgendes Beispiel:

```
String eins = "Eins";
String zwei = "Zwei";

if(eins == zwei)      // es werden die Referenzen verglichen

if(eins == "Eins")    // wird i.d.R. false liefern
```

Wenn wir wie im obigen Beispiel den Vergleichsoperator verwenden, werden lediglich die String-Variablen verglichen. Dies sind aber nicht die eigentlichen Strings, sondern nur die Verweise auf die Strings. Es werden also Adressen verglichen. Dass diese Adressen auf den im Speicher abgelegten Text des Strings weisen, hilft da auch nichts.

Besonders tückisch ist der zweite Vergleich

```
if(eins == "Eins")
```

Manche Compiler sind so clever, dass sie beim Übersetzen merken, dass das String-Literal "Eins" schon mal vorkam, nämlich bei der Definition der Variablen eins. Sie verschwenden daher keinen Speicher und setzen in dem Vergleich die Referenz ein, wo das String-Literal zu finden ist. In unserem Vergleich bedeutet dies, dass die Referenz mit sich selbst verglichen wird und daher natürlich wahr als Ergebnis herauskommt! Aber dies ist compilerabhängig. Sie sollten so **nie** vergleichen!

String-Methoden

Die String-Klasse besitzt noch ca. 50 weitere Methoden! Stöbern Sie bei Gelegenheit in der API-Dokumentation des JDK (*http://docs.oracle.com/javase/9/docs/api/*) und lassen Sie sich überraschen, was es alles gibt. Hier lediglich eine Übersicht der allerwichtigsten:

Tabelle 6.6 Wichtige Methoden der Klasse String

Methode	Beschreibung
int **length**()	Liefert die Anzahl der Zeichen im String.
String.**valueOf**(*Datentyp*)	Konvertiert Datenyp in String.
byte[] **getBytes**()	Konvertiert den String in ein byte-Array.
boolean **equals**()	Testet auf Gleichheit.
int **compareTo**()	Führt einen lexikografischen Vergleich durch.
boolean **startsWith**(String)	Beginn identisch mit dem übergebenen String?
boolean **endsWith**(String)	Ende identisch mit dem übergebenen String?
int **indexOf**(char)	Sucht erstes Auftreten des Zeichens.
int **indexOf**(String)	Sucht erstes Auftreten des übergebenen Strings.
String **substring**(int begin, int ende)	Liefert einen Teilstring zurück.
char **charAt**(int index)	Liest einzelnes Zeichen an Position index.

Kommandozeilenparameter – args

Strings haben uns schon die ganze Zeit begleitet, beispielsweise wenn wir Text über die Methode System.out.println() ausgegeben haben. Aber auch die main()-Funktion benutzt String-Objekte:

```
public static void main(String[] args)
```

Wie Sie mittlerweile wissen, stehen in den runden Klammern die Parameter, die eine Methode bei ihrem Aufruf erwartet. Für die main()-Methode sind dies die Argumente, die der Anwender bei Aufruf des Programms über die Kommandozeile angibt, beispielsweise:

java ARGS erstesArgument 2.0 drittesArgument

String[] args bedeutet, dass main() die Eingaben aus der Kommandozeile in einem Array von String-Objekten verwaltet.

Das folgende Beispiel liest die Werte aus der Kommandozeile ein und gibt sie gleich wieder auf den Bildschirm aus:

Listing 6.9 Args.java

```
public class Args {
  public static void main(String[] args) {
    System.console().printf("\n");

    for(int i = 0; i < args.length; i++)
```

```
        System.console().printf(" %s\n", args[i]);
    }
}
```

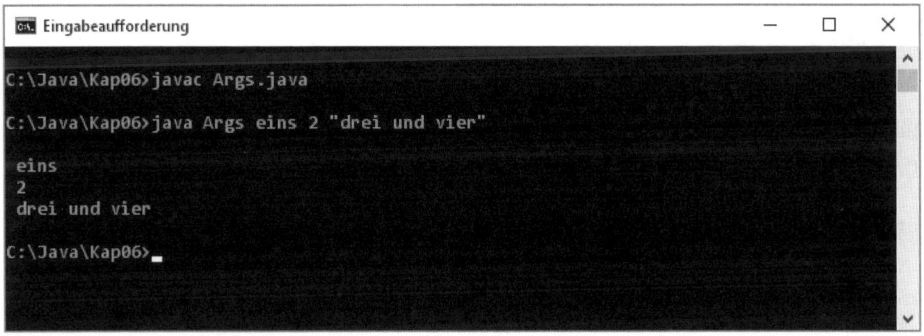

Bild 6.3 Ausgabe des Programms Args

Gepufferte Strings

Wie schon erwähnt wurde, sind `String`-Objekte, nachdem sie einmal erzeugt sind, unveränderlich, auch wenn es manchmal nicht so scheinen mag:

```
String text = "Mein Name ist ";
text += "Hase";
```

Bei der Zuweisung wird vom Compiler nicht "Hase" angehängt, sondern er kreiert ein völlig neues `String`-Objekt, das mit den Zeichenfolgen "Mein Name ist" und "Hase" initialisiert wird. Das ist Ihnen egal? Recht haben Sie! Java verdeckt solche leidigen Details vor Ihnen und Sie können sich auf die wesentlichen Dinge konzentrieren. Die beschriebene Vorgehensweise hat aber leider auch Nachteile:

- Was tun, wenn Sie nun aber einzelne Zeichen des Strings ändern möchten?
- Das Erzeugen eines neuen Objekts ist relativ aufwendig. Wenn Ihr Programm massiv Strings verändert, aneinanderhängt usw., dann wird es sehr wahrscheinlich keine Geschwindigkeitsrekorde aufstellen!

Für solche Fälle gibt es eine andere String-Klasse namens `StringBuilder` (Paket `java.lang`), die Zeichen in einem internen Puffer ablegt, der beliebig beschreibbar und erweiterbar ist.

Es existiert auch noch eine zu `StringBuilder` analoge Klasse `StringBuffer`, die allerdings intern langsamer arbeitet, dafür jedoch synchronisiert ist, sodass somit dieselbe Instanz von mehreren Threads gleichzeitig benutzt werden kann (mehr zu Threads in Kapitel 13).

Betrachten wir auch dazu noch ein Beispiel.

Die Sichelzellenanämie ist eine Krankheit, bei der die roten Blutkörperchen aufgrund eines genetischen Defekts sichelförmig verkrümmt sind. Menschen, die unter dieser Form der Anämie leiden, sind oftmals kurzatmig und wenig belastbar. Der Defekt besteht im Grunde nur aus einer winzigen Mutation in der Aminosäurenkette des Hämoglobins. Statt

Val-His-Leu-Thr-Pro-*Glu*-Glu-Lys

liest sich diese im mutierten Hämoglobin:

Val-His-Leu-Thr-Pro-*Val*-Glu-Lys

Der genetische Code für diese Sequenz könnte ungefähr wie folgt aussehen:

GUG-CAU-CUU-ACG-CCC-*GAG*-GAG-AAG

beziehungsweise

GUG-CAU-CUU-ACG-CCC-*GUG*-GAG-AAG

für das defekte Gen.

Das folgende Programm dient der Heilung der Sichelzellenanämie:

Listing 6.10 Genmanipulation.java

```java
import java.io.*;

public class Genmanipulation {
  public static void main(String[] args) throws IOException {
    Console cons = System.console();
    cons.printf("\n");

    StringBuilder gencode = new StringBuilder(
              "GUG-CAU-CUU-ACG-CCC-GUG-GAG-AAG");

    cons.printf(" Vor der Operation \n");
    cons.printf(" Genetischer Code = %s \n", gencode);

    // Eingriff: Zeichen an Position 21 ändern
    gencode.setCharAt(21,'A');

    cons.printf("\n");
    cons.printf(" Nach der Operation \n");
    cons.printf(" Genetischer Code = %s \n", gencode);  }
}
```

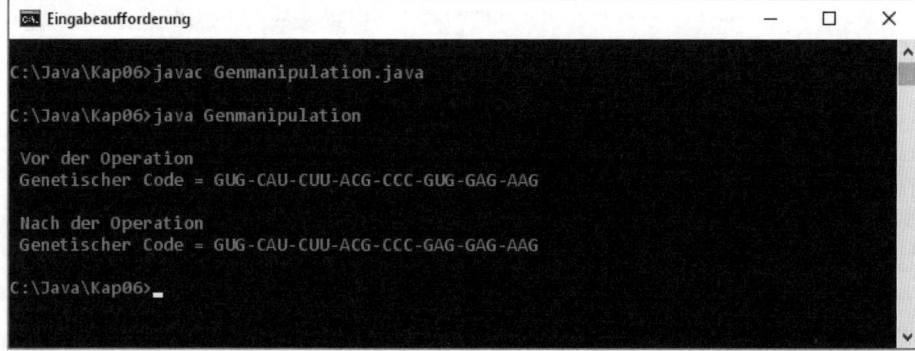

Bild 6.4 Ausgabe des Programms Genmanipulation

Neue Instanzen der Klasse StringBuilder werden im Gegensatz zu Instanzen von String immer mithilfe des new-Operators angelegt.

Die Instanzbildung mit new funktioniert natürlich auch bei String. Die Schreibweise

```
String text = "Beispiel-Text"
```

ist nur eine Kurzschreibweise für

```
String text = new String("Beispiel-Text")
```

StringBuilder-Methoden

StringBuilder hat wie String sehr viele Methoden. Meist benötigt man aber nur die folgenden:

Tabelle 6.7 Wichtige Methoden der Klasse StringBuilder

Methode	Beschreibung
int length()	Anzahl der Zeichen
int capacity()	Maximale Anzahl von Zeichen
char charAt(int)	Zeichen lesen
void setCharAt(int,char)	Zeichen schreiben
StringBuilder insert(int,String)	String einfügen
StringBuilder append(String)	String anhängen
String toString()	Umwandlung in String-Objekt

Das int-Argument spezifiziert jeweils die Position in dem StringBuilder-Objekt, ab dem gelesen bzw. geschrieben werden soll.

Achtung!

Beachten Sie, dass bei Zeichenfolgen wie bei Arrays die Positionen der Zeichen bei 0 anfangend gezählt werden. Eine Zeichenfolge mit zehn Zeichen hat also die gültigen Positionen 0 bis 9.

Wenn schon im voraus klar ist, dass der StringBuilder vor allem durch insert- und append-Operationen vergrößert wird, sollte er zu Beginn ausreichend groß definiert werden: durch Verwendung eines speziellen Konstruktors, dem die Größe mitgegeben wird. Dies beschleunigt die Abarbeitung, da andernfalls laufend neuer Speicher für die hinzukommenden Zeichen angelegt werden muss.

```
// Platz für 5000 Zeichen reservieren
StringBuilder text = new StringBuilder(5000);

System.console().printf(" Aktuelle Länge ist %d\n", text.length());
```

```
text.append("Mein Name ist Hase");

System.console().printf(" Länge ist nun %d\n", text.length());
System.console().printf(" Max Länge %d\n", text.capacity());
```

 Die Grenze von 5000 Zeichen im Beispiel ist keine starre Grenze. Wenn der Fall auftreten sollte, dass im Programm mehr als 5000 Zeichen in den Puffer hinein-geschrieben werden, ist dies erlaubt. Da jedoch der Vorrat an bereitgestelltem Speicher aufgebraucht ist, werden teure Speicheranforderungen notwendig, sodass die Ablaufgeschwindigkeit etwas leidet. ■

■ 6.8 Zusammenfassung

Aus- und Eingabe von Daten erfolgen in Java über sogenannte *Ströme* (Streams). Speziell für die Ausgabe auf den Bildschirm und die Eingabe von der Tastatur stehen bereits vordefi-nierte Streams zur Verfügung: System.out und System.in. Die Bildschirmausgabe mithilfe der Methoden print() und println() der System.out-Instanz ist einfach, unterstützt aber weder Formatierungen noch Umlaute. Für formatierte Ausgaben gibt es die Methode printf(). Für formatierte oder unformatierte Ausgaben mit korrekt dargestellten Umlau-ten gibt es die Klasse Console mit ihrer printf()-Methode.

Zum Einlesen von Daten über die Tastatur können Sie die readLine()-Methode der Klasse Console verwenden. Zahleneingaben müssen Sie mithilfe der parse-Methoden der Klassen Integer, Long, Float und Double oder den nextXxx-Methoden der Klasse Scanner in den gewünschten Datentyp umwandeln.

Zum Zugriff auf Dateien dienen die Klassen File, FileReader und FileWriter sowie BufferedReader und BufferedWriter.

Für die Programmierung mit Strings stehen die Klassen String und StringBuilder zur Verfügung.

■ 6.9 Fragen und Antworten

1. Sie wollen Daten auf den Bildschirm ausgeben. Welche Klassen und/oder Instanzen ver-wenden Sie für diese Aufgabe?

   Für die Ausgabe auf den Bildschirm können Sie die Instanz System.out, das von System.console() zurückgelieferte Console-Objekt oder eine Instanz der Klasse PrintWriter verwenden.

2. Sie wollen Daten von der Tastatur einlesen. Welche Klassen und/oder Instanzen verwenden Sie für diese Aufgabe?

   Für das Einlesen von der Tastatur können Sie das von `System.console()` zurückgelieferte `Console`-Objekt oder eine Instanz der Klasse `Scanner` verwenden.

3. Wie öffnet man eine Datei?

   Dateien können Sie öffnen, indem Sie Instanzen der Klassen `FileReader` oder `FileWriter` bilden und diesen den Namen der zu öffnenden Datei oder einen passenden Dateideskriptor (`File`-Objekt) übergeben.

4. Sie wollen Daten in eine Datei schreiben. Welche Klassen und/oder Instanzen verwenden Sie für diese Aufgabe?

   Für die Ausgabe in eine Datei können Sie die Klasse `FileWriter` oder `PrintWriter` verwenden.

5. Sie wollen Daten aus einer Datei lesen. Welche Klassen und/oder Instanzen verwenden Sie für diese Aufgabe?

   Für das Lesen aus einer Datei können Sie die Klassen `Scanner` oder `FileReader` verwenden.

6. Welche zwei grundlegenden Klassen dienen der Programmierung mit Strings? Welches ist ihr wichtigster Unterschied?

   Die wichtigsten Klassen zur Behandlung von Strings sind `String` und `StringBuilder`. Abgesehen davon, dass beide Klassen durchaus unterschiedliche Methoden zur Manipulation ihrer Instanzen zur Verfügung stellen, wird der Speicher einer `StringBuilder`-Instanz dynamisch verwaltet (d.h., der Text in der Instanz kann verändert und auch erweitert werden), während der Inhalt einer `String`-Instanz nach seiner Initialisierung nicht mehr verändert werden kann (d.h., Methoden und Operationen, die den Inhalt ändern, erzeugen in Wirklichkeit ein neues `String`-Objekt).

7. Werden Strings als call by value oder als call by reference übergeben?

   Strings sind Objektvariablen – folglich werden sie als Referenzen übergeben.

◼ 6.10 Übungen

1. Was macht das folgende Programm?

```java
import java.util.Scanner;

public class Frage {
  public static void main(String[] args)  {
    Scanner ein = new Scanner(System.console().reader());
    String zeile = ein.nextLine();
    System.console().printf(zeile.toUpperCase());
  }
}
```

2. Schreiben Sie ein Programm zum Kopieren von Dateien, das mit `FileReader`/`FileWriter` arbeitet.

7 Collections und weitere nützliche Klassen

Haben Sie auch hin und wieder Déjà-vu-Erlebnisse, d. h., erleben Sie Situationen, die Ihnen bekannt vorkommen? Nun, als Java-Programmierer werden Sie solche Erlebnisse früher oder später auch haben. Bestimmte Aufgaben tauchen immer wieder auf, sie sind typisch. Dazu gehören beispielsweise das Sortieren von und Suchen in Daten, aber auch eher profane Dinge wie das Erzeugen von Zufallszahlen oder die Ausgabe des aktuellen Datums. Java bietet zur Arbeitserleichterung einige praktische Klassen und Methoden im Paket `java.util`, von denen wir die interessantesten in diesem Kapitel zusammengefasst haben.

Bei den in diesem Kapitel vorgestellten Konzepten handelt es sich teilweise um fortgeschrittene Themen, die für den Einstieg in die Java-Programmierung nicht relevant sind, für die tägliche Arbeit aber sehr nützlich sein können. Als Anfänger brauchen Sie nicht alles, was in diesem Kapitel erklärt wird, zu verstehen. Überfliegen Sie es, um sich einen Überblick zu verschaffen, und kehren Sie zu diesem Kapitel zurück, wenn Sie später auf Probleme stoßen, die sich mithilfe der hier vorgestellten Klassen lösen lassen.

■ 7.1 Zufallszahlen erzeugen

Zufallszahlen werden erstaunlich oft benötigt, z. B. um Testdaten zu generieren. Dabei ist in der Informatik heftig umstritten, was eine Zufallszahl eigentlich genau ist. Wir lassen andere streiten und nehmen für unsere Zwecke an, dass wir eine magische Kugel haben, die wir schütteln und aus der dann eine Zahl aus einem bestimmten Wertebereich fällt. Wenn wir das mehrmals hintereinander machen, erhalten wir eine Folge von Zufallszahlen.

In Java wird die magische Kugel durch die Klasse `Random` aus dem Paket `java.util` realisiert. Dem Schütteln entspricht der Aufruf einer der folgenden Methoden:

- nextInt(), nextInt(int n), nextLong() zur Generierung einer ganzzahligen Zufallszahl im jeweiligen Wertebereich (also von int oder long). Die Variante mit dem Parameter n erzeugt eine Zufallszahl zwischen 0 (inklusive) und n (exklusive).

- nextFloat() und nextDouble() zur Erzeugung einer Fließkommazahl aus dem Wertebereich von float bzw. double.

Jede Zahl aus dem jeweiligen Wertebereich ist gleich wahrscheinlich. Für manche (eher mathematisch-statistische) Anwendungen möchte man eine Folge von gaußverteilten Zufallszahlen erzeugen. Dies erlaubt die Methode nextGaussian() (wenn Ihnen „gaußverteilte Zahlen" nichts sagt, seien Sie unbesorgt: dann werden Sie diese Methode auch nicht brauchen!).

Schauen wir uns nun den Einsatz von Random in einem wirklich nützlichen Beispiel an, nämlich einem Lottozahlengenerator. Nie wieder den Kopf zerbrechen, welche Zahlen Sie ankreuzen müssen. In Zukunft macht das ein Java-Programm!

Listing 7.1 Lotto.java

```java
// Einsatz des Zufallszahlengenerators
import java.util.*;

class Lotto {
  public static void main(String args[]) {
    int zahl;
    int anzahl = 0;
    Random generator = new Random();

    System.out.println("\n Die Ziehung der Lottozahlen \n");

    while(true) {
      // Zahl zwischen 0 (inkl.) und 50 (exkl.)
      zahl = generator.nextInt(50);
      if(zahl == 0)
      // 0 brauchen wir nicht
        continue;

      // Zahl ausgeben
      System.out.println(" Gezogene Zahl: " + zahl);

      // Sind sechs Zahlen gezogen worden? Dann Ende.
      anzahl++;

      if(anzahl == 6)
        break;
    }
  }
}
```

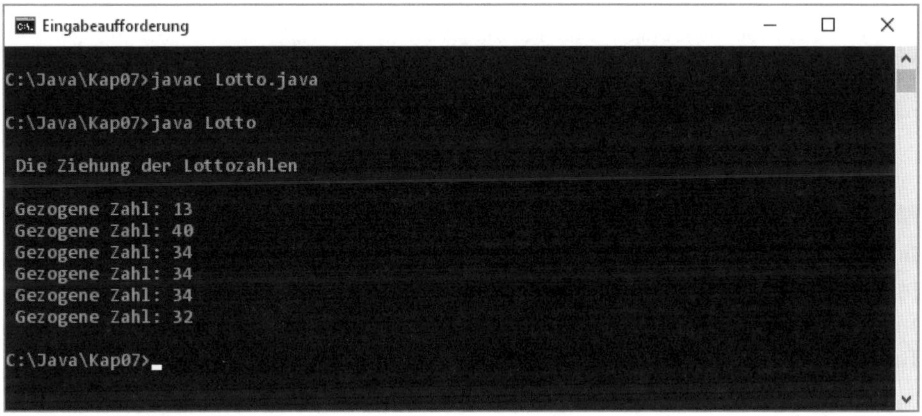

Bild 7.1 Ausgabe des Programms Lotto

Analyse:

Zunächst legen wir eine Instanz von Random an. Da wir für die Lottozahlen nur ganze Zahlen zwischen 1 und 49 benötigen, setzen wir die Methode nextInt(50) ein. Da die Methode bei diesem Aufruf auch eine Null zurückliefern kann, müssen wir explizit testen, ob eine Null zurückgeliefert wird, die wir natürlich ignorieren. Damit sind wir schon fertig und können die Tippscheine ausfüllen! Beachten Sie, dass die gezeigte Umsetzung auch Doubletten liefern kann (zur Verbesserung siehe Abschnitt 7.4, „Mengen").

■ 7.2 Zeit- und Datumsangaben

Da Sie auf Ihrem Windows-Desktop meist irgendwo eine Uhr- und Datumsanzeigesehen können, ist Ihnen bestimmt schon der Verdacht gekommen, dass Programme auf die PC-Uhr zugreifen können. Dies ist selbstverständlich auch von Java aus möglich.

Die wichtigste Gehilfen sind dabei die drei Klassen LocalDate, zur Repräsentation einer Zeit, LocalTime, zur Repräsentation einer Datumsangabe, und LocalDateTime, zur Repräsentation einer Kombination aus Datum und Zeit, die alle drei im Paket java.time definiert sind:

```
import java.time.*;

LocalDate datum = LocalDate.now();
System.out.println(datum);              // Ausgabe: 2014-03-13

LocalTime zeit = LocalTime.now();
System.out.println(zeit);               // Ausgabe: 14:26:21.789

LocalDateTime datumzeit = LocalDateTime.now();
System.out.println(datumzeit);    // Ausgabe: 2014-03-13T14:26:21.789
```

Das Paket `java.time` wurde erst mit Java 8 eingeführt. Vor Java 8 benutzte man zum Abfragen und Bearbeiten von Datums- und Zeitangaben die Klasse `Date` (Paket `java.util`). ∎

Mit Datums- und Zeitangaben arbeiten

In dem einführenden Abschnitt haben Sie bereits gesehen, wie Sie mithilfe der Methode `now()` die aktuelle Zeit oder das aktuelle Datum abfragen.

Daneben gibt es noch diverse weitere Möglichkeiten, Objekte für vorgegebene Zeit- und Datumsangaben zu erzeugen, beispielsweise aus

- einzelnen Angaben zu Jahr, Monat und TagImMonat (bzw. Stunde, Minute und Sekunde) – mithilfe der überladenen `of()`-Methoden
- oder durch Parsen eines Strings mit einer UTC-Angabe im ISO 8601-Format – mithilfe der `parse()`-Methoden.

```
datum = LocalDate.of(1789, 7, 14);             // 1789-07-14,
                                               // also der 14. Juli 1789
datum = LocalDate.of(1789, Month.JULY, 14);    // 1789-07-14
datum = LocalDate.ofYearDay(2001, 32);         // 2001-02-01
datum = LocalDate.ofEpochDay(100);             // 1970-04-11
datum = LocalDate.parse("1789-07-14");         // 1789-07-14

zeit = LocalTime.of(22, 33);                   // 22:33
zeit = LocalTime.of(22, 33, 1);                // 22:33:01
zeit = LocalTime.ofSecondOfDay(3601);          // 01:00:01
zeit = LocalTime.parse("22:33:01");            // 22:33:01

datumzeit = LocalDateTime.parse("1789-07-14T22:33:01");
```

Die in diesen Objekten gespeicherten Datums- und Zeitangaben können Sie nicht nur ausgeben, sondern auch zur Berechnung abgeleiteter Datums- und Zeitangaben benutzen – also beispielsweise um einem Datum zehn Tage hinzuzuzählen. Beachten müssen Sie dabei allerdings, dass die Objekte der Klassen `LocalDate`, `LocalTime` und `LocalDateTime`, ebenso wie Strings nicht verändert werden können (d. h., sie sind *immutable*). Sie können lediglich auf ihrer Grundlage neue, veränderte Objekte erzeugen (die Sie aber wie im folgenden Code der alten Variable zuweisen können).

```
datum = LocalDate.of(1789, 7, 14);             // 14. Juli 1789
datum = datum.plusDays(10);                    // 24. Juli 1789

datum = LocalDate.of(1789, 7, 14);             // 14. Juli 1789
datum = datum.withYear(2014);                  // 14. Juli 2014

zeit = LocalTime.of(00, 00, 00);               // 00:00
zeit = zeit.minusMinutes(30);                  // 23:30

zeit = LocalTime.of(00, 00, 00);               // 00:00
zeit = zeit.minus(Duration.ofMinutes(30));     // 23:30
```

```
zeit = LocalTime.of(00, 00, 00);        // 00:00
zeit = zeit.withHour(20);               // 20:00
```

Datums- und Zeitangaben ausgeben

Da die Datums- und Zeitklassen zur Ausgabe von Datums- und Zeitwerten nur die Standardausgabe im ISO 8601-Format bieten, gibt es im Paket java.time.format die Klasse
DateTimeFormatter, mit deren Hilfe Sie quasi beliebige Formate für das Einlesen (Übergabe an die parse()-Methode) und Ausgeben (Übergabe an die format()-Methode) von
Datums- und Zeitwerten kreieren können.

Vordefinierte Formate

Die einfachste Form der Formatierung ist die Verwendung eines der vordefinierten Formate:

```
LocalDate datum = LocalDate.of(2014,03,20);
System.out.println(datum.format(DateTimeFormatter.ISO_LOCAL_DATE));
```

Tabelle 7.1 Ausgesuchte vordefinierte Formate der Klasse DateTimeFormatter

Format	Ergebnis für den 20.03.2014 und 09:00
ISO_LOCAL_DATE	2014-03-20
ISO_OFFSET_DATE (für ZonedDateTime)	2014-03-20+01:00
ISO_LOCAL_DATE_TIME	2014-03-20T09:00:00.000
ISO_ZONED_DATE_TIME (für ZonedDateTime)	2014-03-20T09:00:00.000+01:00[Europe/Berlin]
ISO_ORDINAL_DATE	2014-019
ISO_WEEK_DATE	2014-W12-4
ISO_LOCAL_TIME	09:00:00.
ISO_OFFSET_TIME (für ZonedDateTime)	09:00:00.00+01:00
RFC_1123_DATE_TIME (für ZonedDateTime)	Thu, 20 Mar 2014 09:00:00 +0100

Die Zeit stoppen

Oft ist es ganz nett, eine Stoppuhr im Programm zur Verfügung zu haben, z.B. zu Debug-
ging-Zwecken, um herauszufinden, welche Programmteile die meiste Zeit verbrauchen. Im
Prinzip könnte man diese Aufgabe durch das Erzeugen zweier LocalTime-Objekte und Differenzbildung bewerkstelligen (siehe nachfolgenden Hinweis). Es geht aber glücklicherweise auch einfacher mit der statischen Methode System.currentTimeMillis() (Paket
java.lang). Sie liefert die Anzahl der Millisekunden seit dem 01.01.1970 als long-Wert
zurück. Durch Differenzbildung erhalten wir die verstrichene Zeit:

```
long  start = System.currentTimeMillis();
// ...hier interne Berechnungen
long ende = System.currentTimeMillis();
```

```
System.out.println(" Die Berechnung dauerte "
                   +(ende - start) + " Millisekunden.");
```

 Differenzen zwischen Datumsangaben berechnen Sie mithilfe der Methode
until() und der Klasse Period.

```
datum = LocalDate.of(1789, 7, 14);  // 14. Juli 1789
Period diff = datum.until(LocalDate.now());  // 14. Juli 1789
```

Von dem erhaltenen Peroid-Objekt können Sie anschließend die einzelnen Komponenten abfragen oder sich die Differenz als codierten String zurückliefern lassen:

```
System.out.println(diff);             // P224Y7M22F
System.out.println(diff.getYears());  // 224
```

Für Zeitdifferenzen verwenden Sie die until()-Methode der Klasse LocalTime und übergeben zusätzlich die gewünschte Zeiteinheit als Konstante der Aufzählung java.time.temporal.ChronoUnit:

```
zeit = LocalTime.of(00, 00, 00);
long diff = zeit.until(LocalTime.now(), ChronoUnit.MINUTES);
System.out.println(diff);
```

■ 7.3 Zeichenfolgen zerlegen

Eine ebenfalls immer wiederkehrende Aufgabe ist die Zerlegung von Zeichenfolgen in logisch sinnvolle Einheiten, die sogenannten *Tokens*. Für ihre Verwendung wird eine Angabe benötigt, was ein Token sein soll und was nicht. Eine derartige Definition kann z. B. sein: alle Teilketten, die durch ein Leerzeichen getrennt sind, was erlauben würde, einen Satz in seine einzelnen Wörter zu zerlegen. Java stellt für diesen Zweck die Klasse StringTokenizer (Paket java.util) bereit.

Der Einsatz der Klasse StringTokenizer ist kinderleicht: Zunächst muss eine Instanz erzeugt werden, wobei der Konstruktor den Eingabestring als Parameter erwartet. Optional kann noch ein String als zweiter Parameter übergeben werden, der anzeigt, welche Teilstrings als Trennzeichen zwischen Tokens aufgefasst werden sollen. Standardmäßig ist das ein Leerzeichen:

```
StringTokenizer st = new StringTokenizer(eingabestring);
StringTokenizer st = new StringTokenizer(eingabestring,trennstring);
```

Ist die StringTokenizer-Instanz erzeugt worden, kann mit den folgenden Methoden gearbeitet werden:

Tabelle 7.2 Token-Methoden

Methode	Beschreibung
int **countTokens**()	Liefert die Anzahl an Tokens, die noch im StringTokenizer vorhanden sind.
boolean **hasMoreTokens**()	Liefert true, wenn noch Tokens vorhanden sind.
String **nextToken**()	Liefert das nächste Token.

Der Aufruf von countTokens() direkt nach dem Initialisieren liefert die Gesamtzahl an gefundenen Tokens. Jeder Aufruf von nextToken() liefert dann der Reihe nach ein Token und springt intern in der StringTokenizer-Instanz zum nächsten Token. Der typische Einsatz sieht daher folgendermaßen aus:

```
while(st.hasMoreTokens()) {
  System.out.println(" akt. Token: " + st.nextToken());
}
```

7.4 Komplexe Datenstrukturen (Collections)

Jedes Computerprogramm lässt sich in zwei Aspekte untergliedern:

- Es gibt Daten (als Objekte oder elementare Datentypen) und
- Vorstellungen darüber, was mit diesen Daten zu machen ist.

Der letzte Gesichtspunkt entscheidet darüber, wie man die Daten organisieren soll, damit die gewünschten Aktionen effizient ablaufen können.

Die Informatik hat viele Konzepte zum Organisieren und Ablegen von Daten entwickelt, die allgemein als Datenstrukturen bezeichnet werden. Manche Datenstrukturen sind recht einfach zu verstehen und einzusetzen, andere sind hochkompliziert und sehr schwierig zu programmieren. Die Kunst des guten Programmierens ist die Wahl der richtigen Datenstruktur und der richtigen Algorithmen, um auf der Datenstruktur zu operieren. Man muss sich überlegen, was für Daten vorliegen und was damit gemacht werden soll. Die Wahl der Datenstruktur sollte dann entsprechend getroffen werden. Wenn Sie beispielsweise eine Datenbank aufbauen wollen, in der viele Einfügeoperationen, aber selten Löschoperationen gemacht werden müssen, dann sollte die Datenstruktur das Einfügen möglichst effizient umsetzen; auch wenn dies eventuell zu Lasten der Löschoperation geht. Wenn Letztere nur selten benötigt werden, ist dies kein großer Nachteil.

Leider sind effiziente Datenstrukturen und Algorithmen in der Regel schwierig zu implementieren. Die Folge: Sehr viele Programme (auch professionelle in der Industrie) verwenden meist sehr schlechte (langsame oder speicheraufwendige) Lösungen, obwohl die Forschung längst viel bessere Varianten gefunden hat. Um diese Lücke zwischen Theorie und Praxis zu schließen, bieten moderne Programmiersprachen sogenannte Container-Klassen (in Java *Collections* genannt), die solche modernen und effizienten Implementierungen bieten. Der Anwender kann einfach seine zu verwaltenden Objekte „hineinstopfen" und sich ansonsten auf die eigentlichen Ziele seines Programms konzentrieren. Mit dem komplizierten Verwalten der Daten muss er sich nicht mehr abmühen.

In der Java-Bibliothek finden sich Implementierungen folgender Grundtypen:

- Liste (`Vector`, `LinkedList`, `ArrayList`),
- Keller (`Stack`),
- Menge (`HashSet`, `LinkedHashSet`, `TreeSet`, `NavigableSet`),
- Warteschlangen (`PriorityQueue`, `ArrayList`, `ArrayDeque`),
- Hashtabelle (`HashMap`, `Hashtable`, `LinkedhashMap`, `TreeMap`, `NavigableMap`).

Die Programmierung mit Listen (`LinkedList`), Mengen (`HashSet`) und Hashtabellen (`HashMap`) schauen wir uns gleich im Anschluss an die nachfolgenden Vorbemerkungen an. Mit Kellern beschäftigen wir uns in den Übungen. Die Erkundung der Warteschlangen überlassen wir Ihnen.

Generische Implementierung

Bis zur Java-Version 1.4 arbeiteten alle Container-Klassen nur auf dem Basistyp aller Klassen in Java, nämlich `Object`. Dies ermöglichte es, alle Typen von Java-Objekten als Elemente in einem Container abzulegen. Allerdings hatte man sich dadurch auch zwei Nachteile eingehandelt:

- Beim Auslesen von Objekten aus einem Container erhält man nur ein Objekt vom Typ `Object` und muss dann einen entsprechenden Cast durchführen. Dies ist umständlich und verschlechtert die Lesbarkeit des Codes.
- Wenn in einem Container nur Objekte eines bestimmten Datentyps (z. B. `String`-Objekte) abgelegt werden sollen, kann dies vom Compiler nicht überwacht und ggf. beanstandet werden.

Seit der Java-Version 1.5 sind daher alle Container-Klassen generisch implementiert. Dies bedeutet, dass die Klassendefinition des Containers mit einer Art Platzhalter für den konkreten Datentyp der zu verwahrenden Elemente arbeitet. Erst bei der Instanzierung der Container-Klasse wird dann der gewünschte Datentyp für die Elemente angegeben. Das sieht beispielsweise so aus:

```
LinkedList<String> liste = new LinkedList<String>();
```

Hier wird ein `LinkedList`-Container angelegt, in den nur `String`-Objekte abgelegt werden dürfen.

 Ab Java 7 brauchen Sie die Typparameter im Konstruktoraufruf nicht mehr anzugeben, wenn der Compiler die Parameter wie oben aus dem Datentyp der Variablen ableiten kann:

```
LinkedList<String> liste = new LinkedList<>();
```

Iteratoren

Alle im Folgenden präsentierten Klassen (mit Ausnahme von `HashMap`) unterstützen das sogenannte *Iterator*-Konzept. Ein Iterator ist ein besonderes Objekt, das es dem Anwender erlaubt, über die Elemente in einer komplexen Datenstruktur zu laufen (zu iterieren).

Den typischen Einsatz werden wir im Verlauf des Kapitels noch häufig antreffen und wollen ihn daher vorab schon mal präsentieren:

```
Iterator<String> it = meinContainer.iterator();

while(it.hasNext()) {
    tmp = meinContainer.next();
}
```

Jede Container-Klasse, die Iteratoren unterstützt, stellt die Methode `iterator()` bereit. Durch Aufruf dieser Methode erhält man ein `Iterator`-Objekt, mit dem die Elemente im Container durchlaufen werden können. Der Iterator wird dabei für den Typ der Elemente im Container spezialisiert (`String` im obigen Beispiel). Hat man erst einmal einen passenden Iterator, kann man mit `hasNext()` prüfen, ob ein weiteres Element verfügbar ist und, falls ja, dieses mit `next()` zurückliefern lassen.

Seit Java-Version 1.5 gibt es als Alternative zu den Iteratoren noch eine besondere Variante der `for`-Schleife, die Sie schon kurz in Abschnitt 4.3 „Schleifen und Arrays" kennengelernt haben. Diese `for`-Schleife funktioniert auch für Container-Klassen:

```
for(String tmp : containerMitStrings) {
    // hier tmp verwenden, z.B.
    System.out.println(tmp);
}
```

Listen

Einfache Beispiele für eine Liste sind der tägliche Einkaufszettel oder eine Liste mit Aufgaben, die zu erledigen sind. In der Informatik ist eine Liste analog hierzu eine geordnete Sammlung von Objekten. Listen dürfen Doubletten enthalten und der Benutzer der Liste hat volle Kontrolle, d.h., er hat Zugriff auf jedes Element der Liste, in jeder beliebigen Reihenfolge und er kann überall neue Elemente einfügen oder aus der Liste löschen. Fertige Listenimplementierungen sind z.B. `ArrayList` und `LinkedList`.

Das Erzeugen einer zunächst leeren Liste erfolgt durch Aufruf des Konstruktors `Linked-List()`. Da wie oben bereits erwähnt alle Container-Klassen generisch implementiert sind, muss man nach dem Container-Klassennamen noch den gewünschten Elementtyp in spitzen Klammern angeben:

```
LinkedList<String> liste = new LinkedList<String>();
```

Diese Zeile erzeugt eine leere Liste, in die nur Objekte vom Typ `String` eingefügt werden dürfen. Zum Einfügen und Löschen von Elementen stehen verschiedene Methoden zur Verfügung:

Tabelle 7.3 Wichtige List-Methoden

Methode	Beschreibung
boolean **add**(E element)	Fügt element am Ende der Liste ein.
void **add**(int i, E element)	Fügt element an Position i ein.
E **get**(int i)	Liefert das Element an Position i zurück.
boolean **remove**(int i)	Löscht das Objekt an Position i.
boolean **remove**(E element)	Löscht das erste Vorkommen von element.
E **set**(int i, E element)	Ersetzt das Objekt an Position i durch element.
int **size**()	Liefert die Anzahl der Elemente in der Liste.

E ist dabei der generische Datentyp und steht als Platzhalter für den konkreten Datentyp, der dem Konstruktor in spitzen Klammern mitgegeben wird.

Bei Methoden mit boolean-Rückgabewert wird true zurückgeliefert, wenn die jeweilige Aktion erfolgreich war, sonst false. Beachten Sie, dass bei einer Liste wie in einem Array von 0 (!) an gezählt wird. Das letzte Element einer Liste hat somit den Index size()-1.

Ferner gibt es noch zwei Methoden zum Suchen von Objekten:

```
int indexOf(E element)
int lastIndexOf(E element)
```

die den Index des ersten Auftretens bzw. des letzten Auftretens eines Objekts in der Liste zurückliefern. Wenn das gesuchte Objekt nicht gefunden wird, ist der Rückgabewert kleiner 0. Der Zugriff auf die einzelnen Elemente der Liste erfolgt sequenziell über einen Iterator oder über die get/set-Methoden.

 Elementare Datentypen und Autoboxing

Wenn wir im Zusammenhang mit Containern von Elementen sprechen, so meinen wir stets Objekte und keine Werte elementarer Datentypen, denn Container-Klassen können nur Objekte verwalten – und keine Werte elementarer Datentypen wie beispielsweise normale int-Werte! Falls dies doch einmal notwendig wird, müssen diese Werte zuerst in Klassenobjekte umgewandelt werden.

Bis zur Java-Version 1.4 musste man hierfür die zugehörigen Wrapper-Klassen verwenden: Character, Double, Integer, Float, Long. Das Einfügen der Zahl 4 erfolgt dann beispielsweise als meineListe.add(new Integer(4)). Die Rückverwandlung in den elementaren Datentyp erfolgt mit der passenden Methode charValue(), intValue(), floatValue(), doubleValue(), also z. B.:

```
Integer vier = new Integer(4);
int v = vier.intValue();
```

Seit Java 1.5 gibt es glücklicherweise das Autoboxing. Hierbei übernimmt der Compiler das lästige Verpacken bzw. Entpacken mit Wrapper-Klassen. Damit kann man auch elementare Datentypen bequem in Container stecken und wieder auslesen, z. B.:

```
LinkedList<Integer> meineListe =
                    new LinkedList<Integer>();
meineListe.add(4);
int zahl = meineListe.get(0);
```

Vielleicht fragen Sie sich, warum es zwei Klassen `LinkedList` und `ArrayList` zur Umsetzung einer Liste gibt, wenn sie doch scheinbar beide gleich zu verwenden sind.

Die Unterschiede liegen im Verborgenen. Die logische Idee einer Liste wird auf verschiedene Weisen realisiert. `ArrayList` basiert im Prinzip auf einem normalen Array, während `LinkedList` die Objekte miteinander verkettet, d. h., jedes Objekt hat Zeiger auf Vorgänger und Nachfolger. Dadurch ist eine `LinkedList` sehr schnell beim Einfügen und Löschen von Objekten, während der direkte Zugriff über Angabe des Index (beispielsweise mit `get()`) sehr langsam sein kann (die Liste muss linear durchlaufen werden). Array-basierte Listen können diese Art des Zugriffs natürlich sehr schnell ausführen, während Einfügen und Löschen langsam sind, da nachfolgende Array-Positionen umkopiert werden müssen.

 Merksatz

Wenn Sie nur selten einfügen und löschen (außer am Ende), dann ist `Array-List` zu bevorzugen, weil es deutlich schneller als `LinkedList` ist.

Schauen wir uns nun ein Beispiel zum Einsatz einer Liste an. Wir legen eine kleine Telefonliste mit den Namen unserer Freunde und ihren Telefonnummern an und geben sie dann wieder aus.

Listing 7.2 ListenDemo.java

```java
import java.util.*;
import java.io.*;

class Item {
  String m_name;
  int m_nummer;

  // der Konstruktor
  Item(String derName,int dieNummer) {
    m_name = derName;
    m_nummer = dieNummer;
  }
}

public class ListenDemo {
  public static void main(String []args) {
```

```
// eine Liste anlegen und einige Namen ans Ende einfügen
LinkedList<Item> freunde = new LinkedList<Item>();

Item aktuell = new Item("Dirk",455689);
freunde.add(aktuell);  // ans Ende anhängen

aktuell = new Item("Peter",543679);
freunde.add(aktuell); // ans Ende anhängen

// Objekt direkt erzeugen und anhängen
freunde.add(new Item("Katja",238590));

// Objekt direkt erzeugen und vorne einfügen
freunde.add(0, new Item("Julia",749326));


// den Inhalt der Liste auf drei verschiedene Arten ausgeben
Console cons = System.console();

cons.printf("\n Ausgabe mit get() \n");
for(int i = 0; i < freunde.size(); i++) {
  aktuell = freunde.get(i);
  cons.printf(" %s %d\n", aktuell.m_name, aktuell.m_nummer);
}

cons.printf ("\n Ausgabe mit Iterator \n");
Iterator<Item> it = freunde.iterator();
while(it.hasNext()) {
  aktuell = it.next();
  cons.printf(" %s %d\n", aktuell.m_name, aktuell.m_nummer);
}

cons.printf ("\n Ausgabe mit for \n");
for(Item akt : freunde) {
  cons.printf(" %s %d\n", akt.m_name, akt.m_nummer);
}
  }
}
```

Analyse:

Zunächst wird eine leere Liste angelegt. Da wir Objekte der selbst definierten Klasse Item darin speichern wollen, geben wir Item als Typ in der Instanzierung des LinkedList-Containers mit. Nun erfolgt das Einfügen einiger Instanzen mithilfe der add()-Methode.

Schließlich geben wir den Inhalt der Liste gleich mehrmals auf verschiedene Art und Weise aus. Zunächst laufen wir in einer for-Schleife ähnlich wie bei einem Array von Position 0 bis zum Ende durch die Liste und greifen mittels get() auf die einzelnen Elemente zu. Die Anzahl der Elemente in der Liste liefert zuvor die Methode size().

Danach wird das typische Durchlaufen mit einem Iterator demonstriert. Mittels der Methode iterator() besorgen wir uns eine entsprechende Iterator-Instanz und laufen dann durch Aufruf von next() in einer while-Schleife durch die Liste. Die next()-Methode liefert bei jedem Aufruf ein Element der Liste, beginnend beim ersten, und springt dann automatisch zum nächsten. Aus diesem Grund braucht man in der Schleife auch keine Anweisung zum

Hochzählen der Position. Abbruchbedingung ist einfach das Ende der Liste, was durch die Iterator-Methode `hasNext()` angezeigt wird.

Die letzte Variante schließlich verwendet die erweiterte `for`-Schleife.

Mengen

Den Begriff der Menge kennen Sie bestimmt noch aus dem Mathematikunterricht. Eine Menge ist eine ungeordnete Ansammlung von Objekten, wobei ein Objekt nur einmal in der Menge vorkommen darf. Ein Prototyp für die Implementierung einer Menge ist z. B. die Java-Klasse `HashSet`.

Das Einfügen bzw. Löschen von Elementen erfolgt mit den Methoden

```
boolean add(E element)
boolean remove(E element)
```

die bei erfolgreicher Durchführung `true` zurückgeben, sonst `false`. Dies ist insbesondere beim Einfügen eines Objekts wichtig, das schon in der Menge enthalten ist. Die `add()`-Methode prüft, ob das Objekt schon existiert. Falls ja, wird der Einfügevorgang abgebrochen und `false` zurückgegeben.

Um den Einsatz einer Menge zu veranschaulichen, kehren wir noch einmal zu dem Lottozahlengenerator vom Anfang dieses Kapitels zurück. In jenem Beispiel wurde nicht überprüft, ob alle Lottozahlen verschieden sind. Diese Unvollkommenheit können wir nun elegant mithilfe eines `HashSet` beheben:

Listing 7.3 Lotto2.java

```java
// Verbesserung von Lotto.java: Keine Doubletten
import java.util.*;

class Lotto2 {
  public static void main(String args[]) {
    boolean eingefuegt;
    int i, zahl, anzahl = 0;
    Random generator = new Random();
    HashSet<Integer> gezogen = new HashSet<Integer>();
    System.out.println("\n Die Ziehung der Lottozahlen \n");

    while(true) {
      zahl = generator.nextInt(50);

      if(zahl == 0)          // 0 brauchen wir nicht
        continue;

      // versuchen, die Zahl in die Menge einzufuegen
      // falls nicht moeglich -> neue Zahl erzeugen
      eingefuegt = gezogen.add(zahl);

      if(!eingefuegt)        // schon vorhanden -> neuer Versuch
        continue;

      // Zahl ausgeben
      System.out.println(" Gezogene Zahl: " + zahl);
```

```
      // Sind 6 Zahlen gezogen worden? Dann Ende.
      anzahl++;

      if(anzahl == 6)
         break;
   }
  }
}
```

Analyse:

Wir merken uns jede gezogene Zahl, indem wir sie in den `HashSet`-Container einfügen. Die `add()`-Methode wird dabei ein `false` zurückliefern, wenn der Einfügevorgang nicht erfolgreich war, d. h., wenn die Zahl schon vorhanden ist. In diesem Fall wird ein neuer Schleifendurchgang mit `continue` gestartet.

Hashtabellen

Eine höchst wichtige Aufgabe im Leben ist die Verwaltung von Wertepaaren, z. B. müssen Sie die Namen Ihrer Freunde und Bekannten dem richtigen Gesicht zuordnen, den Ausruf „Shit" als Ausdruck der Verzweiflung deuten und bei „Liebe" an ein positives Gefühl denken und nicht etwa an Hass oder Ähnliches. Sie sehen schon, dass Wertepaare eine große Rolle spielen und Fehler bei der Zuordnung von einem Begriff zu seiner Bedeutung sehr nachteilig sein könnten. Eine solche Zuordnung nennt man in der Informatik eine *Map* oder ein *Mapping*. Als effiziente Umsetzung wurde eine Datenstruktur entwickelt, die man *Hashtabelle* nennt. Der Name deutet schon an, wie Paare von Daten abgelegt werden, nämlich in Tabellenform. Nehmen wir beispielsweise das Mapping zwischen zwei Sprachen wie Englisch und Deutsch. Es gibt zwei Wertebereiche A und B: die englischen Wörter und die deutschen. Sei A = {go, work, swim, zipper} und B = {arbeiten, gehen, Reißverschluss, schwimmen}. Ein Mapping muss nun jedem englischen Wort das entsprechende deutsche Wort zuordnen. (Mehrfachbedeutungen von Wörtern lassen wir mal der Einfachheit halber weg.) Unsere Tabelle zur Durchführung des Mapping von Englisch nach Deutsch könnte dann so aussehen:

Wort	wird abgebildet auf	Index	Wort
go	-->	0	gehen
work	-->	1	arbeiten
swim	-->	2	schwimmen
zipper	-->	3	Reißverschluss

Nehmen wir einmal an, die deutschen Wörter wären in einem Array gespeichert. Wie könnte dann der Benutzer des Programms die deutsche Übersetzung zu einem englischen Wort nachschlagen? Im Moment gar nicht, denn in unserem Array sind ja nur die deutschen Begriffe gespeichert! Wir könnten das Problem lösen, indem wir im Array nicht einfach nur einen String mit dem deutschen Wort, sondern ein Objekt ablegen, welches das deutsche und das englische Wort enthält. Die Suche nach einem englischen Wort bedeutet dann, dass wir alle Objekte im Array danach absuchen. Haben wir das Objekt mit dem gesuchten englischen Begriff gefunden, haben wir auch das deutsche Wort (das ja mit im Objekt abgelegt ist).

Diese Methode funktioniert in unserem Beispiel, aber denken Sie einmal an Wörterbücher mit mehreren hunderttausend Einträgen! Für solche Datenmengen ist das obige Verfahren viel zu langsam. Selbst der Wechsel zu einer effizienten Suchmethode (z. B. binäres Suchen) kann oft noch zu langsam sein. Am besten wäre eine Methode, die es uns erlaubt, zu einer gegebenen Englischvokabel direkt den Index im Array zu bestimmen. Und das ist möglich!

Die Technik, um die es hier geht, nennt man *Hashing*, was so viel wie Zerhacken bedeutet. Zwei Klassen, die mit Hashing arbeiten, sind z. B. HashMap und Hashtable (HashMap ist die schnellere Variante, dafür ist Hashtable threadsicher[1]).

In Hashtabellen – gleichgültig, ob es sich nun um eine HashMap- oder Hashtable-Instanz handelt – fügt man stets Wertepaare ein:

- also das eigentliche abzulegende Objekt (den *Wert*) und

- ein Objekt, über das man das Wertobjekt wieder auffinden kann (den *Schlüssel*).

Im Gegensatz zu den bisher besprochenen Containern haben wir somit zwei Arten von Objekten. Aus diesem Grund erwartet der Konstruktor auch zwei Klassenangaben, um den erlaubten Typ für Schlüssel und Wert festzulegen:

```
HashMap<String, Integer> tab = new HashMap<String, Integer>;
```

Das Einfügen selbst erledigt die put-Methode, der als Parameter zuerst der Schlüssel und dann der Wert übergeben werden.

```
put(K schlüssel, V wert)
```

Achtung!

Beim Einfügen von Wertepaaren muss beachtet werden, dass die Schlüssel eindeutig sein müssen. Wenn ein Paar (A,B) schon in der Hashtabelle enthalten ist, wird ein put()-Aufruf mit dem gleichen Schlüssel A, aber anderem Wert C das bestehende Paar überschreiben.

Für das Auffinden von Werten in der Hashtabelle ist die get()-Methode verantwortlich, die einen Schlüssel übernimmt und den zugehörigen Wert zurückliefert.

```
V get(K s)
```

wobei K der Typ der Schlüsselobjekte ist und V der Typ der Wertobjekte.

Klassen, deren Instanzen als Schlüssel verwendet werden sollen, müssen folgende zwei Methoden bereitstellen:

- long hashCode(). Diese Methode muss aus dem Schlüsselobjekt, bei dem es sich ja um einen String, eine Koordinate oder sonst irgendein Objekt einer selbst definierten Klasse handelt, einen eindeutigen Zahlenwert erzeugen. Dieser Zahlenwert wird dann als Index in die Hashtabelle verwendet. Beim Einfügen eines Schlüssel-Wert-Paars gibt dieser

---

[1] Zu Threads kommen wir allerdings erst in Kapitel 13.

Index an, wo in der Tabelle der Wert abgelegt wird. Beim Suchen nach einem Wert gibt der Index an, wo der Wert zu finden ist.

■ `boolean equals()`. Mit dieser Methode werden die Objekte in der Hashtabelle verglichen.

In sehr vielen praxisrelevanten Fällen sind die Schlüssel Strings. Aus diesem Grund stellt die `String`-Klasse diese Methoden bereit, d. h., wenn wir mit Strings arbeiten, müssen wir die `HashMap`/`Hashtable`-Klasse einfach nur noch benutzen!

Tabelle 7.4 Methoden für Hashtabellen (**K** = Klasse für Schlüssel, **V** = Klasse für Wert)

Methode	Beschreibung
boolean **isEmpty**()	Liefert **true**, wenn keine Einträge vorhanden.
void **clear**()	Löscht alle Einträge.
V **put**(K s, V w)	Fügt ein Wertepaar ein oder überschreibt, wenn schon vorhanden.
V **get**(K s)	Liefert den Wert zu Schlüssel s.
V **remove**(K s)	Entfernt den Schlüssel s.
boolean **containsKey**(K s)	Liefert **true**, wenn Schlüssel s vorhanden.
boolean **containsValue**(V w)	Liefert **true**, wenn Wert w vorhanden.
int **size**()	Liefert die Anzahl an Einträgen.

Kehren wir nun zu dem geschilderten Problem zurück, dass wir effizient und ohne großen Aufwand ein kleines Wörterbuch verwalten wollen. Mit `HashMap` könnte dies folgendermaßen aussehen:

Listing 7.4 Woerterbuch.java

```java
import java.util.*;
import java.io.*;

class Item {
  String m_wort,m_typ;

  Item(String w,String t) {
    m_wort = w;
    m_typ = t;
  }
}

public class Woerterbuch {
  public static void main(String args[]) {
    Console cons = System.console();
    cons.printf("\n");

    HashMap<String, Item> tabelle = new HashMap<String, Item>();
    tabelle.put("gehen",new Item("walk","Verb"));
    tabelle.put("laufen",new Item("run","Verb"));
    tabelle.put("schwimmen", new Item("swim","Verb"));
    tabelle.put("Reißverschluss", new Item("zipper","Nomen"));
```

```
    // nach einem Wort suchen
    Scanner tastatur = new Scanner(cons.reader());
    cons.printf(" Deutsches Wort: ");
    String suchString = tastatur.next();

    // In Hashtabelle nachschlagen
    Item ergebnis = tabelle.get(suchString);

    if(ergebnis == null)
       cons.printf(" %s nicht gefunden! \n", suchString);
    else
       cons.printf(" %s heisst auf Englisch %s \n",
                  suchString, ergebnis.m_wort);
    }
}
```

Analyse:

In der main-Methode wird zunächst eine leere Instanz von HashMap erstellt. Da als Schlüssel Strings verwendet werden sollen und die einzufügenden Objekte selbst vom Typ der selbst definierten Klasse Item sein sollen, geben wir dem Konstruktor als Typinformation <String, Item> mit auf den Weg. Anschließend werden einige Einträge für die Hashtabelle generiert und durch Aufruf der put()-Methode eingefügt.

Die Suche erfolgt mithilfe der get()-Methode. Sie liefert bei erfolgreichem Suchen eine Referenz auf das zum Suchschlüssel korrespondierende Item.

 Siehe Kapitel 11, Programm *Editor.java*, zum Einsatz von Hashtable.

■ 7.5 Algorithmen

Immer wiederkehrende Aufgaben bei der Verwaltung von Daten sind auch das Suchen und Sortieren. Ähnlich wie bei den Datenstrukturen, die auf den vorangegangenen Seiten vorgestellt worden sind, hat die Informatik viele schlaue Verfahren hierfür entworfen, die allerdings nicht immer leicht zu implementieren sind. Java nimmt dem Programmierer einen großen Teil der Arbeit ab und stellt in den Klassen Arrays und Collections elementare Such- und Sortieralgorithmen bereit.

Die Klasse Arrays

Für normale Arrays existiert die Klasse Arrays (Paket java.util), die statische Methoden zum Sortieren von Arrays (oder Teilen von Arrays) definiert:

```
sort(E[] werte)
sort(E[] werte, int start, int ende)
```

Ein typischer Aufruf könnte beispielsweise so aussehen:

```
double[] werte = new double[100];
// ... Array mit Werten füllen usw.
// nun Array sortieren:
Arrays.sort(werte);
```

Der Typ E des übergebenen Arrays kann ein elementarer Datentyp sein (int, char, double usw.) oder eine Klasse. Im letzteren Fall muss die Klasse die Comparable-Schnittstelle implementieren, d. h., eine Methode int compareTo(E o) zum Vergleich von Objekten dieser Klasse vom Typ E bereitstellen. Sie muss 0 bei Gleichheit liefern, einen Wert < 0, falls das übergebene Objekt größer ist als die die Methode aufrufende Instanz, und > 0, falls das übergebene Objekt kleiner ist als die aufrufende Instanz. Viele Standardklassen von Java haben schon eine compareTo-Methode, z. B. String sowie alle Wrapper-Klassen wie Character, Double, Integer usw.

Zum Durchsuchen eines Arrays gibt es die Methode:

```
int binarySearch(typ[] array, E element)
```

Wie bei sort() kann E ein elementarer Typ sein oder eine Klasse (die dann wieder eine compareTo()-Methode besitzen muss). Als Parameter erwartet diese Methode das zu durchsuchende Array und einen Wert, nach dem gesucht werden soll. Wenn die Suche erfolgreich war, ist der Rückgabewert der Index des gesuchten Elements im Array. Bei einem Wert < 0 wurde nichts gefunden.

Achtung!

Um eine binarySearch()-Suche auf einem Array zu starten, muss das Array sortiert sein! Andernfalls ist der Ausgang der Suche undefiniert.

Die Klasse Collections

Was die oben vorgestellte Klasse Arrays für normale Arrays ist, ist für Listen die Klasse Collections mit ihren statischen Methoden:

Tabelle 7.5 Methoden für Listen

Methoden	Beschreibung
int **binarySearch**(List<E> l, E k)	Führt eine binäre Suche nach Element k durch.
void **sort**(List<E> l)	Sortiert die Liste l.
void **shuffle**(List<E> l)	Bringt die Elemente in der Liste l in eine zufällige Reihenfolge.

Während diese Methoden nur auf Listen (LinkedList, ArrayList) anwendbar sind, gibt es in Collections noch weitere interessante Methoden, die auf jede Container-Klasse anwendbar sind, insbesondere auch auf HashSet:

Tabelle 7.6 Zwei Vertreter allgemeiner Collections-Methoden

Methoden	Beschreibung
E min(Collection c)	Liefert das Minimum.
E max(Collection c)	Liefert das Maximum.

Achtung!

Natürlich müssen die Objekte, die in der jeweiligen Datenstruktur verwaltet werden, eine compareTo()-Methode bereitstellen, damit diese Algorithmen auch die Elemente vergleichen können.

■ 7.6 Zusammenfassung

Im Paket java.util sind viele nützliche Klassen vorhanden, die bei der Programmerstellung helfen.

Zufallszahlen werden mittels der Klasse Random erzeugt. Zeit- und Datumsangaben liefert Date. Die Klasse StringTokenizer erlaubt das bequeme Zerlegen von Strings in logische Einheiten.

Container-Klassen heißen in Java *Collections* und stellen komplexe Datenstrukturen bereit, die auf beliebigen Klassen arbeiten. Die wichtigsten Datenstrukturen sind Liste, Keller, Menge, Warteschlange und Hashtabelle.

Eine Liste ist eine geordnete Ansammlung von Objekten (Achtung: geordnet heißt hier nicht sortiert!), Doubletten sind möglich. Einen Keller kann man als Sonderfall einer Liste ansehen, bei der nur an einem Ende hinzugefügt/gelöscht werden darf. Eine Menge ist eine ungeordnete Ansammlung von Objekten ohne doppelte Einträge. Eine Warteschlange liefert die in sie eingefügten Elemente in einer ganz bestimmten Reihenfolge zurück. Eine Hashtabelle realisiert die effiziente Abspeicherung von Schlüssel-Wert-Paaren mit konstanter Suchzeit nach einem Eintrag.

■ 7.7 Fragen und Antworten

1. Was passiert, wenn man Container oder Iteratoren nicht typisiert?

   In solchen Fällen erzeugt der Compiler unchecked-Warnungen. Weiter schlimm ist dies nicht, der Quelltext wird trotzdem korrekt übersetzt. Wenn Sie älteren Java-Code übersetzen, der mit Container-Klassen arbeitet, werden Sie diese Meldungen wahrscheinlich häufiger sehen, denn vor Java 1.5 waren die Container-Klassen noch nicht typisiert.

■ 7.8 Übungen

1. Ein Keller ist eine Datenstruktur, bei der Einfüge-, Lösch- und Leseoperationen auf das Ende (*Top* genannt) beschränkt sind. Eine gute Analogie ist ein Stapel Teller – allerdings nur unter der Voraussetzung, dass sich unter den Lesern keine Exzentriker befinden, die sich grundsätzlich weigern, Teller auf das obere Ende des Stapels zu legen beziehungsweise Teller von oben wegzunehmen. Im Englischen nennt man diese Datenstruktur *Stack* und so heißt auch die Java-Klasse, die diese Datenstruktur implementiert.

Tabelle 7.7 Wichtige Stack-Methoden

Methoden	Beschreibung
E **push**(E element)	Fügt ein Element ein.
E **pop**()	Liefert das oberste Element und entfernt es vom Stack.
E **peek**()	Liefert das oberste Element, ohne es zu löschen.

Während das Konzept einer Liste intuitiv leicht verständlich ist, stellt sich die Lage bei einem Keller völlig anders da. Für einen Einsteiger ist der Keller meist sehr ungewohnt und wird gerne gemieden, dabei kann er sehr praktisch sein. Versuchen Sie doch einmal mithilfe einer Keller-Datenstruktur ein Programm zu schreiben, das über die Tastatur einen Text einliest, die Reihenfolge der Buchstaben darin umkehrt und das zurück auf die Konsole schreibt.

2. Schreiben Sie ein Programm, das einen String von der Tastatur einliest und mithilfe der Klasse HashMap die Häufigkeit der auftretenden Wörter zählt und dann ausgibt. Hinweis: Das Ausgeben erfolgt am einfachsten, indem println() der Name der Hashtabelle übergeben wird!

8 Grundlagen der GUI-Programmierung

In diesem und den nächsten vier Kapiteln werden wir uns mit der Erstellung von Programmen mit grafischen Benutzeroberflächen (Englisch: graphical user interface = GUI) beschäftigen.

Zwei Module der Java-Standardbibliothek werden uns dabei eine große Hilfe sein:

- Das **AWT** – eine Sammlung verschiedener Pakete, die alle mit `java.awt` beginnen und Hunderte von Klassen und Methoden zur Verfügung stellen, die wir vor allem für grundlegende Aufgaben wie die Organisation der Benutzeroberflächen oder die Kommunikation mit Anwender und Betriebssystem benötigen.

- **Swing** – eine weitere Sammlung verschiedener Pakete, die alle mit `javax.swing` beginnen und deren Klassen vor allem dem Aufbau des sichtbaren Teils einer Benutzeroberfläche dienen (d.h., hier finden wir Klassen zum Erzeugen von Fenstern, Schaltflächen, Kontrollkästchen, Listenfeldern und so weiter).

Einmal mehr treffen wir also auf diese praktischen, fertig implementierten Klassen, die wir direkt verwenden (durch Erzeugung von Objekten) oder durch Ableitung an unsere speziellen Wünsche anpassen können. Für die GUI-Programmierung sind daher das Ableiten von Klassen und das Überschreiben von Methoden wichtige Techniken. Falls Sie geschummelt haben und im Grundlagenteil die entsprechenden Abschnitt 5.1 und 5.2nur mit einem halben Auge gelesen haben, dann sollten Sie dies nun besser nachholen, damit Sie vorbereitet sind!

Die klare Aufgabenteilung zwischen AWT und Swing, die wir hier propagieren – Swing für die sichtbare Oberfläche, AWT für die dahinterstehende grundlegende Funktionalität – ist zwar weit verbreitet, ergibt sich aber keineswegs zwangsweise. Tatsächlich gab es zu den Anfangszeiten von Java nur die AWT-Bibliothek, weswegen das AWT auch Klassen für Oberflächenelemente wie Fenster, Schaltflächen etc. enthält. Später dann wurde dem AWT die Swing-Bibliothek als Ergänzung mit einem verbesserten und erweiterten Satz von Oberflächenelementen beiseite gestellt, weswegen heutzutage in den meisten GUI-Programmen die sichtbaren Oberflächenelemente auf den Swing-Klassen basieren (erkennbar übrigens an dem vorangestellten „J" wie in JButton oder JFrame im Vergleich zu den AWT-Pendants Button und Frame).

■ 8.1 Der GUI-Reiseführer

AWT und Swing haben für Einsteiger den Nachteil, dass sie sehr, sehr viele Klassen enthalten. Von diesen werden wir im Rahmen dieses Buchs daher nur einen kleinen – aber feinen! – Teil kennenlernen. Für die meisten Anwendungen ist dies vollkommen ausreichend und wenn Sie einmal etwas Ausgefalleneres programmieren wollen, dann sind Sie nach dem Durchlesen der nachfolgenden Kapitel mit Sicherheit gerüstet, um selbst loszuziehen und die Welt der Fenster für sich zu erobern. Bevor es jedoch richtig losgeht, wollen wir uns zunächst einen groben Überblick über den Aufbau von GUI-Oberflächen verschaffen.

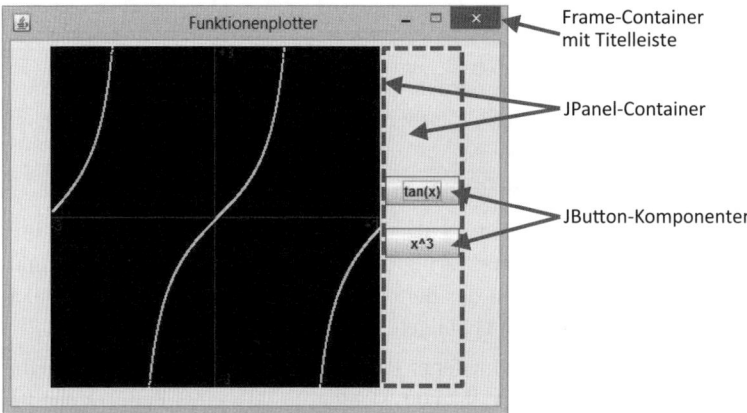

Bild 8.1 Aufbau einer GUI-Oberfläche

Die Benutzeroberfläche von GUI-Programmen ist aus Fenstern aufgebaut, die aus einer Hierarchie von ineinander verschachtelten Bausteinen, den sogenannten Komponenten, bestehen. Für jede dieser Komponenten gibt es eine passende Klasse, die Sie direkt instanzieren oder von der Sie eigene Klassen ableiten können.

Gemäß der Aufgabe, die die einzelnen Bausteine beim Design der grafischen Oberfläche spielen, kann man folgende wichtigen Gruppen unterscheiden:

- *Container*: Container sind Komponenten, die andere Komponenten enthalten. Sie dienen der Gruppierung der Oberflächenelemente und der Strukturierung der Oberfläche. Die wichtigsten Container heißen JFrame (für die Fenster eines Programms) und JPanel (für Bereiche innerhalb eines Fensters).

- *Komponenten*: Dies sind die typischen Bausteine eines GUI-Programms, mit deren Einsatz Sie zwangsläufig durch die Arbeit mit Windows bereits vertraut sind: Schaltflächen (JButton), Menüleisten (JMenuBar), Pulldown-Listenfelder (JMenu), Kontrollkästchen (JCheckbox), Textfelder (JTextField), Bildlaufleisten (JScrollbar), Dialogfenster (Dialog) und so weiter.

- *Layout-Manager*: spezielle Klassen, mit deren Hilfe die Anordnung und Ausrichtung der Steuerelemente geregelt werden.

- *Ereignislauscher*: spezielle Klassen, die der Ereignisbehandlung dienen. Mit ihrer Hilfe kann man festlegen, wie ein Fenster und seine Oberflächenelemente auf Maus- und Tastaturereignisse reagieren.

Nun aber genug der Vorrede. Schauen wir uns ein Beispielprogramm an, an dem wir die ersten wichtigen Prinzipien und Merkmale kennenlernen.

■ 8.2 Aufbau einer GUI-Anwendung

Das folgende Programm implementiert eine ganz einfache GUI-Anwendung mit einem Hauptfenster und drei Schaltflächen.

Aber Achtung! Die Namen der Schaltflächen („Hänsel" „und" „Gretel") sollen Ihnen anzeigen, dass Ihnen das Programm nach dem Start in gewisser Weise verloren geht. Es hört weder auf Rufe noch auf Mausklicks und wenn es hört, reagiert es nicht wie gewünscht – soll heißen, dass Sie das Fenster durch Klick auf die Schließen-Schaltfläche ausblenden, nicht aber das Programm ordnungsgemäß beenden können.

 Achtung!

Wenn Sie das Programm aus einem Konsolenfenster (Eingabeaufforderung) heraus aufgerufen haben, beenden Sie es, indem Sie das Konsolenfenster aktivieren und die Tastenkombination **Strg+C** drücken. ■

Listing 8.1 GUI_Beispiel.java – unser erstes GUI-Programm

```
01 import java.awt.*;
02 import javax.swing.*;
03
04 public class GUI_Beispiel extends JFrame{
05   // der Konstruktor legt drei Schaltflächen an
06   GUI_Beispiel(String titel) {
07     super(titel);                    // Fenstertitel
08
09     // Schaltflächen erzeugen
10     JButton hänsel = new JButton("Hänsel");
11     JButton und    = new JButton("und");
12     JButton gretel = new JButton("Gretel");
13
14     // Einen Layout-Manager zum Anordnen der Schalter festlegen
15     setLayout(new FlowLayout());
16
17     // zum JFrame hinzufügen
18     add(hänsel);
19     add(und);
20     add(gretel);
21   }
22
```

```
23   public static void main(String[] args) {
24     // eine Instanz der Fensterklasse anlegen
25     GUI_Beispiel fenster =
26                     new GUI_Beispiel("Erstes GUI-Programm");
27
28     fenster.pack();
29     fenster.setVisible(true);
30   }
31 }
```

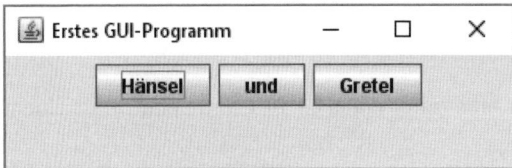

Bild 8.2 Ihr erstes GUI-Programm

Analyse:

Nutzen wir dieses kleine Programm, um uns mit dem Grundgerüst von GUI-Anwendungen vertraut zu machen.

Das Grundgerüst

Sicherlich erkennen Sie das Grundgerüst der typischen Java-Anwendung wieder:

- die Hauptklasse der Anwendung (class GUI_Beispiel aus Zeile 4), diesmal abgeleitet von der vordefinierten Swing-Klasse JFrame und mit einem von uns definierten Konstruktor, plus

- der unvermeidlichen main()-Methode (Zeile 23), mit der die Ausführung des Programms beginnt.

Lassen Sie uns die einzelnen Teile noch einmal etwas detaillierter durchgehen und versuchen wir herauszuarbeiten, welche Anpassungen im Grundgerüst aus einer Konsolenanwendung eine GUI-Anwendung machen.

Importieren der AWT- und Swing-Klassen

Da wir vordefinierte Klassen von AWT und Swing verwenden wollen (ja müssen), finden Sie am Anfang des Quellcodes die import-Anweisungen

```
import java.awt.*;
import javax.swing.*;
```

mit denen die Namen aller relevanten Klassen importiert werden.

Ableitung der Hauptfensterklasse

Als Nächstes wird die Hauptklasse der Anwendung definiert (GUI_Beispiel). Dies ist im obigen Beispiel auch gleichzeitig die Klasse des Hauptfensters und wird daher von der Swing-Klasse JFrame abgeleitet.

Wie alle Oberflächenelemente werden auch die Fenster einer Anwendung in einem Java-Programm durch Klassen repräsentiert. Die grundlegende Funktionalität eines Fensters ist dabei bereits in der Swing-Klasse JFrame definiert. Was man nun tun muss, um eine Anwendung um ein Fenster zu bereichern, ist, für das Fenster eine eigene Klasse von der Basisklasse JFrame abzuleiten. Die abgeleitete Fensterklasse kann dann individuell angepasst werden, beispielsweise durch Aufnahme verschiedener Steuerelemente in das Fenster.

Merksatz

Durch die Ableitung von der Swing-Klasse JFrame wird aus einer normalen Java-Klasse eine Fensterklasse.

Oberflächenelemente in ein Fenster aufnehmen

Ein leeres Fenster ist ohne großen Nutzen. Der nächste Schritt besteht daher meist darin, Komponenten in das Fenster aufzunehmen, mit denen der Anwender später interagieren kann – beispielsweise drei Schaltflächen, die bestimmte Aktionen ausführen, wenn sie angeklickt werden.

Der passende Ort zur Aufnahme von Komponenten ist der Konstruktor (beginnt in Zeile 6).

Im Konstruktor der Fensterklasse bilden wir daher drei Instanzen der Klasse JButton, wobei der Titel für die Schaltfläche als String an den JButton-Konstruktor übergeben wird (Zeilen 10 bis 12). Damit sind die Schaltflächen schon erzeugt!

Merksatz

Oberflächenelemente wie Schaltflächen, Textfelder, Menüs etc. werden üblicherweise durch direkte Instanzierung der entsprechenden Swing-Klassen erzeugt (und nicht durch Ableitung einer eigenen Klasse, wie im Falle der Fenster).

Der nächste Schritt besteht nun darin, die Schaltflächen als untergeordnete Komponenten des Fensters anzumelden. Alle Container (zu denen auch die Fenster gehören) besitzen dazu die Methode add(), der man einfach die Instanz der aufzunehmenden Komponente übergibt (Zeilen 18 bis 20).

Die Methode add() stammt übrigens von der AWT-Klasse Container, von der die Klassen JFrame und JPanel abgeleitet sind.

Fenster instanzieren und anzeigen

Außer dem Konstruktor definiert unsere Fensterklasse natürlich noch die altbekannte main()-Funktion. Innerhalb von main() wird eine Instanz der Klasse, also ein Fenster, erzeugt (Zeile 25). Um auch gleich einen Fenstertitel anzuzeigen, übergeben wir den Titel als String an den Konstruktor unserer Fensterklasse. Schließlich wird das Fenster durch Aufruf der Methode `setVisible(true)` auf den Bildschirm gebracht (Zeile 29)[1].

Beim Umgang mit Fenstern sind also drei Schritte zu beachten:

- Die Definition einer eigenen Fensterklasse (abgeleitet von der Swing-Klasse `JFrame`).
- Die Erzeugung eines (oder mehrerer) Fenster als Instanz(en) der Fensterklasse. (Denken Sie daran, dass eine Klasse im Grunde genommen nur ein Datentyp ist. Erst die Instanzen der Klasse stellen „reelle" Objekte dar. Erst die Instanz einer Fensterklasse stellt ein Fenster dar.)
- Das erzeugte Fenster ist anfänglich nicht auf dem Desktop sichtbar. Um es anzuzeigen, muss explizit die Methode `setVisible()` mit dem Argument `true` aufgerufen werden.

 Die Methode `pack()` ist in diesem einfachen Beispiel eigentlich noch nicht notwendig, aber Sie sollten sich angewöhnen, sie immer zusammen mit `setVisible(true)` aufzurufen. Sie bewirkt eine Ausrichtung der verwendeten Komponenten auf ihre bevorzugte Größe.

Komponenten anordnen: Layout-Manager

Schauen Sie sich noch einmal Bild 8.2 an. Wie Sie sehen können, sind die Schaltflächen im Hauptfenster ordentlich in einer Reihe ausgerichtet, und das, obwohl wir keinerlei Angaben über die Positionen und Größen der Schaltflächen gemacht haben. Jetzt werden Sie sich vielleicht fragen, ob es vielleicht irgendwelche internen Regeln zur Positionierung der Schaltflächen – oder allgemeiner der Komponenten – gibt oder ob die Anordnung womöglich gänzlich zufällig erfolgt.

Zufällig? Nein, das kann nicht Sinn der Sache sein. Dann würde der Anwender ja bei jedem Aufruf Ihres Programms ein total verändertes Layout der Oberflächenelemente vorfinden und die Arbeit mit dem Programm irgendwann genervt aufgeben!

Aus diesem Grunde gibt es sogenannte Layout-Manager, die alle Komponenten nach gewissen Regeln anordnen. In unserem ersten GUI-Programm benutzen wir zum Beispiel den `FlowLayout`-Manager, den wir im Konstruktor der Fensterklasse durch die Anweisung

```
15:    setLayout(new FlowLayout());
```

für die Anordnung der Komponenten im Fenster auswählen.

Der `FlowLayout`-Manager verwendet eine besonders einfache Regel zur Anordnung: Alle Komponenten, die in den Container aufgenommen werden, werden der Reihe nach nebeneinander und zentriert platziert. Wenn die gesamte Breite des Containers (hier also unser Fenster) ausgeschöpft ist, wird eine neue Zeile begonnen. Wenn Sie das Beispielprogramm starten, werden die Schaltflächen daher nebeneinander und nicht etwa vertikal untereinander angeordnet.

---

[1] Analog kann man mit `setVisible(false)` das Fenster verschwinden lassen (es existiert dann nach wie vor und kann durch erneuten Aufruf von `setVisible(true)` wieder sichtbar gemacht werden).

Es gibt noch einige andere Layout-Manager, die unterschiedliche Strategien zur Anordnung der Komponenten verwenden. Hier ein kleiner Überblick; Beispiele zu ihrer Verwendung werden wir noch in den nachfolgenden Beispielprogrammen sehen.

Tabelle 8.1 Layout-Manager

Konstruktor	Anordnung	Hinzufügen von Komponenten durch:
`FlowLayout()`	der Reihe nach	`add(Komponente)`
`BorderLayout()`	in fünf Gebiete: `Central`, `North`, `East`, `South`, `West`	`add("East",Komponente)` `add("Center",Komponente)` usw.
`GridLayout(n,m)`	gitterartig in N x M-Matrix	zeilenweise: `add(Komponente1-1)` `add(Komponente1-2)` `add(Komponente1-3)` usw.

 Bevor Sie es selbst herausfinden, gestehen wir es besser gleich: Es gibt noch einige weitere Layout-Manager wie `GridBagLayout` oder `BoxLayout`, `GroupLayout` etc. Die Besprechung dieser zum Teil recht komplizierten Layout-Manager würde allerdings den Rahmen des Buchs sprengen.

Ein Layout-Manager bezieht sich immer auf den Container, mit dessen `setLayout()`-Methode er eingerichtet wurde. Das heißt: Alle Komponenten in einem Container werden nach den Regeln des für den Container eingerichteten Layout-Managers angeordnet. Da unter diesen Komponenten auch Panels sein können, die selbst wieder Container darstellen und eigene Layout-Manager spezifizieren können, ergibt sich ein recht flexibles Konzept zur Anordnung von Komponenten.

 Merksatz

Ein Layout-Manager bezieht sich immer auf den Container, mit dessen `setLayout()`-Methode er eingerichtet wurde.

 Warum Layout-Manager?

Warum überhaupt der Umweg über Layout-Manager? Warum kann der Programmierer nicht selbst Angaben zur Größe und Positionierung der Komponenten machen?

Abgesehen davon, dass die Positionierung und Dimensionierung von Komponenten durch Angabe von Pixelkoordinaten eine recht mühsame Angelegenheit sein kann, gibt es eine Reihe von schwer zu berücksichtigenden Unwägbarkeiten (der Anwender kann die Fenstergröße verändern, das Aussehen und damit auch die Abmaße der typischen Steuerelemente sind betriebsspezifisch). Java umgeht diese Problematik durch das Konzept der Layout-Manager, mit deren Hilfe der Programmierer die gewünschte Anordnung vorgeben kann und die jeweilige Umgebung für die bestmögliche Umsetzung sorgt.

Es ist allerdings auch möglich, ohne Layout-Manager zu arbeiten und die Komponenten selbst zu positionieren. Dazu übergeben Sie setLayout() als Layout-Manager null und dimensionieren die Komponenten mithilfe der Methode setBounds(int, int, int, int), die die Koordinaten der linken oberen Ecke sowie Breite und Höhe der Komponente übernimmt.

Damit sind wir mit dem ersten Beispiel schon fertig! Und wir machen direkt weiter. Bestimmt ist Ihnen beim Herumspielen mit dem Beispiel aufgefallen, dass das Drücken der Schaltflächen ohne jegliche Wirkung bleibt. Dies werden wir nun ändern.

■ 8.3 Das Ereignis-Modell des AWT

GUI-Programme unterscheiden sich in ihrer Mentalität grundlegend von den klassischen Konsolenanwendungen, wie wir sie im Grundlagenteil kennengelernt haben. Während Letztere in der Regel gleich nach dem Start wie von einer Biene gestochen loslaufen und irgendwelche Dinge berechnen, machen GUI-Programme zu einem Großteil ihrer Laufzeit nichts anderes als zu warten! Worauf warten sie? Auf den Benutzer des Programms, darauf, dass dieser mit seiner Maus irgendwo hinklickt oder irgendetwas über die Tastatur eingibt.

Jeder Mausklick und jeder Tastaturanschlag veranlassen das im Hintergrund laufende Window-System[2] dazu, ein entsprechendes Ereignis (engl. *Event*) zu erzeugen und an das Programm weiterzuleiten, in dessen Fensterbereich es ausgelöst worden ist (im Fachchinesisch heißt dies „das Programm, das gerade den Fokus hatte"). Danach ist wieder das Programm am Zuge. Es muss die vom Betriebssystem versendeten Botschaften abfangen und für deren korrekte Bearbeitung sorgen. Bei Java-Programmen kommt hierbei wieder das AWT ins Spiel. Es verwendet zur Behandlung der Ereignisse ein sogenanntes *Delegation-Event-Modell*.

---

[2] Mit „Window-System" ist der Teil des Betriebssystems gemeint, der für die Darstellung und Verwaltung der GUI-Anwendungen und ihrer Fenster zuständig ist.

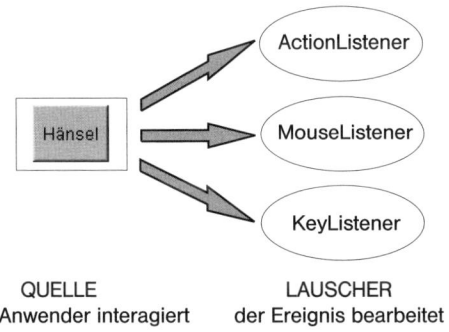

QUELLE
mit der Anwender interagiert

LAUSCHER
der Ereignis bearbeitet

Bild 8.3 Ereignisquelle und Ereignislauscher

Bei der Verarbeitung der Ereignisse unterscheidet das AWT *Ereignisquellen* (event sources) und *Ereignislauscher* (event listener). Die Ereignisquellen sind die GUI-Komponenten – beispielsweise unsere Schaltfläche oder unser Fenster. Die Ereignislauscher sind spezielle Klassen, die sich mit dem Abfangen und der Bearbeitung der Ereignisse befassen. Will ein Programm ein bestimmtes Ereignis für eine bestimmte Komponente abfangen und bearbeiten, muss es lediglich einen passenden Ereignislauscher definieren und diesen für die betreffende Komponente mithilfe entsprechender Methoden registrieren.

Soweit die Theorie. Kehren wir zu unserem Beispiel zurück. Wir haben dort vier potenzielle Ereignisquellen, nämlich die drei Schaltflächen sowie das umgebende Fenster (das JFrame-Objekt). Da wir bislang für keine dieser Quellen irgendwelche Ereignislauscher registriert haben, ist Ihnen nun hoffentlich klar, warum unsere Mausklicks nicht beachtet worden sind. Die Ereignisse wurden zwar vom Betriebssystem erzeugt, aber von unserem Programm vollkommen ignoriert! Dies werden wir nun schleunigst ändern.

 Warum aber konnten wir dann das Fenster durch Drücken auf die Schließen-Schaltfläche in der Titelleiste schließen? Für die Schaltflächen der Titelleiste gibt es eine vordefinierte Standardverarbeitung, die im Falle der Schließen-Schaltfläche allerdings nur das Fenster schließt, nicht aber die Anwendung beendet (wie man es eigentlich beim Hauptfenster einer Anwendung erwartet, doch dazu später mehr).

Listing 8.2 GUI_Beispiel2.java

```
01 // Das erste GUI-Programm mit Ereignisbehandlung
02 import java.awt.*;
03 import java.awt.event.*;
04 import javax.swing.*;
05
06 public class GUI_Beispiel2 extends JFrame {
07    // Die eigenen Adapter- und Listener-Klassen als
08    // innere Klassen innerhalb der Klasse
09    // GUI_GBeispiel2 definieren
10    class MeinWindowLauscher extends WindowAdapter {
11       public void windowClosing(WindowEvent e) {
12          // Das Programm beenden
```

```
13          System.exit(0);
14        }
15    }
16
17    class MeinActionLauscher implements ActionListener {
18      public void actionPerformed(ActionEvent e) {
19        // einmal piepen
20        java.awt.Toolkit.getDefaultToolkit().beep();
21      }
22    }
23
24    // der Konstruktor legt drei Schaltflächen an
25    GUI_Beispiel2(String titel) {
26      super(titel);
27
28      // Schaltflächen erzeugen
29      JButton hänsel = new JButton("Hänsel");
30      JButton und   = new JButton("und");
31      JButton gretel = new JButton("Gretel");
32
33      // Einen Layout-Manager zum Anordnen der Schalter festlegen
34      setLayout(new FlowLayout());
35
36      // Schaltflächen zum Frame hinzufügen
37      add(hänsel);
38      add(und);
39      add(gretel);
40
41      // den Frame bei einem WindowListener anmelden
42      addWindowListener(new MeinWindowLauscher());
43
44      // ActionListener für die Schaltflächen registrieren
45      // Es wird jedes Mal eine neue Instanz angelegt. Man
46      // kann aber auch eine Instanz mehrfach verwenden
47      hänsel.addActionListener(new MeinActionLauscher());
48      und.addActionListener(new MeinActionLauscher());
49      gretel.addActionListener(new MeinActionLauscher());
50    }
51
52    public static void main(String[] args) {
53      // eine Instanz der Klasse anlegen und anzeigen
54      GUI_Beispiel2 fenster =
55                  new GUI_Beispiel2("GUI mit Ereignisbehandlung");
56      fenster.pack();
57      fenster.setVisible(true);
58    }
59 }
```

Analyse:

Das Programm ist eine Kopie unseres letzten Beispielprogramms, allerdings erweitert um eine einfache Ereignisbehandlung. Wir halten uns daher gar nicht mehr mit dem Grundgerüst des Programms auf, sondern konzentrieren uns gleich auf den Code, der mit der Ereignisbehandlung in Zusammenhang steht.

8.3.1 java.awt.event importieren

Der erste Schritt zur Ereignisbehandlung besteht darin, das Paket `java.awt.event` zu importieren, in dem eine Reihe von Klassen und Schnittstellen zusammengefasst sind, die wir für die Ereignisbehandlung benötigen.

Um uns das Grundprinzip klar zu machen, beginnen wir mit der Ereignisbehandlung für die drei Schaltflächen (im Anschluss besprechen wir dann die Ereignisbehandlung für das Fenster).

Was wir wollen, ist, dass unser Programm entsprechend reagiert, wenn der Anwender auf eine der Schaltflächen drückt. Im Grunde genommen läuft dies darauf hinaus, für jede Schaltfläche eine Methode zu definieren, die immer dann aufgerufen wird, wenn die Schaltfläche gedrückt wird. Eine Methode zu definieren, ist kein Problem. Die Schwierigkeit besteht darin, die Methode mit dem Schalterereignis zu verbinden. Dazu bedarf es eines bestimmten Formalismus, den uns das *Delegation-Event-Modell* vorgibt (siehe oben).

8.3.2 Ereignislauscher definieren

Zu jeder Ereignisbehandlung gehören wie gesagt eine Quelle und ein Lauscher. Die Quellen haben wir bereits – es sind unsere Schaltflächen. Der nächste Schritt besteht darin, für jede Quelle einen Lauscher zu definieren. Was aber genau ist ein Lauscher?

Lauscher sind einfach Klassen, die bestimmte Schnittstellen implementieren. In den Schnittstellen sind die Deklarationen der Methoden vorgegeben, die bei Eintritt des Ereignisses ausgeführt werden sollen. Und da es verschiedene Kategorien von Ereignissen gibt (Mausereignisse, Tastaturereignisse, Fensterereignisse etc.), gibt es für jede Ereigniskategorie eine eigene Schnittstelle (siehe Tabelle 8.3).

 Merksatz

> In Java werden die Methoden zur Ereignisbehandlung in speziellen Listener-Schnittstellen vorgegeben. Aufgabe des Programmierers ist es, eigene Klassen zu definieren, die diese Schnittstellen implementieren. ∎

Wir müssen uns nun überlegen, welche Kategorie von Ereignissen abgefangen werden soll. Dann schauen wir im Paket `java.awt.event` nach, welche Listener-Schnittstelle zu dem Ereignis passt. Schließlich definieren wir eine eigene Klasse, die die gewünschte Schnittstelle implementiert, indem sie die in der Schnittstelle vorgegebenen Methoden definiert (mehr zur Programmierung mit Schnittstellen in Abschnitt 5.5).

Um das Anklicken einer Schaltfläche zu überwachen, reicht uns die Lauscher-Schnittstelle `ActionListener`. Die Syntax zur Definition einer eigenen Klasse, die die Schnittstelle `ActionListener` implementiert, sieht folgendermaßen aus:

```
class MeinActionLauscher implements ActionListener {
  // Definition der Methoden der Schnittstelle
}
```

Die Schnittstelle ActionListener deklariert eine einzige Methode:

```
public abstract void actionPerformed(ActionEvent e)
```

Diese Methode wird später aufgerufen, wenn der Anwender auf unsere Schaltfläche klickt. Um zu bestimmen, wie das Programm auf das Drücken der Schaltfläche reagieren soll, brauchen wir also nur noch eine passende Implementierung dieser Methode in unserer Klasse MeinActionLauscher vorzugeben:

```
17   class MeinActionLauscher implements ActionListener {
18     public void actionPerformed(ActionEvent e) {
19       // einmal piepen
20       java.awt.Toolkit.getDefaultToolkit().beep();
21     }
22   }
```

Obwohl wir es hier nur mit wenigen Zeilen Code zu tun haben, gibt es einige wichtige und interessante Punkte zu beachten, auf die wir Ihre Aufmerksamkeit nochmals lenken möchten.

- Die Methode actionPerformed() ist die Methode, die später aufgerufen werden wird, wenn der Anwender die zugehörige Schaltfläche drückt.

- Die Signatur dieser Ereignisbehandlungsmethode wird von der Schnittstelle vorgegeben, die Implementierung geschieht in unserer Klasse.

- Die Methode definiert einen Parameter e, dem zur Laufzeit vom Betriebssystem eine Instanz der Klasse ActionEvent übergeben wird. In dieser Instanz sind detaillierte Informationen zu dem auslösenden Ereignis enthalten. In Kapitel 9 werden wir sehen, wie man diese Informationen nutzen kann.

- In der Ereignisbehandlungsmethode wird ein System-Piep ausgelöst, wozu wir die Methode java.awt.Toolkit.getDefaultToolkit().beep() aufrufen.

Das war's! Es sei denn, Ihr Wissensdurst quält Sie mit der Frage, was dieses ominöse Toolkit in der beep()-Anweisung sein soll. Es würde zu weit führen, dies an dieser Stelle genauer zu erklären. Begnügen Sie sich mit der Erkenntnis, dass ein Toolkit-Objekt eine Art Verbindung zwischen dem AWT von Java und dem realen Window-System, wie beispielsweise Windows 7 oder 8, vornimmt. Anders ausgedrückt: Nicht Ihr Programm piept, sondern es fordert über das Toolkit-Objekt das Betriebssystem zum Piepen auf.

8.3.3 Lauscher für Quelle registrieren

Jetzt haben wir eine Quelle und einen Lauscher für bestimmte Ereignisse. Alles war wir jetzt noch zu tun haben, ist beide zusammenzuführen. Hierzu definieren die einzelnen Komponenten bereits passende add...Listener()-Methoden – für jeden Listener-Typ eine eigene Methode.

Merksatz

Lauscher und Quelle werden mithilfe spezieller Methoden der Quellen miteinander verbunden.

Wir brauchen also nur noch die entsprechende Methode aufzurufen und ihr eine Instanz unserer eigenen Lauscher-Klasse zu übergeben:

```
47    hänsel.addActionListener(new MeinActionLauscher());
48    und.addActionListener(new MeinActionLauscher());
49    gretel.addActionListener(new MeinActionLauscher());
```

Wie Sie sehen, erzeugen wir in diesem Fall für jede Schaltfläche eine eigene Instanz unserer Lauscher-Klasse. Da die auszuführende Methode immer die gleiche ist, hätte man auch vorab eine einzige Instanz der Klasse `MeinActionLauscher` erzeugen und diese dann den drei Registrierungsmethoden übergeben können.

Der Unterschied ist, dass in unserer Implementierung die Instanzen von `MeinActionLauscher` nur als Parameter zu einer Methode erzeugt werden und daher später automatisch wieder aufgelöst werden, nachdem die Methode abgearbeitet wurde.

8.3.4 Adapter

Wenn Sie eine Klasse definieren, die eine Schnittstelle implementiert, verpflichten Sie sich dazu, alle Methoden, die in der Schnittstelle deklariert sind, in Ihrer Klasse zu definieren und mit Code zu versehen. Im Falle unserer `MeinActionLauscher`-Klasse war das keine große Mühe, denn die Schnittstelle `ActionListener` deklariert nur die eine Methode `actionPerformed()` und die wollten wir ja definieren. Es gibt aber auch Schnittstellen, die mehrere Methoden deklarieren, von denen Sie aber vielleicht nur einige ausgesuchte oder gar nur eine einzige implementieren wollen.

Ein Beispiel hierfür wäre die Schnittstelle `WindowListener`, die gleich sieben Ereignisbehandlungsmethoden deklariert:

```
windowOpened()
windowClosing()
windowClosed()
windowActivated()
windowDeactivated()
windowIconified()
windowDeiconified()
```

Kommen wir jetzt noch einmal zurück auf unser Programm *GUI_Beispiel2*. Was diesem noch fehlt, ist die korrekte Beendigung. Genauer gesagt wollen wir erreichen, dass sich unser Programm beim Klicken auf das Schließen-Symbol des Fensters ordnungsgemäß beendet. Alle Zutaten für die gewünschte Ereignisbehandlung haben wir schon zusammen:

- die Ereignisquelle ist unser Fenster (das `JFrame`-Objekt),
- die passende Listener-Schnittstelle ist `WindowListener` und
- die zugehörige Ereignisbehandlungsmethode lautet `windowClosing()`.

Wenn wir jetzt allerdings so wie bei der Ereignisbehandlung für die Schaltflächen vorgehen und eine eigene Lauscher-Klasse definieren, die die Schnittstelle `WindowListener` implementiert, bürden wir uns eine ganze Menge unnötige Arbeit auf, denn wir müssen alle sieben Methoden der Schnittstelle implementieren. Glücklicherweise hatten die Entwickler von Java jedoch ein Einsehen und konzipierten zu allen Schnittstellen, die mehrere Methoden definieren, eigene Adapter-Klassen.

Keine Angst, hinter dem Begriff der Adapter-Klassen verbirgt sich überhaupt nichts Geheimnisvolles. Es sind einfache Klassen, die nichts anderes machen, als für alle Methoden einer Schnittstelle eine Implementierung ohne Anweisungen vorzusehen. Die Methoden der Schnittstelle werden also vorschriftsmäßig implementiert, tun aber nichts.

 Adapter-Klassen sind einfache Hilfsklassen, die Listener-Schnittstellen implementieren, ohne jedoch eigenen Code vorzusehen. ∎

An diesem Punkt setzen wir ein. Wir leiten eine eigene Klasse von der Adapter-Klasse unserer Schnittstelle ab und überschreiben dann einfach die Methoden, die uns interessieren – in *GUI_Beispiel2* also die Methode `windowClosing()`.

```
10    class MeinWindowLauscher extends WindowAdapter {
11      public void windowClosing(WindowEvent e) {
12        // Das Programm beenden
13        System.exit(0);
14      }
15    }
```

Wie Sie sehen, leiten wir unsere Klasse von `WindowAdapter` ab, die der zuständige Mittelsmann zum eigentlichen Ereignislauscher `WindowListener` ist. In unserer Klasse überschreiben wir dann die Methode `windowClosing()`, die wiederum die Methode `System.exit()` aufruft, die zum kontrollierten Programmende führt.

Zum Schluss müssen wir unsere Lauscher-Klasse noch für unser Hauptfenster registrieren:

```
42:   addWindowListener(new MeinWindowLauscher());
```

8.3.5 Einige abschließende Anmerkungen

Vereinfachte WindowClosing-Behandlung

Im vorangehenden Abschnitt haben wir Ihnen gezeigt, wie Sie fensterspezifische Ereignisse (Schließen, Öffnen, Minimieren etc.) abfangen und mit auszuführendem Code verbinden können.

In unserem Beispiel haben wir das Schließen des Fensters mit dem Beenden der Anwendung verbunden – ein typisches Verhalten in der Windows-Welt, zumindest für das Hauptfenster der Anwendung. So typisch, dass wir dieses Verhalten auch mit viel weniger Aufwand hätten implementieren können.

> Der Begriff „Hauptfenster" ist kein terminus technicus. Es ist einfach eine allgemeinsprachliche Bezeichnung für dasjenige Fenster einer Anwendung, das beim Start der Anwendung erscheint, das die grundlegende Funktionalität der Anwendung beherbergt und welches der Benutzer im Grunde mit der Anwendung gleichsetzt – weswegen er eben auch erwartet, dass beim Schließen dieses Fensters auch die Anwendung beendet wird. ∎

Wie bereits weiter oben einmal kurz erwähnt wurde, verfügen von JFrame abgeleitete Fenster über eine Standardbehandlung, die ausgeführt wird, wenn der Anwender das Fenster schließt. Diese Standardbehandlung ist so eingerichtet, dass sie das betreffende Fenster schließt, aber nicht die komplette Anwendung beendet – ein Verhalten, das für normale Fenster üblich, für das Hauptfenster aber unpassend ist.

Statt nun aber deswegen die Ereignisbehandlung komplett selbst in die Hand zu nehmen, gibt es speziell für das Schließen des Fensters die Möglichkeit, die Standardbehandlung anzupassen. Dies sieht dann so aus, dass Sie im Konstruktor des Fensters die JFrame-Methode setDefaultCloseOperation() aufrufen und dieser eine der folgenden Konstanten aus der Schnittstelle javax.swing.WindowConstants übergeben:

```
GUI_Beispiel2(String titel) {
    ...

    // Anwendung schließen, wenn Fenster geschlossen wird
    setDefaultCloseOperation(WindowConstants.EXIT_ON_CLOSE);

    ...
}
```

Tabelle 8.2 Fensterkonstanten

Konstante	Beschreibung
WindowConstants.DO_NOTHING_ON_CLOSE	Standardbehandlung, macht nichts. windowClosing-Ereignis muss abgefangen werden.
WindowConstants.HIDE_ON_CLOSE	Ruft alle registrierten WindowListener auf und verbirgt dann das Fenster (Voreinstellung). Das Fenster kann durch Aufruf von setVisible(true) wieder sichtbar gemacht werden.
WindowConstants.DISPOSE_ON_CLOSE	Ruft alle registrierten WindowListener auf und löst dann das Fenster auf.
WindowConstants.EXIT_ON_CLOSE	Schließt alle Fenster und beendet die Anwendung.

Fortan werden wir in unseren Beispielen für das Schließen des Hauptfensters nur noch diese Technik verwenden.

Lauscher-Klassen

Sicherlich ist Ihnen aufgefallen, dass wir unsere eigenen Lauscher-Klassen immer innerhalb der Klasse GUI_Beispiel2 definiert haben, also als innere Klassen! Man könnte sie auch außerhalb definieren, aber da Lauscher-Klassen üblicherweise sehr klein sind und oft nur an einer einzigen Stelle in einem Programm benötigt werden, ist die Definition als innere Klasse „vor Ort" praktischer. Dies gilt umso mehr, wenn die Lauscher-Klasse auf Variablen der sie umfassenden Klasse zugreifen soll. Bei einer inneren Klasse ist das ohne Problem möglich.

Die wichtigsten Listener und Adapter

Wenn man den Zusammenhang von Ereignisquelle – Registrierung – Ereignislauscher verstanden hat, ist das einzige Problem nur noch die Frage, woher man wissen soll, welche Ereignisse von welchem Lauscher in welchen Methoden abgearbeitet werden? Dazu gibt es schlaue Tabellen. Hier ein kleiner Auszug. In der API-Dokumentation (*http://docs.oracle.com/javase/9/docs/api/*) finden Sie ausführlichere Angaben und Beschreibungen.

Tabelle 8.3 Lauscher und Schnittstellen

Listener-Schnittstelle	Adapter-Klasse	Methoden
ActionListener	keine	actionPerformed(ActionEvent)
FocusListener	FocusAdapter	focusGained(FocusEvent) focusLost(FocusEvent)
KeyListener	KeyAdapter	keyPressed(KeyEvent) keyReleased(KeyEvent) keyTyped(KeyEvent)
MouseListener	MouseAdapter	mouseClicked(MouseEvent) mouseEntered(MouseEvent) mouseExited(MouseEvent) mousePressed(MouseEvent)

Listener-Schnittstelle	Adapter-Klasse	Methoden
MouseMotion-Listener	MouseMotion-Adapter	mouseDragged(MouseEvent) mouseMoved(MouseEvent)
ItemListener	keine	itemStateChanged(ItemEvent)
TextListener	keine	textValueChanged(TextEvent)
WindowListener	WindowAdapter	windowClosing(WindowEvent) windowActivated(WindowEvent) windowDeactivated(WindowEvent) windowIconified(WindowEvent) windowDeiconified(WindowEvent)

■ 8.4 Chamäleon sein mit UIManager und Look&Feel

Mit Swing erzeugte GUI-Oberflächen sehen auf jeder Plattform gleich aus und verhalten sich auch identisch – im Programmierjargon heißt das, sie haben das gleiche *Look&Feel* (Aussehen und Bedienung). Der standardmäßige Look&Feel von Swing nennt sich *Metal*, also Metall. Der Metal-Look ist hierbei noch mal unterteilt in unterschiedliche Designs (Themes); das Standard-Theme lautet Ocean. Falls der Benutzer bzw. Programmierer aber lieber den nativen Look&Feel der Ausführungsplattform haben möchte, ist das auch möglich; der Wechsel zwischen verschiedenen Look&Feels ist sogar während des Programmablaufs möglich!

 Unter Windows stehen unter anderem folgende Varianten zur Auswahl: Windows, Motif und natürlich Metal. Mac-Benutzer haben die Wahl zwischen dem Mac-Look&Feel, Motif und Metal. Beachten Sie, dass die plattformspezifischen Microsoft-Windows- bzw. Mac-Look&Feels aufgrund von Lizenzrechten nur auf der jeweiligen Heimatplattform verfügbar sind. Als plattformunabhängiges Look&Feel bietet sich daher z. B. das Metal-Look&Feel an, welches als Standardeinstellung der Swing-Komponenten verwendet wird.

Nun aber genug Hintergrundinformation. Sie sind bestimmt schon gespannt, wie das nun konkret geht. Hauptakteur ist die Klasse UIManager, die uns das Hantieren mit einem LookAndFeel-Objekt ermöglicht.

Zunächst muss man sich ein LookAndFeel-Objekt besorgen. Hierzu dienen folgende Methoden von UIManager:

- getSystemLookAndFeelClassName() liefert das native Look&Feel der Ausführungsplattform.
- getCrossPlatformLookAndFeelClassName() gibt ein von der Plattform unabhängiges LookAndFeel-Objekt zurück, den Metal-Look.

Zum Setzen des neuen Looks dient die Methode `setLookAndFeel()` von `UIManager`. Hierbei gilt es zu beachten, dass eine `UnsupportedLookAndFeelException` geworfen wird, wenn das übergebene Look&Feel nicht existiert.

```
try {
  UIManager.setLookAndFeel(
                  UIManager.getCrossPlatformLookAndFeelClassName());
  SwingUtilities.updateComponentTreeUI(this);
}
catch(Exception e){
  // dann halt nicht. Das alte Look-and-Feel bleibt
}
```

Man kann der `setLookAndFeel()`-Methode die Namen des Look&Feels auch direkt als String mitgeben:

```
UIManager.setLookAndFeel("javax.swing.plaf.mac.MacLookAndFeel");
UIManager.setLookAndFeel(
             "com.sun.java.swing.plaf.motif.MotifLookAndFeel");

UIManager.setLookAndFeel(
           "com.sun.java.swing.plaf.windows.WindowsLookAndFeel");

UIManager.setLookAndFeel("javax.swing.plaf.metal.MetalLookAndFeel");
UIManager.setLookAndFeel("javax.swing.plaf.nimbus");
```

Zum Schluss muss das neue Look&Feel dem Fenster (also der `JFrame`-Instanz) und allen eventuellen Unterfenstern (dazu zählen auch die Steuerelemente/Komponenten) durch den Aufruf der Methode

```
SwingUtilities.updateComponentTreeUI(this);
```

mitgeteilt werden.

Wenn Sie das Look&Feel einstellen oder ändern, gilt das neue Look&Feel automatisch für alle Komponenten, die nach der Einstellung des Look&Feels erzeugt werden. Wenn Sie das Look&Feel also ganz zu Anfang Ihrer Anwendung einstellen (beispielsweise in der `main()`-Methode oder im Konstruktor des Hauptfensters) können Sie sich den Aufruf von `SwingUtilities.updateComponentTreeUI()` sparen. Zudem verfügen alle Swing-Komponenten über eine Methode `setUI()`, mit der man für die Komponenten jeweils ein eigenes Look&Feel einstellen kann (sofern dies Sinn macht).

■ 8.5 Ein umfangreicheres Beispiel

Zum Abschluss dieses Kapitels möchten wir Sie noch auf ein kleines Demoprogramm zu Swing hinweisen, das Sie zusammen mit den anderen Beispielen in der Beispielsammlung (siehe Anhang F) finden.

Das Programm heißt *LookAndFeel* und präsentiert Ihnen die wichtigsten Standardsteuerelemente und -dialoge, deren Look&Feel Sie über die Befehle im Menü **Aussehen** umschalten können.

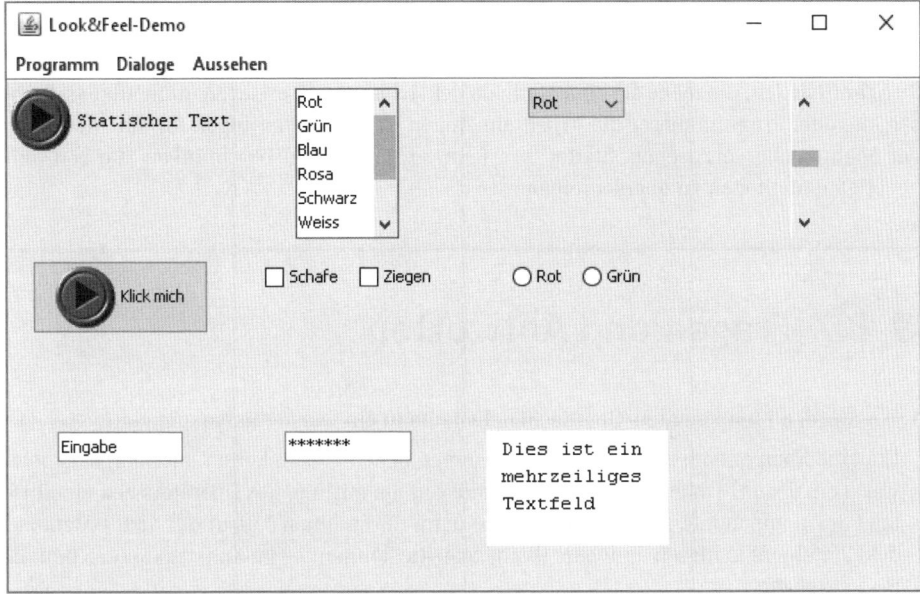

Bild 8.4 Fenster des Programms LookAndFeel

■ 8.6 Zusammenfassung

Die wichtigsten Klassen zur Erstellung grafischer Oberflächen für Java-Anwendungen finden sich in den Paketen java.awt und javas.swing. Nach ihrer Verwendung und Funktion in einer grafischen Oberfläche kann man vier wichtige Gruppen von Klassen unterscheiden: Komponenten, Container, Layout-Manager, Klassen zur Ereignisbehandlung.

Komponenten sind Bausteine grafischer Oberflächen, wie zum Beispiel Schaltflächen, Textfelder, Menüleisten etc.

Container sind spezielle Komponenten, die andere Komponenten in sich aufnehmen können (mithilfe der Methode add()). Die wichtigsten Container-Klassen sind JFrame und JPanel. Zusammen mit den Layout-Managern dienen sie zur übersichtlichen Ausrichtung der Komponenten einer grafischen Oberfläche.

Layout-Manager sind Klassen, die festlegen, nach welchen Regeln die Komponenten eines Containers ausgerichtet werden. Layout-Manager werden Containern mithilfe der Methode setLayout() zugewiesen.

Die Ereignisbehandlung sieht unter Java so aus, dass man zu den Ereignissen einer Ereignisquelle (beispielsweise einer Schaltfläche oder eines Fensters) die passenden Listener-Schnittstellen implementiert und für die Ereignisquelle registriert. Die Implementierung der Listener-Schnittstellen dient dem Zweck, Methoden zu definieren, die zur Laufzeit bei Eintritt des jeweiligen Ereignisses aufgerufen werden. Die Registrierung stellt die Verbindung zwischen den Methoden und den Ereignisquellen her.

Zu Schnittstellen, die mehr als eine Methode deklarieren, gibt es sogenannte Adapter-Klassen, die dem Programmierer die Arbeit abnehmen, Implementierungen für alle Methoden der Schnittstelle vorzusehen. Stattdessen kann er sich darauf beschränken, die von ihm benötigten Methoden zu überschreiben.

■ 8.7 Fragen und Antworten

1. Wie werden Komponenten/Oberflächenelemente in ein Fenster aufgenommen?

   Um eine Komponente in ein Fenster (oder einen beliebigen anderen Container, beispielsweise ein JPanel-Objekt) aufzunehmen, müssen Sie mithilfe des Operators new eine Instanz der Komponente erzeugen und diese dann durch einen Aufruf der add()-Methode des Containers in diesen einfügen. (Beide Schritte können Sie im Konstruktor des Containers erledigen.)

2. Wie werden Komponenten angeordnet?

   Zur Anordnung der Komponenten verwendet Java sogenannte Layout-Manager. Diese werden für die einzelnen Container eingerichtet und bestimmen dann, wie die in diesen Container aufgenommenen Komponenten (einschließlich weiterer untergeordneter Komponenten) zueinander ausgerichtet werden.

3. Welchen Programmcode muss ich in meine Anwendung aufnehmen, damit meine Swing-Komponenten auf allen Plattformen das Windows-Look&Feel haben?

   Der folgende Code stellt für die Swing-Komponenten einer Anwendung das Windows-Look&Feel ein.

```java
public static void main(String[] args){
    // L&F für Windows einstellen
    try {
        UIManager.setLookAndFeel(
            "com.sun.java.swing.plaf.windows.WindowsLookAndFeel");
    }
    catch (Exception e) {
        System.err.println("Fehler bei L&F-Einrichtung: " + e);
    }
```

4. Welchen Programmcode muss ich in meine Anwendung aufnehmen, damit meine Swing-Komponenten auf allen Plattformen das native Look&Feel der jeweiligen Plattform haben?

   Der folgende Code stellt für die Swing-Komponenten einer Anwendung das native Look&Feel ein.

```
public static void main(String[] args){
    // L&F für native Umgebung einstellen
    try {
        UIManager.setLookAndFeel(
                    UIManager.getSystemLookAndFeelClassName());
    }
    catch (Exception e) {
        System.err.println("Fehler bei L&F-Einrichtung: " + e);
    }
```

■ 8.8 Übungen

1. Testen Sie, was passiert, wenn Sie im Programm *GUI_Beispiel2* keinen FlowLayout-Manager einrichten (Zeile 33 der zweiten Version).

2. Probieren Sie einen anderen Layout-Manager aus – beispielsweise den BorderLayout-Manager.

3. Schreiben Sie das Programm *GUI_Beispiel2* um, sodass beim Drücken einer Schaltfläche Größe und Titel aller drei Schaltflächen verändert werden. Schreiben Sie die Ereignisbehandlungsmethoden beispielsweise so um, dass der Text des „Hänsel und Gretel"-Lieds fortgesetzt wird, indem die nächste Zeile des Lieds als neue Titel für die Schaltflächen angezeigt wird.

   Dies ist zweifelsohne eine etwas ungewöhnliche Beantwortung eines Klicks auf eine Schaltfläche, aber das soll uns nicht stören. Worauf es ankommt, ist zu lernen, wie man zur Laufzeit die Eigenschaften der Komponenten (beispielsweise den Titel einer Schaltfläche) verändern kann. (Um Ihnen die Aufgabe etwas zu erleichtern, sei angemerkt, dass die Änderung der Eigenschaften einer Java-Klasse natürlich nur durch Zugriff auf zugängliche Felder oder Methoden erfolgen kann. Informieren Sie sich also in der Java-Referenz Ihrer Entwicklungsumgebung über die Felder und Methoden der JButton-Klasse sowie deren direkten und indirekten Basisklassen.)

   Was schließlich die Größe der Schaltfläche angeht, sei angemerkt, dass diese automatisch dem Titel der Schaltfläche angepasst wird.

4. Schreiben Sie das Programm *GUI_Beispiel2* um und verwenden Sie dabei die MouseListener-Schnittstelle statt der ActionListener-Schnittstelle zur Ereignisbehandlung für die drei Schaltflächen. Verwenden Sie nicht die MouseAdapter-Klasse!

5. Welche Vor- und Nachteile bringt Ihnen die MouseListener-Schnittstelle?

9 Grafik, Grafik, Grafik

Bis jetzt hatten wir ziemlich viel mit dem Design grafischer Oberflächen, aber praktisch nichts mit Grafiken zu tun. Sie wissen jetzt zwar, wie man Komponenten (Schaltflächen u.a.) in ein Fenster aufnimmt, aber Sie sind noch nicht einmal in der Lage, eine einfache Linie in ein Fenster zu zeichnen. Ich bitte Sie! Das ist doch blamabel. Wo haben Sie nur programmieren gelernt?!

Wie? Ach, Sie denken, Grafiken braucht man nur zur Erstellung von Grafikprogrammen? Dass Sie sich da nur nicht täuschen. Erstens können Sie mithilfe eigener Grafiken das Design Ihrer Oberflächen aufpeppen (wobei Sie allerdings beachten sollten, dass weniger meist mehr ist), zweitens gibt es eine ganze Reihe von Anwendungsbereichen, wo Sie ohne Grafikkenntnisse nicht auskommen. Stellen Sie sich nur einmal vor, Sie bekämen einen Auftrag von einer Universität oder einem wissenschaftlichen Institut, ein Programm zur Visualisierung von Messkurven zu schreiben. Wie würden Sie das wohl machen, wenn nicht durch Einzeichnen von kleinen Kreisen oder Linien für die Messpunkte?

■ 9.1 Das Arbeitsmaterial des Künstlers

Bevor wir gleich in die Vollen gehen und einen einfachen Funktionsplotter implementieren, müssen wir noch ein bisschen Theorie zur Grafikausgabe aufarbeiten.

Stellen wir uns also zuerst die Frage, was wir zum Zeichnen brauchen:

1. Eine Zeichenfläche. Dazu kann beispielsweise jede Komponente dienen. Allerdings werden Sie nur selten in Schaltflächen oder Listenfelder malen wollen. Interessanter sind da die leeren Container-Komponenten – also Panels (JPanel) und Fenster (JFrame).

2. Zeichenmethoden. Methoden also, mit denen sich Linien, Kreise, Rechtecke und Ähnliches realisieren lassen. Wo finden Sie diese Methoden? In der Klasse Graphics.

3. Einen geeigneten Ort zum Zeichnen, also eine Methode, in der Sie die Graphics-Zeichenmethoden aufrufen können. Dieser Ort ist die Methode paint() für JFrame bzw. paintComponent() für JPanel und alle anderen Swing-Komponenten.

Vorbereitung zum Zeichnen

Im Folgenden konzentrieren wir uns den wichtigsten Fall: das Zeichnen in eine Leinwand, die durch eine eigene JPanel-Instanz verkörpert wird.

1. Leiten Sie eine eigene Klasse von JPanel ab.

2. Überschreiben Sie in dieser die Methode paintComponent().

3. Die paintComponent()-Methode wird bei Bedarf automatisch aufgerufen und erhält dann ein gültiges Graphics-Objekt. Nutzen Sie die Methoden dieses Objekts zum Zeichnen.

4. Definieren Sie in Ihrer Fensterklasse einen Layout-Manager und nehmen Sie mithilfe der Methode add() eine Instanz Ihrer JPanel-Klasse auf.

Im Wesentlichen sieht das Ganze also wie folgt aus:

```
// Definition Ihrer Leinwand-Klasse
class Leinwand extends JPanel {
  ...
  // Die wichtigste Methode: hier wird gezeichnet!
  public void paintComponent(Graphics g) {
    super.paintComponent(g);

    g.setColor(Color.red);
    g.drawLine(150,0,150,300);
    g.drawString("-3",0,162);
    ...
  }
}

// Leinwand-Komponente in Fenster aufnehmen
Leinwand m_malflaeche = new Leinwand();
add(m_malflaeche);
```

 Vergessen Sie nicht, in Ihrer paintComponent()-Methode (bzw. paint() für JFrame) die Basisversion super.paintComponent() (bzw. super.paint()) aufzurufen.

Rekonstruktion von Zeichnungen – paintComponent()

Es wurde bereits kurz angedeutet, dass die Methode paintComponent() nicht von Ihnen direkt aufgerufen wird. Das klingt zuerst unvernünftig, da Sie schließlich die Zeichnung erzeugen und natürlich auch sichergehen möchten, dass diese angezeigt wird (also die Methode paintComponent() aufgerufen wird).

Tatsächlich gibt es aber noch jemand anderes, der Interesse an der Ausgabe Ihrer Zeichnung hat, und das ist der Window-Manager Ihres Computers. Dessen Aufgabe ist es unter anderem, die auf dem Desktop befindlichen Fenster zu verwalten. Das Verschieben, Vergrößern und Verkleinern, Minimieren und Maximieren, Aktivieren und Deaktivieren von Fenstern – all dies wird vom Window-Manager gehandhabt. Dabei gibt es nur ein Problem: Der Window-Manager kennt nicht den Inhalt Ihres Fensters und hat auch nicht die Zeit und den Platz, diesen irgendwo zu speichern und bei Bedarf wieder zu rekonstruieren.

Wenn Sie also ein Fenster über ein anderes schieben, geht die Darstellung des unteren Fensters verloren. Wird das untere Fenster wieder in den Vordergrund geholt, kann der Window-Manager den Fensterrahmen, nicht aber den Fensterinhalt rekonstruieren. Also schickt er eine Benachrichtigung an das Fenster, dass es sich selbst neu zeichnen soll. Und das Fenster ruft dann die eigene `paint()`- und die `paintComponent()`-Methode aller untergeordneten Komponenten auf. Auf diese Weise wird der Fensterinhalt samt aller eingebetteten Komponenten korrekt rekonstruiert.

Wenn Sie also Ihre Zeichenmethoden innerhalb der `paintComponent()`-Methode aufrufen (bzw. `paint()` beim direkten Zeichnen in `JFrame`), sorgen Sie nicht nur dafür, dass die Zeichnung direkt beim Öffnen des Fensters zu sehen ist, sondern dass sie auch stets korrekt rekonstruiert werden kann.

So weit, so gut. Aber wie sieht es aus, wenn eine Zeichnung beispielsweise als Antwort auf das Drücken einer Schaltfläche neu gezeichnet werden soll. In diesem Fall rufen Sie einfach die Methode `repaint()` auf. Diese sorgt dann intern für den Aufruf von `paintComponent()`.

Oft veranlasst der Window-Manager nur die Rekonstruktion eines Teilbereichs. Führt dies zu verzerrten Ausgaben (beispielsweise bei Größenveränderungen des Fensters), dann können Sie dem durch einen Aufruf der Methode `invalidate()` entgegenwirken (beispielsweise innerhalb der Methode `componentResized()` von `ComponentAdapter`). Die Methode `invalidate()` bewirkt, dass beim nächsten Neuzeichnen die gesamte Komponente rekonstruiert wird.

Zeichenmethoden – Graphics

Alle Zeichenmethoden, die wir benötigen, gehen wie gesagt auf die Klasse `Graphics` zurück.

Bei der Klasse `Graphics` handelt es sich im Übrigen um eine abstrakte Basisklasse. An den Parameter der `paintComponent()`-Methode wird also in Wirklichkeit eine Instanz einer von `Graphics` abgeleiteten Klasse übergeben, die allerdings als `Graphics`-Objekt übergeben wird (Sie erinnern sich, jedes Objekt einer abgeleiteten Klasse kann als Objekt ihrer Basisklasse betrachtet werden).

Ein Verdienst der `paintComponent()`-Methode ist also, dass sie uns ein `Graphics`-Objekt zur Verfügung stellt, das die Zeichenfläche der jeweiligen Komponente repräsentiert und mit dessen Methoden wir unsere Grafiken auf diese Zeichenfläche ausgeben können.

Tabelle 9.1 Auswahl einiger Methoden der Klasse Graphics

Methode	Beschreibung
`clearRect(int, int, int, int)`	Füllt den spezifizierten Bereich mit der Hintergrundfarbe.
`drawArc(int, int, int, int, int, int)`	Zeichnet einen Bogen ein.

(Fortsetzung nächste Seite)

Tabelle 9.1 Auswahl einiger Methoden der Klasse Graphics *(Fortsetzung)*

Methode	Beschreibung
`drawImage`(Image,int, int, ImageObserver)	Zeichnet ein Bild an die spezifizierte Position.
`drawLine`(int, int, int, int)	Zeichnet eine Linie ein.
`drawOval`(int, int, int, int)	Zeichnet ein Oval ein.
`drawPolygon`(int[], int[], int)	Zeichnet ein Polygon ein.
`drawPolyline`(int[], int[], int)	Zeichnet einen Linienzug ein.
`drawRect`(int, int, int, int)	Zeichnet ein Rechteck ein.
`drawRoundRect`(int, int, int, int, int, int)	Zeichnet ein Rechteck mit abgerundeten Ecken ein.
`drawString`(String, int, int)	Gibt einen String an der spezifizierten Koordinate aus.
`fillArc`(), `fillOval`(), `fillPolygon`() ...	Zeichnet ausgefüllte Formen (vgl. `draw...()`).
`getClip`()	Liefert ein **Shape**-Objekt zurück, das den aktuellen Clipping-Bereich repräsentiert.
`getColor`()	Liefert die aktuelle Zeichenfarbe zurück.
`getFont`()	Liefert die aktuell verwendete Schriftart zurück.
`setClip`(Shape)	Definiert einen neuen Clipping-Bereich.
`setColor`(Color)	Definiert die beim Zeichnen zu verwendende Farbe.
`setFont`(Font)	Definiert die zu verwendende Schriftart.
`translate`(int, int)	Verschiebt den Ursprung des Gerätekontextes.

Was kann man mit diesen Methoden anfangen? Nun, eine ganze Menge. Sie müssen nur noch wissen, dass

■ Koordinaten Bildschirmpixeln entsprechen und daher ganzzahlig sind,

■ der Nullpunkt des Koordinatensystems in der linken oberen Ecke liegt,

und schon kann es losgehen.

Wir wollen nun ernsthaft mit der Implementierung unseres Funktionenplotters beginnen. Nehmen wir daher das Gerüst unser JPanel-Klasse Leinwand als Ausgangspunkt und implementieren wir die paintComponent()-Methode der Klasse so, dass ein einfaches Koordinatensystem und – in Abhängigkeit von einem Integer-Wert aktFunktion (der gleich 1 oder 2 sein kann) – eine der Funktionen y = tan(x) oder y = x^3 eingezeichnet werden.

Listing 9.1 Aus Datei FunkPlotter.java

```
01 class Leinwand extends JPanel {
02    // Konstruktor
03    Leinwand() {
04       // den Hintergrund auf schwarz setzen
05       setBackground(Color.black);
06
07       // Vordergrund (=Zeichenfarbe) auf blau setzen
```

```
08      setForeground(Color.green);
09    }
10
11    // Die wichtigste Methode: hier wird gezeichnet!
12    public void paintComponent(Graphics g) {
13      super.paintComponent(g);
14
15      double x,y;
16      int xpos,ypos;
17
18      // Ursprung umsetzen
19      g.translate(150,150);
20
21      // Koordinatenachsen einzeichnen
22      g.setColor(Color.red);
23      g.drawLine(0,-150,0,150);
24      g.drawLine(-150,0,150,0);
25      g.drawString("-3",-150,12);
26      g.drawString("-3",4,147);
27      g.drawString("+3",135,12);
28      g.drawString("+3",4,-140);
29
30      // Farbe zum Zeichnen der Funktion
31      g.setColor(new Color(255,255,0));
32
33      // Wenn keine Funktion ausgewählt ist, nichts tun
34      if(aktFunktion == 0)
35       return;
36
37      for(x= -3.0; x<=3; x += 0.005) {
38        if(aktFunktion == 1)
39          y = Math.tan(x);
40        else
41          y = Math.pow(x,3);
42
43        xpos = (int) (x*50);
44        ypos = (int) (-y*50);
45
46        g.fillOval(xpos,ypos,3,3);
47      }
48    }
49
50    // Diese Methode liefert die minimale Größe der anvas
51    public Dimension getMinimumSize() {
52      return new Dimension(300,300);
53    }
54
55    // Die Lieblingsgröße setzen wir auf die Minimalgröße
56    public Dimension getPreferredSize() {
57      return getMinimumSize();
58    }
59 }
```

Analyse:

Bevor wir zur paintComponent()-Methode kommen, gibt es noch ein paar Routinearbeiten zu erledigen.

Im Konstruktor legen wir eine Farbe für den Hintergrund (Zeile 5) und den Vordergrund (Zeile 8) der Leinwand-Komponente fest. Für den Hintergrund haben wir Schwarz gewählt. Für Ausdrucke ist dies zwar nicht so gut, dafür sieht es auf dem Bildschirm edel aus.

Zum Ende der Klassendefinition überschreiben wir die Methoden getMinimumSize() und getPreferredSize(). Diese werden später vom Layout-Manager zur Dimensionierung unserer Leinwand benutzt.

Kommen wir nun zur paint()-Methode. Zuerst wollen wir ein Koordinatensystem einzeichnen, dessen Ursprung in der Mitte der Leinwand liegt. Dies bedeutet aber, dass das Koordinatensystem für unsere Funktionen nicht mit dem Koordinatensystem der Leinwand-Komponente übereinstimmt. Dies ist kein Unglück, bedeutet aber lästige Umrechnungen. Wir können uns die Umrechnungen etwas vereinfachen, wenn wir den Ursprung des Leinwand-Koordinatensystems auf den Ursprung unseres eigenen Koordinatensystems abbilden. Da unsere Leinwand 300x300 Pixel groß ist (siehe Methode getPreferredSize()), legen wir den neuen Ursprung auf die alte Koordinate (150,150):

```
19:    g.translate(150,150);
```

Als Nächstes zeichnen wir mithilfe der drawLine()-Methode zwei rote Linien für die x- und y-Achse des Koordinatensystems ein. Der Methode drawLine() übergeben wir dazu einfach Start- und Endkoordinaten (Zeilen 23 und 24). Die Zeichenfarbe setzen wir zuvor durch einen Aufruf der Methode setColor().

Weiter unten (Zeilen 37 bis 41) erfolgt dann die Berechnung der Funktionswerte. Diese müssen für die Ausgabe zuerst noch skaliert und transformiert werden.

Da der Wertebereich der Funktionen von –3 bis +3 geht, der Anzeigebereich aber von –150 bis 150, multiplizieren wir alle x-Werte mit 50. Die y-Werte multiplizieren wir mit dem gleichen Faktor, um keine Verzerrungen zu erzeugen.

Wir haben zwar den Ursprung des Leinwand-Koordinatensystems auf den Ursprung unseres Koordinatensystems verschoben, doch damit sind beide Koordinatensysteme leider noch nicht identisch. Während wir es vorziehen würden, wenn negative y-Werte nach unten und positive y-Werte nach oben abgetragen würden, verhält sich das Leinwand-Koordinatensystem genau umgekehrt (was daran liegt, dass im Leinwand-Koordinatensystem wachsende y-Koordinaten nach unten eingezeichnet werden – unabhängig vom Ursprung). Um dies zu korrigieren, multiplizieren wir unsere y-Werte einfach mit –1. Die Umrechnung der x,y-Werte in Koordinaten unserer Leinwand sieht also folgendermaßen aus:

```
43:    xpos = (int) (x*50);
44:    ypos = (int) (-y*50);
```

An jeder dieser Koordinaten geben wir dann einen kleinen gelben Kreis aus (Zeile 46).

Jetzt wird's bunt – Color

Farben sind in Java eigene Objekte und es gibt eine Vielzahl von Methoden, um mit ihnen zu agieren.

So setzt beispielsweise die Anweisung setBackground(Color.black) die Hintergrundfarbe einer Komponente auf Schwarz. Color.black ist dabei eine statische Klassenvariable, die

die Farbe Schwarz definiert. Die meisten Grundfarben sind auf diese Weise direkt verfügbar (`Color.green`, `Color.blue` usw.).

 Das Pendant zum Festlegen der Vordergrundfarbe ist die Methode `setForeground()`.

Darüber hinaus besteht natürlich auch die Möglichkeit, eigene `Color`-Instanzen anzulegen und mit einer beliebigen Farbe zu initialisieren. So geschehen beispielsweise in der Anweisung

```
31:    g.setColor(new Color(255,255,0));
```

aus unserem obigen Übungsbeispiel. Der Konstruktor der Klasse `Color` erwartet dabei die Angabe der Farbe im sogenannten RGB-Format.

 RGB-Format

Im RGB-Format werden Farben durch drei ganzzahlige Werte im Bereich 0 bis 255 definiert (oder alternativ drei Fließkommazahlen im Bereich 0.0 bis 1.0). Die erste Zahl steht für den Rotanteil, die zweite für Grün und die dritte für Blau.(255, 255, 0) bedeutet demnach maximaler Rot- und Grünanteil und kein Blau. Falls Sie sich noch dunkel an den Kunstunterricht (oder war's doch in Physik?) erinnern, wissen Sie, dass Rot und Grün gemischt Gelb ergibt. Durch geeignete Variation der Werte lassen sich auf diese Weise alle gewünschten Farbtöne definieren. (Um nicht blind Farbwerte austesten zu müssen, sollten Sie sich einen Farbkreis für Lichtfarben anschauen oder beispielsweise den Farben-Dialog von Windows aufrufen: im *Paint*-Programm von Windows je nach Version entweder auf die Symbolschaltfläche **Palette bearbeiten** klicken oder ein Farbfeld doppelklicken und auf die Schaltfläche **Farben definieren** drücken.)

Der Funktionsplotter

Zum Schluss wollen wir uns noch anschauen, wie die Klasse `Leinwand` in das Funktionsplotter-Programm eingebettet ist:

Listing 9.2 FunkPlotter.java – ein Funktionenplotter

```java
import javax.swing.*;
import java.awt.*;
import java.awt.event.*;

// Hauptfenster von Swing-Klasse JFrame ableiten
public class FunkPlotter extends JFrame {
  Leinwand m_malflaeche;
  int aktFunktion = 0;     // diese Variable bestimmt die
                           // zu zeichnende Funktion;
                           // Startwert 0 = keine Funktion
```

```java
public static void main(String[] args) {
  FunkPlotter fenster = new FunkPlotter("Funktionenplotter");
  fenster.pack();
  fenster.setSize(500,350);
  fenster.setResizable(false);
  fenster.setVisible(true);
}

// Im Konstruktor werden die Malfläche und
// Schaltflächen zur Auswahl der Funktionen angelegt
FunkPlotter(String titel) {
  super(titel);

  // Einen Layout-Manager einrichten
  setLayout(new FlowLayout());

  // Die Malfläche aufnehmen
  m_malflaeche = new Leinwand();
  add(m_malflaeche);

  // Schaltflächen anlegen und in Panel aufnehmen
  JButton f1 = new JButton("tan(x)");
  JButton f2 = new JButton("x^3");
  add(f1);
  add(f2);

  // Das Ereignisbehandlung für die Schaltflächen
  class MeinActionLauscher implements ActionListener {
    public void actionPerformed(ActionEvent e) {
        String label;

        label = e.getActionCommand();

        if(label.equals("tan(x)"))
           aktFunktion = 1;
        else
           aktFunktion = 2;

        // Neuzeichnen veranlassen
        m_malflaeche.repaint();
    }
  }

  // Die Lausch-Objekte anlegen
  f1.addActionListener(new MeinActionLauscher());
  f2.addActionListener(new MeinActionLauscher());

  setDefaultCloseOperation(WindowConstants.EXIT_ON_CLOSE);
}


class Leinwand extends JPanel {
  ... // wie oben
}

} // Ende der Klasse FunkPlotter
```

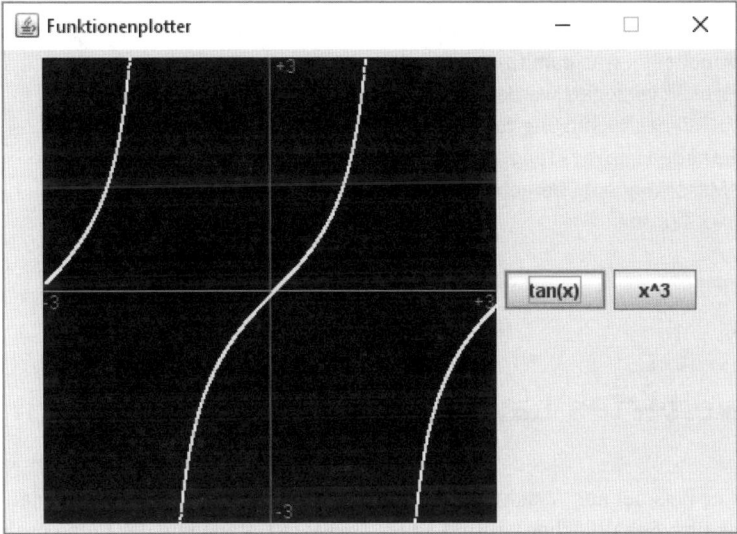

Bild 9.1 Der Funktionenplotter

Das Grundgerüst dürfte Ihnen ja schon hinlänglich vertraut sein, sodass wir darauf nicht mehr eingehen müssen. Beachten Sie nur, dass wir die Klasse `Leinwand` als innere Klasse innerhalb von `FunkPlotter` definiert haben. Dadurch können die Methoden der Klasse `Leinwand` auf die Instanzvariable `aktFunktion` zugreifen, in der wir beim Anklicken einer Schaltfläche speichern, welche Funktion ausgewählt wurde.

Interessant ist auch noch die Ereignisbehandlung für die Schaltflächen, denn obwohl es zwei Schaltflächen gibt, bei deren Betätigung der Variablen `aktFunktion` unterschiedliche Werte zugewiesen werden sollen, haben wir nur eine Ereignisbehandlungsmethode definiert. Es muss also eine Möglichkeit geben, innerhalb der Ereignisbehandlungsmethode herauszufinden, von welcher Schaltfläche das Ereignis ausging.

Mehrere Ereignisquellen – ein Listener

Tatsächlich wird der Methode `actionPerformed()` ja noch ein Parameter des Typs `ActionEvent` übergeben. In diesem sind alle wichtigen Informationen zu dem Ereignis abgespeichert – so auch der Befehlsname der Ereignisquelle. Mithilfe der Methode `getActionCommand()` können wir diesen Befehlsnamen, der standardmäßig dem Titel der Schaltfläche entspricht, ermitteln und mit den Titeln unserer Schaltflächen vergleichen.

```
label = e.getActionCommand();
if(label.equals("tan(x)")) ....
```

Nachdem wir die Identität der gedrückten Schaltfläche festgestellt haben, aktualisieren wir den Wert der Variablen `aktFunktion` und veranlassen durch den Aufruf der `repaint()`-Methode das Neuzeichnen unserer Leinwand.

Die Methode repaint() führt nicht immer zum direkten Neuzeichnen der zugehörigen Komponente, was damit zusammenhängt, dass die Benachrichtigung zum Neuzeichnen verzögert werden kann. Ist dies ein kritischer Punkt oder wollen Sie die Benachrichtigung zum Neuzeichnen selbst verzögern, können Sie auch die Methode repaint(long ms) aufrufen, der Sie als einzigen Parameter die Zeit (in Millisekunden) übergeben, innerhalb der die Benachrichtigung weitergeleitet werden soll.

■ 9.2 Erweitertes Layout mit Panel-Containern

Im Funktionenplotter-Beispiel aus Abschnitt 9.1 haben wir die Komponenten (die JPanel-Leinwand und die beiden Schaltflächen) mithilfe des FlowLayout-Managers der Reihe nach nebeneinander platziert. Angenommen, Sie hätten die beiden Schaltflächen aber lieber vertikal übereinander angeordnet. So etwas sollte ja wohl machbar sein und das ist es auch. Entweder durch Verwendung eines GridBagLayout-Managers oder durch die Verschachtelung von Layout-Managern mithilfe von Panels.

Schauen wir uns noch einmal den bisherigen Code zur Positionierung der Leinwand und der beiden Schaltflächen an:

```
// Einen Layout-Manager einrichten
setLayout(new FlowLayout());

// Die Malfläche aufnehmen
m_malflaeche = new Leinwand();
add(m_malflaeche);

// Schaltflächen zur Auswahl der Funktionen anlegen
JButton f1 = new JButton("tan(x)");
JButton f2 = new JButton("x^3");
add(f1);
add(f2);
```

Hier haben wir einen Container (das Fenster) mit einem Layout-Manager (FlowLayout), in den alle drei Komponenten eingefügt werden.

Unsere neue Anordnungsstrategie sieht dagegen zwei Layout-Manager vor (und damit auch zwei Container). Der erste Container ist weiterhin unser Fenster. In diesem sollen die Leinwand-Komponente und die beiden (übereinanderliegenden) Schaltflächen nebeneinander ausgerichtet werden. Dazu ist es notwendig, die beiden Schaltflächen wie eine Einheit zu verwalten. Dies geht, indem man die Schaltflächen in einen übergeordneten Panel-Container aufnimmt.

Der FlowLayout-Manager des Fensters ordnet also die Leinwand-Komponente und die Panel-Komponente nebeneinander aus. Für die Panel-Komponente definieren wir dagegen einen GridLayout-Manager mit zwei Zeilen und einer Spalte, in den wir die Schaltflächen aufnehmen.

Listing 9.3 Aus FunkPlotter2.java

```
// Einen Layout-Manager einrichten
setLayout(new FlowLayout());

// Die Malfläche aufnehmen
m_malflaeche = new Leinwand();
add(m_malflaeche);

// Panel-Container für Schaltflächen anlegen
JPanel panel = new JPanel();
  // Gitter mit 2 Zeilen, 1 Spalte
  panel.setLayout(new GridLayout(2,1));

  // Schaltflächen anlegen und in Panel aufnehmen
  JButton f1 = new JButton("tan(x)");
  JButton f2 = new JButton("x^3");
  panel.add(f1);
  panel.add(f2);

add(panel);
```

Wenn Sie das Beispiel mit den Änderungen laufen lassen, werden Sie feststellen, dass die Schaltflächen nun sehr eng übereinanderstehen. Dies ist normal und vom GridLayout-Manager so gewollt. Wenn Sie einen Leerraum dazwischen haben wollen, gibt es zwei Möglichkeiten. Entweder Sie definieren drei Zeilen und fügen in die Zwischenzeile eine Label-Komponente ohne Titel ein oder Sie benutzen einen alternativen Konstruktor für die Erzeugung des GridLayout-Managers, dem Sie Pixelmaße für die gewünschten Abstände zwischen den Spalten und Zeilen des Gitters übergeben können:

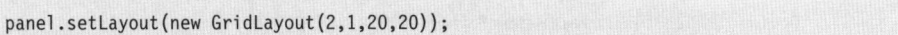

```
panel.setLayout(new GridLayout(2,1,20,20));
```

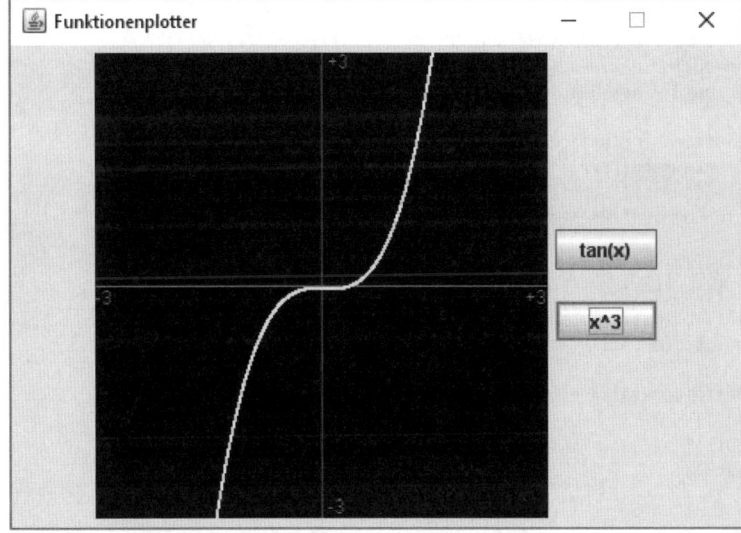

Bild 9.2 FlowLayout und GridLayout

■ 9.3 Kreise, Rechtecke und Scheiben

Wir eilen im Sauseschritt weiter und bauen das letzte Beispiel etwas um. Anstatt auf Schalterdruck bestimmte Funktionen einzuzeichnen, machen wir einen ersten Schritt hin zu einem interaktiven Malprogramm, in dem der Anwender zwischen verschiedenen geometrischen Formen (Kreis, Scheibe, Rechteck) wählen kann. Klickt der Anwender dann im laufenden Programm in die Leinwand-Komponente, wird die entsprechende Form an der Position des Mausklicks ausgegeben.

Das Grundgerüst dieser Anwendung entspricht im Wesentlichen dem Grundgerüst unseres Funktionenplotters. Was wir darüber hinaus brauchen, sind

- Optionsfelder zur Auswahl der verschiedenen geometrischen Figuren und

- eine passende Ereignisbehandlung für die Mausklicks.

Optionsfelder

Beginnen wir mit der Einrichtung einer Gruppe von Optionsfeldern (Klasse JRadioButton), über die der Anwender bestimmen kann, welche Figur beim Klicken mit der Maus eingezeichnet werden soll.

Listing 9.4 Aus Malprogramm.java

```java
// Panel-Container für Schaltflächen anlegen
JPanel panel = new JPanel();
  // Gitter mit 3 Zeilen, 1 Spalte
  panel.setLayout(new GridLayout(3,1,20,20));

  // Optionsfelder zur Auswahl der Formen
  m_formauswahl = new ButtonGroup();

  // 1. Optionsfelder erzeugen
  JRadioButton opt1 = new JRadioButton("Kreis",false);
  JRadioButton opt2 = new JRadioButton("Scheibe",false);
  JRadioButton opt3 = new JRadioButton("Rechteck",false);

  // 2. Befehlsnamen für Optionsfelder
  opt1.setActionCommand("Kreis");
  opt2.setActionCommand("Scheibe");
  opt3.setActionCommand("Rechteck");

  // 3. Optionsfelder in ButtonGroup-Gruppe aufnehmen
  m_formauswahl.add(opt1);
  m_formauswahl.add(opt2);
  m_formauswahl.add(opt3);

  // 4. Optionsfelder in Panel aufnehmen
  panel.add(opt1);
  panel.add(opt2);
  panel.add(opt3);

  add(panel);
```

Optionsfelder (Klasse JRadioButton, siehe auch Abschnitt 12.6) sind Schaltflächen, über die man eine Option ein- oder ausschalten kann. Man kann Optionsfelder zu Gruppen zusammenfassen, wobei innerhalb einer solchen Gruppe immer nur eine Option ausgewählt werden kann. Da dies genau das ist, was wir wünschen (der Benutzer unseres Programms soll auswählen, ob er Kreise, Scheiben oder Rechtecke einzeichnen will), erzeugen wir zuerst ein ButtonGroup-Objekt. Bei diesem werden wir die erzeugten Optionsfelder anmelden. Das ButtonGroup-Objekt sorgt dann dafür, dass von all den in dieser Gruppe registrierten Optionsfeldern immer nur eines ausgewählt ist. Zudem unterstützt uns das ButtonGroup-Objekt bei der Ereignisbehandlung zu den Optionsfeldern: Wir können von ihm abfragen, welches Optionsfeld gerade ausgewählt ist.

Nachdem die Optionsfelder mit new erzeugt sind, legen wir noch fest, wie ihre Befehlsnamen heißen. Dies ist wichtig, um später bei der Ereignisbehandlung entscheiden zu können, welches Optionsfeld ausgewählt ist. Der Einfachheit halber nehmen wir als Befehlsnamen die Titel der Optionsfelder.

Dann melden wir die Optionsfelder bei dem ButtonGroup-Objekt an und fügen sie in den Panel-Container ein.

Zum Schluss wird der Panel-Container in das Fenster aufgenommen.

Das ButtonGroup-Objekt (m_formauswahl) zur Verwaltung der Optionsfelder brauchen wir nicht nur im Konstruktor des Fensters, sondern auch innerhalb der paintComponent()-Methode der Leinwand, um dort feststellen zu können, welche geometrische Form gezeichnet werden soll. Die ButtonGroup-Variable m_formauswahl deklarieren wir daher nicht im Konstruktor der Klasse, sondern außerhalb jeder Methode als Variable der Fensterklasse:

```
// aus Malprogramm.java
public class Malprogramm extends JFrame {
   Leinwand m_malfläche;       // Hier wird gezeichnet
   ButtonGroup  m_formauswahl;   // aktuelle Form
   int m_Xpos, m_Ypos;         // aktuelle Mausposition

   // In main wird eine Instanz der Klasse angelegt
   // und auf den Bildschirm gebracht
   public static void main(String[] args) {
      ...
```

Mausereignisse bearbeiten – MouseAdapter

So, als Nächstes kümmern wir uns um das Abfangen der Mausklicks. Da Ihnen die prinzipielle Vorgehensweise noch aus Abschnitt 8.3 in Erinnerung sein sollte, dürfte dies kein großes Problem darstellen.

Die passende Schnittstelle wäre MouseListener, doch da in dieser Schnittstelle eine Reihe von Methoden deklariert sind, die wir nicht benötigen und daher nicht überschreiben wollen, leiten wir unsere Lauscher-Klasse MeinMausAdapter von der Adapter-Klasse MouseAdapter ab.

```
// aus Malprogramm.java
class Leinwand extends JPanel {

   class MeinMausAdapter extends MouseAdapter {
```

```
    public void mousePressed(MouseEvent e) {
        // Die aktuelle Position der Maus merken
        m_Xpos = e.getX();
        m_Ypos = e.getY();

        // Malfläche aktualisieren
        repaint();
    }
}

Leinwand() {
    addMouseListener(new MeinMausAdapter());

    setBackground(Color.black);
    setForeground(Color.orange);
}
...
```

Analyse:

Da wir Mausklicks in der Leinwand-Komponente abfangen wollen, definieren wir die Lauscher-Klasse `MeinMausAdapter` als innere Klasse unserer Leinwand-Klasse und registrieren sie im Konstruktor derselben.

Das Klicken mit der Maus führt zum Aufruf der Methode `mousePressed()`, die wir daher überschrieben haben, um die Mausposition zu ermitteln. Hierfür gibt es die `MouseEvent`-Methoden `getX()` bzw. `getY()`, deren Rückgabewerte wir in den Instanzvariablen `m_Xpos` und `m_Ypos` abspeichern. Schließlich initiieren wir mit `repaint()` das Neuzeichnen der Leinwand.

Geometrische Figuren zeichnen

In unserer `paintComponent()`-Methode bestimmen wir, ob ein Kreis, eine Scheibe oder ein Rechteck gezeichnet werden soll, und geben die gewünschte Form an der Stelle des letzten Mausklicks aus.

```
01    // aus Malprogramm.java, KLasse Leinwand
02    public void paintComponent(Graphics g) {
03      super.paintComponent(g);
04
05      String label;
06      ButtonModel aktuell = null;
07
08      // welche Form ist gerade ausgewählt?
09      aktuell = m_formauswahl.getSelection();
10
11      // entsprechend handeln
12      if(aktuell == null)
13        return;
14
15      int w = (int) (Math.random()*300);
16      int h = (int) (Math.random()*300);
17      label = aktuell.getActionCommand();
18
19      if(label.equals("Kreis"))
20        g.drawOval(m_Xpos,m_Ypos,w,w);
```

```
21
22        if(label.equals("Scheibe"))
23          g.fillOval(m_Xpos,m_Ypos,w,h);
24
25        if(label.equals("Rechteck"))
26          g.drawRect(m_Xpos,m_Ypos,w,h);
27    }
```

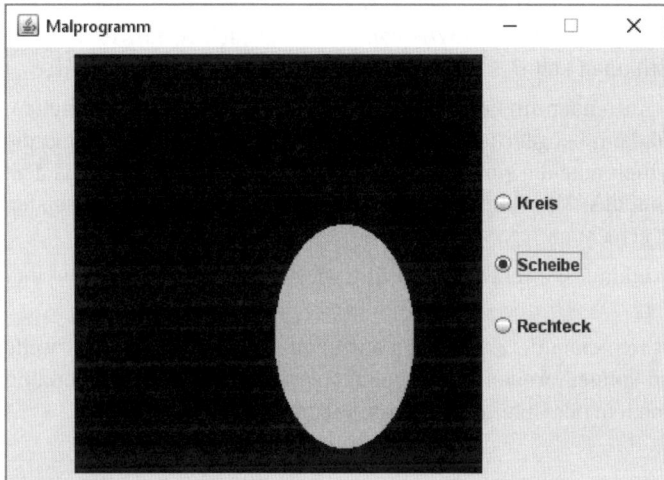

Bild 9.3 Geometrische Figuren einzeichnen

Analyse:

Die Anweisung

```
09:    aktuell = m_formauswahl.getSelection();
```

liefert ein `ButtonModel`-Objekt zurück, mittels dessen Methode `getActionCommand()` wir dann den Befehlsnamen des Optionsfelds bestimmen (Zeile 17) und mit den möglichen Befehlsnamen vergleichen (Zeilen 19, 22 und 25) können. Wenn wir dann wissen, welche Form gerade ausgewählt ist, können wir diese an der Position des Mausklicks einzeichnen:

- `drawOval(int X, int Y, int b, int h);`

  zeichnet Ellipsen und Kreise und erhält als Parameter die begrenzende Box, in die die Ellipse passen soll. Genauer: die Koordinaten der linken oberen Ecke und die Ausdehnung in x- und y-Richtung, also Breite und Höhe.

  Sind die Breite b und die Höhe h identisch, ist die Ellipse ein Kreis.

- `fillOval(int X, int Y, int b, int h);`

  zeichnet ausgefüllte Ellipsen und Kreise und wird genauso wie `drawOval()` gehandhabt.

- `drawRect(int X, int Y, int b, int h);`

  wird analog gehandhabt.

  Sind die Breite b und die Höhe h identisch, ist das Rechteck ein Quadrat.

Um das Programm ein bisschen spannender zu machen, übergeben wir für die Breite und Höhe der umhüllenden Rechtecke Zufallswerte (Zeilen 15 und 16).

Erstellen Sie das Programm (den vollständigen Quelltext finden Sie in der Beispielsammlung, siehe Anhang F) und spielen Sie ein bisschen damit herum.

Formen vom Anwender einzeichnen lassen

Im Malprogramm aus diesem Abschnitt kann der Anwender nur die linke obere Ecke des die Figur umhüllenden Rechtecks bestimmen. Wie könnte man erreichen, dass er auch die Größe der Figur selbst bestimmen kann?

In diesem Fall müsste der Anwender mit der Maus auf die linke obere Ecke des umhüllenden Rechtecks klicken und dann bei gedrückter Maus das Rechteck aufziehen. Lässt er die Maustaste wieder los, ermittelt man die entsprechende Mauskoordinate und kann aus dem Vergleich mit der Position des Mausklicks die Breite und Höhe für den passenden Graphics-Methodenaufruf errechnen.

Das Programm muss also zumindest zwei Ereignisse überwachen: „Drücken der Maus" und „Loslassen der Maus".

Statt uns aber zu sehr mit Implementierungsdetails aufzuhalten, die Sie sich mittlerweile sicherlich selbst erarbeiten können, wollen wir uns einem wesentlich interessanteren und lehrreicheren Thema zuwenden: der Unterstützung von Freihandlinien.

■ 9.4 Freihandlinien

Um das Malprogramm aus Abschnitt 9.3 abzurunden, werden wir es um die Unterstützung von Freihandlinien erweitern. Sie kennen das sicherlich von diversen Zeichenprogrammen: Man bewegt die Maus bei gedrückter Maustaste über die Zeichenfläche und erzeugt auf diese Weise eine Linie, die meist so zittrig ist, dass man sie gleich wieder löscht.

Wie lässt sich dies implementieren?

In Java ist die Unterstützung von Freihandlinien gar nicht so schwer zu programmieren, doch gibt es einige Besonderheiten zu beachten und darum sollten wir uns die Zeit nehmen, uns erst einmal über das prinzipielle Vorgehen einig zu werden.

Konzept für Freihandlinien

1. Freihandlinien werden durch Bewegen mit der Maus gezeichnet. Allerdings nur dann, wenn der Anwender gleichzeitig die linke Maustaste drückt. Man bezeichnet dies auch als „Ziehen" der Maus.

   Java kennt eine eigene Ereignisbehandlungsmethode für diesen Fall (mouseDragged() aus der MouseMotionListener-Schnittstelle) – was das Zeichnen von Freihandlinien wesentlich vereinfacht.

2. Wenn diese Ereignisbehandlungsmethode ausgeführt wird, wissen wir also, dass der Anwender die Maus bei gedrückter Maustaste bewegt. Das Einfachste wäre jetzt, an jeder

Koordinate, über die die Maus bewegt wird, einen Punkt auszugeben. Das Problem ist nur, dass uns in der Ereignisbehandlungsmethode mouseDragged() kein Graphics-Objekt für unsere Malfläche zur Verfügung steht.

Ein Ausweg wäre, alle Koordinaten in einem Array zu speichern und beim Loslassen der Maustaste die repaint()-Methode aufzurufen, die intern die paintComponent()-Methode aufruft, in der wir dann eine Polylinie ausgeben, die die gespeicherten Koordinaten verbindet. Aber das wäre unnötig kompliziert.

Stattdessen erzeugen wir uns mithilfe der getGraphics()-Methode ein eigenes Graphics-Objekt und zeichnen damit direkt innerhalb der Ereignisbehandlungsmethode mouseDragged().

3. Schließlich müssen wir noch entscheiden, wie wir die Freihandlinie einzeichnen: entweder als einzelne Punkte oder als Polylinie. Wir haben uns für die einzelnen Punkte entschieden, da dies im Moment weniger Aufwand bedeutet und uns die Muße lässt, uns auf die wichtigeren Konzepte zu konzentrieren.

Der Nachteil dabei ist, dass die Linie Löcher bekommt, wenn der Anwender die Maus etwas schneller bewegt. Wenn Sie die Punkte mit Linien verbinden, können Sie dies verhindern.

Beginnen wir damit, unser Malprogramm anzupassen.

Zunächst müssen wir natürlich die Optionsfelder-Gruppe, die im Konstruktor Freihand() (ehemals Malprogramm) angelegt wird, um eine zusätzliche Option erweitern. Dazu erweitern wir das GridLayout von drei auf vier Zeilen und fügen ein zusätzliches Optionsfeld ein:

Listing 9.5 Aus Freihand.java

```
// im Konstruktor von Freihand ...

JPanel panel = new JPanel();
    panel.setLayout(new GridLayout(4,1,20,20));
    ...
    JRadioButton opt4 = new JRadioButton ("Freihand",false);
    ...
    opt4.setActionCommand("Freihand");
    ...
    m_formauswahl.add(opt4);
    ...
    panel.add(opt4);

add(panel);
```

Dann implementieren wir die mouseDragged()-Ereignisbehandlungsmethode. Wir leiten unsere Lauscher-Klasse aber nicht von der MouseMotionListener-Schnittstelle ab, sondern wie so oft von der zugehörigen Adapter-Klasse.

```
01    // aus Datei Freihand.java, in Klasse Leinwand
02
03    class MeinMausMotionAdapter extends MouseMotionAdapter {
04      public void mouseDragged(MouseEvent e) {
05        ButtonModel aktuell;
06        String label;
07
```

```
08        // Herausfinden, welche Box gerade aktiviert ist
09        aktuell = m_formauswahl.getSelection();
10
11        // Da nach dem Programmstart keine Box aktiviert ist,
12        // muss dies getestet werden. Dann wird kein Objekt
13        // zurückgeben, sondern ein null-Wert
14        if(aktuell == null)
15          return;
16
17        label = aktuell.getActionCommand();
18
19        // Nur wenn die Freihandfunktion ausgewählt ist, die
20        // Mausposition merken und neuzeichnen
21        if(label.equals("Freihand"))  {
22          Graphics tmp = m_malfläche.getGraphics();
23          m_Xpos = e.getX();
24          m_Ypos = e.getY();
25          tmp.setColor(Color.orange);
26          tmp.drawOval(m_Xpos,m_Ypos,2,2);
27          tmp.dispose();
28        }
29      }
30    }
```

Analyse:

Der interessanteste Teil ist sicherlich die Erzeugung des Graphics-Objekts in Zeile 22. Wie Sie mittlerweile wissen, ist Graphics eine abstrakte Klasse und kann nicht direkt instanziert werden. Aber das haben wir auch gar nicht vor. Wir definieren lediglich eine Objektvariable tmp (für temporary) vom Klassentyp Graphics. Diesem Objekt können wir dann jede beliebige Instanz einer von Graphics abgeleiteten Klasse zuweisen.

Wir brauchen aber nicht irgendein Graphics-Objekt, sondern ein Graphics-Objekt, das unsere Malfläche repräsentiert und mit dessen Methoden wir in diese Malfläche zeichnen können. Für solche Fälle stellt jede Komponente die Methode getGraphics() zur Verfügung, die eine Referenz auf die Zeichenfläche der Komponente zurückliefert.

 Aufsteiger

Graphics-Objekte und die mit ihnen verbundenen Systemressourcen können recht viel Speicher belegen, besonders wenn in kurzer Zeit sehr viele Graphics-Objekte erzeugt werden und der automatische Garbage Collector von Java diese nur zeitversetzt „entsorgt". In Zweifelsfällen sollte man die mit Graphics-Objekten verbundenen Ressourcen nach getaner Arbeit explizit durch Aufruf der dispose()-Methode freigeben. Ansonsten kann es passieren, dass dem Windows-System (also z. B. Windows 7 oder 8) nach kurzer Zeit die Grafikkontexte ausgehen und dann passiert auf dem Bildschirm gar nichts mehr!

Da wir nur an MouseDrag-Ereignissen interessiert sind, die unsere Malfläche betreffen (Leinwand-Komponente), definieren wir die Lauscher-Klasse MeinMausMotionAdapter als innere Klasse von Leinwand und registrieren eine Instanz der Lauscher-Klasse für Leinwand:

```
Leinwand(){
  addMouseListener(new MeinMausAdapter());
  addMouseMotionListener(new MeinMausMotionAdapter());

  setBackground(Color.black);
  setForeground(Color.orange);
}
```

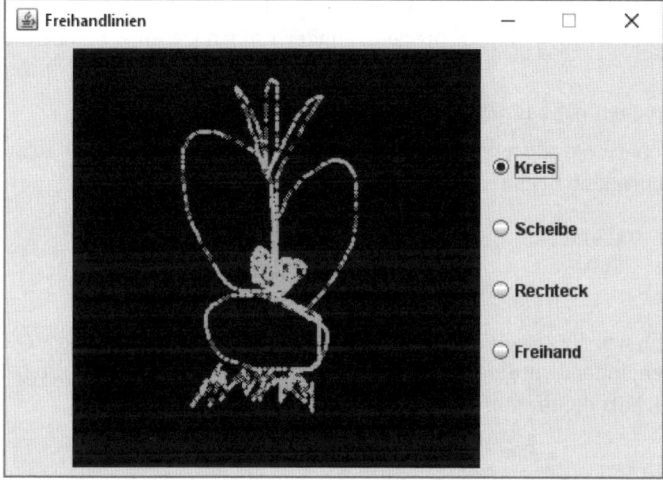

Bild 9.4 Freihandlinien

Den vollständigen Quelltext finden Sie in der Beispielsammlung (siehe Anhang F).

 In unserem Beispielprogramm wird bei jedem Beginn einer neuen Figur die alte Zeichnung gelöscht. In den meisten Fällen wird man aber alle Figuren erhalten wollen, bis der Anwender explizit die gesamte Zeichnung (oder einzelne Figuren) löscht. Um dies zu implementieren, müssen Sie alle wichtigen Daten (Koordinaten, Breite, Höhe) zu den einzelnen Figuren abspeichern und die Zeichnung in der paintComponent()-Methode aus den abgespeicherten Daten rekonstruieren.

■ 9.5 Noch mehr Grafik mit Java2D

Java bietet eine Menge von Klassen, die zur Erzeugung von hochwertigen grafischen Ausgaben gedacht ist: Java2D. Diese Klassen liegen in den Paketen java.awt.* und java.awt. geom.* vor und erweitern die Funktionalität der normalen AWT-Klassen beträchtlich und sind zum Teil in ihrer Handhabung auch recht komplex. Wir werden daher im Folgenden nur einige nette Schmankerl herausgreifen.

Die normalen AWT-Klassen lassen für Zeichnungen nur einen Freiheitsgrad: die Farbe. Java2D hingegen bietet eine Fülle von Attributen: Strichstärke, Füllmuster, Durchsichtigkeit und noch einiges mehr, wobei wir uns in dieser Einführung auf Strichstärke und Füllmuster beschränken wollen.

Die grundsätzliche Handhabung von Java2D ist ganz analog zu den bisherigen AWT-Klassen, die Sie kennengelernt haben. Es gibt drei wesentliche Unterschiede. Statt des `Graphics`-Objekts muss das Java2D-Äquivalent `Graphics2D` verwendet werden, alle Koordinaten sind nicht mehr ganzzahlig, sondern float-Werte und es gibt keine Spezialmethoden mehr, z. B. `drawRect()` zum Zeichnen von Rechtecken, sondern nur noch eine allgemeine `draw()`-Methode.

Die folgenden Zutaten brauchen wir zum Zeichnen unter Java2D:

- Alle Java2D-Methoden operieren auf einem `Graphics2D`-Objekt, das man durch Casten (Typumwandlung) des normalen `Graphics`-Objekts erhält:

```
public void paint(Graphics g) {
   Graphics2D g_2D = (Graphics2D) g;
}
```

- Nun können wir angeben, wie die zu zeichnenden Objekte auf dem Bildschirm dargestellt (gerendert) werden sollen, indem wir die Farbe festlegen, die Füllart bestimmen und/oder schließlich noch die Strichart definieren.

 In der Beispielsammlung (siehe Anhang F) finden Sie begleitend zu diesem Abschnitt das Programm *Malprogramm_2D.java*, die Java2D-Version unseres weiter oben erstellten Malprogramms.

Festlegen der Farbe und Strichstärke

Wenn wir die Voreinstellungen der Zeichenfarbe (die sogenannte Vordergrundfarbe) für den aktuellen Zeichenvorgang ändern wollen, verwenden wir wie bisher die `setColor()`-Methode, allerdings nun die Methode des `Graphics2D`-Objekts:

```
g_2d.setColor(Color.red);
```

Soweit war das ja noch nichts Neues. Aber jetzt: Wir können auch die Strichstärke ändern, mit der Methode `setStroke()`, die als Parameter einen float-Wert mit der aktuellen Stärke erwartet. `1.0f` entspricht dabei der bisherigen Normaldicke.

```
g_2d.setStroke(2.0f);    // Strichstärke 2.0
```

 Denken Sie daran, dass Fließkommazahlen (wie z. B. 2.0) in Java als `double`-Werte angesehen werden. Da aber alle Java2D-Methoden mit float-Werten arbeiten, müssen wir die Konstanten explizit als float-Werte kennzeichnen: daher das angehängte „f".

Zusätzlich kann noch die Art von End- und Kreuzungspunkten von Linien durch `static`-Variablen der Klasse `BasicStroke` bestimmt werden:

Tabelle 9.2 Konstanten für Linien

Endpunktstile	
CAP_BUTT	keine Endpunkte
CAP_ROUND	runde Endpunkte
CAP_SQUARE	quadratische Endpunkte
Kreuzungspunktstile	
JOIN_MITER	Segmentverbindung über äußere Kanten
JOIN_ROUND	Segmentverbindung durch gerundete Ecken
JOIN_BEVEL	Segmentverbindung durch eine gerade Linie

Das Festlegen einer Linie ohne Endpunkte und gerundete Ecken wäre also beispielsweise:

```
g_2d.setStroke(2.0f, BasicStroke.CAP_BUTT, BasicStroke.JOIN_ROUND);
```

Alternativ kann man sich auch ein `BasicStroke`-Objekt mit den geeigneten Werten erzeugen und das Objekt an die Methode übergeben:

```
BasicStroke stil BasicStroke(2.0f, BasicStroke.CAP_BUTT,
                             BasicStroke.JOIN_ROUND);
g_2d.setStroke(stil);
```

Festlegen des Füllmusters

Das Füllmuster bestimmt, wie ein Objekt mit Farbe gefüllt wird. In den normalen AWT-Methoden wie `fillOval()` war dies immer eine einzige Farbe. Mit Java2D können wir darüber hinaus unter anderem auch Gradientenfüllung realisieren.

A. Füllen mit einer Farbe

Beim normalen Füllen mit einer Farbe wird der `setPaint()`-Methode ein `Color`-Objekt mit der gewünschten Farbe übergeben, z. B.

```
g_2d.setPaint(Color.green);
```

B. Gradientenfüllung

Bei einer Gradientenfüllung wird langsam von einer Farbe an einem Punkt zu einer anderen Farbe an einem anderen Punkt gewechselt. Dieser Wechsel kann sich zwischen diesen beiden Punkten vollziehen (azyklisch) oder sich wiederholen (zyklisch). Diese Bezugspunkte müssen dabei nicht innerhalb des Objekts liegen, das gefüllt werden soll. Diese Beschreibung legt schon nahe, wie die Gradientenfüllung definiert werden muss: Man gibt die Koordinaten der Punkte an, die beiden Farben und ob azyklisch oder zyklisch gefüllt werden soll. Das steuernde Objekt heißt `GradientPaint` und der Konstruktoraufruf ist:

```
GradientPaint grad_fuell = new GradientPaint(x1,y1,Color.blue,
                                  x2,y2,Color.yellow,false);
g_2d.setPaint(grad_fuell);
Das boolean-Argument false steht dabei für azyklisches und true für zyklisches
Füllen. Mit der setPaint()-Methode wird schließlich die Füllart aktiviert.
```

Methoden und Klassen zum Zeichnen in Java2D

Wenn das Graphics2D-Objekt und seine Attribute festgelegt sind, kann das eigentliche Zeichnen beginnen. Im Gegensatz zu dem vorher beschriebenen AWT-Vorgehen gibt es in Java2D nun keine speziellen Methoden, um ein Rechteck, einen Kreis usw. zu zeichnen. Stattdessen definiert man sich Formen (*shapes*), die dann mit den Methoden draw() und fill() auf den Bildschirm gebracht werden.

Die wichtigsten Formen sind:

Linien:

Linien werden mit der Klasse Line2D.Float angelegt. Der Konstruktor erwartet die x,y-Koordinaten des Start- und Endpunkts:

```
Line2D.Float linie = new Line2D.Float(20.0f,10.0f, 120.0f,70.0f);
```

Diese Zeile erzeugt eine Linie von 20,10 nach 120,70. Beachten Sie, dass der Konstruktor float-Werte erwartet.

Rechtecke:

Rechtecke werden mit der Klasse Rectangle2D.Float erzeugt. Der Konstruktor erwartet den linken oberen Punkt sowie Breite und Höhe:

```
Rectangle2D.Float rechteck = new Rectangle2D.Float(20.0f,10.0f,
                                       50.0f,60.0f);
```

Diese Anweisung erzeugt ein Rechteck im Punkt 20,10 mit Breite 50 und Höhe 60 Pixel.

Ellipsen (Ovale):

Was die Ovale bei den AWT-Klassen sind, heißt unter Java2D nun Ellipsen. (Die Java-Entwickler sind begeisterte Anhänger des ständigen Umbenennens. Bei jeder Versionsänderung werden immer auch einige Klassen- und Methodennamen umbenannt!) Die entsprechende Klasse ist Ellipse2D.Float und der Konstruktor muss analog wie bei den Rechtecken mit linkem oberem Bezugspunkt sowie Breite und Höhe aufgerufen werden:

```
Ellipse2D.Float oval = new Ellipse2D.Float(222.0f,100.0f,
                                 40.0f,60.0f);
```

Polygone:

Ein Polygon wird durch Angabe der Bewegung von Polygonpunkt zu Polygonpunkt definiert, d.h. als ein Pfad von Punkten. Hierzu dient die Klasse GeneralPath. Mit moveTo() wird der Startpunkt angegeben und mittels lineTo() werden die nachfolgenden Punkte definiert und mit Linien verbunden. Schließlich wird durch closePath() der Pfad zu einem Polygon geschlossen (man kann es natürlich auch offen lassen!).

```
GeneralPath polygon = new GeneralPath();
polygon.moveTo(10.0f,20.0f);
polygon.lineTo(20.0f,30.0f);
polygon.lineTo(10.0f,40.0f);
polygon.closePath();
```

Das eigentliche Zeichnen der definierten Objekte erfolgt schließlich mit der Methode draw() bzw. fill(), wenn gleichzeitig ein Füllmuster zum Einsatz kommen soll, z. B.

```
g_2d.draw(polygon);
g_2d.draw(oval);
g_2d.fill(rechteck);
```

Ausgabe von Strings:

Die Ausgabe von Strings mit Java2D ändert sich im Vergleich zum AWT kaum. Es existiert ebenfalls eine drawString()-Methode, die ein String-Objekt und die Startkoordinaten (als float-Werte) erwartet:

```
g_2d.drawString("Grafik mit Java2D!",10.0f,10.0f);
```

Vielleicht fragen Sie sich, wozu dieser ganze Aufwand von Java2D gut sein soll. Wenn Sie mit normaler Strichstärke und einfachen Fülloperationen auskommen, können Sie in der Tat gut auf Java2D verzichten. Allerdings konnten wir hier aufgrund der Platzbeschränkung nicht weiter auf komplexere Möglichkeiten eingehen (z. B. Bézier-Kurven, Transparenz), die viele tolle Anwendungen haben. In absehbarer Zeit soll sich zudem laut Sun auch ein Java3D hinzugesellen, mit ähnlichem Aufbau und Einsatz, sodass dann mächtige Werkzeuge zum Erzeugen von eindrucksvollen Grafiken bereitstehen.

Sie haben nun einen ersten Eindruck von den Grafikmöglichkeiten von Java erhalten und festgestellt, dass es nicht allzu schwierig ist, damit umzugehen. Leider gibt es viel zu viele Methoden und Klassen, um alle vorzustellen. Aber die Beispiele sollten Ihnen schon genug Möglichkeiten aufgezeigt haben. Ausführlichere Information finden sich wie üblich in der API-Dokumentation (*http://docs.oracle.com/javase/9/docs/api/*).

■ 9.6 Zusammenfassung

Jede Swing-Komponente verfügt über eine paintComponent()-Methode, die dazu dient, in die Komponente zu zeichnen. Für JFrame verwendet man stattdessen die paint()-Methode.

Für Grafikausgaben verwendet man üblicherweise JPanel-Instanzen und deren paintComponent()-Methode, die man nicht selbst aufruft, sondern lediglich überschreibt. (Mithilfe der Methode repaint() kann man einen paintComponent()-Aufruf forcieren.)

Zum Zeichnen selbst bedient man sich der entsprechenden Methoden der Klasse `Graphics`. Ein passendes `Graphics`-Objekt zu einer Komponente erhält man entweder automatisch als Parameter der `paintComponent()`-Methode der Komponente oder als Rückgabewert der Methode `getGraphics()`.

Grafikausgaben kann man innerhalb oder außerhalb der `paintComponent()`-Methode vornehmen. Will man, dass die Zeichnung bei Bedarf automatisch rekonstruiert wird (beispielsweise nach Minimierung), muss man die Zeichnung innerhalb der `paintComponent()`-Methode erzeugen.

Um die Schriftart und die Farben für eine Grafikausgabe festzulegen, stehen Ihnen die `Graphics`-Methoden `setFont(Font)`, `setColor(Color)` zur Verfügung. Farben können Sie entweder durch vordefinierte Konstanten oder als RGB-Werte definieren.

Zur Unterstützung von Freihandlinien implementieren Sie die Ereignisbehandlungsmethode `mouseDragged()` aus der `MouseMotionListener`-Schnittstelle.

Java2D ist eine Erweiterung des AWT und bietet komplexere Grafikmöglichkeiten an, unter anderem variierbare Strichstärken und Gradientenfüllmuster.

■ 9.7 Fragen und Antworten

1. Kann man nur in `JPanel`-Komponenten zeichnen?

   Nein. Sie können in jede Komponente zeichnen. Allerdings benutzt man für Grafikausgaben üblicherweise eine `JPanel`-Komponente.

2. Wo sind die Methoden zum Zeichnen deklariert?

   Die Zeichenmethoden sind in der Klasse `Graphics` deklariert.

3. Wie kann man selbst das Neuzeichnen einer Komponente auslösen?

   Durch Aufruf ihrer `repaint()`- oder `repaint(int ms)`-Methode.

4. Welche RGB-Werte haben die Farben Weiß und Schwarz?

   RGB-Werte beziehen sich auf Lichtfarben, das heißt, volle Intensität für Rot, Grün und Blau ergibt Weiß (= RGB(255,255,255)). Folglich ist RGB(0,0,0) gleich Schwarz.

5. Können Sie für einen `GridLayout`-Manager den Abstand seines Containers von anderen Containern (beispielsweise dem Fensterrahmen) definieren?

   Nein. Sie können dem Konstruktor des `GridLayout`-Managers zwar Abstände für seine Spalten und Zeilen übergeben. Diese beziehen sich aber nicht auf die Abstände zu anderen Containern (dafür brauchen Sie schon einen `GridBagLayout`-Manager).

■ 9.8 Übungen

1. Standardmäßig richtet sich die Größe einer Schaltfläche (JButton) nach ihrem Titel und der verwendeten Schriftart (Font). Erzeugen Sie eine Schaltfläche, die 100x100 Pixel groß ist, aber nur einen kleinen Text enthält. (Hinweis: Sie müssen eine eigene Schalterklasse ableiten und bestimmte Methoden überschreiben.)

2. Versuchen Sie, einen schönen lila Farbton als RGB-Wert zusammenzustellen.

3. Stellen Sie das Layout aus Bild 9.5 mithilfe zweier einfacher Layout-Manager nach.

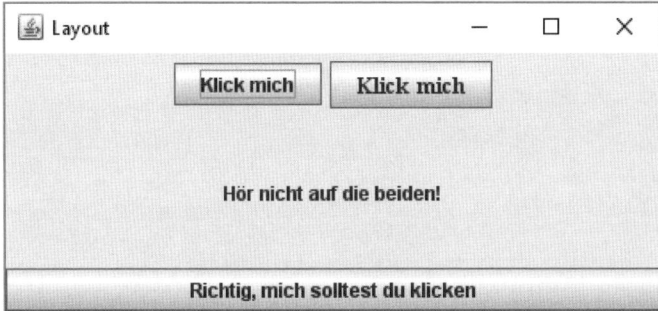

Bild 9.5 Nachzubildendes Layout

4. Erweitern Sie das Funktionenplotter-Programm um weitere Funktionen.

10 Bilder, Bilder, Bilder

Die Grafikmöglichkeiten von Java, die Sie bisher kennengelernt haben, sind ja schon ganz nett. Richtig Spaß kommt aber erst dann auf, wenn man auch Bilder (im Programmierjargon auch *Bitmaps* genannt) verarbeiten kann. Wie das geht, soll das folgende Beispielprogramm aufzeigen.

■ 10.1 Der Bildbetrachter

In diesem Kapitel werden wir uns ganz der Erstellung eines einzigen Programms widmen: einen Bildbetrachter, mit dem Sie beliebige Java-Bilddateien von Ihrer Festplatte laden und anschauen können. Java unterstützt hierbei die Formate GIF, JPEG und PNG.

Bild 10.1 Bildbetrachter mit geladenem Troll-Bild

Unser Hauptinteresse gilt dabei natürlich der Frage, wie man Bilddateien laden und auf eine Leinwand (JPanel-Instanz) ausgeben kann. Doch so ganz nebenbei werden wir uns auch die Implementierung von Menüleisten und die Arbeit mit den Dialogen zum Öffnen und Speichern von Dateien anschauen.

Beginnen wir mit einem kurzen Blick auf das Grundgerüst der Anwendung.

 Die Programme werden so langsam immer umfangreicher. Wenn Sie die Beispiele nachprogrammieren wollen, versuchen Sie einmal, erstellte Programmgerüste durch Kopieren wiederzuverwenden oder greifen Sie auf die Quelltexte in der Beispielsammlung (siehe Anhang F) zurück.

Listing 10.1 Bildbetrachter.java

```
01 import java.awt.*;
02 import javax.swing.*;
03 import java.awt.event.*;
04
05 public class Bildbetrachter extends JFrame {
06    static Bildbetrachter m_fenster;
07    String m_dateiname;            // Name der Datei
08    Image   m_aktBild;             // Referenz auf das aktuelle Bild
09    BildLeinwand m_bildanzeige;    // JPanel zum Anzeigen des Bildes
10    int m_Xpos,m_Ypos;             // neue Position, an der die
11                                   // linke obere Ecke des Bildes
12                                   // angezeigt wird
13    int m_bild_x1,m_bild_y1;       // die aktuelle Begrenzung des
14    int m_bild_x2,m_bild_y2;       // Bildes
15    int m_bildHoehe,m_bildBreite;  // Höhe und Breite in Pixeln
16
17    // Ereignisbehandlung
18    class MeinActionLauscher implements ActionListener {
19       public void actionPerformed(ActionEvent e) {
20          String Label;
21
22          Label = e.getActionCommand();
23
24          if(Label.equals("Programm beenden"))
25             System.exit(0);
26
27          if(Label.equals("Bild laden"))
28             bildLaden();
29       }
30    }
31
32    // Im Konstruktor werden ein Panel (als Zeichenfläche)
33    // und eine Menüleiste angelegt
34    Bildbetrachter(String titel) {
35       super(titel);
36
37       m_Xpos = m_Ypos = 0;         // Startposition : links oben
38       m_bild_x1 = m_bild_x2 = m_bild_y1 = m_bild_y2 = 0;
39
40       // Zu Beginn ist kein Bild geladen
```

```
41      m_dateiname = null;
42      m_aktBild = null;
43
44      // Einen Layout-Manager anlegen
45      setLayout(new FlowLayout());
46
47      // Eine Leinwand anlegen (von JPanel abgeleitet)
48      m_bildanzeige = new BildLeinwand();
49      add(m_bildanzeige);
50
51      // Das Fenster mit einer Menüleiste versehen
52      JMenuBar menueleiste = new JMenuBar();
53      setJMenuBar(menueleiste);
54
55      // Die PopupMenüs der Menüleiste erstellen
56      JMenu menu1 = new JMenu("Datei");
57      JMenuItem item1 = new JMenuItem("Bild laden");
58      item1.addActionListener(new MeinActionLauscher());
59
60      JMenuItem item2 = new JMenuItem("Programm beenden");
61      item2.addActionListener(new MeinActionLauscher());
62      menu1.add(item1);
63      menu1.add(item2);
64      menueleiste.add(menu1);
65
66      setDefaultCloseOperation(WindowConstants.EXIT_ON_CLOSE);
67    }
68
69    // Eine Bilddatei laden
70    public void bildLaden(){
    
          ... // siehe Abschnitt 10.2 und 10.3
    
97    }
98
99    public static void main(String[] args) {
100      m_fenster = new Bildbetrachter("Bildbetrachter");
101      m_fenster.setSize(800,700);
102      m_fenster.pack();
103      m_fenster.setVisible(true);
104    }
105
106
107   // Diese Klasse dient zum Anzeigen und Manipulieren des Bildes
108   class BildLeinwand extends JPanel {
109     // Panel neu zeichnen
110     public void paintComponent(Graphics g) {
111       super.paintComponent(g);
112
113       // Falls ein Bild geladen ist, das Bild anzeigen
114       if(m_aktBild != null)
115         g.drawImage(m_aktBild,m_Xpos,m_Ypos,this);
116     }
117
118     public Dimension getMinimumSize() {
119       return m_fenster.getSize();
120     }
121     public Dimension getPreferredSize() {
```

```
122        return getMinimumSize();
123      }
124    }
125  }
```

Analyse:

Nachdem wir zu Beginn unserer Hauptklasse Bildbetrachter die Felder der Klasse deklariert haben, auf die wir aus den Methoden der Klasse heraus zugreifen werden (Zeilen 6 bis 15), folgen in Zeile 18 die Klasse für die Behandlung der Menübefehle und danach ab Zeile 34 die Definition des Konstruktors.

Der Konstruktor

Der Konstruktor ist nach dem üblichen Standardschema aufgebaut:

1. Aufruf des Basisklassenkonstruktors

2. Initialisierung der Instanzvariablen der Klasse

3. Definition des Layout-Managers für das Fenster

4. Erzeugung und Integration der Oberflächenelemente des Fensters (Leinwand und Menü-leiste)

5. Einrichtung der Lausch-Objekte für die Ereignisbehandlung

Die Menüleiste

Der Aufbau einer Menüleiste ist nicht sonderlich schwer.

Menüleisten bestehen aus einer Reihe von Popup-Menüs, die wiederum jedes eine Reihe von Menübefehlen (und eventuell Untermenüs) enthalten. Entsprechend gestaltet sich der Aufbau eigener Menüleisten.

Um eine Menüleiste einzurichten, erzeugen Sie zuerst eine Instanz der Klasse JMenuBar, die die Menüleiste repräsentiert. Dann legen Sie die einzelnen Menüs (Instanzen der Klasse JMenu) an, wozu Sie Instanzen der Klassen JMenuItem bilden (dies sind die einzelnen Menübefehle) und in die JMenu-Instanzen aufnehmen. Die fertigen Menüs werden dann in die Menüleiste integriert und diese wird mit einer besonderen Methode (setJMenuBar()) der Klasse JFrame in den Rahmen des Fensters eingefügt (siehe auch Abschnitt 12.9).

Da die Einrichtung von Menüleisten so unkompliziert ist, wollen wir direkt zur Ereignisbehandlung für die Menübefehle kommen.

Jeder Menübefehl erzeugt bei seiner Auswahl einen ActionEvent und ruft die für ihn registrierte actionPerformed()-Methode auf. In den Zeilen 22 bis 30 wird daher die Klasse MeinActionLauscher definiert, die die ActionListener-Schnittstelle implementiert. In der actionPerformed()-Methode fragen wir dann ab, von welchem Menübefehl der Aufruf der Methode ausging, und rufen eine passende Methode zur Bearbeitung des Menübefehls auf: in Zeile 26 die vordefinierte Methode System.exit(0) zur Beendigung des Programms und in Zeile 25 die Methode bildLaden(), die wir selbst als Methode unserer Fensterklasse aufsetzen.

In den Zeilen 58 und 61 verbinden wir die Menübefehle mit den Lauschern.

Mithilfe der JMenuItem-Methode setAccelerator() können Sie Tastaturkürzel
für Menübefehle registrieren.

Das Bild anzeigen

Ruft der Anwender den Menübefehl zum Laden eines Bilds auf, löst er ein ActionEvent-Ereignis aus, das zum Aufruf der actionPerformed()-Methode führt. Diese ruft wiederum unsere selbst definierte bildLaden()-Methode auf, die den Dateinamen des anzuzeigenden Bilds abfragt und es in eine Image-Komponente lädt (siehe Abschnitt 10.2 und 10.3). Nachdem das Bild in die Image-Komponente geladen wurde, muss es noch angezeigt werden.

Dazu leiten wir unsere Leinwand wie üblich von JPanel ab und zeichnen in der paintComponent()-Methode (Zeilen 108 bis 116).

Die Methode, die es schafft, das Bild in die JPanel-Instanz zu zeichnen, heißt drawImage() und stammt natürlich wie alle Zeichenmethoden aus der Klasse Graphics.

```
g.drawImage(Image,int,int,ImageOberserver);
```

Die Methode erwartet

- die Referenz auf das zu zeichnende Bild (in unserem Beispiel m_aktBild),

- die Koordinaten der Position, an der die linke obere Ecke des Bilds zu liegen kommen soll, und

- eine Referenz auf die aufrufende Panel-Instanz (in unserem Beispiel einfach this).

 Daneben gibt es eine Reihe überladener Versionen der Methode drawImage(),
die Sie ebenfalls zum Einzeichnen Ihrer Bilder verwenden können (siehe Referenz
der Klasse java.awt.Graphics).

Fenstergröße und Leinwandgröße

Im obigen Beispiel legen wir die Anfangsgröße des Fensters als 400x400 Pixel fest (Zeile 101). Der Anwender kann die Größe durch Ziehen des Fensterrahmens verändern. Um die Größe der Leinwand (JPanel-Komponente) an die Fenstergröße anzupassen, überschreiben wir in unserer Leinwand-Klasse getMinimumSize() und getPreferredSize() und lassen sie die aktuelle Größe des Fensters zurückliefern (Zeilen 118 bis 123).

■ 10.2 Dateien öffnen und speichern: die Klasse JFileChooser

Eine häufig wiederkehrende Aufgabe ist das Öffnen oder Speichern von Dateien. Soll das Programm das Öffnen beliebiger Dateien ermöglichen, muss es erst einmal vom Anwender den Namen und den Pfad der zu ladenden Datei abfragen.

In Java gibt es für das Abfragen von Dateinamen eine vordefinierte Dialogklasse, die diese Aufgabe zu einem Kinderspiel macht. Die Rede ist von der Klasse JFileChooser. Mithilfe dieser Klasse können Sie in wenigen Anweisungen den Namen der zu öffnenden (oder zu speichernden) Datei vom Anwender abfragen:

```
JFileChooser dlg = new JFileChooser(".");
int dialogRueckgabe = dlg.showOpenDialog(this);

if (dialogRueckgabe == JFileChooser.APPROVE_OPTION)
{
    // Benutzer hat den Dialog mit OK verlassen
    // -> Eingaben auswerten
}
else
{
    // Benutzer hat den Dialog abgebrochen
    // -> nichts weiter tun
}
```

Analyse:

Als Erstes wird eine Instanz der Klasse JFileChooser gebildet. Wir haben die Variable für die Instanz einfach dlg genannt, da sie nur in den direkt folgenden Zeilen verwendet wird und ein aussagekräftigerer Name nicht erforderlich ist.

Dem Konstruktor der Klasse JFileChooser können Sie das anfänglich anzuzeigende Verzeichnis übergeben. Sie können das Verzeichnis als String (wie in unserem Beispiel) oder als File-Instanz übergeben. Der im obigen Code verwendete String "." bezeichnet das aktuelle Verzeichnis (in dem das Programm steht). Wenn Sie einen Pfad übergeben, denken Sie daran, dass Sie den Backslash doppeln, also z.B.: "c:\\temp" schreiben.

Durch den Aufruf der showOpenDialog(this)-Methode wird der Dialog auf den Bildschirm gebracht (mit einer Referenz auf das übergeordnete Fenster, das den Dialog „besitzen" soll, als Argument – meist wie hier this).

 Zum Anzeigen eines Speichern-Dialogs rufen Sie die Methode showSaveDialog() auf.   ■

Die Ausführung des Programms stoppt an dieser Stelle so lange, bis der Anwender den Dialog beendet hat. Erst dann kehrt die showOpenDialog()-Methode zurück und zeigt durch ihren Rückgabewert an, welchen Schalter der Anwender zum Beenden gedrückt hat.

Tabelle 10.1 Rückgabewerte von JFileChooser

Wert	Beschreibung
JFileChooser.**APPROVE_OPTION**	OK-Schalter wurde gedrückt.
JFileChooser.**CANCEL_OPTION**	Abbrechen-Schalter wurde gedrückt.
JFileChooser.**ERROR_OPTION**	Es ist ein Fehler aufgetreten.

Die übliche Vorgehensweise ist nun, den Rückgabewert zu überprüfen und die Eingaben im Dialog nur dann auszuwerten, wenn der Dialog mit **OK** verlassen wurde. Andernfalls werden die Eingaben einfach ignoriert.

In unserem Bildbetrachterbeispiel sieht dies so aus, dass wir den weiteren Code zum Abfragen des ausgewählten Dateinamens und zum Laden des zugehörigen Bilds nur ausführen, wenn der Dialog mit **OK** verlassen wurde.

```
public void bildLaden(){
    JFileChooser dlg = new JFileChooser(".");
    int dialogRueckgabe = dlg.showOpenDialog(this);

    if (dialogRueckgabe == JFileChooser.APPROVE_OPTION)
    {
        // Benutzer hat den Dialog mit OK verlassen
        // -> ausgewählten Dateinamen übernehmen
        m_dateiname = dlg.getSelectedFile().getName();

        // Bild laden
        ...
    }
}
```

Um den vom Anwender ausgewählten Dateinamen abzufragen, rufen Sie zuerst die getSelectedFile()-Methode von JFileChooser ab (welche uns die Datei als File-Objekt zurückliefert) und hängen an diesen Aufruf noch getName() an, um von dem zurückgelieferten File-Objekt den Dateinamen (inklusive Pfad) zu erhalten.

Beachten Sie, dass das JFileChooser-Objekt keine wirklichen Dateioperationen ausführt. Es wird lediglich der Dateiname ermittelt, mehr nicht. Um das Laden (oder Speichern) müssen wir uns schon selbst kümmern, siehe nachfolgender Abschnitt.

Obiger Code fragt lediglich den Namen der Datei ab, nicht den Pfad! Damit die Datei danach vom Programm geöffnet werden kann, muss sich die Datei also im aktuellen Verzeichnis befinden. Ist dies nicht der Fall, müssen Sie noch mithilfe der Methode getDirectory() das im Dialog ausgewählte Verzeichnis abfragen.

 Obiger Code fragt lediglich den Namen der Datei ab, nicht den Pfad! Damit die Datei danach vom Programm geöffnet werden kann, muss sich die Datei also im aktuellen Verzeichnis befinden! Um Dateien aus beliebigen Verzeichnissen öffnen zu können, müssen Sie statt getName() die Methode getAbsolutePath() verwenden (siehe Übungsteil).

■ 10.3 Laden und Anzeigen von Bildern

Nun können wir uns endlich dem Kernaspekt des Bildbetrachterprogramms zu wenden: dem Laden der Bilder.

In Java ist es möglich, Bilddateien, die im GIF-, PNG- oder JPEG-Format vorliegen, direkt zu laden und anzuzeigen. Am einfachsten geht dies mit den beiden Klassen:

- Image aus dem Paket java.awt ist eine abstrakte Basisklasse, welche Methoden zum Verarbeiten und Anzeigen von Bilddaten bereitstellt.

- ImageIcon aus dem Paket javax.swing ist eine konkrete Klasse, die zum blockierenden Laden von Bildern verwendet werden kann.

Das typische Vorgehen ist dabei zunächst das Anlegen einer Instanz von ImageIcon, wobei man dem Konstruktor den Namen der gewünschten Datei übergibt. Nun kann man mit der Methode getImage() daraus ein Image-Objekt extrahieren und für die eigentliche Verarbeitung einsetzen:

```
// Laden eines Bildes
String dateiname = "EineBilddatei.jpg";
ImageIcon tmp = new ImageIcon(dateiname);
Image aktBild = tmp.getImage();
```

 Wenn Sie statt eines einfachen Dateinamens einen ganzen Pfad zur gewünschten Datei angeben, verwenden Sie Schrägstriche / zur Trennung der Verzeichnisse.

Aber schauen wir uns doch gleich die vollständige Definition der Methode bildLaden() an, in der wir den Dialog zum Abfragen des Dateinamens aufrufen und das Bild in unser Image-Objekt laden:

```
71 // in Klasse Bildbetrachter
72 public void bildLaden(){
73    JFileChooser dlg = new JFileChooser(".");
74    int dialogRueckgabe = dlg.showOpenDialog(this);
75
76    if (dialogRueckgabe == JFileChooser.APPROVE_OPTION)
77    {
78       // Benutzer hat den Dialog mit OK verlassen
79       // -> ausgewählten Dateinamen übernehmen
80       m_dateiname = dlg.getSelectedFile().getName();
81
82       // Bild laden
83       ImageIcon tmp = new ImageIcon(m_dateiname);
84       m_aktBild = tmp.getImage();
85
86       // Die Begrenzungskoordinaten des Bildes ermitteln
87       m_bildBreite = m_aktBild.getWidth(m_bildanzeige);
88       m_bildHoehe = m_aktBild.getHeight(m_bildanzeige);
89
90       m_bild_x1 = m_Xpos;
```

```
91        m_bild_y1 = m_Ypos;
92        m_bild_x2 = m_bild_x1 + m_bildBreite;
93        m_bild_y2 = m_bild_y1 + m_bildHoehe;
94
95        m_bildanzeige.repaint();
96    }
97 }
```

Analyse:

Nach der erfolgreichen Auswahl eines Dateinamens wird in den Zeilen 83 und 84 die Bilddatei in das Image-Objekt (m_aktBild) geladen. Ab diesem Zeitpunkt können wir nun mit dem Bild arbeiten.

Für viele Zwecke ist es wünschenswert, die genauen Maße des geladenen Bilds parat zu haben. Hierfür stellt uns die Image-Klasse die Methoden getWidth() und getHeight() zur Verfügung, die die Breite und Höhe in Pixeln (also als ganzzahlige Werte) zurückliefern. Als Parameter erwarten beide Methoden eine Referenz auf das Leinwand-Objekt, in dem das Bild angezeigt werden soll (Zeilen 87 und 88).

Nun ist das Bild geladen und kann innerhalb der paintComponent()-Methode unserer Leinwand-Komponente angezeigt werden (siehe Abschnitt 10.1).

Bild 10.2 Der Bildbetrachter

Wenn Sie Bilder nicht nur laden und anzeigen, sondern auch bearbeiten und speichern wollen, sollten Sie zum Laden und Speichern die Klasse ImageIO aus dem Paket javax. imageio verwenden:

```
// Bild laden mit ImageIO
Image bild = null;
try {
    bild = ImageIO.read(new File("bilddatei.jpg"));
} catch(IOException e) {
    System.err.println(e.getMessage());
}

// Bild speichern mit ImageIO
if (bild != null) {
    try {
        ImageIO.write(bild, "png", new File("Signiert.png"));
    } catch(IOException e) {
        System.err.println(e.getMessage());
    }
}
```

Nicht blockierendes Laden

Bei Einsatz der Klasse ImageIcon erfolgt das Laden des Bilds blockierend, d.h., das Programm wird bei der Abarbeitung der Anweisung

```
ImageIcon tmp = new ImageIcon("affe.gif");
```

so lange hängen, bis die gewünschte Datei vollständig geladen worden ist. In der Regel ist dies auch nicht weiter schlimm, da solche Ladevorgänge sehr schnell ablaufen. Manchmal ist es aber vielleicht für den Anwender störend, längere Zeit untätig warten zu müssen, beispielsweise wenn sehr viele Bilder geladen werden sollen. Für solche Fälle bietet Java das nicht blockierende Laden mit den folgenden Klassen an:

- Toolkit (Paket java.awt) zum Durchführen des Ladeprozesses,
- MediaTracker (Paket java.awt) zum Überwachen des Ladevorgangs.

Der typische Einsatz sieht folgendermaßen aus:

```
Toolkit toolKit = Toolkit.getDefaultToolkit();
MediaTracker ladeKontrolle = new MediaTracker(this);
Image[] bilder = new Image[2]; // zwei Bilder parallel laden

bilder[0] = toolKit.getImage("affe.gif");
bilder[1] = toolKit.getImage("maus.gif");
ladeKontrolle.addImage(bilder[0],0);
ladeKontrolle.addImage(bilder[1],1);
```

Zunächst muss man sich mit der statischen Toolkit-Methode getDefaultToolkit() ein Toolkit-Objekt besorgen. Dieses Objekt bildet die Schnittstelle zwischen Java und dem jeweiligen Window-System (z.B. Windows Vista) und stellt u.a. die Methode getImage() bereit, mit der man das Laden anstoßen kann, indem man ihr den gewünschten Dateinamen übergibt. Wichtig ist hierbei der Umstand, dass der getImage()-Aufruf nicht blockierend ist, d. h., das Programm macht gleich weiter mit den nachfolgenden Anweisungen, während parallel hierzu die Toolkit-Instanz das Laden besorgt.

Damit ergibt sich aber das Problem, dass das Programm nun nicht mehr weiß, wann die begonnenen Ladevorgänge abgeschlossen sind. Bevor auf die Image-Objekte zugegriffen wird, ist es daher ratsam, sicherzustellen, dass das Laden beendet ist. Hierzu dient die Klasse MediaTracker. Man erzeugt eine Instanz dieser Klasse und registriert bei ihr mittels addImage() die Image-Referenzen, die getImage() geliefert hat. Das zweite Argument zu addImage() ist eine frei wählbare, aber eindeutige Kennnummer. Möchte man später auf das Bild zugreifen, übergibt man die zugehörige Kennnummer der Methode waitForID(). Diese wartet, bis das Laden endgültig beendet worden ist (falls das Bild schon bereit ist, kehrt waitForID() sofort zurück).

```
try {
  // warten auf Bild 0
  ladeKontrolle.waitForID(0);
}
catch(InterruptedException e) {
  // Das Laden ist fehlgeschlagen
  System.err.println(e);
}
```

Warteoperationen können in Java immer InterruptedException auslösen, sodass noch eine entsprechende try-catch-Absicherung notwendig ist.

Neben dem Warten auf eine ganz bestimmte Ladeoperation (Lade-ID) kann man auch pauschal auf alle von einem Tracker-Objekt überwachten Ladevorgänge mit der Methode waitForAll() warten.

■ 10.4 Zusammenfassung

Bilder werden in Java-Programmen durch die Klasse Image repräsentiert. Zum blockierenden Laden verwendet man für sehr kleine Bilddateien die Klasse ImageIcon, für größere Dateien die statische Methode ImageIO.read(). Für das nicht blockierende Laden und Überwachen des Ladevorgangs dient die Kombination Toolkit.getImage() und MediaTracker.waitForID().

Um ein Bild aus einer Image-Instanz in ein JPanel-Objekt zu zeichnen, benutzt man die drawImage(Image, int, int, ImageObserver)-Methode des zugehörigen Graphics-Objekts.

Dialoge zum Abfragen von Dateinamen (beispielsweise zum Öffnen oder Speichern) werden als Instanzen der Klasse JFileChooser (oder JFileChooser) erzeugt.

■ 10.5 Fragen und Antworten

1. Kann man in geladene Bilder zeichnen?

   Ja. Mithilfe der `paint()`-Methode der `Image`-Instanz, in die das Bild geladen wurde.

■ 10.6 Übungen

1. Erweitern Sie den Bildbetrachter um die Möglichkeit, Bilder aus beliebigen Verzeichnissen zu laden.
2. Erweitern Sie den Bildbetrachter um die Behandlung von Mausereignissen, sodass der Anwender das Bild in der Leinwand-Komponente verschieben kann (Tipp: `mouseDragged()`-Methode des `MouseMotionListener` implementieren).

11 Text, Text, Text

In diesem Kapitel wollen wir uns noch etwas intensiver der Textverarbeitung zuwenden. Wir haben auch zu diesem Thema wieder ein Beispielprogramm (einen Texteditor) vorbereitet, das wir aufgrund seiner Größe allerdings nicht vollständig abdrucken können (zumal Sie auch sicher nicht bereit wären, es ganz abzutippen). Prinzipiell besteht dazu aber auch kein Anlass, da ein Großteil des Quelltextes aus Wiederholungen und Adaptionen aus früheren Kapiteln besteht.

Wir werden daher so vorgehen, dass wir zuerst das grobe Design des Texteditors besprechen und uns dann aus dem Code die Rosinen herauspicken. Den vollständigen Quelltext finden Sie in der Beispielsammlung (siehe Anhang F).

Zuletzt sei noch angemerkt, dass das hier vorgestellte Programm (der Texteditor) schon ein gutes Stück über das Niveau eines Einsteigers hinausgeht. Wir denken aber, dass Sie mittlerweile durchaus auf einem Niveau angelangt sind, wo Sie sich an schwierigere und komplexere Aufgaben heranwagen sollten, und dazu soll Ihnen dieses Kapitel Gelegenheit geben.

■ 11.1 Ein Texteditor

Wie soll unser Texteditor aussehen? Nun, er soll eine Menüleiste haben, mit Befehlen zum Laden und Speichern, zur Unterstützung der Zwischenablage und zum Suchen. Das Menüsystem könnte beispielsweise folgendermaßen aufgebaut sein:

Datei

    Laden

    Speichern

    Drucken

    Beenden

Bearbeiten

    Ausschneiden

Kopieren

Einfügen

Suchen

String suchen

Außerdem wollen wir Kombinationsfelder vorsehen, über die der Anwender Schriftart, Schriftstil und Schriftfarbe verändern kann.

Den meisten Raum nimmt aber natürlich die Textkomponente (JTextArea) ein, in der der Text angezeigt und bearbeitet werden kann.

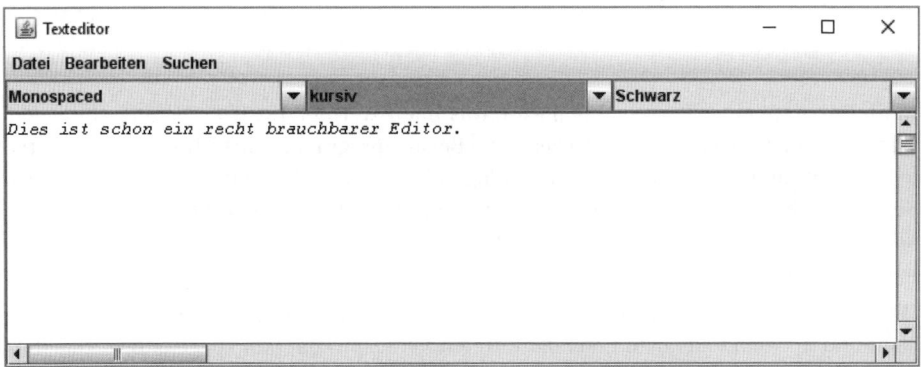

Bild 11.1 Der Texteditor

Einen Eindruck davon, wie dies als Programm aussehen könnte, bekommen Sie, wenn Sie sich Bild 11.1 anschauen. Zugegeben, das Layout entspricht nicht gerade dem, was Sie von Windows vermutlich gewohnt sind, aber Java- und Internetprogrammierer sind halt anarchisch und bevor wir uns Vernunft und Pragmatismus beugen, nehmen wir uns die Freiheit zu experimentieren.

■ 11.2 Umgang mit Text: JTextField, JTextArea und JTextPane

Swing kennt drei sehr praktische Komponenten für den Umgang mit Text: JTextField, JTextArea und JTextPane, die allesamt auf die gemeinsame Basisklasse JTextComponent zurückgehen. Allerdings erlaubt JTextField nur die Bearbeitung einzeiliger Texte, während mit JTextArea und JTextPane auch mehrzeilige Texte angezeigt und editiert werden können. Folglich eignet sich die JTextField-Komponente vor allem dazu, vom Anwender irgendwelche Daten abzufragen (wie zum Beispiel in dem Suchen-Dialog, den wir in Abschnitt 11.4 implementieren werden), während die JTextArea- und die JTextPane-Komponente zum Einsatz kommen, wenn es um die Bearbeitung größerer Texte und Dateien geht. JTextPane ist dabei die fortschrittlichste Komponente. Sie erlaubt die unterschiedli-

che Formatierung einzelner Textpassagen und bietet Unterstützung für HTML- und RTF-
Texte.

Einrichtung der JTextArea-Komponente

In unserem Programm wollen wir eine JTextArea-Komponente verwenden. Wir erzeugen
sie im Konstruktor der Fensterklasse.

> Wir setzen die Nummerierung der Quelltextzeilen kontinuierlich fort, damit Sie an
> der Nummerierung besser ablesen können, wie die einzelnen Teile zusammen-
> gehören (den vollständigen Quelltext finden Sie in der Beispielsammlung, siehe
> Anhang F).

Listing 11.1 Editor.java

```
...
11 public class Editor extends JFrame {
12   final int ZEILEN  = 100;   // Konstanten für die Größe
13   final int SPALTEN = 400;   // der Textfläche
...
19   private JTextAream_textanzeige;
...
34   Editor(String titel) {
35     super(titel);
...
70     // Text-Komponente anlegen
71     m_textanzeige = new JTextArea(ZEILEN, SPALTEN);
72     m_textanzeige.setEditable(true);
```

Wie groß wird unsere Textanzeige auf dem Bildschirm?

Wir werden später die Textanzeige in die CENTER-Position eines Panels mit BorderLayout
aufnehmen und die bevorzugte Größe für dieses Panel (das ansonsten noch die Kombinationsfelder zur Auswahl der Schriftformatierungen enthält) auf 500 mal 400 Pixel festlegen.
Dadurch ist die Größe der Textanzeige ungefähr festgelegt. Der Anwender kann sie bei Ausführung des Programms durch Aufziehen des Fensterrahmens jederzeit anpassen.

Das ist aber nicht der Punkt. Worauf wir hinauswollen ist, dass es egal wie groß die Textanzeige ist, immer zu ladende Dateien geben wird, die nicht vollständig in der Textanzeige
angezeigt werden können. Aus diesem Grunde müssen wir die Textanzeige scrollbar
machen.

Zu diesem Zweck erzeugen wir ein JScrollPane-Objekt und machen unsere Textkomponente zum Viewport dieses Objekts.

```
74     // Textkomponente scrollbar machen
75     JScrollPane scroll = new JScrollPane();
76     scroll.getViewport().add(m_textanzeige);
```

Das JScrollPane-Objekt sorgt dann für die Bildlaufleisten.

Ob Bildlaufleisten eingeblendet werden oder nicht, hängt davon ab, ob die Text-komponente (der Viewport des JScrollPane-Objekts) im JScrollPane-Objekt vollständig angezeigt werden kann oder nicht. Kann der Viewport vollständig angezeigt werden, braucht man keine Bildlaufleisten. Wenn Sie möchten, dass stets Bildlaufleisten angezeigt werden (auch zu Anfang des Programms, auch für kleine Dateien), müssen Sie die JTextArea-Komponente so einrichten, dass sie größer ist als das JScrollPane-Objekt. Obiger Code berücksichtigt dies bereits. Die JTextArea-Komponente wird für 100 Zeilen und 400 Spalten ange-legt, was auf jeden Fall größer ist als das JScrollPane-Objekt im 500x400-Panel.

Schließlich müssen wir noch dafür sorgen, dass die in den Kombinations- und Listenfeldern angezeigten Optionen für Schriftart, Schriftstil und Schriftfarbe mit den Einstellungen für die Schrift der JTextArea-Komponente übereinstimmen.

Nachdem die JTextArea-Komponente und die Instanzen der Kombinationsfelder angelegt wurden (siehe Abschnitt 12.3), wählen wir in jedem Feld eine Option aus und aktualisieren dann die Schriftart und die Vordergrundfarbe für die JTextArea-Komponente.

```
115    // Font, Farbe und Schriftstil festlegen
116    m_fonts.setSelectedItem("SansSerif");
117    m_styles.setSelectedItem("normal");
118    m_farben.setSelectedIndex(0);
119    fontAktualisieren();
```

Analyse:

Die Aktualisierung des Fonts (und der Vordergrundfarbe) haben wir in eine eigene Methode ausgelagert. Der Grund hierfür ist, dass der Font natürlich nicht nur eingangs des Pro-gramms aktualisiert werden muss, sondern auch dann, wenn der Anwender in einem der Kombinationsfelder eine Auswahl trifft. In der entsprechenden Ereignisbehandlungsme-thode brauchen wir dann nur ebenfalls unsere fontAktualisieren()-Methode aufzurufen.

```
191    // Den aktuellen Font ermitteln
192    // Methode von Editor
193    void fontAktualisieren() {
194      int fontstil;
195      String farbe, fontname, style;
196      int punktgröße;
197
198      // Die zurzeit gesetzten Attribute ermitteln und setzen
199      fontname = (String) m_fonts.getSelectedItem();
200      style    = (String) m_styles.getSelectedItem();
201      farbe    = (String) m_farben.getSelectedItem();
202
203      if(farbe.equals("Schwarz"))
204        m_textanzeige.setForeground(Color.black);
205
206      if(farbe.equals("Rot"))
207        m_textanzeige.setForeground(Color.red);
208
209      if(farbe.equals("Grün"))
```

```
210        m_textanzeige.setForeground(Color.green);
211
212     if(farbe.equals("Blau"))
213       m_textanzeige.setForeground(Color.blue);
214
215     if(farbe.equals("Magenta"))
216       m_textanzeige.setForeground(Color.magenta);
217
218     if(farbe.equals("Cyan"))
219       m_textanzeige.setForeground(Color.cyan);
220
221     if(farbe.equals("Gelb"))
222       m_textanzeige.setForeground(Color.yellow);
223
224
225     // Der Stil eines Fonts ist die Summe der Konstanten
226     // PLAIN, ITALIC und BOLD
227     fontstil = Font.PLAIN;
228
229     if(style.equals("kursiv"))
230        fontstil += Font.ITALIC;
231
232     if(style.equals("fett"))
233        fontstil += Font.BOLD;
234
235     // den neuen Font aktivieren
236     m_textanzeige.setFont(new Font(fontname,fontstil,14));
237
238   } // Ende von 'fontAktualisieren'
```

Fonts

Um die in einer Komponente zu verwendende Schriftart festzulegen, benutzt man die JComponent-Methode `setFont(Font)`. Dieser übergibt man eine Instanz der Java-Klasse Font, die man meistens direkt im Aufruf der `setFont()`-Methode erzeugt:

```
m_textanzeige.setFont(new Font(fontname, Fontstil, 14));
```

Als Parameter übergibt man dem Konstruktor der Font-Klasse

- den Namen des Fonts, z. B. `"Arial"` oder `"Times New Roman"`,
- den zu verwendenden Stil, bei dem es sich um eine Kombination der Konstanten `Font.PLAIN` (normal), `Font.ITALIC` (kursiv) und `Font.BOLD` (fett) handelt, sowie
- die Größe des Fonts (Schriftgrad).

 Fonts

Grundsätzlich können Sie dem Font-Konstruktor als Font-Namen jeden beliebigen Namen, ja sogar einen Fantasienamen übergeben. Die Java Virtual Machine prüft dann, ob es auf dem aktuellen Rechner einen Font dieses Namens gibt. Wenn ja, wird der angegebene Font verwendet, ansonsten wählt die Virtual Machine einen Ersatz-Font.

Dies ist einerseits beruhigend, denn wir können sicher sein, dass auf jeden Fall ein passender Font ausgewählt wird. Andererseits ist es ärgerlich, wenn die Virtual Machine einen ganz anderen Font wählt (wählen muss!), als von Ihnen vorgeschlagen. Was also können Sie tun, um mehr Einfluss auf die Font-Auswahl nehmen zu können?

Punkt 1: Die Java-Klassen für Schaltflächen, Label, Menüs und andere Oberflächenelemente sind so programmiert, dass sie standardmäßig Fonts verwenden, die für diese Elemente auf dem jeweiligen Betriebssystem typisch sind. Eine Änderung des Font-Namens ist daher in aller Regel nicht nötig oder wünschenswert.

Punkt 2: Java kennt fünf logische Font-Namen (siehe Tabelle 11.1), die stets verfügbar sind. Über diese Font-Namen können Sie zwar keinen bestimmten Font auswählen, aber Sie können festlegen, ob Sie einen Font mit Serifen (Schnörkeln), ohne Serifen oder stets gleichbreiten Zeichen wünschen. Die logischen Fonts können Sie über ihre Namen oder die in Font definierten Konstanten angeben. Letzter Weg hat den Vorteil, dass Tippfehler in den Konstanten vom Compiler erkannt und gemeldet werden.

Tabelle 11.1 Font-Namen

Logischer Font-Name	String-Konstante	entspricht i.d.R.
"Serif"	Font.SERIF	TimesRoman
"SansSerif"	Font.SANS_SERIF	Helvetica
"Monospaced"	Font.MONOSPACED	Courier
"Dialog"	Font.DIALOG	"SansSerif"
"DialogInput"	Font.DIALOG_INPUT	"Monospaced"

Punkt 3: Sie können sich mithilfe der getAvailableFontFamilyNames()-Methode aus der Klasse GraphicsEnvironment darüber informieren, welche Fonts auf einem System installiert sind. In Übung 1 werden Sie diese Technik z.B. dazu nutzen, das Kombinationsfeld zur Font-Auswahl mit den installierten Fonts zu füllen.

Text laden und speichern

Um den Text aus einer Datei in die JTextArea-Komponente zu laden, öffnen Sie zuerst die Datei (den Namen und Pfad der Datei sollten Sie in einem JFileChooser abfragen, siehe Abschnitt 10.2) und laden den Text aus einem FileReader-Objekt in einen StringBuffer (siehe Abschnitt 6.7). Dann erzeugen Sie eine String-Instanz, die Sie mit dem Inhalt des StringBuffer initialisieren. Schließlich rufen Sie die Methode setText() der jeweiligen JTextArea-Komponente auf und übergeben ihr den neuen Text (die gerade initialisierte String-Instanz). Zu guter Letzt setzen Sie mithilfe der Methode setCaretPosition() die Einfügemarke vor das erste Zeichen im Text.

```
// Eine Textdatei laden
// Methode von Editor
void dateiLaden() {
  JFileChooser dlg = new JFileChooser(".");
  int dialogRueckgabe = dlg.showOpenDialog(this);

  if (dialogRueckgabe == JFileChooser.APPROVE_OPTION)
{
    // Benutzer hat den Dialog mit OK verlassen
    // -> ausgewählten Dateinamen übernehmen
    m_dateiname = dlg.getSelectedFile().getAbsolutePath();

    // Einen Eingabestream öffnen und die Datei laden
    StringBuffer lesepuffer= new StringBuffer(ZEILEN * SPALTEN);

    try (FileReader eingabe = new FileReader(m_dateiname);) {

      // so lange Zeichen lesen, bis das Dateiende ( = -1)
      // erreicht ist
      char zeichen;
      int gelesen;
      int zeilen = 0;
      boolean weiter = true;

      while(weiter) {
        gelesen = eingabe.read();

      if(gelesen == -1) {
        weiter = false;
        continue;
      }

      zeichen = (char) gelesen;
      lesepuffer.append(zeichen);
    }

    m_aktText = new String(lesepuffer);
    m_textanzeige.setText(m_aktText);
    m_textanzeige.setCaretPosition(0);
  }
  catch(EOFException e) {
    // auf diese Exception haben wir ja gewartet
    // nichts weiter tun.
  }
  catch(FileNotFoundException e) {
    System.err.println(" Datei nicht vorhanden oder lesbar!\n");
      m_dateiname = null;
    }
    catch(IOException e) {
      // Sonst irgendwas ist schiefgegangen
      System.err.println(" Fehler beim Lesen der Datei " +
                          m_dateiname + "\n");
      m_dateiname = null;
    }
  }
} // Ende von 'dateiLaden'
```

Beim Speichern des Textes lassen Sie sich dagegen den Text aus der JTextArea-Komponente von der Methode getText() zurückliefern und weisen ihn einer String-Instanz zu.
Den Inhalt des Strings schreiben Sie dann Zeichen für Zeichen in ein FileWriter-Objekt
(siehe Abschnitt 6.3).

 Weitere Möglichkeiten zur Textbearbeitung können Sie der Liste der JTextArea-
Methoden entnehmen (siehe API-Dokumentation oder Abschnitt 12.5).

Die Swing-Komponenten zur Textbearbeitung arbeiten alle mit internen Document-Objek-
ten. Im Document-Objekt der Textkomponente wird der Text gespeichert. Das Document-
Objekt legt fest, wie der Text organisiert ist, es stellt Methoden zur Manipulation des Textes
bereit und arbeitet mit verschiedenen Listener-Schnittstellen zusammen.

Für Standardaufgaben braucht man sich um die zugrunde liegenden Document-Objekte
keine Gedanken zu machen. Fortgeschrittene Programmierer können eigene Document-
Klassen und -Objekte erzeugen und diese mit ihren Textkomponenten verbinden. Auf diese
Weise kann man das Verhalten von Textkomponenten anpassen. So verwenden JTextField,
JTextArea und JEditorPane beispielsweise PlainDocument-Objekte, während JTextPane
mit einem DefaultStyledDocument-Objekt arbeitet.

Im Rahmen dieses Buchs können wir die Document-Objekte ruhig unterschlagen. Wenn Sie
sich aber versichern wollen, dass auch Ihre JTextArea-Komponente mit einem Document-
Objekt arbeitet, dann lesen Sie den Text der Datei wie üblich mithilfe eines FileReader in
ein StringBuffer-Objekt. Lassen Sie sich anschließend von der Methode getDocument()
Ihrer Textkomponente das zugrunde liegende Document-Objekt zurückliefern. Dessen
insertString()-Methode verwenden Sie dann zum Einlesen des Textes aus dem Stringpuf-
fer. Das Ganze müssen Sie noch in einen try-catch-Block hüllen, um BadLocationExceptions
abzufangen.

```
try {
  m_textanzeige.getDocument().insertString(0,
                                new String(lesepuffer), null);
}
catch (BadLocationException e) {
  System.err.println(e.getMessage());
}
```

■ 11.3 Kombinationsfelder

Zur Auswahl des Font-Namens, des Schriftstils und der Schriftfarbe stellen wir dem Anwender entsprechende Kombinationsfelder zur Verfügung.

Kombinationsfelder sind Instanzen der Klasse JComboBox. Mithilfe der Methode addItem()
werden Optionen zur Auswahl in die Kombinationsfelder eingefügt.

```
// im Konstruktor Editor()
82      // Auswahl von Schriftarten
83      m_fonts = new JComboBox<String>();
84      m_fonts.addItem(Font.SERIF);
85      m_fonts.addItem(Font.SANS_SERIF);
86      m_fonts.addItem(Font.MONOSPACED);
87
88      // Auswahl von Schriftstilen
89      m_styles = new JComboBox<String>();
90      m_styles.addItem("normal");
91      m_styles.addItem("kursiv");
92      m_styles.addItem("fett");
93
94      // Auswahl von Schriftfarben
95      m_farben = new JComboBox<String>();
96      m_farben.addItem("Schwarz");
97      m_farben.addItem("Rot");
98      m_farben.addItem("Grün");
99      m_farben.addItem("Blau");
100     m_farben.addItem("Gelb");
101     m_farben.addItem("Cyan");
102     m_farben.addItem("Magenta");
```

Um die Kombinationsfelder nebeneinander auszurichten, legen wir ein Panel an, in das wir die Steuerelemente aufnehmen.

```
78      // Inneres Panel für die Auswahlmöglichkeiten
79      JPanel p_innen = new JPanel();
80      p_innen.setLayout(new GridLayout(1,4));
...
104     p_innen.add(m_fonts);
105     p_innen.add(m_styles);
106     p_innen.add(m_farben);
```

Das Panel mit den Kombinationsfeldern fügen wir zusammen mit der JScrollPane für unsere Textkomponente in ein zweites Panel mit BorderLayout ein. Das Panel mit den Kombinationsfeldern kommt nach „Norden", das JScrollPane-Objekt in die „Mitte". Das BorderLayout-Panel nehmen wir in das Fenster auf.

```
66      // Panel für den Textbereich und die Auswahlfelder
67      JPanel p_außen = new JPanel();
68      p_außen.setLayout(new BorderLayout());
...
108     p_außen.setPreferredSize(new Dimension(500,400));
109     p_außen.add("Center",scroll);
110     p_außen.add("North",p_innen);
...
113     add(p_außen);
```

Listenelemente auswählen

In Abschnitt 11.2 haben wir bereits darauf hingewiesen, dass wir zur Initialisierung des Fonts der JTextArea-Komponente zuerst in jedem Kombinationsfeld ein Element auswählen und dann den Font auf der Grundlage der ausgewählten Optionen aktualisieren. Auf diese Weise ist sichergestellt, dass die eingestellten Optionen und der verwendete Font bei Programmstart zueinander passen.

Wie kann man nun aber aus dem Programm heraus ein Element eines Kombinationsfelds auswählen?

Man ruft dazu eine der Methoden `setSelectedItem()` oder `setSelectedIndex()` der Komponente auf:

```
115    // Font, Farbe und Schriftstil festlegen
116    m_fonts.setSelectedItem("SansSerif");
117    m_styles.setSelectedItem("normal");
118    m_farben.setSelectedIndex(0);
119    fontAktualisieren();
```

Wir haben uns dieser Methoden bereits weiter oben im Konstruktor der Fensterklasse bedient, um die Voreinstellungen für die Schrift festzulegen.

 Achtung!

Beachten Sie, dass das erste Element den Index 0 hat.

Ausgewählte Listenelemente ermitteln

An sich ist es aber eher die Ausnahme, dass das Programm ein Element eines Kombinationsfelds auswählt. Der eigentliche Sinn und Zweck eines Kombinationsfelds ist es ja schließlich, dass der Anwender einen Eintrag auswählt und das Programm entsprechend reagiert.

Dazu müssen wir eine Lauscher-Klasse definieren, die die `ItemListener`-Schnittstelle implementiert, und eine Instanz unserer Lauscher-Klasse für die Auswahlfelder registrieren:

```
// Im Konstruktor Editor() der Fensterklasse
122    // Die verschiedenen Adapterklassen für das Maushandling
123    class MeinItemAdapter implements ItemListener {
124      public void itemStateChanged(ItemEvent e) {
125        fontAktualisieren();
126      }
127    }
...
167    MeinItemAdapter itemlistener = new MeinItemAdapter();
168    m_fonts.addItemListener(itemlistener);
169    m_styles.addItemListener(itemlistener);
170    m_farben.addItemListener(itemlistener);
```

Analyse:

Jedes Mal, wenn wir in einem Kombinationsfeld eine Auswahl treffen, wird ein `ItemEvent` erzeugt und die Ereignisbehandlungsmethode `itemStateChanged()` aufgerufen. Daran kann unser Programm erkennen, dass der Font sich womöglich geändert hat. In der Implementierung der `itemStateChanged()`-Methode rufen wir daher unsere selbst definierte Methode `fontAktualisieren()` auf (siehe Abschnitt 11.2).

In dieser Methode können Sie sehen, wie auf die ausgewählten Einträge zugegriffen wird:

```
193    void fontAktualisieren() {
194      int fontstil;
195      String farbe, fontname, style;
196      int punktgröße;
197
198      // Die zurzeit gesetzten Attribute ermitteln und setzen
199      fontname = (String) m_fonts.getSelectedItem();
200      style    = (String) m_styles.getSelectedItem();
201      farbe    = (String) m_farben.getSelectedItem();
202
203      if(farbe.equals("Schwarz"))
204        m_textanzeige.setForeground(Color.black);
...
```

Analyse:

Die Methode getSelectedItem() liefert einen String zurück, der den Titel des ausgewählten Eintrags enthält. Durch entsprechende String-Vergleiche kann dann der Font korrekt aktualisiert werden.

■ 11.4 Eigene Dialoge

Häufig besteht von Seiten des Programms die Notwendigkeit, den Anwender über irgendeine Komplikation zu informieren (beispielsweise, dass eine zu öffnende Datei nicht geladen werden konnte) oder irgendwelche Informationen von ihm abzufragen (beispielsweise müssen wir in unserem Texteditor nach Aufruf des Menübefehls „String suchen" abfragen, nach welchem Text gesucht werden soll).

Hierfür benutzt man spezielle Fenster, die sogenannten *Dialoge*. Was ist das Besondere an den Dialogen?

Dialoge

Zuerst einmal sind Dialoge ganz normale Fenster, d. h., wir leiten für unsere Dialoge eigene Klassen ab, nehmen im Konstruktor des Dialogs die gewünschten Oberflächenelemente auf, richten diese mithilfe der Layout-Manager aus, sorgen für die Implementierung der windowClosing()-Methode der WindowListener-Schnittstelle, bilden eine Instanz für unseren Dialog und zeigen diese an.

Vom Grundprinzip her läuft also alles genau so ab, wie wir es vom Umgang mit Fenstern gewohnt sind. Im Detail gibt es allerdings einige kleinere Besonderheiten zu beachten:

■ Dialogfenster sind meist nicht in der Größe veränderbar.

■ Dialogfenster werden nach Gebrauch meist direkt wieder geschlossen, d. h., sie müssen vom Bildschirm verschwinden (und zwar ohne dass dabei gleich das ganze Programm beendet wird, wie wir es bisher beim Schließen des Hauptfensters gehandhabt haben).

- Wenn der Dialog dazu dient, Informationen vom Anwender abzufragen, muss das Programm diese Informationen aus dem Dialog auslesen und verarbeiten.

- Andererseits muss der Anwender die Möglichkeit haben, den Dialog zu verlassen, ohne dass seine Angaben ausgewertet werden.

Schauen wir uns also an, wie wir diesen Anforderungen beim Aufsetzen unserer Dialogklasse für die Abfrage des Suchtextes gerecht werden.

```
385  // die Dialogklasse für die Eingabe des Suchstrings
386  class FrageDialog extends JDialog implements ActionListener {
387    private JTextField eingabefeld;
388    private JButton oK, abbruch;
389    private String suchstring;
390
391    // der Konstruktor
392    FrageDialog(JFrame f, String titel) {
393      super(f,titel,true);  // Konstruktor der Basisklasse
394      setResizable(false);
395
396      setLayout(new BorderLayout());
397
398      // es werden 2 Panels angelegt. Das eine enthält das
399      // TextField,das andere die Buttons
400      JPanel panel1 = new JPanel();
401      JLabel label = new JLabel("Bitte Suchstring eingeben:");
402      panel1.add(label);
403      eingabefeld = new JTextField(40);
404      panel1.add(eingabefeld);
405      add("Center",panel1);
406
407      JPanel panel2 = new JPanel();
408      oK = new JButton("OK");
409      abbruch = new JButton("Abbrechen");
410      panel2.add(oK);
411      panel2.add(abbruch);
412      add("South",panel2);
413
414      pack();   // Anordnung der Oberflächenelemente auf
415               // bevorzugte Größe initialisieren
416
417      // die Mausbehandlung für die Schaltflächen macht die Klasse
418      // selbst, also bei sich selber registrieren
419      oK.addActionListener(this);
420      abbruch.addActionListener(this);
421
422      // Fenster schließen = Fenster verbergen
423      setDefaultCloseOperation(WindowConstants.HIDE_ON_CLOSE);
424    }
425
426    public void actionPerformed(ActionEvent e)  {
427      String label;
428
429      label = e.getActionCommand();
430
431      if(label.equals("Abbrechen")) {
432        suchstring = null;
433        setVisible(false);
```

```
434        return;
435      }
436
437      if(label.equals("OK")) {
438          suchstring = eingabefeld.getText();
439          setVisible(false);
440          return;
441      }
442    } // Ende von 'ActionPerformed'
443
444    // Diese Funktion liefert den eingegebenen Suchstring zurück
445    public String getString()  {
446      return suchstring;
447    }
448 } // Ende von 'FrageDialog'
```

Analyse:

Die erste Besonderheit ist, dass wir unsere Dialogklasse nicht von JFrame ableiten, sondern von der speziellen Swing-Klasse JDialog (Zeile 386).

Keine Besonderheit ist es dagegen, dass wir unsere Dialogklasse auch gleich die Action-Listener-Schnittstelle (für die Schaltflächen zum Verlassen des Dialogs) implementieren lassen. Dies geschieht vornehmlich aus Bequemlichkeit – wir hätten ebenso gut wie üblich eine eigene Klasse zur Implementierung der Schnittstelle definieren können.

Der Konstruktor

Dialoge haben spezielle Konstruktoren, die sich in ihren Parametern von den Konstruktoren normaler Fenster unterscheiden.

Alle Dialog-Konstruktoren erwarten als ersten Parameter eine Referenz auf das übergeordnete Rahmenfenster. Da wir den Dialog später innerhalb der Suchmethode unserer Fensterklasse instanzieren werden, können wir diesem Parameter einfach die this-Variable übergeben:

```
// in void stringSuchen()
360      frage = new FrageDialog(this,"Suchen");
```

Als weitere Parameter können Sie einen Titel für den Dialog und/oder einen booleschen Wert übergeben, der spezifiziert, ob der Dialog modal (true, Vorgabe) oder nicht modal (false) angezeigt werden soll.

Modale und nicht modale Dialoge

Ein modaler Dialog blockiert die weitere Programmausführung, d.h., der Anwender ist gezwungen, zuerst das Dialogfenster zu bearbeiten und zu schließen, bevor er mit dem Programm weiterarbeiten kann. Modale Dialoge eignen sich also nicht für Fälle, in denen der Anwender öfter zwischen Dialog und Hauptprogramm hin und her springen möchte. In solchen Fällen sollte man einen nicht modalen Dialog erzeugen.

Geht es aber um mehr oder weniger einmalige Einstellungen oder die Anzeige wichtiger Informationen, die der Anwender unbedingt gleich zur Kenntnis nehmen sollte, sind modale Dialoge genau richtig.

Dialoge haben meist eine feste Größe

Im Gegensatz zu normalen Fenstern sind Dialoge üblicherweise nicht in ihrer Größe veränderlich (d. h., der Anwender kann den Rahmen des Dialogs nicht aufziehen). Um dies zu erreichen, rufen wir im Konstruktor die Methode `setResizable()` auf und übergeben ihr den Wert `false`.

Dialoge schließen

Das wichtigste Thema ist das Schließen des Dialogs und die Übergabe der im Dialog vorgenommenen Einstellungen/Eingaben an die Anwendung. Im Gegensatz zum Hauptfenster soll das Schließen des Dialogfensters nicht das ganze Programm beenden, sodass wir diesmal der Methode `setDefaultCloseOperation()` den Parameter `HIDE_ON_CLOSE` übergeben. (Wir tun dies nur, um die Lesbarkeit des Quelltextes zu verbessern: `HIDE_ON_CLOSE` ist sowieso die Voreinstellung für Swing-Fenster.)

Neben dem Schließfeld verfügen die meisten Dialoge noch über zwei Schaltflächen zum Verlassen des Dialogs: „OK" und „Abbrechen". Wir benötigen also eine Ereignisbehandlung:

```
426    public void actionPerformed(ActionEvent e)  {
427       String label;
428
429       label = e.getActionCommand();
430
431       if(label.equals("Abbrechen")) {
432          suchstring = null;
433          setVisible(false);
434          return;
435       }
436
437       if(label.equals("OK")) {
438          suchstring = eingabefeld.getText();
439          setVisible(false);
440          return;
441       }
442    } // Ende von 'ActionPerformed'
```

Wurde die **Abbrechen**-Schaltfläche gedrückt, bedeutet dies, dass der Anwender die Suche abbrechen möchte. Wir setzen daher den Suchstring auf `null` und blenden den Dialog aus. Wurde dagegen die **OK**-Schaltfläche gedrückt, lesen wir den zu suchenden String aus dem Eingabefeld des Dialogs aus und blenden den Dialog aus.

Die weitere Verarbeitung der Eingabe aus dem Such-Dialog bleibt dann der Methode überlassen, die den Such-Dialog aufgerufen hat. Damit diese aber die Möglichkeit hat, den Suchstring von der Dialoginstanz abzufragen (Letztere ist ja immer noch vorhanden, nur nicht mehr auf dem Bildschirm als Dialog sichtbar), definieren wir in der Dialogklasse noch die Methode `getString()`.

```
445    public String getString() {
446       return suchstring;
447    }
448 } // Ende von 'FrageDialog'
```

Da wir den Dialog als lokale Variable der Methode definieren, die den Such-Dialog instanziert und aufruft, wird der Dialog nach Beendigung dieser Methode automatisch vom Java-Speicherbereiniger aufgelöst.

Dies bedeutet aber auch, dass nach der Auflösung der Dialoginstanz nicht mehr auf deren Daten zugegriffen werden kann. Speziell für die Implementierung von nicht modalen Dialogen ist es daher wichtig, auf die Lebensdauer der Dialoginstanzen zu achten.

Schauen wir uns also als Nächstes an, wie man nach ausgesuchten Textstellen in einem Text sucht und wie wir unseren Such-Dialog dabei einsetzen können.

■ 11.5 Nach Textstellen suchen

Das Suchen nach bestimmten Wörtern oder Textstellen ist in Java dank der vordefinierten Methoden der Klassen String und JTextArea glücklicherweise nicht sonderlich schwer zu implementieren:

```
352    // Diese Funktion sucht einen String im Text
353    // Methode von Editor
354    void stringSuchen() {
355       String suchstring;
356       FrageDialog frage;
357       int Index;
358
359       // Ein Textfeld aufmachen, um nach dem Suchstring zu fragen
360       frage = new FrageDialog(this,"Suchen");
361       frage.setLocation(150,150);
362       frage.pack();
363       frage.setVisible(true);
364       suchstring = frage.getString();
365
366       if(suchstring == null)
367          return;
368
369       // nun suchen
370       m_aktText = m_textanzeige.getText();
371       Index = m_aktText.indexOf(suchstring);
372
373       if(Index == -1) {
374          JOptionPane.showMessageDialog(null,
375                          "String nicht gefunden","Meldung",
                             JOptionPane.INFORMATION_MESSAGE);
376       } else
377          // Den String hervorheben
378          m_textanzeige.select(Index,Index + suchstring.length() );
379
380    } // Ende von 'stringSuchen'
```

```
381
382 } // Ende von Klasse 'Editor'
```

Analyse:

Als Erstes rufen wir natürlich unseren Such-Dialog auf (siehe oben). Da der Dialog modal angezeigt wird, können wir nach der Ausführung der Anweisung

```
363    frage.setVisible(true);
```

sicher sein, dass der Anwender den Dialog bereits bearbeitet und geschlossen hat. Was wir noch nicht wissen, ist, ob der Anwender einen Suchbegriff eingegeben und auf **OK** gedrückt hat oder ob er den Dialog über die **Abbrechen**-Schaltfläche oder das Schließfeld verlassen hat. Da wir bei der Implementierung unserer Dialogklasse dafür gesorgt haben, dass in den beiden letzteren Fällen der Suchstring auf `null` gesetzt wird, brauchen wir jetzt nur den Suchstring vom Dialog abzufragen (`frage.getString()`) und dann zu überprüfen, ob `suchstring` gleich `null` ist.

Wurde vom Anwender ein Suchstring eingegeben und der Dialog über die **OK**-Schaltfläche verlassen, beginnt die eigentliche Suche.

Dazu müssen wir lediglich die String-Methode `indexOf()`, der wir als einzigen Parameter den zu suchenden String übergeben, auf den Text unserer `JTextArea`-Komponente anwenden. Als Belohnung erhalten wir die Position des ersten Vorkommens des Suchbegriffs in unserem Text.

Mithilfe der Methode `select()` markieren wir dieses Vorkommen, damit das Ergebnis der Suche dem Anwender auch direkt ins Auge springt.

Wurde kein Vorkommen gefunden, liefert die Methode `indexOf()` den Wert -1 zurück und wir geben eine entsprechende Meldung aus, dass der Suchbegriff nicht gefunden wurde.

 Die Methode `indexOf(String)` liefert immer die erste Position des übergebenen Suchstrings im zu durchsuchenden Text. Wenn Sie nach weiteren Vorkommen des Suchstrings fahnden wollen, können Sie die Methode `indexOf(String, int)` benutzen, der Sie als zweiten Parameter den Index der Position übergeben, ab der die Suche beginnen soll.

Dialogfenster mit JOptionPane

Dialogfenster zum Anzeigen von kleinen Meldungen (wie zum Beispiel im obigen Listing) oder um vom Benutzer Eingaben einzulesen, können in Swing schnell und bequem mit der Klasse `JOptionPane` realisiert werden. Es handelt sich hierbei um eine sehr vielseitige Klasse und wir müssen uns leider auf drei interessante Methoden konzentrieren:

- `showConfirmDialog()` erzeugt eine Dialogbox mit einer Frage und Schaltflächen für *Yes*, *No* und *Cancel*,
- `showInputDialog()` generiert eine Dialogbox, die eine Texteingabe erwartet,
- `showMessageDialog()` erzeugt eine Dialogbox mit einer Nachricht.

Die Methode showConfirmDialog() erwartet als ersten Parameter den Container, zu dem der Dialog gehört. Wenn Sie für diesen Parameter null übergeben, wird der Dialog zentriert auf dem Bildschirm angezeigt. Der zweite Parameter ist das anzuzeigende Objekt. Dies kann ein String sein, ein Symbol oder sogar eine andere Komponente. Teilweise sind die Methoden noch weiter überladen, um zusätzliche Argumente (beispielsweise den Titel des Dialogs) zu übernehmen.

Als Rückgabewert wird ein int geliefert, das Aufschluss darüber gibt, was der Benutzer angeklickt hat. Entsprechend der angezeigten Schaltflächen sind dies JOptionPane.YES_OPTION, JOptionPane.NO_BUTTON und JOptionPane.CANCEL_BUTTON.

Ein typischer Einsatz wäre:

```
int antwort;
antwort = JOptionPane.showConfirmDialog(null,"Mögen Sie Swing?");
if(antwort == JOptionPane.YES_OPTION){
    // ...
}
```

Die Methode showInputDialog() wird nach dem gleichen Muster aufgerufen. Der erste Parameter ist der besitzende Container (oder null), als Zweites folgt ein String, Symbol oder eine andere Komponente. Lediglich der Rückgabewert ist anders, nämlich vom Typ String:

```
String antwort;
antwort = JOptionPane.showInputDialog(null,
                            "Welchen Prozessor haben Sie?");
```

Die Methode showMessageDialog() hat ebenfalls die gleichen Parameter. Da nur eine Botschaft angezeigt wird, wird kein Wert zurückgeliefert:

```
JOptionPane.showMessageDialog(null, "Dies ist ein Meldungsdialog.");
```

■ 11.6 Unterstützung der Zwischenablage

Zu guter Letzt wollen wir noch die Menübefehle zur Unterstützung der Zwischenablage einrichten: Ausschneiden, Kopieren, Einfügen.

Rekapitulieren wir kurz, wie wir die bisher beschriebenen Menübefehle implementiert haben:

Für jeden Menübefehl haben wir

■ ein JMenuItem-Objekt erzeugt und in ein Popup-Menü aufgenommen:

```
JMenu menu1 = new JMenu("Datei");
JMenuItem item1_1 = new JMenuItem("Datei laden");
menu1.add(item1_1);
```

- den Menübefehl mit einem `ActionListener`-Objekt verbunden:

```
MeinActionLauscher actionlistener = new MeinActionLauscher();
item1_1.addActionListener(actionlistener);
```

In der `ActionListener`-Klasse wurde ermittelt, welcher Menübefehl ausgewählt wurde, und dann die entsprechende Methode zur Bearbeitung des Menübefehls aufgerufen.

```
129    class MeinActionLauscher implements ActionListener {
130      public void actionPerformed(ActionEvent e) {
131        String label;
132
133        label = e.getActionCommand();
134
135        if(label.equals("Datei laden"))
136          dateiLaden();
137
138        if(label.equals("Datei speichern"))
139          dateiSpeichern();
140
141        if(label.equals("Datei drucken"))
142          dateiDrucken();
143
144        if(label.equals("Programm beenden"))
145          System.exit(0);
146
147        if(label.equals("String suchen"))
148          stringSuchen();
149      }
150    }
```

Für Standardbefehle wie das Ausschneiden, Kopieren und Einfügen von Text in und aus der Zwischenablage verfügen die Textkomponenten von Swing bereits über fertig implementierte Behandlungsmethoden, die in `Action`-Objekten gekapselt sind. Die `Action`-Objekte selbst sind wieder in EditorKits gekapselt. Mithilfe dieser vordefinierten `Action`-Objekte ist die Unterstützung der Zwischenablage ein Kinderspiel – vorausgesetzt, man weiß, wie man die `Action`-Objekte mit Menübefehlen verbindet.

Zuerst passt man die Menüstruktur an:

```
52    JMenu menu2 = new JMenu("Bearbeiten");
53    JMenuItem item2_1 = new JMenuItem("Ausscheiden");
54    JMenuItem item2_2 = new JMenuItem("Kopieren");
55    JMenuItem item2_3 = new JMenuItem("Einfügen");
56    menu2.add(item2_1);
57    menu2.add(item2_2);
58    menu2.add(item2_3);
59    menueleiste.add(menu2);
```

Dann liest man die Befehle aus der Textkomponente in eine Hashtabelle ein. Dies geschieht vor allem zu unserer Bequemlichkeit (mehr über Hashtabellen finden Sie in Abschnitt 7.4).

```
172    // Befehle für die Zwischenablage
173    // erzeuge Action-Tabelle
174    m_befehle = new Hashtable<String,Action>();
175    Action[] actionsArray = m_textanzeige.getActions();
```

```
176    for (int i = 0; i < actionsArray.length; i++) {
177        Action a = actionsArray[i];
178        m_befehle.put((String) a.getValue(Action.NAME), a);
179    }
```

Zum Abschluss werden die Befehle mit den Menübefehlen verbunden:

```
181    item2_1.addActionListener(m_befehle.get(
182                        DefaultEditorKit.cutAction));
183    item2_2.addActionListener(m_befehle.get(
184                        DefaultEditorKit.copyAction));
185    item2_3.addActionListener(m_befehle.get(
186                        DefaultEditorKit.pasteAction));
```

Und das funktioniert? Wo steht der Code zum Ausschneiden von Text, wer überwacht, welche Textpassagen markiert sind, wo steht der Befehl zum Löschen? Alles schon im EditorKit der Textkomponente vorhanden.

■ 11.7 Drucken

Betrachten wir nun die letzte Neuerung, die das Beispiel für Sie noch bereithält: das Drucken des Textes!

Seit Java 6 ist das Ausdrucken von Textdokumenten ein Kinderspiel – vorausgesetzt, der Text befindet sich in einer von JTextComponent abgeleiteten Swing-Komponente und Sie beabsichtigen, den Text grundsätzlich so auszudrucken, wie er in der Komponente angezeigt wird. Dann müssen Sie nämlich nur noch

1. einen Menübefehl zum Drucken einrichten und mit einer Behandlungsfunktion verbinden sowie

2. in der Behandlungsfunktion eine der überladenen print()-Methoden der Textkomponente aufrufen.

Die print()-Methoden der Textkomponenten

Die Klasse JTextComponent vererbt den abgeleiteten Textkomponenten drei überladene Versionen der Methode print():

Eine parameterlose Überladung für absolut sorgenfreies Drucken:

```
// Drucken in Schnellfassung
print();
```

Eine Überladung, der Sie (MessageFormat-)Texte für Kopf- und Fußzeile mitgeben können:

```
print(new MessageFormat("Vertraulich!!!"),
    new MessageFormat("Seite {0}"));
```

Und schließlich die Vollversion, die auf Wunsch den Java-Druckdialog aufruft und der Sie wahlweise noch weitere Argumente übergeben können, auf die wir hier aber nicht weiter eingehen.

```
print(new MessageFormat("Vertraulich!!!"),    // Kopfzeile
    new MessageFormat("Seite {0}"),           // Fußzeile
    true,                                     // Druckdialog anzeigen
    null, null, false);
```

Integration in das Programm

Im Falle unseres Editors wurde bereits ein Menübefehl **Drucken** vorgesehen und einer Methode dateiDrucken() verbunden:

```
// aus Editor-Konstruktor
44  JMenuItem item1_3 = new JMenuItem("Datei drucken");

// aus MeinActionLauscher
141 if(label.equals("Datei drucken"))
142   dateiDrucken();
```

In dieser Methode müssen wir jetzt nur noch die print()-Methode unserer Textkomponente (Feld m_textanzeige) aufrufen. Da die print()-Methoden Exceptions vom Typ PrinterException auslösen, wenn kein passender Drucker gefunden wird, kleiden wir den print()-Aufruf in eine entsprechende try-catch-Konstruktion. Da wir außerdem mit Kopf- und Fußzeile drucken möchten und diese nur in Form von MessageFormat-Objekten übergeben werden können, importieren wir zusätzlich das Paket java.text.*, in dem MessageFormat definiert ist.

Der gesamte zusätzliche Code im Überblick:

```
9     import java.text.*;
      ...

335   // den aktuellen Text drucken
336   // Methode von Editor
337   void dateiDrucken() {
338     if (m_dateiname == null)
339       m_dateiname = "Unbenannt";
340
341     try {
342       m_textanzeige.print(new MessageFormat(m_dateiname),
343                           new MessageFormat("Seite {0}"),
344                           true,
345                           null, null, false);
346     } catch (PrinterException e) {
347       System.err.println(" Drucken nicht moeglich.\n");
348     }
349   }
```

■ 11.8 Zusammenfassung

Zur Textbearbeitung stehen Ihnen die Komponenten JTextField, JTextArea und JTextPane zur Verfügung. JTextField erlaubt nur die Anzeige und Bearbeitung einzeiliger Texte, JTextArea und JTextPane unterstützen auch mehrzeilige Texte.

Um einer JTextArea-Komponente nach deren Initialisierung einen neuen Text zuzuweisen, können Sie die Methode setText(String) verwenden. Umgekehrt können Sie den aktuellen Text einer JTextArea-Komponente mithilfe der Methode getText() abfragen.

Um eine JTextArea-Komponente scrollbar zu machen, nimmt man sie in den Viewport eines JScrollPane-Objekts auf.

Zur Unterstützung der Zwischenablage sind in den Textkomponenten von Swing bereits passende Befehle in Form von Action-Objekten vordefiniert.

Fonts (Schriftarten) werden in Java-Programmen durch Instanzen der Klasse Font repräsentiert. Um ein Font-Objekt zu erzeugen, übergeben Sie dem Konstruktor den Font-Namen, den Font-Stil und den Schriftgrad.

Dialoge werden von der Klasse JDialog abgeleitet und üblicherweise mit setResizable (false) vor Größenänderungen geschützt. Einfache Dialoge können mithilfe der Methoden der Klasse JOptionPane erzeugt werden. Modale Dialoge müssen vom Anwender geschlossen werden, bevor er zum Hauptprogramm zurückkehren kann. Nicht modale Dialoge können während der weiteren Arbeit im Hauptfenster geöffnet bleiben.

Zum Suchen in Texten verwendet man die String-Methode indexOf().

Zum Ausdrucken von Texten können Sie die print()-Methode der Swing-Textkomponenten verwenden.

■ 11.9 Fragen und Antworten

1. Überlegen Sie sich, ob Sie in den folgenden Fällen lieber eine JTextField- oder eine JTextArea-Komponente verwenden:

   a) Sie wollen in einem Dialogfenster den Namen des Anwenders abfragen.

   b) Sie wollen in einem Dialogfenster den Text einer Lizenzvereinbarung anzeigen.

   c) Sie brauchen eine Komponente zum Bearbeiten von Textdateien.

   a) JTextField; b) JTextArea; c) JTextArea

2. Wie können Sie erreichen, dass der in einer JTextArea-Komponente angezeigte Text einer Datei nicht vom Anwender überschrieben oder geändert werden kann?

   Wenn der in einer JTextArea-Komponente angezeigte Text vom Anwender nicht editiert werden soll, rufen Sie die setEditable(boolean)-Methode der JTextArea-Komponente auf und übergeben Sie als Wert für den Parameter false.

3. Worin besteht der Vorteil eines nicht modalen Dialogfensters für den Anwender?

Nicht modale Dialogfenster können während der weiteren Arbeit mit dem Hauptprogramm geöffnet bleiben (im Gegensatz zu modalen Dialogfenstern).

4. Worin besteht der Nachteil eines nicht modalen Dialogfensters für den Programmierer?

Die Schwierigkeit bei der Implementierung nicht modaler Dialogfenster liegt darin, dass der Programmierer nach Aufruf von `setVisible(true)` für den Dialog nicht davon ausgehen kann, dass der Dialog beendet wurde. Es stellt sich damit unter anderem die Frage, wann die Einstellungen in dem Dialog Gültigkeit erlangen sollen. Üblicherweise verfügen nicht modale Dialoge über eine zusätzliche Schaltfläche **Übernehmen**. Wird diese Schaltfläche gedrückt, sollen die Einstellungen gültig werden (d. h. vom Hauptprogramm ausgelesen und umgesetzt werden), der Dialog aber weiter geöffnet bleiben (im Gegensatz zur Betätigung der **OK**-Schaltfläche). Da das Drücken der **OK**- oder **Übernehmen**-Schaltfläche eines nicht modalen Dialogs aber praktisch zu jedem Zeitpunkt der Programmausführung erfolgen kann, müssen nicht modale Dialoge global (und nicht als lokale Variablen) deklariert werden.

■ 11.10 Übungen

1. In Abschnitt 11.3 haben wir das Kombinationsfeld `m_fonts` mit den Namen einiger weit verbreiteter Fonts initialisiert. Mithilfe der `GraphicsEnvironment`-Methode `getAvailableFontFamilyNames()` ist es allerdings auch möglich, die Namen der auf einem System installierten Font-Familien abzufragen. Nutzen Sie dies, um das Kombinationsfeld automatisch mit den zugänglichen Fonts zu initialisieren.

2. Unsere Suchfunktion aus Abschnitt 11.5 findet immer nur das erste Vorkommen des Suchbegriffs im Text. Wie könnte man das Programm abwandeln, dass die Suche für den gleichen Begriff fortgesetzt werden kann?

12

Menüs und andere Oberflächenelemente

So weit, so gut! Sie wissen jetzt, wie man Fenster erzeugt, wie man Komponenten in ein Fenster aufnimmt und in diesem anordnet, und Sie wissen, wie man Ereignisse abfängt und beantwortet. Sie können Grafiken erzeugen, Bilder laden, Text bearbeiten. Eigentlich wissen Sie also schon alles, was es über die Erstellung von GUI-Anwendungen zu wissen gibt. Doch gleich welche Art von GUI-Anwendungen Sie programmieren wollen, einen Texteditor, ein Grafikprogramm, ein Quiz, einen Rechner und so weiter, fast immer benutzen Sie für den Aufbau der Benutzeroberfläche Steuerelemente wie Schaltflächen, Optionsfelder etc. und so lohnt es sich sicherlich, wenn wir uns noch ein bisschen intensiver mit den Möglichkeiten dieser Swing-Komponenten auseinandersetzen. Begeben Sie sich also mit uns auf einen Streifzug durch den Teil der Swing-Klassenhierarchie, der den verschiedenen von der Basisklasse Component abgeleiteten Oberflächenelementen gewidmet ist.

Leider reicht der uns in diesem Buch zur Verfügung stehende Raum nicht aus, um alle Steuerelemente ausführlich zu beschreiben, aber dies ist ja auch gar nicht notwendig, da es zum JDK eine hervorragende API-Dokumentation[1] gibt (*http://docs.oracle.com/javase/9/docs/api/*). Wir beschränken uns in diesem Kapitel daher darauf, Ihnen die wichtigsten Steuerelemente und deren Verwendung vorzustellen. Eine Auswahl der interessantesten Konstruktoren und Methoden soll Ihnen aufzeigen, was man mit den Steuerelementen machen kann und wonach Sie in der Online-Dokumentation Ausschau halten sollten. Ergänzt werden diese doch sehr theoretischen Ausführungen durch die praktischen Übungen am Ende des Kapitels und die Hinweise auf frühere Kapitel, in denen die betreffenden Elemente schon zum Einsatz kamen.

■ 12.1 Die Komponentenhierarchie

Bevor wir uns den einzelnen Oberflächenelementen zuwenden, sollten wir uns anschauen, wie sich die Klassen, die diese Oberflächenelemente implementieren, in das Gefüge der AWT/Swing-Klassenhierarchie einordnen. Werfen wir also einen Blick auf den Zweig der Klassenhierarchie, der von der Basisklasse Component ausgeht.

---

[1] Leider nur auf Englisch.

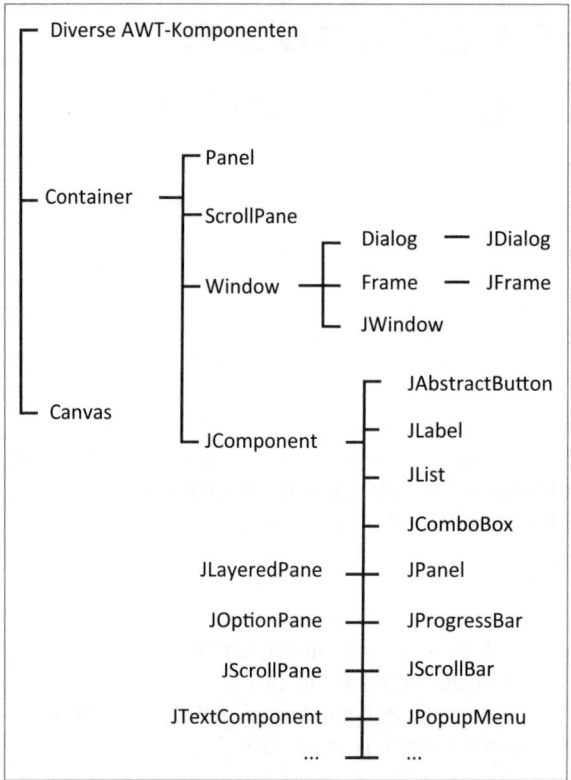

Bild 12.1 Ausschnitt aus der Hierarchie der Komponentenklassen

■ 12.2 Die Basisklasse Component

Alle nachfolgend aufgeführten Komponenten stammen direkt oder indirekt von der Klasse Component ab und haben folglich deren Methoden und Funktionalität geerbt.

Beginnen wir unseren Streifzug durch die Komponentenklassen also damit, dass wir uns zuerst die Methoden anschauen, die auf die Klasse Component zurückgehen und die für alle Oberflächenelemente zur Verfügung stehen:

Tabelle 12.1 Auswahl der wichtigsten Component-Methoden

Methode	Beschreibung
add(PopupMenu)	Verbindet die Komponente mit einem Kontextmenü.
add...Listener(...Listener)	Ein Satz von Methoden zur Registrierung eines entsprechenden Lauscher-Objekts.
contains(int x, int y)	Prüft, ob die übergebene x,y-Koordinate im Bereich der Komponente enthalten ist (x und y werden relativ zum Koordinatensystem der Komponente angegeben).
getBackground()	Liefert die aktuelle Hintergrundfarbe zurück.
getBounds()	Liefert das umgebende Rechteck der Komponente.
getComponentAt(int x, int y)	Liefert die untergeordnete Komponente, die die Position (x,y) umschließt.
getCursor()	Liefert die Form zurück, die der Cursor über der Komponente annimmt.
getFont()	Liefert die in der Komponente verwendete Schriftart zurück.
getForeground()	Liefert die aktuelle Vordergrundfarbe zurück.
getGraphics()	Liefert einen Grafikkontext für die Komponente zurück.
getLocation()	Liefert die Position der Komponente auf dem Bildschirm zurück.
getName()	Liefert den Variablennamen der Komponente zurück.
getParent()	Liefert die übergeordnete Komponente der Komponente zurück.
getSize()	Liefert die aktuelle Größe der Komponente zurück.
invalidate()	Erklärt den Zeichenbereich der Komponente für ungültig, um Neuzeichnen anzuregen.
isEnabled()	Prüft, ob die Komponente aktiviert ist.
isVisible()	Prüft, ob die Komponente sichtbar ist.
paint(Graphics)	Zeichnet die Komponente.
paintAll(Graphics)	Zeichnet die Komponente und alle untergeordneten Komponenten.
print(Graphics)	Druckt die Komponente.
printAll(Graphics)	Druckt die Komponente und alle untergeordneten Komponenten.
remove...Listener(...Listener)	Ein Satz von Methoden zur Streichung eines Lauscher-Objekts.
repaint()	Zum Neuzeichnen einer Komponente.
repaint(int, int, int, int)	Zum Neuzeichnen eines Teilbereichs einer Komponente.
setBackground(Color)	Bestimmt die zu verwendende Hintergrundfarbe.
setBounds()	Passt die Komponente dem neuen umgebenden Rechteck an.

(Fortsetzung nächste Seite)

Tabelle 12.1 Auswahl der wichtigsten Component-Methoden *(Fortsetzung)*

Methode	Beschreibung
`setCursor()`	Bestimmt die Form, die der Cursor über der Komponente annehmen soll.
`setEnabled(boolean)`	Aktiviert oder deaktiviert die Komponente.
`setFont(Font)`	Bestimmt die in der Komponente zu verwendende Schriftart.
`setForeground(Color)`	Bestimmt die zu verwendende Vordergrundfarbe.
`setLocation(int, int)`	Verschiebt die Komponente an eine neue Position.
`setSize(int, int)`	Spezifiziert neue Breite und Höhe für die Komponente.
`setVisible(boolean)`	Macht eine Komponente sichtbar oder unsichtbar.
`update(Graphics)`	Aktualisiert eine Komponente durch Neuzeichnen.

■ 12.3 Statische Textfelder (JLabel)

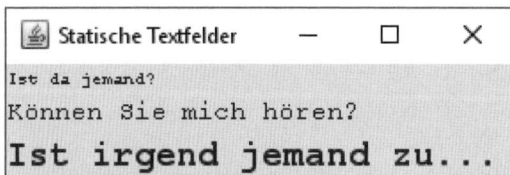

Bild 12.2 Statische Textfelder

Statische Textfelder, nach dem englischen Sprachgebrauch auch Labels genannt, dienen zur Anzeige von Texten, die der Anwender nicht ändern oder bearbeiten kann (im Gegensatz zu den von `JTextComponent` abgeleiteten Textfeldern, deren Inhalt sehr wohl vom Anwender bearbeitet werden kann und meist auch bearbeitet werden soll).

 Vielleicht erinnern Sie sich an Kapitel 9, wo wir die Methode `drawString()` zur Ausgabe eines kleinen Textes auf dem Bildschirm benutzt haben? Wenn ja, fragen Sie sich jetzt vermutlich, wann man zur Anzeige eines Textes `drawString()` und wann man eine Label-Komponente verwendet?

Grundsätzlich sollten Sie nach Möglichkeit zu Label-Komponenten greifen, da diese einfacher und sicherer zu verwenden sind. Verwenden Sie gezeichnete Texte nur in Grafiken und anderen Situationen, wo Sie keine Label-Komponente verwenden können.

Um eine Label-Komponente in einen Container aufzunehmen, schreiben Sie:

```
JLabel text = new JLabel("Ist da jemand");
add(text);
```

Wenn Sie auf die Label-Komponente später nicht mehr zugreifen müssen, können Sie auch auf die Definition einer Objektvariablen verzichten:

```
add( new JLabel("Ist da jemand"));
```

Konstruktoren

Zur Instanzbildung stehen Ihnen folgende Konstruktoren zur Verfügung:

- JLabel() erzeugt ein Label ohne Text.
- JLabel(String text) erzeugt ein Label mit dem spezifizierten Text.
- JLabel(String text, int ausrichtung) erzeugt ein Label mit dem spezifizierten Text und der gewünschten horizontalen Textausrichtung (SwingConstants.RIGHT, SwingConstants.LEFT, SwingConstants.CENTER etc.).
- JLabel(String text, Icon symbol, int ausrichtung) erlaubt die Einblendung von kleinen Grafiken im Label.

Methoden

Zur Laufzeit können Sie unter anderem mit folgenden public-Methoden auf Ihre JLabel-Instanz zugreifen:

Methode	Beschreibung
getText()	Liefert den aktuellen Text der Label-Komponente zurück.
setText(String)	Ändert den Text der Label-Komponente.
getHorizontalAlignment()	Liefert die aktuelle horizontale Ausrichtung der Label-Komponente zurück.
setHorizontalAlignment()	Ändert die horizontale Ausrichtung der Label-Komponente.
setIcon(Icon)	Ändert das Symbol, das in der Label-Komponente angezeigt wird.
setUI(LabelUI)	Ändert das Look&Feel-Objekt der Label-Komponente.

Verwendung

Siehe Übungsteil.

■ 12.4 Schaltflächen (JButton)

Bild 12.3 Schaltflächen

Der Lebensinhalt einer Schaltfläche besteht darin, gedrückt zu werden. Die meisten Anwender wissen dies und drücken die Schaltfläche ganz automatisch. Allerdings erwartet der Anwender dann auch, dass etwas passiert, wenn er die Schaltfläche drückt. Darin liegt die Hauptaufgabe bei der Implementierung von Schaltflächen: eine passende Ereignisbehandlungsmethode einzurichten (siehe Abschnitt 8.3).

Ansonsten brauchen Sie sich nur einen geeigneten Titel für die Schaltfläche auszudenken und sie in Ihren Container aufzunehmen.

Um eine Schaltfläche in einen Container aufzunehmen, schreiben Sie:

```
JButton schalter = new JButton("Klick mich");
add(schalter);
```

Konstruktoren

Zur Instanzbildung stehen Ihnen folgende Konstruktoren zur Verfügung:

- JButton() erzeugt eine Schaltfläche ohne Titel.
- JButton(String titel) erzeugt eine Schaltfläche mit dem spezifizierten Titel.
- JButton(String text, Icon symbol), um Bilder in die Schaltfläche einzublenden.

Methoden

Zur Laufzeit können Sie unter anderem mit folgenden public-Methoden auf Ihre Button-Instanz zugreifen:

Methode	Beschreibung
getActionCommand()	Liefert den Befehlsnamen des von der Schaltfläche ausgelösten Action-Ereignisses (kann in ActionListener zur Unterscheidung der Schaltflächen verwendet werden).
setActionCommand(String)	Ändert den Befehlsnamen des von der Schaltfläche ausgelösten Action-Ereignisses.
getText()	Liefert den Titel der Schaltfläche zurück.
setText(String)	Ändert den Titel der Schaltfläche.
setIcon(Icon)	Ändert das Symbol, das in der Schaltfläche angezeigt wird.
setUI(ButtonUI)	Ändert das Look&Feel-Objekt der Schaltfläche.

Ereignisbehandlung

Für Schaltflächen implementiert man vornehmlich die Schnittstelle ActionListener.

Verwendung

Siehe Kapitel 8 und Übungsteil.

■ 12.5 Eingabefelder (JTextField und JTextArea)

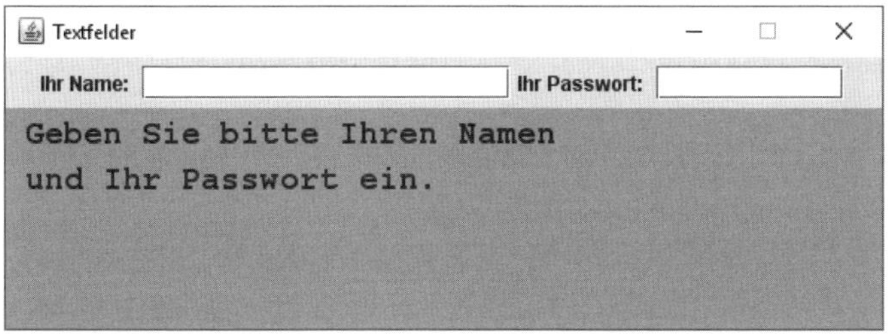

Bild 12.4 Eingabefelder

Statische Textfelder sind ganz praktisch, erlauben aber nur die Anzeige einzelner Textzeilen (das Zeichen für den Zeilenumbruch (\n) wird nicht unterstützt) und können auch nicht vom Anwender bearbeitet werden. Wenn Sie also einen kleinen Texteditor schreiben wollen oder auch nur den Namen des Anwenders abfragen wollen, kommen Sie mit statischen Textfeldern nicht weiter. Dann benötigen Sie eine JTextField-Komponente (für einzelne editierbare Zeilen) oder eine JTextArea-Komponente (für mehrzeilige, editierbare Texte).

 Um einzelne Informationen vom Anwender oder User abzufragen (beispielsweise Name und Adresse), benutzt man meist JTextField. Zur Anzeige oder Bearbeitung ganzer Texte verwendet man JTextArea.

Um eine JTextField- oder JTextArea-Komponente in einen Container aufzunehmen, schreiben Sie:

```
JTextField autor = new JTextField();
add(autor);
JTextArea text = new JTextArea();
add(text);
```

Swing stellt Ihnen als Alternative zu JTextArea noch die Klassen JEditPane und JTextPane zur Verfügung.

Konstruktoren

Zur Instanzbildung stehen Ihnen folgende Konstruktoren zur Verfügung:

- `JTextField()` erzeugt ein leeres Eingabefeld.
- `JTextField(String text)` erzeugt ein Eingabefeld, das anfänglich den übergebenen Text enthält.
- `JTextField(int n)` erzeugt ein Eingabefeld mit Platz für n Zeichen.
- `JTextField(String text, int n)` erzeugt ein Eingabefeld, das anfänglich den übergebenen Text anzeigt und Platz für n Zeichen lässt.

Die Konstruktoren für die `JTextArea`-Komponente lauten entsprechend, erwarten aber zwei int-Parameter: Der erste gibt die Anzahl der einzurichtenden Zeilen an, der zweite die Anzahl der Spalten.

- `JTextArea()`, `JTextArea(String)`, `JTextArea(int, int)`, `JTextArea(String, int, int)`
- Zusätzlich kennen `JTextField` und `JTextArea` Konstruktoren, die mit einem `Document`-Objekt arbeiten. `Document`-Objekte stellen Modelle für die Speicherung des Textes dar. Fortgeschrittene Programmierer können eigene `Document`-Objekte einrichten und dadurch das Verhalten ihrer Textkomponenten anpassen.

Methoden

Zur Laufzeit können Sie unter anderem mit folgenden `public`-Methoden auf Ihre Textfelder zugreifen:

Methode	Beschreibung
`getColumns()`	Liefert die Breite des Textfelds als Anzahl Zeichen zurück.
`setColumns(int)`	Spezifiziert, wie viele Zeichen das Textfeld breit sein soll.
`getRows()`	Liefert die Höhe des Textfelds in Zeilen zurück (nur `TextArea`).
`setRows(int)`	Spezifiziert, wie viele Zeilen das Textfeld hoch sein soll (nur `TextArea`).
`getCaretPosition()`	Liefert die aktuelle Position der Einfügemarke zurück.
`setCaretPosition(int)`	Setzt die Einfügemarke auf die spezifizierte Position.
`getText()`	Liefert den Text im Textfeld zurück.
`setText(String)`	Weist dem Textfeld einen neuen Text zu.
`getSelectedText()`	Liefert den ausgewählten Text zurück.
`getSelectionEnd()`	Liefert das Ende des ausgewählten Textes zurück.
`getSelectionStart()`	Liefert den Anfang des ausgewählten Textes zurück.
`setSelectionEnd(int)`	Definiert das Ende des ausgewählten Textes.
`setSelectionStart(int)`	Definiert den Anfang des ausgewählten Textes.
`select(int, int)`	Wählt den Text zwischen den übergebenen Anfangs- und Endpositionen aus.
`selectAll()`	Wählt den gesamten Text in dem Textfeld aus.

Methode	Beschreibung
append(String)	Hängt den übergebenen String an den aktuellen Text an (nur TextArea).
insert(String, int)	Fügt einen String an der spezifizierten Position in den aktuellen Text ein (nur TextArea).
isEditable()	Gibt an, ob der Text in dem Textfeld vom Anwender geändert werden kann oder nicht.
setEditable(Boolean)	Legt fest, ob der Text in der Komponente editiert oder nur gelesen werden kann.
copy()	Kopiert den ausgewählten Text in die Zwischenablage des Betriebssystems.
cut()	Löscht den ausgewählten Text und kopiert ihn in die Zwischenablage des Betriebssystems.
paste()	Fügt den aktuellen Text aus der Zwischenablage des Betriebssystems ein.
setUI(TextUI)	Ändert das Look&Feel-Objekt der Textkomponente.

Ereignisbehandlung

Für Textkomponenten implementiert man vornehmlich die Schnittstellen ActionListener und TextListener, eventuell auch KeyListener, um das Eintippen Zeichen für Zeichen zu überwachen, oder DocumentListener für JTextField und JTextArea.

Die Komponenten unterstützen zusätzlich zwei fortgeschrittene Konzepte zur Verarbeitung von Texteingaben: Keymaps (verbinden einzelne Zeicheneingaben mit Befehlen) und Input-Methods (werden beispielsweise zur Unterstützung umfangreicher Zeichensätze, etwa der chinesischen Zeichen, benötigt).

Passwörter

Wenn Sie sensible Daten, wie zum Beispiel Kennwörter, vom Anwender abfragen, sollten Sie darauf achten, dass in den Eingabefeldern auf dem Bildschirm nicht die tatsächlich eingegebenen Zeichen dargestellt werden, sondern irgendwelche nichtssagenden Platzhalter (meist Sternchen *).

Verwenden Sie dazu die JPasswordField-Komponente.

Verwendung

Siehe Kapitel 11 und Übungsteil.

■ 12.6 Optionen (JCheckBox, JRadioButton)

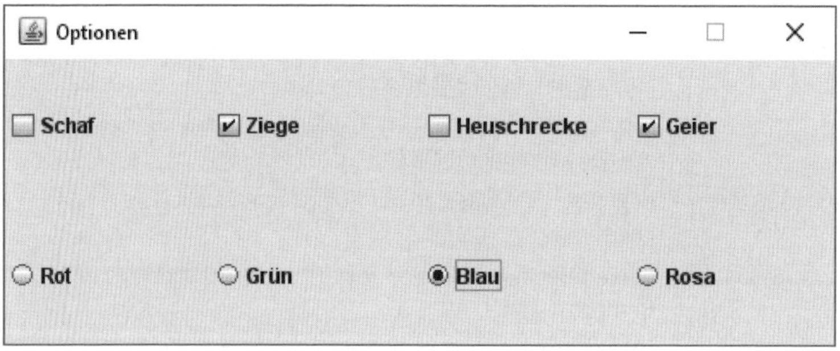

Bild 12.5 Optionsfelder

Optionen gibt es in zwei Varianten, die unter Windows als Kontrollkästchen und Optionsfelder (Radiobuttons) bezeichnet werden.

Kontrollkästchen können immer unabhängig von allen anderen Kontrollkästchen (und Optionsfeldern) selektiert oder deselektiert werden. Stellen Sie sich beispielsweise vor, Sie wollen ein Programm schreiben, das die Eigenschaften verschiedener Tiere zu niedlichen, kleinen Monstern kombiniert (Sie sehen, wir sind wieder bei der Genmanipulation – dem einzigen Thema, das derzeit noch heißer ist als Java). In solch einem Fall könnten Sie die einzelnen Spezies, die als Ausgangsbasis für Ihre Experimente dienen, in Form einer Reihe von Kontrollkästchen zur Verfügung stellen. Der Anwender kann dann eine beliebige Kombination auswählen.

Optionsfelder (Radiobuttons) werden dagegen immer in Gruppen zusammengefasst. Innerhalb einer solchen Gruppe kann dann stets nur eine Option ausgewählt werden. Trifft der Anwender also eine Entscheidung, wird die zuletzt gewählte Option automatisch (Ihr Programm braucht sich darum nicht zu kümmern) deselektiert. Wenn Sie dem Anwender also die Gelegenheit geben wollen, eine bestimmte Farbe aus einer vorgegebenen Palette auszuwählen, wäre eine Gruppe von Optionsfeldern gerade richtig.

Die Swing-Klasse für Optionsfelder (englisch: Radiobuttons) heißt `JCheckbox`, die für Kontrollkästchen `JRadioButton`.

> Die Swing-Klassen `JCheckBox` und `JRadioButton` sind ebenso wie `JButton` von der Basisklasse `AbstractButton` abgeleitet. Tatsächlich verhalten sich alle drei Komponenten prinzipiell gleich und können daher mit den gleichen Methoden manipuliert werden.

■ Um Kontrollkästchen in einen Container aufzunehmen, schreiben Sie:

```
JCheckbox schaf = new JCheckbox("Schaf");
add(schaf);
```

■ Um ein Optionsfeld in eine Gruppe aufzunehmen, müssen Sie die Optionsfelder als Instanzen der Klasse `JRadioButton` erzeugen, eine der Optionen auf `true` setzen und dann die Optionsfelder in ein `ButtonGroup`-Objekt einfügen:

```
JRadioButton b1 = new JRadioButton("Tiger");
JRadioButton b2 = new JRadioButton("Panther");
JRadioButton b3 = new JRadioButton("Leopard");
b3.setSelected(true);

ButtonGroup gruppe = new ButtonGroup();
gruppe.add(b1);
gruppe.add(b2);
gruppe.add(b3);
add(b1);
...
```

Konstruktoren

Zur Instanzbildung stehen Ihnen folgende Konstruktoren zur Verfügung:

- JCheckBox() erzeugt ein Kontrollkästchen ohne Titel.
- JCheckBox(Icon) erzeugt ein Kontrollkästchen mit einem Symbol.
- JCheckBox(Icon, boolean) erzeugt ein Kontrollkästchen mit Symbol und selektiert oder deselektiert es.
- JCheckBox(String) erzeugt ein Kontrollkästchen mit Titel.
- JCheckBox(String, Icon) erzeugt ein Kontrollkästchen mit Titel und Symbol.
- JCheckBox(String, boolean) erzeugt ein Kontrollkästchen mit Titel und selektiert oder deselektiert es.
- JCheckBox(String, Icon, boolean) erzeugt ein Kontrollkästchen mit Titel und Symbol und selektiert oder deselektiert es.
- Die gleichen Konstruktoren gibt es auch für JRadioButton.

Methoden

Zur Laufzeit können Sie unter anderem mit folgenden public-Methoden auf Ihre Checkbox-Instanzen zugreifen:

Methode	Beschreibung
JCheckBox und JRadioButton	
getText()	Liefert den Titel der Komponente zurück.
setText(String)	Ändert den Titel der Komponente.
isSelected()	Prüft, ob die Komponente selektiert ist.
setSelected(boolean)	Selektiert oder deselektiert die Komponente.
setIcon(Icon)	Ändert das Symbol, das in der Komponente angezeigt wird.
setUI(ButtonUI)	Ändert das Look&Feel-Objekt der Komponente.
ButtonGroup	
add(AbstractButton)	Zum Aufnehmen von Optionsfeldern in die Gruppe.
getSelection()	Liefert ein ButtonModel-Objekt, über das man das ausgewählte Optionsfeld ermitteln kann.

Ereignisbehandlung

Für Kontrollkästchen und Optionsfelder implementiert man vornehmlich die Schnittstellen `ItemListener` und `ActionListener`.

Verwendung

Siehe Kapitel 9 und Übungsteil.

■ 12.7 Listen- und Kombinationsfelder (JList und JComboBox)

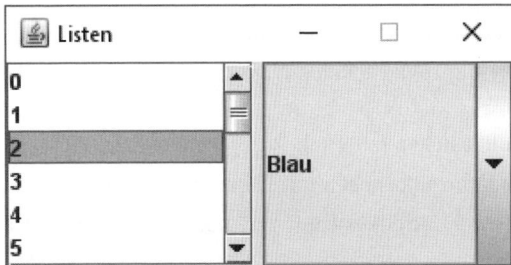

Bild 12.6 Listen- und Kombinationsfelder

Listen- und Kombinationsfelder dienen dazu, dem Anwender die Auswahl einer oder mehrerer definierter Optionen zu ermöglichen.

- Listenfelder können mehrere Optionen gleichzeitig anzeigen (die restlichen Optionen (Einträge) sind über eine Bildlaufleiste verfügbar). Listenfelder können die gleichzeitige Auswahl mehrerer Optionen gestatten.

- Kombinationsfelder sind eine Kombination aus einem einzeiligen Eingabefeld (in dem die aktuell ausgewählte Option angezeigt wird) und einem aufklappbaren Listenfeld.

Um ein Listen- oder ein Kombinationsfeld einzurichten, erzeugen Sie zuerst das Listen- oder Kombinationsfeld, fügen dann die gewünschten Einträge ein und nehmen die Komponenten schließlich in den Container auf. Die zugehörigen Klassen `JList<T>` für Listenfelder und `JComboBox<T>` für Kombinationsfelder sind seit Java 7 generische Klassen, d. h., wir geben den Typ der Einträge in spitzen Klammern an.

```
String[]  list_items = {"Schwanz","Kopf","Fell"};
JList<String> liste = new JList<String>();
liste.setListData(list_items);
add(liste);

JComboBox<String> combo = new JComboBox<String>();
combo.addItem("Tiger");
combo.addItem("Panther");
add(combo);
```

Konstruktoren

Zur Instanzbildung stehen Ihnen folgende Konstruktoren zur Verfügung:

JList<T> verwaltet den Inhalt des Listenfelds intern in einem `ListModel<T>`-Objekt. Entsprechend erwarten die Konstruktoren Argumente, die in ein `ListModel<T>`-Objekt umgewandelt werden können.

- `JList()` erzeugt ein leeres Listenfeld.
- `JList(ListModel<T> daten)` erzeugt ein Listenfeld, in dem die Elemente aus dem übergebenen `ListModel` angezeigt werden.
- `JList(T[] daten)` erzeugt ein Listenfeld, in dem die Elemente aus dem übergebenen Array angezeigt werden.
- `JList(VectorT>[] daten)` erzeugt ein Listenfeld, in dem die Elemente aus dem übergebenen Vektor angezeigt werden.
- Die gleichen Konstruktoren gibt es auch für `JComboBox` (nur dass diese mit einem `ComboBoxModel` statt einem `ListModel` arbeiten).

Methoden

Zur Laufzeit können Sie unter anderem mit folgenden `public`-Methoden auf Ihre Listen- und Kombinationsfelder zugreifen:

Methode	Beschreibung
JList	
`addListSelectionListener` `(ListSelectionListener )`	Registriert einen Lauscher.
`clearSelection()`	Hebt die Auswahl auf.
`getModel()`	Liefert das zugrunde liegende ListModel zurück.
`getMaxSelectionIndex()`	Liefert den Index des höchsten ausgewählten Elements.
`getMinSelectionIndex()`	Liefert den Index des kleinsten ausgewählten Elements.
`getSelectedIndex()`	Liefert den ersten Index einer Auswahl.
`getSelectedIndices()`	Liefert ein Array der Indizes der ausgewählten Elemente.
`setListData()`	Überladene Methode zum Austauschen der Listenelemente
`setUI(ListUI)`	Ändert das Look&Feel-Objekt der Komponente.
JComboBox	
`addItem( Object)`	Fügt Element in das Kombinationsfeld ein.
`addItemListener(ItemListener)`	Registriert einen Lauscher.
`getItemAt()`	Liefert das Element an der spezifizierten Position.
`getModel()`	Liefert das zugrunde liegende ListModel zurück.
`getSelectedObjects()`	Liefert ein Array der ausgewählten Elemente.
`insertItemAt(Object, int)`	Fügt das Element an der spezifizierten Position ein.
`removeItemAt(int)`	Löscht das Element an der spezifizierten Position.

(Fortsetzung nächste Seite)

(Fortsetzung)

Methode	Beschreibung
setUI(ComboBoxUI)	Ändert das Look&Feel-Objekt der Komponente.
DefaultListModel	
add(int, Object)	Fügt das Objekt in das Datenmodell einer Liste ein.
addElement(Object)	Fügt das Objekt in das Datenmodell einer Liste ein.
clear()	Löscht alle Elemente im Datenmodell der Liste.
get(int)	Liefert das Element an der spezifizierten Position.
remove(int)	Löscht das Element an der spezifizierten Position.
toArray()	Liefert die Elemente im Datenmodell der Liste als Array zurück.

Ereignisbehandlung

Für Kombinationsfelder implementiert man vornehmlich die Schnittstelle ItemListener; für Listenfelder ListSelectionListener (nur Swing) oder ebenfalls ItemListener (AWT).

Verwendung

Siehe Kapitel 11 und Übungsteil.

■ 12.8 Bildlaufleisten (JScrollBar)

Bild 12.7 Bildlaufleisten

Viele Komponenten verfügen über automatisch unterstützte Bildlaufleisten zum Scrollen ihres Anzeigebereichs. Wenn Ihnen diese nicht ausreichen, können Sie mithilfe der Klasse JScrollbar Ihre eigenen Bildlaufleisten einrichten. Mit diesen können Sie nicht nur Komponenteninhalte scrollen, Sie können Bildlaufleisten durchaus auch wie Schieberegler zur Einstellung diskreter Werte verwenden (vorzugsweise in Verbindung mit einem Textfeld, das den aktuellen Wert anzeigt).

Um eine Scrollbar-Komponente in einen Container aufzunehmen, schreiben Sie:

```
JScrollbar bildlauf = new JScrollbar();
add(bildlauf);
```

Ein anderer, meist einfacherer Weg zu scrollbaren Komponenten besteht darin, die Komponente zum Viewport eines JScrollPane-Containers zu machen:

```
String[] daten = {"Blau", "Gelb", "Rot"};
JList<String> liste = new JList<String>(daten);
JScrollPane scrollPane = new JScrollPane();
scrollPane.getViewport().setView(liste);
```

Konstruktoren

Zur Instanzbildung stehen Ihnen folgende Konstruktoren zur Verfügung:

- JScrollbar() erzeugt eine vertikale Bildlaufleiste.

- JScrollbar(int) erzeugt eine Bildlaufleiste in der spezifizierten Orientierung (SwingConstants.HORIZONTAL, SwingConstants.VERTICAL).

- JScrollbar(int orient, int akt, int width, int min, int max) erzeugt eine horizontale oder vertikale Bildlaufleiste (Parameter orient), deren Schieber anfangs auf der Position akt steht und width Einheiten breit ist und deren Wertebereich von min bis max reicht.

Methoden

Zur Laufzeit können Sie unter anderem mit folgenden public-Methoden auf Ihre JScrollbar-Instanz zugreifen:

Methode	Beschreibung
getBlockIncrement()	Liefert die Schrittweite des Schiebefelds zurück.
getMaximum()	Liefert den größten einstellbaren Wert zurück.
getMinimum()	Liefert den kleinsten einstellbaren Wert zurück.
getUnitIncrement()	Liefert die Schrittweite für die Pfeiltasten zurück.
getValue()	Liefert den aktuell eingestellten Wert zurück.
setBlockIncrement(int)	Legt die Schrittweite des Schiebefelds fest.
setMaximum(int)	Legt den größten einstellbaren Wert fest.
setMinimum(int)	Legt den kleinsten einstellbaren Wert fest.
setUnitIncrement(int)	Legt die Schrittweite für die Pfeiltasten fest.
setValue(int)	Setzt den aktuellen Wert.
setValues(int, int, int, int)	Setzt die gleichen Werte wie der Konstruktor.

Ereignisbehandlung

Für Bildlaufleisten implementiert man vornehmlich die Schnittstelle AdjustmentListener.

Verwendung

Siehe Kapitel 12 und Übungsteil zu JScrollPane.

■ 12.9 Menüleisten (JMenubar)

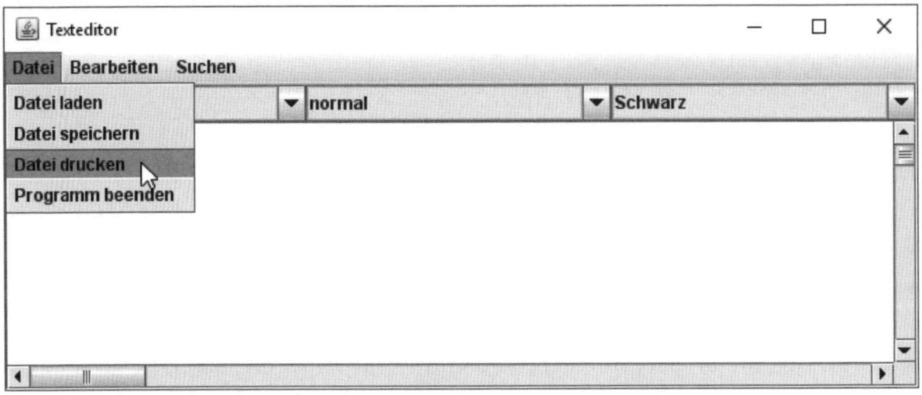

Bild 12.8 Menüleisten

Menüleisten gehören heute zur Standardausrüstung fast aller größeren Anwendungen. Sie sind zusammengesetzt aus einer Reihe von Popup-Menüs, die wiederum jedes eine Reihe von Menübefehlen (und eventuell Untermenüs) enthalten. Entsprechend gestaltet sich der Aufbau eigener Menüleisten.

Um eine Menüleiste einzurichten, erzeugen Sie zuerst eine Instanz der Klasse JMenuBar, die die Menüleiste repräsentiert. Dann legen Sie die einzelnen Menüs (Instanzen der Klasse JMenu) an, wozu Sie Instanzen der Klassen JMenuItem bilden (dies sind die einzelnen Menübefehle) und in die JMenu-Instanzen aufnehmen. Die fertigen Menüs werden dann in die Menüleiste integriert und diese wird mit einer besonderen Methode (setJMenuBar()) der Klasse JFrame in den Rahmen des Fensters eingefügt.

```
// Menüleiste anlegen
JMenuBar menueleiste = new JMenuBar();

// Menüs anlegen
JMenu menu1 = new JMenu("Datei");
JMenuItem item1  = new JMenuItem("Neu");
menu1.add(item1);
...

// Menüs in Menüleiste aufnehmen
menueleiste.add(menu1);

// Menüleiste in Fenster aufnehmen
setJMenuBar(menueleiste);
```

Ach ja! Neben JMenuItem gibt es außerdem noch JCheckBoxMenuItem und JRadioButtonMenuItem, die wohl selbsterklärend sind. Und es wird Sie wohl auch nicht weiter überraschen, dass jedem JMenuItem auch noch ein Symbol zugeordnet werden kann. Zum Unterteilen von Menüeinträgen dient eine Instanz der Klasse JSeparator, die einfach einen Strich als Menüelement erzeugt.

Konstruktoren

Zur Instanzbildung stehen Ihnen folgende Konstruktoren zur Verfügung:

- JMenuBar() erzeugt eine Menüleiste.
- JMenu() erzeugt ein Popup-Menü ohne Titel.
- JMenu(String) erzeugt ein Popup-Menü mit Titel.
- JMenu(String, boolean) erzeugt ein Popup-Menü mit Titel, das prinzipiell verschiebbar ist (plattformabhängig).
- JMenuItem() erzeugt einen neuen Menübefehl ohne Titel.
- JMenuItem(String) erzeugt einen neuen Menübefehl mit Titel.
- JMenuItem(Icon) erzeugt einen neuen Menübefehl mit einem Symbol.
- JMenuItem(String, Icon) erzeugt einen neuen Menübefehl mit Titel und Symbol.
- JMenuItem(String, int) erzeugt einen neuen Menübefehl mit Titel und Tastaturkürzel.

Methoden

Zur Laufzeit können Sie unter anderem mit folgenden public-Methoden auf Ihre JMenuBar-Instanz zugreifen:

Methode	Beschreibung
add(JMenu)	Nimmt ein Popup-Menü in die Menüleiste auf.

Zur Bearbeitung der Menüs stehen folgende Methoden zur Verfügung:

Methode	Beschreibung
add(JMenuItem) / add(MenuItem)	Nimmt das übergebene Menüelement in das Menü auf.
add(String)	Nimmt einen Menübefehl in das Menü auf.
addSeparator()	Fügt eine Trennlinie in das Menü ein.
insert(JMenuItem, int) / insert(MenuItem, int)	Fügt das übergebene Menüelement an der spezifizierten Position in das Menü ein.
insert(String, int)	Fügt ein Menüelement an der spezifizierten Position in das Menü ein.
insertSeparator(int)	Fügt eine Trennlinie an der spezifizierten Position in das Menü ein.
remove(int n)	Entfernt das n-te Element aus dem Menü.
remove(JMenuItem) / remove(MenuComponent)	Entfernt das spezifizierte Menüelement aus dem Menü.

Zur Bearbeitung der Menübefehle stehen folgende Methoden zur Verfügung:

Methode	Beschreibung
getActionCommand()	Liefert den Befehlsnamen des vom Menübefehl ausgelösten Action-Ereignisses (kann in ActionListener zur Unterscheidung der Komponenten verwendet werden).

(Fortsetzung nächste Seite)

(Fortsetzung)

Methode	Beschreibung
`setActionCommand(String)`	Ändert den Befehlsnamen des vom Menübefehl ausgelösten Action-Ereignisses.
`getText()`	Liefert den Titel des Menübefehls zurück.
`setText(String)`	Setzt den Titel des Menübefehls.
`getAccelerator()`	Liefert das Tastaturkürzel des Menübefehls zurück.
`setAccelerator(KeyStroke)`	Richtet ein Tastaturkürzel für den Menübefehl ein.
`isEnabled()`	Prüft, ob der Menübefehl aktiviert ist.
`setEnabled(boolean)`	Aktiviert oder deaktiviert den Menübefehl.

Ereignisbehandlung

Für Menüelemente implementiert man vornehmlich die Schnittstelle `ActionListener`.

Verwendung

Siehe Kapitel 10 und 11.

■ 12.10 Zusammenfassung

Hier noch einmal eine Übersicht über die besprochenen Steuerelemente:

Tabelle 12.2 Die grundlegenden Steuerelemente

Steuerelement	Beschreibung
Statische Textfelder (JLabel)	Komponenten, die zum Anzeigen von Texten (beispielsweise Beschriftungen zu anderen Oberflächenelementen) dienen. Der Text eines statischen Textfelds kann vom Programm, nicht aber vom Anwender des Programms verändert werden.
Schaltflächen (JButton)	Komponenten, die üblicherweise mit dem Start einer bestimmten Aktion verbunden sind
Eingabefelder (JTextField)	Komponenten, in die der Anwender einen einzeiligen Text eingeben kann. Eingabefelder erlauben auch die verschlüsselte Eingabe geheimer Daten.
Textfelder (JTextArea, JTextPane)	Komponenten, die zum Anzeigen und Bearbeiten mehrzeiliger Texte (beispielsweise auch zum Bearbeiten von Dateien) dienen
Optionsfelder (JCheckbox, JRadioButton)	Komponenten, die der Anwender nach Belieben an- und ausschalten kann. Optionsfelder können voneinander unabhängig oder gruppiert angelegt werden.

Steuerelement	Beschreibung
Listenfelder (JList)	Komponenten, die dem Anwender einen Satz von Elementen präsentieren, aus denen er eines oder mehrere auswählen kann
Kombinationsfelder (JComboBox)	Komponenten, die ebenfalls eine Liste von Elementen beherbergen, die allerdings erst auf Veranlassung des Anwenders angezeigt werden und von denen der Anwender nur eines auswählen kann
Bildlaufleisten (JScrollbar)	Komponenten, die für die wichtigsten Komponenten mit scrollfähigem Inhalt automatisch bereitgestellt werden. Mit ihrer Hilfe lassen sich aber auch Schieberegler zur Einstellung diskreter Werte implementieren.
Menüleisten (JMenuBar)	Komponenten, die der Verwaltung meist größerer Sammlungen von Befehlen dienen. Die einzelnen Menübefehle werden thematisch geordnet und auf einzelne Menüs verteilt, die selbst von der Menüleiste verwaltet werden.

■ 12.11 Fragen und Antworten

1. Gibt es in den Tiefen der Java-Bibliothek noch weitere Klassen für Steuerelemente?

   Ja, sogar etliche weitere Steuerelemente. Nur fehlt uns hier der Platz, auf alle diese Steuerelemente einzugehen.

■ 12.12 Übungen

Die Aufgaben zu diesem Kapitel liegen auf der Hand. Versuchen Sie einfach, für jedes Oberflächenelement ein eigenes kleines Programm zu schreiben, indem Sie jeweils eines dieser Oberflächenelemente benutzen. Wenn Sie Anregungen brauchen, versuchen Sie doch einfach, die Fenster aus den Abbildungen dieses Kapitels nachzuprogrammieren. Tipps und kleine Hilfestellungen dazu finden Sie in den folgenden Aufgabenstellungen.

1. Nachstellung des Hauptfensters aus Bild 12.2. Überlegen Sie sich, welchen einfachen Layout-Manager es gibt, mit dem man drei Komponenten untereinander platzieren kann. Außerdem werden in diesem Beispiel unterschiedliche Schriftarten (Fonts) verwendet. Wo sind die Methoden definiert, mit denen Sie die zu verwendende Schrift auswählen können?

2. Nachstellung des Hauptfensters aus Bild 12.3. Hier füllt eine Schalter-Komponente den gesamten Container aus. Mit welchem Layout-Manager könnte dies realisierbar sein?

JLabel und JButton verfügen über eine nette Möglichkeit: integrierte Symbole!

Ein Symbol ist ein kleines Bild fester Größe. Zur Handhabung in einem Swing-Programm benötigt man die ImageIcon-Klasse, deren Konstruktor einen Dateinamen/URL erwartet. Hat man dadurch die Kontrolle über das Symbol errungen, braucht man es nur noch dem JButton- oder JLabel-Konstruktor zu überreichen und man hat sein Programm gleich eindrucksvoll aufgepeppt.

3. Versuchen Sie, die Schaltfläche aus Übung 2 mit einem Symbol aufzupeppen.

Bild 12.9 Schaltfläche mit Symbol

4. Nachstellung des Hauptfensters aus Bild 12.4. Der Text in den Label-Komponenten soll rechts ausgerichtet werden, damit die Beziehung zum nebenstehenden Eingabefeld deutlich wird. Schauen Sie noch einmal in Abschnitt 12.3 nach, wie man die Textausrichtung für Labels bestimmt. Das zweite Eingabefeld dient zur Aufnahme eines Passworts. Dabei soll natürlich niemand sehen, was eingegeben wird. Wie verschlüsselt man also die Eingabe? Schließlich soll in die JTextArea-Komponente ein mehrzeiliger Text eingegeben werden. Wie setzt man einen mehrzeiligen Text im Programmcode auf? Sorgen Sie auch dafür, dass der Anwender den Text in der JTextArea-Komponente nicht editieren kann. Beachten Sie bei der Ausrichtung der Komponenten auch, dass es Methoden gibt, um die Fenstergröße vorzugeben und Veränderungen der Fenstergröße zu verhindern.

5. Nachstellung des Hauptfensters aus Bild 12.5. Schwierigkeiten dürften hier höchstens die Auswahl des Layout-Managers und die Ereignisbehandlung machen.

6. Nachstellung des Hauptfensters aus Bild 12.6. Verwenden Sie eine JScrollPane-Instanz, um die Liste scrollbar zu machen. Fangen Sie passende Ereignisse ab, wenn der Anwender in der Liste oder im Kombinationsfeld ein Element auswählt.

7. Nachstellung des Hauptfensters aus Bild 12.7. Für dieses Layout benötigen wir den GridBagLayout-Manager (es sei denn, Sie versuchen, mit leeren Labels und Panels rumzutricksen). Wie schon gesagt, ist die Programmierung mit dem GridBagLayout-Manager zu kompliziert, um sie hier detailliert zu behandeln. Seine Programmierung ist auch recht lästig, sodass man dies besser leistungsfähigen Entwicklungsumgebungen überlässt, die selbstdefinierte Layout-Manager verwenden, um beispielsweise pixelweise Positionierungen von Komponenten mit der Maus zu erlauben.

Da er aber *das* Instrumentarium zur freien Layoutgestaltung darstellt, wollen wir uns doch ein einfaches Beispiel vornehmen.

Der GridBagLayout-Manager verwaltet ein Gitter von Zellen. Im Gegensatz zum GridLayout-Manager können Sie die Abmaße dieser Zellen vollkommen frei gestalten. Dazu legen Sie ein GridBagConstraints-Objekt an, das Sie für jede einzelne Zelle konfigurieren und mithilfe der GridBagLayout-Methode setConstraints() mit der Komponente dieser Zelle verbinden.

In unserer Abbildung nutzen wir den GridBagLayout-Manager vor allem, um einen Abstand zwischen den Komponenten und dem Fensterrahmen zu lassen und die Komponenten zu zentrieren.

Welche Möglichkeiten Ihnen der GridBagLayout-Manager sonst noch bietet, entnehmen Sie bitte der API-Dokumentation.

8. Die Nachstellung des Menüs schenken wir uns. Mit Menüs aus Bild 12.8 haben wir schon genug in den vorangegangenen Kapiteln zu tun gehabt.

Dafür möchten wir noch anregen, dass Sie Ihre Steuerelemente mit Kurzinfos ausstatten. Kurzinfos sind kleine Hilfetexte, die angezeigt werden, wenn der Anwender die Maus für eine kleine Weile über einem Oberflächenelement mit Kurzinfo stehen lässt.

Alles, was Sie zur Einrichtung einer Kurzinfo benötigen, ist ein Oberflächenelement (beispielsweise JButton) und die Methode setToolTipText().

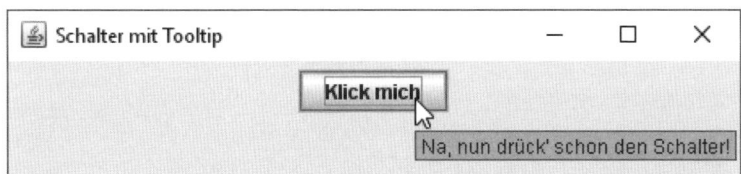

Bild 12.10 Schaltfläche mit Kurzinfo

13 Threads und Animation

Wenden wir uns nun dem letzten wirklich neuen Konzept zu, das Java noch für Sie bereithält: den Threads! Der Begriff stammt aus dem Englischen und bedeutet an sich „Faden". Was für Fäden sind damit wohl gemeint? Lesen Sie mal wieder ein gutes Buch, dann wissen Sie es. Denken Sie beispielsweise an Edgar Allen Poes Kurzgeschichte „Der Untergang des Hauses Usher", eine ebenso kunstvolle wie geradlinige Geschichte über die Sühne einer inzestuösen Liebe. Geradlinig, weil es im Wesentlichen nur einen Handlungsfaden gibt (oder einen Handlungsstrang, wie man im Deutschen üblicherweise sagt). Genauso einfach und geradlinig – wenn auch zweifelsohne nicht ganz so kunstvoll – waren unsere bisherigen Programme gestrickt. Der Handlungsfaden unserer Programme kann zwar äußerst verwickelt sein (durch Schleifen, Methodenaufrufe oder Abfangen von Anwendereingaben), doch es ist immer nur ein einziger auszuführender Faden gewesen.

Nehmen Sie dagegen einen größeren Roman, beispielsweise „Besessen" von A.S. Byatt – eine ebenso spannende wie hinreißende philologische Spurensuche. Hier gibt es mehrere Handlungsstränge, die teilweise noch auf unterschiedlichen Zeitebenen spielen. Das wollen wir nun auch versuchen: ein Programm mit mehreren Fäden zu erstellen, die nebeneinander ausgeführt werden.

■ 13.1 Multithreading mit Java

Wenn Sie ein Programm starten, legt das Betriebssystem für die Programminstanz zuerst eine passende Verwaltungseinheit an, die man *Prozess* nennt, und führt dann den Code des Programms in einem sogenannten *Thread*) aus. Ein *Thread* ist dabei eine Art Schmalspurprozess (vornehmer heißt es *leichtgewichtiger Prozess*) und pro Prozess kann es viele Threads geben.

Für jedes Programm, das gerade auf Ihrem Rechner läuft, gibt es also (mindestens) einen eigenen Thread. Wenn Sie einen Rechner mit mehreren Prozessorkernen besitzen, können so viele dieser Threads gleichzeitig (parallel) ausgeführt werden, wie Prozessorkerne zur Verfügung stehen. Gibt es mehr Threads als Prozessorkerne, müssen sich mehrere Threads einen Prozessorkern teilen. In diesem Fall weist das Betriebssystem den Threads Zeitscheiben zu und lässt sie in schneller Folge abwechselnd den Prozessorkern nutzen. Die Threads werden dann zwar je nach Prozessorarchitektur nicht unbedingt wirklich parallel ausgeführt, aber beim Anwender entsteht zumindest der Eindruck, die mit den Threads verbundenen Programme würden gleichzeitig laufen (*präemptives Multithreading*).

Wichtig für uns ist, dass jedes Programm zusätzlich zu seinem Haupt-Thread noch weitere Threads erzeugen und ausführen lassen kann, die dann parallel ablaufen, d. h., jeder Thread bekommt vom Betriebssystem seinen eigenen Prozessorkern oder zumindest seine eigene Prozessorzeit zugewiesen.

Während verschiedene Prozesse (Programme) nichts miteinander zu tun haben, sind die Threads eines Prozesses eng miteinander verzahnt, da sie auf dem gleichen Speicherbereich operieren, d. h., sie können auf die Daten des zugrunde liegenden Programms zugreifen (und dadurch effizient miteinander kommunizieren und zusammenarbeiten).

Der Haupt-Thread eines Java-Programms beginnt sein Dasein mit dem Start der `main()`-Methode und endet beim Verlassen von `main()`. Sobald kein Thread mehr lebt[1], enden dadurch auch das Java-Programm und der entsprechende Betriebssystemprozess.

Betrachten wir nun ein typisches Java-Programm mit grafischer Oberfläche:

```
public class Swing_Beispiel extends JFrame {
    // ...
    public static void main(String[] args) {
      SwingBeispiel fenster = new SwingBeispiel("Swing");
      fenster.pack();
      fenster.setSize(300,100);
      fenster.setVisible(true);
    }

}
```

In `main()` wird eine Fensterklasse instanziert und darauf werden einige Methoden aufgerufen und dann ist auch schon das Ende von `main()` erreicht. Müsste nach den obigen Informationen nicht der Haupt-Thread enden und damit auch das ganze Java-Programm? Nicht weiter überraschend lautet die Antwort „ja, aber ...“! Der Haupt-Thread endet in der Tat, aber durch das Erzeugen und Anzeigen einer Fensterklasse haben wir bewirkt, dass hinter den Kulissen ein neuer Thread gestartet worden ist, der sogar einen besonderen Namen hat: der AWT-Event-Handling-Thread. Dieser Thread macht nichts anderes als in einer Endlosschleife auf Ereignisse des zugrunde liegenden Window-Systems (z. B. von Microsoft Windows) zu warten und diese zu verarbeiten, beispielsweise Mausklicks und Tastaturanschläge. Dieser Thread lebt so lange, bis die letzte GUI-Komponente ihren Lebenszyklus beendet hat, und hält dadurch das Java-Programm am Leben. Der AWT-Event-Handling-Thread ist also derjenige, der sich um unsere Klicks kümmert und beispielsweise einen registrierten `ActionListener` aufruft.

Schauen wir uns nun ein kleines Beispielprogramm an, das die aktuelle Uhrzeit anzeigt und es über eine Schaltfläche erlaubt, die Farbe der Uhrzeit zu ändern.

---

[1] Exakter: wenn kein Vordergrund-Thread mehr lebt; es gibt auch Hintergrund-Threads (Dämonen), die wir Ihnen hier ersparen.

```java
import java.awt.Color;
import java.awt.FlowLayout;
import java.awt.event.ActionEvent;
import java.awt.event.ActionListener;
import java.time.LocalTime;
import java.time.format.DateTimeFormatter;
import javax.swing.*;

public class UhrAnzeige extends JFrame {
  private JButton m_farbWechsel;
  private JLabel m_uhrZeit;

  private Color[] m_farben;
  private int m_aktFarbe;

  class MeinActionLauscher implements ActionListener {
    public void actionPerformed(ActionEvent e) {
      m_aktFarbe++;

      if(m_aktFarbe >= m_farben.length) {
        m_aktFarbe = 0;
      }

      setzeFarbe();
    }
  }

  public UhrAnzeige(String titel) {
    super(titel);

    m_farbWechsel = new JButton("Farbe ändern");
    m_farbWechsel.addActionListener(new MeinActionLauscher());
    m_uhrZeit = new JLabel();
    setzeUhrzeit();

    setLayout(new FlowLayout());
    add(m_farbWechsel);
    add(m_uhrZeit);

    m_farben = new Color[]{Color.BLACK, Color.BLUE, Color.YELLOW,
                            Color.MAGENTA, Color.RED};
    m_aktFarbe = 0;

    setzeFarbe();

    setDefaultCloseOperation(WindowConstants.EXIT_ON_CLOSE);
  }

  private void setzeUhrzeit() {
    LocalTime jetzt = LocalTime.now();
    DateTimeFormatter formatter =
          DateTimeFormatter.ofLocalizedTime(FormatStyle.MEDIUM);
    m_uhrZeit.setText(jetzt.format(formatter));
  }

  private void setzeFarbe() {
    m_uhrZeit.setForeground(m_farben[m_aktFarbe]);
```

```
    }

  public static void main(String[] args) {
    UhrAnzeige fenster = new UhrAnzeige("UhrAnzeige");
    fenster.pack();
    fenster.setSize(300,100);
    fenster.setVisible(true);
  }
}
```

Analyse:

Im Konstruktor wird die Oberfläche zusammengebaut. Die Schaltfläche m_farbWechsel erhält dabei einen ActionListener vom selbst definierten Typ MeinActionLauscher, der die Farbe der Uhrzeitanzeige ändert. Die Uhrzeit wird durch ein JLabel-Objekt dargestellt und in setzeUhrzeit() initialisiert.

Sobald das Programm gestartet worden ist, lauert der AWT-Event-Handling-Thread auf Mausklicks und ruft jedes Mal die actionPerformed()-Methode von MeinActionLauscher auf und die Farbe ändert sich.

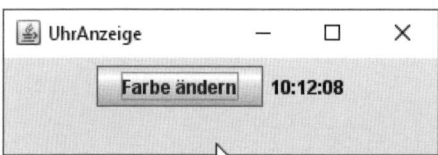

Bild 13.1 Das Programm wartet auf den Mausklick für den Farbwechsel.

Das Programm hat den Schönheitsfehler, dass die Uhrzeit nur einmal gesetzt wird und immer gleich bleibt. Wir bräuchten eine Möglichkeit, regelmäßig unsere Methode setzeUhrzeit() aufzurufen. Genau dies ist die Glanzstunde von Threads: Wir werden einen Thread erzeugen, dem wir genau dies als Aufgabe mitgeben.

■ 13.2 Eigene Threads erzeugen: die Klasse Thread

Die Realisierung eigener Threads erfolgt durch den Einsatz der Klasse Thread (Paket java. lang, also keine explizite import-Anweisung notwendig).

Die Implementierung des Threads wird damit denkbar einfach: Man leitet einfach eine eigene Klasse von der Basisklasse Thread ab. Dadurch erbt man eine Reihe interessanter Methoden zur Steuerung der Thread-Ausführung, von denen uns folgende Methoden besonders interessieren:

■ run(). Dies ist sozusagen die main()-Methode eines Threads. Alle Anweisungen, die der Thread ausführen soll, gehören also in die Implementierung dieser Methode, die Sie folglich unter Beibehaltung der vorgegebenen Signatur überschreiben müssen. Diese

Methode dürfen Sie **NIEMALS** selbst aufrufen. Die run()-Methode ist das Herz eines Threads. Wenn sie beendet wird, endet auch das Leben des Threads.

- start(). Die Methode start() rufen Sie auf, um den Thread zu starten. Diese Methode führt einige Initialisierungen durch und ruft dann die run()-Methode des Threads auf und startet damit die nebenläufige Ausführung.

- currentThread(). Liefert eine Referenz auf den Thread, der zurzeit vom Prozessor abgearbeitet wird. Diese Methode ist statisch, d.h., sie kann auch ohne Instanz aufgerufen werden als Thread.currentThread().

- sleep(long zeit). Eine weitere statische Methode, die veranlasst, dass der Thread für zeit Millisekunden nichts tut, sich also schlafen legt. Der Aufruf dieser Methode muss in einem try-catch-Block gekapselt werden, da nach Ablauf der Wartezeit immer eine InterruptedException erzeugt wird.

- interrupt(). Setzt eine interne Thread-Variable (das interrupted-Flag) auf true.

- isInterrupted(). Liefert als Rückgabe true, wenn bei der zugehörigen Thread-Instanz das interrupted-Flag auf true gesetzt worden ist.

Gelegentlich können Sie in Programmen noch den Einsatz der Thread-Methoden stop(), resume() und suspend() sehen, die sich aber als absturzfördernd herausgestellt haben. Seit grauer Vorzeit (Java 1.2) sind sie daher gar nicht mehr zulässig und werden im Folgenden auch nicht erläutert.

 Merksatz

In Java können Sie Klassen durch Ableitung von der Basisklasse Thread threadfähig machen. Die Anweisungen für den Thread stehen in seiner run()-Methode. Diese Methode darf man aber niemals selbst aufrufen! Der Thread muss immer über die Methode start() gestartet werden.

Kehren wir zurück zu unserer Uhrzeitanzeige. Das Programm soll zwei Aufgaben gleichzeitig erledigen:

- Warten auf Mausklicks zum Wechseln der Farbe (und Aktionen zum Fenster selbst, z.B. Schließen oder Größenänderung),

- Abfragen der aktuellen Zeit und Aktualisierung der Anzeige.

Den ersten Punkt übernimmt der AWT-Event-Handling-Thread, für den zweiten Aspekt brauchen wir eine eigene Thread-Klasse ZeitThread: Sie ist von Thread abgeleitet und in ihrer run()-Methode wird in einer Endlos-Schleife im 1-Sekunden-Rhythmus die Uhrzeit gesetzt:

```java
public class ZeitThread extends Thread {
    private UhrAnzeige m_uhrAnzeige;

    public ZeitThread(UhrAnzeige anzeige) {
        m_uhrAnzeige = anzeige;
    }

    public void run() {
```

```
        while(true) {
            try {
              m_uhrAnzeige.setzeUhrzeit();
              Thread.sleep(1000); // 1 s warten
            }
            catch(Exception e) {
                e.printStackTrace();
            }
        }
    }
}
```

Damit haben wir schon die Grundlagen zum Verwenden eines Threads gelegt. Schauen wir uns nun das vollständige Programm an:

Listing 13.1 UhrAnzeige.java

```
import java.awt.Color;
import java.awt.FlowLayout;
import java.awt.event.ActionEvent;
import java.awt.event.ActionListener;
import java.time.LocalTime;
import java.time.format.DateTimeFormatter;
import java.time.format.FormatStyle;
import javax.swing.*;

public class UhrAnzeige extends JFrame {
    private JButton m_farbWechsel;
    private JLabel m_uhrZeit;
    private Color[] m_farben;
    private int m_aktFarbe;

    class MeinActionLauscher implements ActionListener {
        public void actionPerformed(ActionEvent e) {
            m_aktFarbe++;

            if(m_aktFarbe >= m_farben.length) {
                m_aktFarbe = 0;
            }

            setzeFarbe();
        }
    }

    public UhrAnzeige(String titel)  {
        super(titel);
        m_farbWechsel = new JButton("Farbe ändern");
        m_farbWechsel.addActionListener(new
                                        MeinActionLauscher());
        m_uhrZeit = new JLabel();
        setzeUhrzeit();
        setLayout(new FlowLayout());
        add(m_farbWechsel);
        add(m_uhrZeit);
        m_farben = new Color[]{Color.BLACK, Color.BLUE,
                                Color.YELLOW, Color.MAGENTA,
                                Color.RED};
        m_aktFarbe = 0;
```

```
            setzeFarbe();
            setDefaultCloseOperation(WindowConstants.EXIT_ON_CLOSE);
        }

        void setzeUhrzeit() {
            LocalTime jetzt = LocalTime.now();
            DateTimeFormatter formatter =
              DateTimeFormatter.ofLocalizedTime(FormatStyle.MEDIUM);
            m_uhrZeit.setText(jetzt.format(formatter));
        }

        private void setzeFarbe() {
            m_uhrZeit.setForeground(m_farben[m_aktFarbe]);
        }

        public static void main(String[] args) {
            UhrAnzeige fenster = new UhrAnzeige("UhrAnzeige");
            fenster.pack();
            fenster.setSize(300,100);
            fenster.setVisible(true);

            ZeitThread t = new ZeitThread(fenster);
            t.start(); // Uhraktualisierung starten
        }
    }
```

Analyse:

Im Vergleich zur ersten Version hat sich nicht viel geändert. Die entscheidende Stelle ist am Ende von main() zu finden: Wir legen ein Objekt unserer Thread-Klasse an, übergeben dem Konstruktur eine Referenz auf UhrAnzeige und beginnen dann die Ausführung eines neuen Threads durch Aufruf von start().

Beachten Sie auch, dass wir die Sichtbarkeit der Methode setzeUhrzeit() erweitert haben (paketweit sichtbar statt wie vorher private), damit man aus ZeitThread.run() heraus darauf zugreifen kann.

■ 13.3 Eigene Threads erzeugen: die Runnable-Schnittstelle

Wow, das ist doch eine tolle Sache mit diesen Threads! Doch was ist, wenn man eine Klasse als Thread verwenden möchte, die bereits von einer anderen Basisklasse abgeleitet wird? Mehrfachvererbung von Klassen ist in Java ja bekanntlich nicht erlaubt (siehe Abschnitt 5.5). Nun, für solche Fälle hält Java die Möglichkeit der Implementierung von Schnittstellen bereit und so gibt es auch für die Erzeugung threadfähiger Klassen eine eigene Schnittstelle: Runnable.

Merksatz

Klassen, die bereits eine Basisklasse haben, können mit Hilfe der Schnittstelle Runnable threadfähig gemacht werden.

Wenn Sie eine Klasse von der Klasse Thread ableiten, erbt diese Klasse die Methode run(), die Sie mit der gewünschten Funktionalität überschreiben. Wenn Sie eine Klasse erstellen, die die Runnable-Schnittstelle implementiert, versichern Sie dem Compiler, dass Ihre neue Klasse eine run()-Methode für einen Thread enthält. Das Erzeugen eines neuen Threads läuft dann im Prinzip wie vorher ab, allerdings instanzieren Sie nun direkt ein Thread-Objekt und keine von Thread abgeleitete Klasse und geben dem Konstruktor eine Referenz mit, wo er seine run()-Methode suchen soll.

Wir könnten daher das obige Beispiel auch ohne eine separate Klasse ZeitThread folgendermaßen umsetzen:

```
public class UhrAnzeige extends JFrame implements Runnable {
    // Rest wie vorher

    public void run() {
        while(true) {
            try {
                setzeUhrzeit();
                Thread.sleep(1000); // 1 s warten
            }
            catch(Exception e) {
                e.printStackTrace();
            }
        }
    }

    public static void main(String[] args) {
        UhrAnzeige fenster = new UhrAnzeige("UhrAnzeige");
        fenster.pack();
        fenster.setSize(300,100);
        fenster.setVisible(true);

        Thread t = new Thread(fenster);
        t.start(); // Uhraktualisierung starten
    }
}
```

UhrAnzeige stellt nun die run()-Methode für den Thread selbst zur Verfügung und implementiert somit die Runnable-Schnittstelle. Beim Erzeugen des Threads in main() brauchen wir dann nur noch die Klasse Thread, wo wir wie gewohnt via start() loslegen.

■ 13.4 Wissenswertes rund um Threads

Prioritäten

Jeder Thread hat eine bestimmte Priorität. Werden auf einem System mehr Threads ausgeführt, als Prozessorkerne verfügbar sind, führt das Betriebssystem grundsätzlich zuerst die Threads mit höherer Priorität aus.

Standardmäßig erbt ein Thread die Priorität des Threads, der ihn erzeugt hat. Man hat aber auch die Möglichkeit, mithilfe der Methode `setPriority(int)` die Priorität selbst festzulegen. Der Parameter muss dabei im Bereich der Konstanten `Thread.MIN_PRIORITY` und `Thread.MAX_PRIORITY` liegen.

Synchronisierung

Ein weiterer wichtiger Gesichtspunkt der Thread-Programmierung ist die Synchronisierung von mehreren Threads. Man kann hierbei zwei Fälle unterscheiden:

Im ersten Fall erzeugt das Hauptprogramm mehrere Threads, die irgendwelche netten Dinge tun, die unabhängig voneinander sind. Beispielsweise könnte ein Thread für die Anzeige der Uhrzeit verantwortlich sein, während ein anderer eine Sounddatei abspielt. Dies ist kein Problem, da die Threads auf verschiedenen Daten operieren. Aufpassen muss man im anderen Fall, wenn mehrere Threads auf gemeinsamen Daten arbeiten müssen. Angenommen, wir haben eine Liste von Personen und zwei Threads, die darauf operieren. Thread A verwaltet den Status der Personen (ledig, verheiratet) und Thread B beantwortet Anfragen nach dem Status. Dann könnte Folgendes passieren, wenn wir eine Liste mit Personen haben:

  Dirk(ledig) — Peter(ledig) — Volker(ledig) — Hannah(ledig) — Petra(ledig) — ...

Nehmen wir an, dass Dirk Petra heiratet. Thread A wird aufgerufen und setzt den Status von Dirk und Petra auf verheiratet. So weit, so gut und alle sind hoffentlich zufrieden. Ein Problem kann aber auftauchen, wenn zeitgleich zu Thread A auch Thread B aufgerufen wird mit dem Auftrag, den Status von Dirk und Petra auszugeben. Da das Java-Laufzeitsystem zwischen den Threads hin- und herschaltet, könnte folgendes Resultat herauskommen:

Thread A macht sich auf die Socken und findet zuerst Dirk in der Liste und ändert seinen Status auf verheiratet. Dann sucht er in der Liste weiter und gelangt zu Petra. Aber gerade als er auch den Status von Petra anpassen will, würgt ihn die Java-Maschine ab, schiebt ihn aufs Abstellgleis und lässt Thread B seine Arbeit machen. Der sucht und findet Dirk und meldet ihn als verheiratet. Dann geht er weiter zu Petra, die allerdings noch als ledig eingetragen ist! Damit ist Thread B am Ende und Thread A erhält wieder Rechenzeit und ändert den Status von Petra auf verheiratet, leider zu spät!

Sicherlich ist Ihnen klar, dass so etwas ganz schön Verwirrung stiften könnte. Das Problem ist, dass unabhängige Threads auf der gleichen Datenstruktur operieren, die für so etwas nicht ausgelegt ist. Man nennt dies auch: Sie ist nicht threadsicher. Für solche Fälle erlaubt Java die sogenannte *Synchronisation* der Threads. Sie erfolgt durch das Schlüsselwort `synchronized`, mit dem man einen Block von Anweisungen oder eine ganze Methode sichern kann. Wenn ein Thread einen derart gesicherten Bereich betritt, kann kein anderer

Thread diesen Bereich betreten. Dadurch wird sichergestellt, dass ein Thread seine Arbeit zu Ende bringen kann.

Der Einsatz von `synchronized` kann in zwei Varianten erfolgen:

- Eine komplette Methode einer Klasse wird durch Voranstellen des Schlüsselworts `synchronized` vor den Methodennamen geschützt:

```
synchronized void kritischeMethode() {
  // hier die Anweisungen
}
```

- Eine andere Möglichkeit ist das Sichern eines Objekts `dasObjekt`:

```
synchronized(dasObjekt) {
    // hier die Anweisungen, die gesichert sein sollen
}
```

Das oben beschriebene Szenario mit dem Bearbeiten einer gemeinsamen Liste durch zwei unabhängige Threads lässt sich nun folgendermaßen lösen. Sei `AendernThread` die Thread-Klasse zum Ändern des Status eines Paars und `AusgebenThread` die Klasse zum Ausgeben des Status von zwei Personen. Beide Klassen haben einen Konstruktor, der neben Namen und Status auch eine Referenz auf die gemeinsame Namensliste (z. B. vom Typ `LinkedList`) erhält. Um sicherzustellen, dass nur ein Thread auf der Liste operiert, sichert einfach jeder Thread in seiner `run()`-Methode den Zugriff auf die Liste. Für die Klasse `AendernThread` könnte das wie folgt aussehen:

```
class AendernThread extends Thread {
  LinkedList m_liste;
  String m_person1, m_person2, m_status;

  // der Konstruktor
  AendernThread(LinkedList l, String n1, String n2, String st) {
    m_liste = l;
    m_person1 = n1;
    m_person2 = n2;
    m_status = st;
  }

  public void run() {
    synchronized(m_liste) {
        // Anweisungen, die auf der Liste operieren
        // ...
    }
  }
}
```

GUI-Manipulation in Threads

Wenn Sie GUI-Programme schreiben, die Threads verwenden, müssen Sie folgende wichtige Regel beachten: Sobald eine Komponente aktiv ist (z. B. `pack()` oder `setVisible()` wurde aufgerufen), darf die Manipulation der grafischen Benutzeroberfläche nur noch im AWT-Event-Handling-Thread geschehen! Wenn man dies in einem eigenen Thread macht, sollte man eine spezielle Methode namens `javax.swing.SwingUtilities.invokeLater()` verwenden, die dafür sorgt, dass die Änderung im AWT-Event-Handling-Thread erfolgt. invokeLater() erwartet ein Runnable und ruft später innerhalb des AWT-Event-Handling-Threads dessen run()-Methode auf. Meistens definiert man das Runnable als anonyme innere Klasse an Ort und Stelle:

```
SwingUtilities.invokeLater(new Runnable() {
    public void run() {
        // hier GUI ändern etc.
    }

});
```

Moment mal?! Im vorigen Beispiel wird doch in einem separaten Thread die Beschriftung einer sichtbaren JLabel-Komponente im 1-Sekunden-Takt geändert? Wieso wird dann nicht dieses SwingUtilities verwendet?

Antwort: Ja, kann man machen, muss man aber hier nicht, weil die Methode setText() eine ganz seltene Ausnahme darstellt: Sie ist für alle direkt und indirekt von JComponent abgeleiteten Klassen threadsicher, d.h. hier wird intern sichergestellt, dass alles richtig abläuft und sich der eigene Thread nicht mit dem AWT-Event-Handling-Thread in die Quere kommt.

 Mit *threadsicher* meint man, dass eine Datenstruktur so aufgebaut ist, dass mehrere Threads gleichzeitig darauf zugreifen können, ohne sich gegenseitig zu stören oder Schaden anzurichten. Bei den Swing-Klassen ist dies bis auf ganz wenige Ausnahmen nicht der Fall!

■ 13.5 Threads und Animation I

Ein Paradebeispiel für den sinnvollen Einsatz von Threads sind Animationen, d.h. bewegte Grafiken oder Bilder. Warum? Weil hier wieder das typische Szenario vorliegt, bei dem von nun an bei Ihnen die Thread-Alarmglocke bimmeln sollte: Aufwendige Berechnungen/Aktionen müssen durchgeführt werden (hier das Erstellen und Verschieben von Grafiken auf dem Bildschirm), gleichzeitig darf aber das Programm nicht „einfrieren" (beispielsweise sollen Menübefehle und Schaltflächen weiterhin jederzeit klickbar sein und reagieren).

Zur Veranschaulichung soll das nächste Beispiel dienen, das neben dem Einsatz von Threads auch zeigt, wie einfache Animationen prinzipiell durchgeführt werden können.

Wir erstellen ein Programm, das in einem Fenster Marsmännchen hin- und herbewegt. Mit jedem Mausklick im Fensterbereich soll ein neues Männchen hinzugefügt werden.

Als Startklasse definieren wir MarsAttackFenster, die von JFrame abgeleitet wird:

Listing 13.2 MarsAttackFenster.java

```java
import javax.swing.*;

public class MarsAttackFenster extends JFrame {
    public MarsAttackFenster(String titel) {
        super(titel);
        add(new MarsAttack());
        setDefaultCloseOperation(WindowConstants.EXIT_ON_CLOSE);
    }

    public static void main(String[] args) {
        MarsAttackFenster fenster = new MarsAttackFenster(
                                            "Mars Attack");
        fenster.pack();
        fenster.setSize(500,400);
        fenster.setVisible(true);
    }
}
```

Als Zeichenfläche (Canvas) verwenden wir eine selbst erstellte Klasse MarsAttack, die von JPanel abgeleitet ist und die wir via add() als Inhalt des Fensters hinzufügen.

Wenden wir uns nun der Canvas-Klasse MarsAttack zu. Sie ist ebenfalls überschaubar:

```java
public class MarsAttack extends JPanel {
    public MarsAttack() {
        setBackground(Color.YELLOW);
        addMouseListener(new MeinMausAdapter(this));
    }

    // einen MouseAdapter als innere Klasse
    // jeder Mausklick = neuer Thread
    class MeinMausAdapter extends MouseAdapter {
        private MarsAttack m_canvas;

        public MeinMausAdapter(MarsAttack canvas) {
            m_canvas = canvas;
        }

        public void mousePressed(MouseEvent e) {
            Alien neu = new Alien(m_canvas,e.getX(),e.getY());
            neu.start();
        }
    }
}
```

Wir verpassen der Klasse eine Mausbehandlung, die bei jedem Klick ein Objekt vom Typ Alien erzeugt und zum Leben erweckt (in der Methode mousePressed()). Hier treffen wir nun endlich auf ein Thread-Objekt vom Typ Alien. Die Klasse haben wir von Thread abgeleitet:

```java
class Alien extends Thread {
    private JPanel m_canvas;
    private int m_xPos,m_yPos;
    private int m_dx = 2;  // Schrittweite in x und y Richtung
    private int m_dy = 2;
```

```
private Dimension m_akt_groesse;
private BufferedImage m_alienBild;

Alien(JPanel c,int x,int y) {
    m_canvas = c;
    m_xPos = x;
    m_yPos = y;
    m_akt_groesse = m_canvas.getSize();
    m_alienBild  = new BufferedImage(20 + 2*m_dx+1,20 +
                            *m_dy+1, BufferedImage.TYPE_INT_RGB);
    Graphics g   = m_alienBild.getGraphics();
    g.setColor(m_canvas.getBackground());
    g.fillRect(0,0, m_alienBild.getWidth(),
                    m_alienBild.getHeight() );
    zeichneFigur(m_dx, m_dy, g);
    g.dispose();
}

public void run() {
    anzeigen(); // Alien an der Startposition malen

    while(!isInterrupted()) {
        bewegen();

        try {
            sleep(50); // 50 ms schlafen
        }
        catch(InterruptedException e) {
            return;
        }
    }
}

void anzeigen() {
    Graphics g    = m_canvas.getGraphics();
    g.drawImage(m_alienBild, m_xPos, m_yPos, null);
    g.dispose();
}

private void zeichneFigur(int x,int y,Graphics g) {
    // Rumpf
    g.setColor(Color.BLACK);
    g.fillOval(x, y, 20, 20);
    g.drawLine(x+10, y+10, x, y+20);

    g.drawLine(x+10, y+10, x+20, y+20);

    // Augen
    g.setColor(Color.RED);
    g.fillOval(x + 5, y + 5, 4, 4);
    g.fillOval(x + 11, y + 5, 4, 4);
}

void bewegen() {
    m_akt_groesse = m_canvas.getSize();
    m_xPos = m_xPos + m_dx;
    m_yPos = m_yPos + m_dy;
```

```
        if(m_xPos < 0) {
            m_xPos = 0;
            m_dx = -m_dx;
        }
        if(m_xPos + 20 >=  m_akt_groesse.width) {
            m_xPos = m_akt_groesse.width - 20;
            m_dx = -m_dx;
        }
        if(m_yPos < 0) {
            m_yPos = 0;
            m_dy = -m_dy;
        }
        if(m_yPos + 20 >= m_akt_groesse.height) {
            m_yPos = m_akt_groesse.height - 20;
            m_dy = -m_dy;
        }

        anzeigen();
    }
}
```

Bei Animationen ist es wichtig, dass das eigentliche Zeichnen möglichst schnell passiert. Da wir unser Alien von Hand und zu Fuß mit Grafikprimitiven relativ langsam zeichnen, machen wir eine kleine Optimierung und legen im Konstruktor von Alien ein Bild vom Typ BufferedImage an und zeichnen vorab das Männchen. Später während der eigentlichen Animation zeichnen wir dann einfach immer wieder dieses Bild.

In der run()-Methode von Alien findet die eigentliche Animation statt: In einer Endlosschleife wird das Männchen um wenige Pixel verschoben und mithilfe der Methode bewegen() neu gezeichnet. Anschließend wird kurz geschlafen, damit die Männchen einen Augenblick auf der Leinwand zu sehen sind, dann geht es weiter mit dem nächsten Schleifendurchlauf. Beachten Sie den Test mittels isInterrupted() im Schleifenkopf, welcher der Thread-Instanz anzeigt, ob sie ihr Dasein beenden soll (wird allerdings im Beispiel eigentlich nicht benötigt, da wir die Threads zusammen mit dem ganzen Programm beenden).

Die Alien-Methode anzeigen() dient dazu, das Marsmännchen an einer bestimmten Position (gegeben durch die Instanzvariablen m_xPos und m_yPos) zu zeichnen. Wie oben schon erwähnt, haben wir das Männchen vorab in ein Bild gezeichnet. Wenn Sie sich den Code hierzu genau ansehen, werden Sie feststellen, dass wir das Bild etwas größer erstellen, als das eigentliche Männchen benötigt: Es hat dadurch einen Rand in der Farbe des Hintergrunds. Dadurch wird sichergestellt, dass wir beim Zeichnen des Bilds an der neuen Position das Männchen an der Vorgängerposition immer komplett überschreiben (ansonsten würden wir bei der Animation eine „Trümmerspur" hinterlassen).

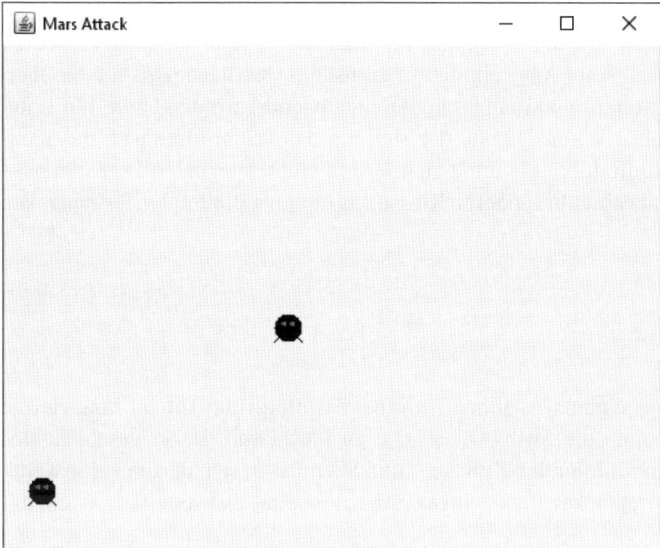

Bild 13.2 Der Angriff der Marsmännchen

Der Bewegungsalgorithmus

Werfen wir nun noch einen Blick auf die Alien-Methode bewegen(). Dort werden die Marsmännchen animiert, d. h.,

- wir berechnen zunächst die neue Position des Marsmännchens

- und zeichnen es dann an der neuen Position durch Aufruf der Methode anzeigen().

Damit die Marsmenschen an den Rändern unseres Fensters wie Gummibälle abprallen, besorgen wir uns zur Berechnung der neuen Positionen zuerst einmal die gegenwärtigen Abmaße des Fensters.

Danach bewegen wir das Männchen in x- und y-Richtung und prüfen dann nach, ob das Männchen irgendwo über den Rand hinausragt. Wenn ja, korrigieren wir die Position und negieren die Verschiebungsrichtung in x- bzw. y-Richtung für das Marsmännchen, sodass es genau wie ein Gummiball an einer Wand abprallt.

■ 13.6 Threads und Animation II

Im vorigen Abschnitt haben wir ein Männchen über die Zeichenfläche bewegt. Eine andere Art nennt sich *Frame-by-Frame-Animation*, die wir zum Abschluss dieses Kapitels kurz demonstrieren möchten. Das Prinzip ist ganz einfach: Man zeigt an einer festen Position in schneller Folge Einzelbilder an, sodass für das menschliche Auge die Illusion von Bewegung entsteht. Das kommt Ihnen bekannt vor? Richtig, es ist im Prinzip wie das Anzeigen eines Videos, allerdings in der Regel mit viel weniger Bildern. Die notwendigen Java-Zutaten kennen Sie schon fast alle.

Aufgrund der relativ großen Anzahl an Bildern kann das Laden am Programmanfang allerdings etwas dauern. Es bietet sich daher an, dies nicht im AWT-Event-Handling-Thread zu erledigen (dem Haupt-Thread einer Anwendung mit grafischer Oberfläche), damit die Oberfläche nicht einfriert und weiterhin aktualisiert oder auch beendet werden kann. Wir brauchen also erst einmal einen zweiten Thread, der sich um das Laden kümmert. Das kann man wie im vorigen Abschnitt durch die Implementierung einer geeigneten Thread-Klasse erreichen oder durch Einsatz einer besonderen Klasse aus der Java-Bibliothek: SwingWorker (Paket javax.swing).

13.6.1 SwingWorker

Die SwingWorker-Klasse ermöglicht es Ihnen, in einem Hintergrund-Thread langwierige Arbeiten durchzuführen, ohne die Swing-Oberfläche zu blockieren. Dabei geschieht das eigentliche Thread-Handling „hinter den Kulissen" und Sie müssen sich darum keine weiteren Gedanken machen. SwingWorker (Paket javax.swing) ist eine abstrakte Klasse und hat vier wichtige Methoden:

- T doInBackground(): Hier implementiert man die zu erledigenden Arbeiten (die im Hintergrund-Thread laufen sollen).
- void publish(E ... daten): dient zum Setzen von Zwischen-/Fortschrittsinformationen, die dem Benutzer angezeigt werden können (via process())
- void process(List<E> daten): dient zum Anzeigen von Daten bzw. Veränderungen in der grafischen Oberfläche. SwingWorker stellt dabei sicher, dass diese Methode immer im AWT-Event-Handling-Thread abläuft.
- void execute(): Damit wird alles gestartet.
- void done(): Nach Beendigung von doInBackground() wird automatisch die Methode done() aufgerufen, um zu signalisieren, dass alles erledigt ist. Auch bei done() wird automatisch sichergestellt, dass sie im AWT-Event-Handling-Thread abläuft.

Achtung!

Ein SwingWorker-Objekt dürfen Sie immer nur einmal verwenden (d. h. mit execute() starten). Falls Sie dieselbe Funktionalität noch einmal ablaufen lassen wollen, dann müssen Sie ein neues Objekt von Ihrer SwingWorker-Klasse erzeugen!

Wenden wir uns nun unserem geplanten Beispiel für die Frame-by-Frame-Animation zu. Das vollständige Beispiel *BilderAnimation.java* finden Sie in der Beispielsammlung (siehe Anhang F) im entsprechenden Beispielverzeichnis zu diesem Kapitel. Wir werden im Folgenden nur wichtige Codeschnipsel herausgreifen und besprechen.

Wir beginnen mit der Klasse zum Laden der Bilder, die wir für die Animation verwenden wollen. Wir verwenden dabei SwingWorker und leiten davon eine Klasse BildLader ab, welche die Bilder lädt und währenddessen eine aktualisierte Statusmeldung (z. B. welche Datei wurde gerade gelesen) ausgibt und am Ende hoffentlich Erfolg meldet.

Listing 13.3 Die Klasse BildLader (Ausschnitt)

```java
class BildLader extends SwingWorker<Boolean, Integer> {

    protected Boolean doInBackground() throws Exception {
        m_bilder = new ArrayList<Image>();

        try {
            for(int i = 0; i < 100; i++) {  // max. 100 Bilder lesen
                URL url = getClass().getResource("mixel" + i + ".png");
                Image bild = ImageIO.read(url);
                m_bilder.add(bild);
                publish(i);
            }
        } catch (Exception e) {
            // kein weiteres Bild mehr gefunden
        }

        m_aktBild = 0; // die Bilder sind bereit;
                       //Bild 0 auswählen
        repaint();
        return (m_bilder.size() > 0);
    }


    // dies wird immer im AWT-Event-Thread ausgeführt
    protected void process(List<Integer> nummern) {
        int anzahl = nummern.size();
        // es können die Daten von mehreren publish() Aufrufen
        //zusammengefasst worden sein
        // wir brauchen nur den neuesten Zählerwert
        m_label.setText("Bild Nr " + nummern.get(anzahl-1)
                        + " geladen.");
    }

    // dies wird immer im AWT-Event-Thread ausgeführt
    protected void done() {
        try {
            boolean status = get(); // Ergebnis von doInBackground()

            if(status) {
                JOptionPane.showMessageDialog(m_canvas,
                                "Alle Bilder geladen!");
                m_label.setText("Figur mit gedrückter Maus drehen! ");
            }
            else {
                JOptionPane.showMessageDialog(m_canvas,
                                "Laden ist fehlgeschlagen!");
                System.exit(1);
            }
        } catch (Exception e) {
                e.printStackTrace();
        }
    }
}
```

In der Methode doInBackground() passiert die zeitaufwendige Arbeit: Wir laden in einer Schleife die Bilder mittels der Methode ImageIO.read() in eine Liste. Dieser Methode kann man ein URL-Objekt mit der Lokation der Bilddateien mitgeben. Für dieses Beispiel liegen die Bilddateien im selben Verzeichnis wie die Klasse BildLader. Diesen Pfad kann man sich über die Anweisung

```
URL url = getClass().getResource("mixel" + i + ".png");
```

bequem zusammenbauen lassen.

Nach jedem geladenen Bild senden wir diese Information durch Aufruf von publish(i) indirekt an die Methode process(), welche diese Information dem Benutzer durch ein entsprechendes Update einer JLabel-Variablen auf der Swing-Oberfläche kundtut.

Am Ende von doInBackground() geben wir true zurück, um den Erfolg anzuzeigen. Nachdem diese Methode beendet wird, erfolgt automatisch ein Aufruf von done(), wo wir mit get() eben diesen Status aus doInBackground() ermitteln und dem Benutzer anzeigen können. Hierfür verwenden wir die recht praktische statische Hilfsmethode JOptionPane.showMessageDialog(), mit der man kleine Meldungsdialoge auf den Bildschirm bringen kann.

Der zweite interessante Aspekt von *BildAnimation.java* ist die Durchführung der Animation. Sie besteht darin, auf die Mausbewegung des Benutzers zu achten: Wenn er die linke Maustaste gedrückt hält und die Maus hin- und herbewegt, dann reagiert unser Programm darauf blitzschnell und tauscht das gerade angezeigte Bild durch ein anderes aus. Dies passiert in einer Klasse, die von MouseAdapter abgeleitet ist, und auf der Zeichenfläche für die Bilder. (Erinnern Sie sich bitte an die früheren Kapitel: Als Canvas nimmt man eine von JPanel abgeleitete Klasse und implementiert paintComponent() in geeigneter Weise.)

Listing 13.4 Die Klasse CanvasMausAdapter

```
class CanvasMausAdapter extends MouseAdapter {
    private int m_x_alt;

    public void mousePressed(MouseEvent e) {
        m_x_alt = e.getX();
    }

    public void mouseDragged(MouseEvent e) {
      if(m_aktBild == -1) {
        return; // wir sind noch am Laden
      }

      int x = e.getX();
      int dx = x - m_x_alt;

      if(dx > 0) { // nach rechts
        m_aktBild++;

        if(m_aktBild >= m_bilder.size()) {
          m_aktBild = 0;
        }
      }
      else if(dx < 0) { // nach links
          m_aktBild--;
```

```
          if(m_aktBild <= 0) {
            m_aktBild = m_bilder.size()-1;
          }
        }

        repaint(); // neu zeichnen anfordern
        m_x_alt = x;
      }
    }
```

Das Bewegen der gedrückten linken Maus bezeichnet man als Drag und muss nicht weiter überraschend in der Methode mouseDragged() behandelt werden. Wir ermitteln dort, in welche Richtung der Benutzer die Maus bewegt, und bewegen uns entsprechend in dem Array an Bildern.

Das eigentliche Zeichnen des aktuellen Bilds erfolgt in der paintComponent()-Methode einer von JPanel abgeleiteten Klasse Canvas:

Listing 13.5 Die Klasse Canvas

```
class Canvas extends JPanel {

    public Canvas() {
        CanvasMausAdapter mausAdapter = new CanvasMausAdapter();
        addMouseMotionListener(mausAdapter);
        addMouseListener(mausAdapter);
    }

    protected void paintComponent(Graphics g) {
        super.paintComponent(g);

        if(m_aktBild >= 0) {
            g.drawImage(m_bilder.get(m_aktBild), 0,  0, null);
        }
    }
}
```

Wie Sie erkennen können, ist paintComponent() schon fast enttäuschend einfach: Es wird einfach das aktuell ausgewählte Bild gezeichnet! Der Clou bei Frame-by-Frame-Animation liegt in der geschickten Auswahl der Bildfolge, aus der man das anzuzeigende Bild herausgreift. In diesem Beispiel wurde eine 360°-Rotation einer Figur als Film aufgenommen und dann in mehrere hundert Einzelbilder zerlegt. Das Anzeigen dieser Einzelbilder in Abhängigkeit der Mausbewegung bewirkt die Illusion, dass der Benutzer das Objekt wirklich dreht.

Bild 13.3 Frame-by-Frame-Animation einer Figur

■ 13.7 Zusammenfassung

Auf modernen Rechnern können Programme mehrere Ausführungsfäden (Threads) parallel laufen lassen. Um eine Klasse threadfähig zu machen, leitet man sie von der Basisklasse Thread ab oder lässt sie die Schnittstelle Runnable implementieren.

Um einen Thread zu erzeugen, bedarf es zweier Dinge: der Instanzierung der Thread-Klasse und des Aufrufs der start()-Methode des Thread-Objekts.

Die Anweisungen, die ein Thread ausführt, stehen in seiner run()-Methode (sozusagen der main()-Methode des Threads). Solange der Thread die run()-Methode abarbeitet, lebt er. Der Aufruf der run()-Methode des Threads erfolgt stets indirekt durch Aufruf der Thread-Methode start().

Das Anhalten und Fortsetzen von Threads erfolgt am einfachsten durch Beenden und Neu-anlegen des Threads. Hierzu muss die run()-Methode so aufgebaut sein, dass sie in einer Endlosschleife eine Abbruchbedingung testet (z. B. isInterrupted()).

Im Zusammenspiel mit der Swing-Oberfläche sollten Sie den Einsatz von SwingWorker ins Auge fassen, um sich das manuelle Thread-Handling zu ersparen.

◼ 13.8 Fragen und Antworten

1. Warum muss man sich mit `synchronized` selbst darum kümmern, dass Methoden thread-sicher sind? Warum sind das nicht alle Methoden automatisch?

   Die Schöpfer von Java haben dies vermutlich aus Performancegründen getan. Alles automatisch threadsicher zu implementieren, würde die generelle Ablaufgeschwindigkeit deutlich verringern.

◼ 13.9 Übungen

1. Erweitern Sie das Beispiel *UhrzeitAnzeige* aus Abschnitt 13.2 um einen Thread, der jede Sekunde den Fenstertitel um ein * verlängert (Methode `JFrame.setTitle()`). Implementieren Sie den Thread unter Verwendung der Schnittstelle `Runnable` direkt in der Fensterklasse `UhrzeitAnzeige`.

2. Ändern Sie das Beispiel *MarsAttack* so, dass ein Marsmännchen beendet wird und somit seine Bewegung stoppt, wenn der Benutzer darauf klickt.

14 Sound

Auch als Java-Anhänger muss man zugeben: Die Fähigkeiten von Java zum Thema Sound sind nicht unbedingt nobelpreisverdächtig, aber dennoch nicht zu verachten. Auch als Einsteiger kann man beispielsweise mit einem Zweizeiler an Code ein Java-Programm dazu bewegen, sich akustisch bemerkbar zu machen.

■ 14.1 Was ist eine URL?

Bevor wir mit dem eigentlichen Abspielen von Sounddateien beginnen, müssen wir uns kurz über URLs unterhalten. Sie dienen zur eindeutigen Angabe einer Ressource.

URL steht für *uniform resource locator* und beschreibt den Ort einer bestimmten Ressource auf dieser Welt, z. B. für eine Datei, die im Internet erreichbar ist: *http://www.oracle.com/index.html*. Diese URL verweist auf den Server der Firma Oracle und zeigt die Struktur einer URL auf:

> *schema:spezifischer Teil*

Die URL beginnt immer mit dem Schema (manchmal auch Protokoll genannt), dann kommt ein Doppelpunkt als Trennzeichen und danach ein schemaspezifischer Teil.

Beispiel 1:

> *http://www.oracle.com/index.html*

Das Schema ist hier *http*, d. h., für die Übertragung kommt das HTTP-Protokoll für Webbrowser zur Anwendung. *www.oracle.com* ist der Domain-Name des Rechners und *index.html* ist der Name einer Datei auf diesem Server.

Beispiel 2:

> `file:///c:/windows/hh.exe`

Diese URL besagt, dass wir uns auf das lokale Dateisystem beziehen und dort die Datei *c:\windows\hh.exe* meinen.

URLs erzeugen

Java definiert zum Umgang mit URLs eine spezielle Klasse, die praktischerweise auch genauso heißt, also URL, und aus dem Paket *java.net* importiert werden muss. Bei der Instanzbildung übergibt man die tatsächliche URL dann einfach als String an den Konstruktor der Klasse URL:

```
URL oracle = new URL("http://www.oracle.com/index.html");
```

Wenn dem Konstruktor ein String mit einem unbekannten Schema übergeben wird, löst er eine besondere Exception aus, MalformedURLException, die abgefangen werden muss. Daher sollte das Erzeugen einer URL mit einem try-catch-Block gesichert werden:

```
try {
  URL oracle = new URL("http://www.oracle.com/index.html");
  URL datei  = new URL("file:///c:/windows/hh.exe");
}
catch(MalformedURLException e) {
  // Fehlerbehandlung falls erforderlich
}
```

Falls man eine URL erstellen will, die sich auf das lokale Dateisystem bezieht (also *file://*), und man hat bereits den Zugriff auf die Datei in Form eines File-Objekts vorliegen, dann kann man sich direkt ein URL-Objekt geben lassen:

```
File datei = new File("c:\\windows\\hh.exe");
URL dateiUrl = datei.toURI().toURL();
```

■ 14.2 Sounddateien abspielen

Java bietet zum einfachen Abspielen von Sounddateien die Schnittstelle AudioClip (Paket java.applet). Man kann sich ein konkretes Objekt über die statische Methode Applet.newAudioClip() besorgen:

```
    try {
     File datei = new File("c:\\temp\\das_lied.wav");
      URL url = datei.toURI().toURL();
      AudioClip clip = Applet.newAudioClip(url);
      clip.play();
    }
    catch(Exception ex) {
       ex.printStackTrace();
    }
```

AudioClip hat die Methoden play() und stop(), mit denen sich die Sounddatei abspielen bzw. stoppen lässt, sowie loop(), das ein Abspielen als Endlosschleife bewirkt. Der Aufruf von play() und loop() ist dabei nichtblockierend, d. h., es wird intern ein Hintergrund-Thread gestartet, der sich um das Abspielen kümmert. Das restliche Java-Programm kann ganz normal weiter ablaufen.

AudioClip unterstützt neben dem unkomprimierten WAV-Format noch einige andere Formate, die aber im Alltag eher unbedeutend sind, beispielsweise AU, AIFF und MIDI. Leider wird das allgegenwärtige MP3-Format nicht unterstützt.

Eine Sounddatei wird bei Verwendung von AudioClip komplett in den Hauptspeicher eingelesen. Dies hat zwei wichtige Konsequenzen, die Sie beachten müssen:

- Bei Aufruf von play() kann es zu einer Verzögerung kommen, da zuerst etwas Zeit für das Einlesen benötigt wird, was wiederum von der Größe der Datei abhängt.

- Sehr große Dateien kann man so nicht verarbeiten, da der verfügbare Hauptspeicher (genauer der sogenannte Heap) natürlich begrenzt ist.

Beide Probleme lassen sich durch Verwendung der Java-Sound-API und der Klasse AudioInputStream (Paket javax.sound.sampled) lösen, was leider vom Umfang und der Komplexität den Rahmen unseres Einsteigerbuchs sprengt.

■ 14.3 Wiedergabe von MP3

MP3-Dateien lassen sich wie bereits erwähnt mit AudioClip nicht abspielen (und auch die recht umfangreiche und komplexe Java-Sound-API im Paket javax.sound kann dies leider nicht!).

Ab Java 8 kann man sich aber mit einem kleinen Trick behelfen. Java 8 enthält nämlich standardmäßig eine neue Bibliothek namens *JavaFX*, die eigentlich für reichhaltige Benutzeroberflächen gedacht ist, aber auch ganz nebenbei das geliebte MP3-Format unterstützt.

```
import javafx.embed.swing.JFXPanel;
import javafx.scene.media.Media;
import javafx.scene.media.MediaPlayer;

// ...

try {
    JFXPanel fxPanel = new JFXPanel(); // JavaFX initialisieren
    File datei = new File("c:\\temp\superlied.mp3");
    Media hit = new Media(datei.toURI().toString());
    MediaPlayer mediaPlayer = new MediaPlayer(hit);
    mediaPlayer.play();
}
catch(Exception ex) {
    ex.printStackTrace();
}
```

Wesentliche Zutaten sind die Klassen Media (Paket javafx.scene.media) zur Repräsentation einer MP3-Datei sowie MediaPlayer zum eigentlichen Abspielen. Damit das Ganze aber auch funktioniert, muss man zuvor einmalig ein Dummy-Objekt vom Typ JFXPanel erzeugt haben, damit die JavaFX-Laufzeitumgebung initialisiert wird. Das war es dann schon: Hurra, wir können MP3!

■ 14.4 Tonerzeugung mit MIDI

Erstaunlich wenig bekannt ist der Umstand, dass man mit Java auch MIDI-fähig ist! Wem MIDI nichts sagt: Die Abkürzung steht für *Musical Instrument Digital Interface* und ist ein Standard für den Austausch von musikalischen Steuerinformationen. Vereinfacht ausgedrückt umfassen die MIDI-Daten alle notwendigen Informationen, um einen bestimmten Klang zu beschreiben, sodass er durch geeignete elektronische Musikgeräte (wie Synthesizer, Keyboard, Computer) erzeugt werden kann. Da MIDI nur aus Steuerdaten besteht und nicht den eigentlichen hörbaren Tonsignalen, ist es gleichzeitig ein sehr kompaktes Dateiformat, um Instrumentalmusik zu speichern und zu übertragen. Hierbei existieren mehrere Formate, von denen mit Java *TYPE 0 MIDI*, *TYPE 1 MIDI* und *RMF* lesbar sind.

Das eigentliche Erzeugen eines Tons gemäß den MIDI-Daten macht nicht unbedingt das Java-Programm selbst, sondern das darunterliegende Betriebssystem, das eine sogenannte Soundbank zur Verfügung stellen muss. Bei Microsoft Windows ist dies glücklicherweise der Fall und es steht daher nichts im Wege, um mit MIDI zu musizieren.

14.4.1 Abspielen einer MIDI-Datei

Falls Sie keine MIDI-Dateien haben, können Sie auf vielen Webseiten geeignetes Material zum Ausprobieren finden, beispielsweise *http://www.free-midi.org/*. MIDI-Dateien haben typischerweise die Endung *.mid*.

Der Kern von MIDI ist eine Komponente namens *Sequencer*, die nicht weiter überraschend in der Java-Welt genauso heißt und wie alle anderen MIDI-bezogenen Klassen im Paket `javax.sound.midi` zu finden ist.

```java
import javax.sound.midi.*;

// ...

try {
    Sequencer sequencer = MidiSystem.getSequencer();
    sequencer.open();
    File f = new File("c:\\temp\\demo.mid");
    sequencer.setSequence( MidiSystem.getSequence(f) );
    sequencer.start();

    // später: wieder beenden
    sequencer.stop();
}
catch(Exception ex) {
    ex.printStackTrace();
}
```

Ein `Sequencer`-Objekt erhält man von der statischen Methode `MidiSystem.getSequencer()`. Mittels `open()` wird der Sequencer initialisiert und mit einer MIDI-Datei gefüttert. Mit `start()` beginnt dann das Abspielen, das in einem separaten Hintergrund-Thread durchgeführt wird, sodass der Aufruf von `start()` nicht blockierend ist und das Programm andere

Dinge erledigen könnte. Durch Aufruf der stop()-Methode kann man bei Bedarf das Abspielen wieder beenden.

14.4.2 Selber Musik machen

Richtig Spaß kommt natürlich erst dann auf, wenn man mit MIDI selbst Musik macht. Dies ist nur geringfügig aufwendiger als das reine Abspielen aus dem vorigen Abschnitt. Wir kommen aber nicht umhin, ein bisschen mehr MIDI-Details zu streifen.

Um selbst Töne zu erzeugen, brauchen wir ein Synthesizer-Objekt, das man über eine statische Factory-Methode erlangen kann:

```
Synthesizer synthesizer = MidiSystem.getSynthesizer();
```

Wie bereits erwähnt, braucht man für MIDI eine Soundbank, welche die zur Verfügung stehenden Instrumente definiert. Der folgende Code-Schnipsel zeigt, wie das erste gefundene Instrument in der Soundbank, das sich „Piano" nennt, für den Synthesizer aktiviert wird:

```
Synthesizer synthesizer = MidiSystem.getSynthesizer();
synthesizer.open();

Instrument[] instruments =
                synthesizer.getDefaultSoundbank().getInstruments();

for(Instrument instrument : instruments) {
    if(instrument.getName().startsWith("Piano")) {
        synthesizer.loadInstrument(instrument);
        break;
    }
}
```

Neben dem Instrument muss noch der Ausgabekanal festgelegt werden. MIDI unterstützt 16 Kanäle, auf denen gleichzeitig Töne generiert werden können. Die Java-Repräsentation heißt MidiChannel, z. B. zur Auswahl des Kanals 0:

```
MidiChannel kanal = synthesizer.getChannels()[0];
```

Jedes Instrument ist einem sogenannten Programm zugeordnet. Damit ein MIDI-Kanal mit dem gewünschten Programm bzw. Instrument arbeitet, muss man dies mit der Methode programChange() festlegen:

```
kanal.programChange(instrument.getPatch().getProgram());
```

Um nun auf einem Kanal einen Ton zu erzeugen, verwendet man die Methoden noteOn() zum Anschalten und noteOff() zum expliziten Ausschalten:

```
kanal.noteOn(60, 64);
kanal.noteOff(60);
```

Der erste Parameter definiert dabei die Note (0 <= n <= 127, z.B. 24 = C', 60 = c'), der zweite die Anschlaggeschwindigkeit, was sich auf Lautstärke und Klang auswirkt. Für die Geschwindigkeit muss der Wert ebenfalls zwischen 0 und 127 liegen.

 Eine grafische Zuordnung von Note zu MIDI-Notennummer finden Sie unter *http://upload.wikimedia.org/wikipedia/commons/2/27/NoteNames FrequenciesAndMidiNumbers_v2.svg.*

Im folgenden Beispiel werden nacheinander die Instrumente „Piano 1" und „Church Organ. 1" aktiviert und einige Noten gespielt:

```java
for(Instrument instrument : instruments) {
   String name = instrument.getName().trim();

   if(name.equals("Piano 1") || name.equals("Church Org.1")) {
      System.out.println(name + " klingt so ...");
      synthesizer.loadInstrument(instrument);
      kanal.programChange(instrument.getPatch().getProgram());

      for(int i = 60; i <= 68; i++) {
         kanal.noteOn(i, 64);
         Thread.sleep(500); // 0,5 s warten
         kanal.noteOff(i);
      }
   }
}
```

Damit haben Sie schon alle notwendigen Grundlagen, um mit MIDI eigene Musik zu machen. Im Beispielverzeichnis zu diesem Kapitel finden Sie das Programm *KlavierDemo*, das ein einfaches Klavier anbietet!

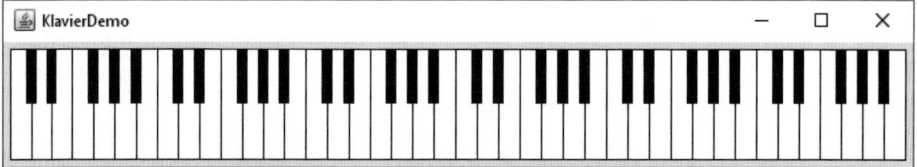

Bild 14.1 Ein Klavier mit KlavierDemo

■ 14.5 Zusammenfassung

URLs werden in Java-Programmen durch Instanzen der Klasse URL repräsentiert.

Zum Abspielen von Sounddateien verwendet man die Methode Applet.newAudioClip(), die ein AudioClip-Objekt zurückliefert.

Zum Abspielen von MP3-Dateien kann man sich ab Java 8 mit den Klassen `Media` und `MediaPlayer` aus der JavaFX-Welt behelfen.

Java ist auch MIDI-fähig. Die wesentlichen Zutaten sind Objekte vom Typ `Sequencer`, `Synthesizer` und `MidiChannel`.

■ 14.6 Fragen und Antworten

1. Ich habe irgendwo etwas von JMF (Java Media Framework) gelesen. Was ist das?

   JMF stammt noch aus den Anfangsjahren von Java und war eine optionale Erweiterung, die man gesondert herunterladen musste. Man konnte damit Bild- und Tondaten aufnehmen und abspielen. Zeitweilig war damit sogar das Abspielen von MP3 möglich. Seit ca. 2004 ist JMF im Prinzip „tot" und sollte nicht mehr eingesetzt werden.

2. Und wie steht es mit JavaFX?

   JavaFX ist gewissermaßen der designierte Nachfolger von Swing und des Java Media Framework. Es bietet Unterstützung für die Erzeugung einer reichhaltigen und attraktiven Benutzeroberfläche und muss sich auch bei seinen multimedialen Fähigkeiten nicht verstecken. Die Zukunft wird zeigen, ob es sich in der Entwicklergemeinde durchsetzt.

3. Gibt es noch andere Soundbanks für MIDI?

   Ja, beispielsweise hier: *www.oracle.com/technetwork/java/soundbank-deluxe-150042.zip*. Das Archiv enthält auch die Installationsanweisungen.

■ 14.7 Übungen

1. Schreiben Sie ein kleines Programm, das in einem Fenster eine Schaltfläche zur Auswahl einer Sounddatei anbietet (verwenden Sie dafür `JFileChooser`), die dann je nach Dateiendung über `AudioClip` bzw. bei MP3 über den JavaFX `MediaPlayer` abgespielt wird.

15

Die Datenbank-
schnittstelle JDBC

Nachdem Sie mittlerweile einen recht gründlichen Überblick über die Programmiersprache Java erworben haben, wollen wir uns nun an eine Aufgabe wagen, die vor allem im Unternehmensbereich, aber auch zunehmend im privaten Bereich zum Einsatz kommt.

Die Programmierung mit Datenbanken zählt zweifelsohne zu den fortgeschritteneren Techniken und gehört nicht unbedingt in ein Einsteigerbuch. Gleiches könnte man aber auch von anderen Themen, die wir in diesem Buch angerissen haben, behaupten. Warum also ausgerechnet auf die Datenbankintegrierung verzichten? Getreu unserem Grundsatz, es weder uns noch den Lesern allzu leicht zu machen und auch komplexere Themen nicht von vornherein auszuklammern, haben wir für alle[1], die es interessiert, noch dieses kleine Kapitel zur Integration von Datenbanken in Java-Anwendungen aufgenommen.

In früheren Zeiten musste man sich als Programmierer völlig allein um alle anfallenden Probleme kümmern. Ein immer wiederkehrendes Problem war und ist natürlich das strukturierte Abspeichern und Wiederfinden von größeren Datenmengen. Anstatt jedes Mal das Rad neu zu erfinden und dabei zahllose Stunden Entwicklungsarbeit und noch mehr Aufwand für die anschließende Fehlersuche zu investieren, wurden separate Datenbankprogramme erfunden und einige Jahre später war es dann auch Standard, für jede Datenbank eine besondere Programmbibliothek mitzugeben, mit deren Hilfe man aus einem selbst geschriebenen Programm heraus darauf zugreifen kann. Für Java-Programme nennt sich diese Schnittstelle JDBC (Java Database Connectivity).

■ 15.1 Datenbanken-ABC

Daten, Datenbanken und Tabellen

Der Begriff der Datenbank hat im allgemeinen Sprachgebrauch zwei Bedeutungen. Zum einen bezeichnet er eine Sammlung von Daten, einen Datenbestand. Zum anderen bezeichnet er die Software, sprich das Programm, mit dem ein Datenbestand verwaltet und bearbeitet werden kann. In diesem Kapitel werden wir unter einer Datenbank vornehmlich den

---

[1] Obwohl wir leider zugeben müssen, dass sich dieses Kapitel vornehmlich an die Windows-Fraktion unter den Lesern wendet.

Datenbestand verstehen und im anderen Fall von einem Datenbanksystem (DBMS) sprechen.

Daten in Datenbanken werden üblicherweise in Tabellenform dargestellt. Eine Datenbank kann dabei aus einer oder mehreren Tabellen bestehen.

Tabelle 15.1 Beispiel für eine Tabelle

Nr	Name	Vorname	Geburtsdatum	Label	Umsatz
1	Meier	Kurt	1981-05-17	AKK	120.000
2	Navier	Sara	1986-03-15	DRT	378.000
3	Schmidt	Paul	1980-08-22	EMI	198.000
4	Lejeune	Dana	1991-11-04	N2N	400.000
5	Tempa	Louisa	1989-12-19	DRT	766.300

Tabellen sind jedermann wohlvertraut und es ist daher ganz natürlich, dass man seit den ersten Entwürfen von computergestützten Datenbanken den Tabellengedanken übernommen hat.

In einer Datenbanktabelle repräsentiert jede Zeile einen **Datensatz**, dessen Daten sich aus den einzelnen Spaltenwerten zusammensetzen. Jede Spalte muss dabei einen klar definierten Datentyp haben. Im Zusammenhang mit Datenbanken nennt man die Spalten manchmal auch **Felder**.

Die einzelnen Datensätze einer Tabelle werden in der Datenbank in der Reihenfolge abgespeichert, in der sie eingegeben wurden. Für spätere Zugriffe und Auswertungen ist dies in der Regel nicht die gewünschte Reihenfolge. Daher bieten alle Datenbanksysteme eine Vielzahl an Operationen an, um mit den Daten zu arbeiten, z. B. um die Datensätze (also die Zeilen einer Tabelle) nach einer gewissen Spalte zu sortieren und auszugeben.

Relationale Datenbanksysteme (RDBMS)

Das besondere Kennzeichen relationaler Datenbanksysteme ist, dass sie die Daten mehrerer Tabellen zueinander in Beziehung setzen beziehungsweise dass sie – um es von der Seite des Anwenders zu betrachten – es ermöglichen, die zu verwaltende Information auf mehrere Tabellen aufzugliedern. Die Verbindung zwischen den Tabellen wird dabei durch sogenannte Schlüsselfelder hergestellt.

Ein Vorteil relationaler Datenbanksysteme zeigt sich, wenn Sie viele Datensätze haben, die gleichlautende speicherintensive Einträge zu einem Feld der Datenbank besitzen. Ein Beispiel wäre eine Datenbank, in der alle Dateien auf Ihrem Computer gespeichert sind. Zu jeder Datei speichern Sie das Erstellungsdatum, den Datentyp und natürlich den Verzeichnispfad. Dabei haben alle Dateien eines Verzeichnisses den gleichen Verzeichnispfad und dieser kann naturgemäß sehr lang sein, weswegen diese Information recht speicherintensiv ist. Hier kann man Speicher sparen, indem man in der Tabelle mit den Dateien statt des Verzeichnispfads ein Kürzel oder einen simplen Zahlenindex aufführt. Die gleichen Zahlenindizes werden dann in einer zweiten Tabelle mit den Verzeichnispfaden verbunden, wobei in dieser zweiten Tabelle jeder Verzeichnispfad nur einmal abgespeichert werden muss. Die Verknüpfung der beiden Tabellen erfolgt hier also über das Feld mit den Zahlenindizes.

Ein weiterer Vorteil der relationalen Datenbanksysteme ist ihr modulares Konzept, das sie ohne große Mühe beliebig erweiterbar macht und dabei sparsam mit Speicherressourcen umgeht.

SQL

SQL steht für Structured Query Language und bezeichnet eine ursprünglich von IBM entwickelte Sprache zur Kommunikation mit relationalen Datenbanksystemen. Anders als die Übersetzung des Akronyms andeutet, ist SQL jedoch nicht strukturiert, sondern besteht aus einer einfachen Sammlung von Datenbankbefehlen, mit denen Daten aus Datenbanken abgefragt, aber auch Datenbanken neu angelegt werden können. Neben der Mächtigkeit der Sprache liegt ihr Wert natürlich auch darin, dass sie einen Quasi-Standard definiert, der von den meisten Datenbanksystemen unterstützt wird.

Die in Java integrierte Datenbankunterstützung nutzt SQL, um mit Datenbanken zu kommunizieren und Datenbanken aus Java-Programmen heraus aufzubauen, zu verändern oder zu löschen.

■ 15.2 Die JDBC-Schnittstelle

Bei der Datenbankintegration geht es uns darum, auf die Daten einer Datenbank von einem Java-Programm aus zuzugreifen. Bekannte Datenbanksysteme sind MySQL und Postgres oder im Windows-Umfeld auch Microsoft Access.

Für den Zugriff wird aber eine Schnittstelle zwischen dem Java-Programm und dem jeweiligen Datenbanksystem benötigt. Diese Schnittstelle heißt *JDBC*.

JDBC

Die JDBC, „Java DataBase Connectivitiy", ist eine Sammlung von Klassen und Schnittstellen, mit deren Hilfe man eine Verbindung zwischen einem Java-Programm und einem Datenbanksystem bzw. einer darin verwalteten Datenbank aufbauen kann.

Die wichtigsten Klassen der JDBC sind in der nachfolgenden Tabelle zusammengefasst.

Tabelle 15.2 Die wichtigsten JDBC-Klassen

Klasse	Bedeutung
`Driver`	Zur Implementierung und Registrierung von Datenbanktreibern
`DriverManager`	Zum Herstellen einer Verbindung zwischen dem Programm und der Datenbank Zuvor muss ein passender Treiber unter dem `DriverManager` registriert worden sein.
`Connection`	Repräsentiert eine Verbindung zu einer Datenbank.

(Fortsetzung nächste Seite)

Tabelle 15.2 Die wichtigsten JDBC-Klassen *(Fortsetzung)*

Klasse	Bedeutung
Statement	Zum Aufsetzen und Abschicken von SQL-Befehlen an die Datenbank
ResultSet	Repräsentiert die aus der Datenbank zurückgelieferten Daten.

JDBC-Treiber

JDBC auf der einen Seite und ein Datenbanksystem auf der anderen Seite reichen allerdings noch nicht aus, um eine Datenbankverbindung herzustellen. Was man zudem noch benötigt, ist ein Treiber, der die JDBC-Befehle versteht, übersetzt und an die Datenbank weiterleitet.

Um also beispielsweise ein MySQL-Datenbanksystem anzusprechen, braucht man einen JDBC-Treiber für MySQL; um ein Oracle-Datenbanksystem anzusprechen, braucht man einen JDBC-Treiber für Oracle und so weiter.

■ 15.3 Vorbereitung für JavaDB

Im Folgenden werden wir den Zugriff auf ein Datenbanksystem demonstrieren. Unser Beispielprogramm soll *JavaDBDemo* heißen und wird Daten aus einer Datenbank namens *musik* lesen bzw. schreiben. Die Datenbank *musik* besteht dabei aus einer einzigen Tabelle namens *interpreten*.

Als Datenbanksystem verwenden wir dabei *JavaDB*. Dies ist ein im JDK integriertes Datenbanksystem, das voll JDBC-kompatibel ist. Sie brauchen daher für das Nachvollziehen des Beispiels keine andere Datenbanksoftware zu installieren.

Wir brauchen lediglich ein jar-Archiv, das Sie im Installationsverzeichnis des JDK im Unterverzeichnis *db\lib* finden: *derby.jar*. Am einfachsten ist es, diese jar-Datei in Ihr aktuelles Arbeitsverzeichnis zu kopieren.

■ 15.4 Zugriff auf eine Datenbank

Kommen wir nun zum programmatischen Zugriff auf eine Datenbank aus einem Java-Programm heraus. Dies besteht im Wesentlichen aus drei Schritten:

- Aufbau der Verbindung,
- Durchführen von Lese- und/oder Schreiboperationen,
- Beenden der Verbindung.

Gehen wir nun diese Aspekte der Reihe nach durch.

15.4.1 Verbindungsaufbau

Zuerst muss der JDBC-Treiber geladen sein, genauer: die Klasse, welche den Treiber in der Java-Welt repräsentiert. Der Name dieser Klasse hängt wie bereits erwähnt davon ab, mit welchem Datenbanksystem wir uns verbinden wollen. In unserem Fall für JavaDB heißt er org.apache.derby.jdbc.EmbeddedDriver und wird mit der Methode Class.forName() geladen:

```
Class.forName("org.apache.derby.jdbc.EmbeddedDriver");
```

Damit diese Anweisung erfolgreich zur Laufzeit abgearbeitet werden kann, muss die Treiberdatei (in unserem Fall also *derby.jar*) im Klassenpfad (CLASSPATH) aufgenommen sein, d. h., der Aufruf erfolgt beispielsweise über die Option -cp beim Aufruf von *java.exe*:

   java -cp .;derby.jar JavaDBDemo

Als Nächstes muss sich das Programm beim Datenbanksystem mit einem Benutzernamen und Passwort anmelden und kundtun, mit welcher Datenbank es arbeiten möchte:

```
Properties props = new Properties();
props.put("user", "javauser");
props.put("password", "lomu");

String db = "jdbc:derby:musik";
Connection verbindung = null;
verbindung = DriverManager.getConnection(db,props);
```

Eine Verbindung wird durch ein Objekt vom Typ Connection (Paket java.sql) repräsentiert. Geöffnet wird die Verbindung durch einen Aufruf der statischen Methode DriverManager.getConnection(). Dieser übergeben wir als Parameter den genauen Namen der Datenbank (für den JDBC-Zugriff ist dies der Name der Treiberverbindung, in unserem Fall "jdbc:derby:musik") sowie ein Properties-Objekt mit dem Benutzernamen und Passwort, mit dem sich das Programm in das Datenbanksystem einloggen soll.

Benutzername, Passwort und der Name der Datenbank müssen bei einer vorangegangenen Erzeugung der Datenbank genauso gesetzt worden sein, damit der Verbindungsaufbau funktionieren kann.

Im Falle von JavaDB gibt es hier aber eine kleine Besonderheit: Wenn keine passende Benutzer- und Datenbank gefunden wird, geht JavaDB davon aus, dass diese neu erzeugt werden soll. Dies ist der einzige wesentliche Unterschied zu anderen Datenbanksystemen, wo solche administrativen Schritte explizit mit Hilfsprogrammen etc. durchgeführt werden müssen.

15.4.2 Lese- und Schreiboperationen durchführen

Für den eigentlichen Zugriff bei Vorliegen eines validen Connection-Objekts dient ein Statement-Objekt:

```
Statement st = verbindung.createStatement();
```

Mit seiner Hilfe kann man Befehle an das Datenbanksystem für die aktuelle Datenbank senden. Diese Befehle müssen einer halbwegs standardisierten Syntax folgen, die man *SQL:* (Structured Query Language) nennt.

Man erzeugt daher einen String mit den gewünschten SQL-Anweisungen und sendet ihn dann an das Datenbanksystem via `executeQuery()`, z.B.

```
String sql = "SELECT * FROM interpreten;";
ResultSet ergebnis= st.executeQuery(sql);
```

Um Daten aus der Datenbank abzufragen, verwendet man den SQL-Befehl `SELECT`.

Zum `SELECT`-Befehl gehört die Angabe der Felder und der Tabellen, denen die Daten entnommen werden sollen. Der obige Befehl liest alle Zeilen mit allen Spalten (* = alle Spalten) der Tabelle `interpreten`.

SQL ist übrigens case-insensitiv, d.h., es ist egal, ob Sie die Kommandos groß oder klein schreiben.

Das Ergebnis einer `SELECT`-Abfrage ist ein besonderes Objekt vom Typ `ResultSet`. Es enthält die gelesenen Daten in einer Art dynamisch erzeugter Untertabelle der Originaltabelle. Der Zugriff auf diese Daten kann beispielsweise so erfolgen:

```
while(ergebnis.next()) {
    int num      = ergebnis.getInt("nummer");
    String name  = ergebnis.getString("name");
    // hier Daten verwenden usw.
}
```

Mithilfe der Methode `next()` von `ResultSet` können wir uns in der Ergebnistabelle von einem Datensatz („Zeile") zum nächsten vorarbeiten und mit verschiedenen Methoden sind wir in der Lage, die interessierenden Daten auszulesen. Die verwendete `getXXX()`-Methode muss dabei zum Datenformat des gelesenen Werts passen: `getInt()` für `int`-Werte, `getString()` für Zeichenketten, `getDouble()` für `double`-Werte usw.

Zum Senden von schreibenden SQL-Befehlen werden ebenfalls ein `Statement`-Objekt und seine Methode `execute()` verwendet. Der SQL-Befehl wird analog zum Lesen als String definiert und dieser Methode übergeben:

Anlegen einer Tabelle

```
Statement st = verbindung.createStatement();
String sql;
sql = "CREATE TABLE interpreten(nummer INT NOT NULL, "
    + "name VARCHAR(30) NOT NULL, "
    + "vorname VARCHAR(30) NOT NULL, "
    + "geburtsdatum DATE NOT NULL,  "
    + "plattenlabel VARCHAR(30), "
    + "umsatz DECIMAL(9,2), "
    + "PRIMARY KEY(nummer))";
st.execute(sql);
```

Wir können im Rahmen dieses Schnelleinstiegs nicht die genaue Syntax im Detail erläutern, aber mit etwas Fantasie lässt sich die obige SQL-Anweisung verstehen. Es wird eine

Tabelle namens *interpreten* erzeugt, mit den Spalten *nummer, name, vorname, geburtsdatum, plattenlabel* und *umsatz*.

Zu jeder Spalte wird ein Datentyp definiert (VARCHAR(30) beispielsweise ist eine Zeichenkette der maximalen Länge 30). Eine Besonderheit spielt die Spalte *nummer*. Durch die Angabe von PRIMARY KEY signalisieren wir, dass es ein Primärschlüssel sein soll, d. h., durch diese Spalte soll eine Zeile eindeutig identifizierbar sein. Dies bedeutet automatisch, dass jeder Wert von *nummer* nur einmal in der ganzen Tabelle *interpreten* vorkommen darf.

Einfügen eines Datensatzes

Zum Einfügen dient das SQL-Kommando INSERT, das in seiner Struktur der Tabellendefinition entsprechend folgen muss. Für die oben erzeugte Tabelle *interpreten* würde ein Einfügen eines neuen Datensatzes (= eine neue Zeile in der Tabelle) folgendermaßen aussehen:

```
sql ="insert into interpreten values" +
    "(1, 'Meier', 'Kurt', '1981-05-17', " +
    "'AKK', 120000)";
st.execute(sql);
```

15.4.3 Verbindung schließen

Das Beenden der Verbindung erfolgt auf dem Connection-Objekt:

```
verbindung.close();
```

Falls das Programm keine weitere JavaDB-Aktion (z. B. mit einer anderen Tabelle) durchführen soll, dann sollte noch das JavaDB-System an sich durch folgenden Codeschnipsel beendet werden:

```
try {
    DriverManager.getConnection("jdbc:derby:;shutdown=true");
}
catch (SQLException e) {
    // es wird immer eine Exception hier von Derby geworfen;
    //das ist normal
}
```

Dabei wird seltsamerweise immer eine SQLException geworfen, was aber normal ist und Sie nicht irritieren sollte.

Das nachfolgende Beispiel finden Sie auch in der Beispielsammlung (siehe Anhang F). Es geht die oben beschriebenen Schritte durch: Es meldet sich bei der JavaDB an, legt die Tabelle *interpreten* an und schreibt einige Datensätze hinein. Anschließend wird der Inhalt mit einem SELECT wieder ausgelesen und ausgegeben. Zuletzt wird die Verbindung geschlossen und JavaDB heruntergefahren.

Starten Sie das Programm in einem Konsolenfenster via

java -cp .;derby.jar JavaDBDemo

Vergessen Sie nicht, zuvor die Datei *derby.jar* in das aktuelle Verzeichnis zu kopieren. Beim ersten Programmlauf wird eine neue Datenbank *musik* inklusive Tabelle *interpreten* erzeugt.

Bei einem erneuten Programmstart wird JavaDB erkennen, dass die Datenbank schon existiert (sie liegt übrigens im Arbeitsverzeichnis als gleichnamiger Ordner) und lediglich den Code zum Auslesen durchlaufen.

Listing 15.1 JavaDBDemo.java

```java
import java.sql.*;
import java.util.*;

public class JavaDBDemo {
    public static void main(String[] args) {
        try {    // Treiber laden
          Class.forName("org.apache.derby.jdbc.EmbeddedDriver");
        }
        catch(Exception e) {
           System.err.println("Kann Treiber nicht laden: " + e);
        }

        // Verbindungseigenschaften
        Properties props = new Properties();
        props.put("user", "javauser");
        props.put("password", "lomu");

        Connection verbindung = null;
        String db = "jdbc:derby:musik";

        try {
            // Verbindung herstellen und Java-DB starten
            verbindung = DriverManager.getConnection(db, props);
        } catch(SQLException e) {
            // DB nicht vorhanden -> neu erzeugen
            verbindung = tabelleErzeugen(props, verbindung, db);
        }

        try {
          Statement stm = verbindung.createStatement();
          String sql ="SELECT * from interpreten";
          ResultSet ergebnis = stm.executeQuery(sql);
          System.out.println("Inhalt von Tabelle " +
                                          "interpreten:");
          System.out.println("Nummer\tName\tVorname\t" +
                          "Geburtsdatum\tLabel\tUmsatz (EUR)");

          while(ergebnis.next()) {
              String ausgabe = erzeugeAusgabe(ergebnis);
              System.out.println(ausgabe);
          }

          verbindung.close();

        try {
          String cmd = "jdbc:derby:;shutdown=true";
            DriverManager.getConnection(cmd);
        }
        catch (SQLException e) { }
```

```
    } catch(Exception e) {
        e.printStackTrace();
    }
}

private static String erzeugeAusgabe(ResultSet ergebnis)
                                    throws SQLException {
    int num        = ergebnis.getInt("nummer");
    String name    = ergebnis.getString("name");
    String vorname = ergebnis.getString("vorname");
    java.sql.Date geburt  = ergebnis.getDate("geburtsdatum");
    double umsatz      = ergebnis.getDouble("umsatz");
    String label       = ergebnis.getString("plattenlabel");

    String str = num +  "\t" + name + "\t" +  vorname + "\t"
                  + geburt  + "\t" +  label + "\t" + umsatz;
    return str;
}

private static Connection tabelleErzeugen(Properties props,
 Connection verbindung, String db) {
 System.out.println("Datenbank nicht vorhanden. Erzeuge.");

 try {
   verbindung = DriverManager.getConnection(db +
                                    ";create=true", props);

   // Tabelle anlegen
   Statement st = verbindung.createStatement();
   String sql = "CREATE TABLE interpreten(nummer INT NOT NULL, "
              + "name VARCHAR(30) NOT NULL, "
              + "vorname VARCHAR(30) NOT NULL, "
              + "geburtsdatum DATE NOT NULL,  "
              + "plattenlabel VARCHAR(30), "
              + "umsatz DECIMAL(9,2), "
              + "PRIMARY KEY(nummer))";
   st.execute(sql);
   System.out.println("Tabelle 'interpreten' erzeugt");

   // einige Einträge erzeugen
   sql ="insert into interpreten values(1, 'Meier', 'Kurt', "
        + "'1981-05-17',  'AKK', 120000)";
   st.execute(sql);
   sql ="insert into interpreten values(2, 'Navier', 'Sara', "
        + "'1986-03-15',  'DRT', 378000)";
   st.execute(sql);
   sql ="insert into interpreten values(3, 'Schmidt', 'Paul', "
        + "'1980-08-22',  'EMI', 198000)";
   st.execute(sql);
   sql ="insert into interpreten values(4, 'Lejeune', 'Dana', "
        + "'1991-11-04',  'N2N', 400000)";
   st.execute(sql);
   sql ="insert into interpreten values(5, 'Tempa', 'Louisa', "
        + "'1989-12-19',  'DRT', 766300)";
   st.execute(sql);

   System.out.println("Neue Werte in Tabelle 'interpreten' " +
```

```
                          "erzeugt\n");
    } catch(Exception ex) {
           ex.printStackTrace();
           System.exit(1);
      }


    return verbindung;
    }
}
```

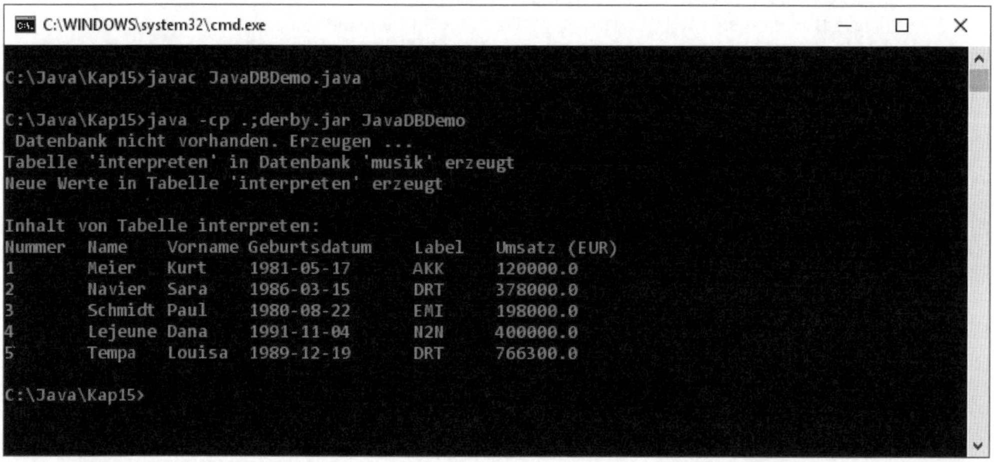

Bild 15.1 Ausgabe des Programms JavaDBDemo

■ 15.5 Zusammenfassung

Die JDBC ist eine Sammlung von Klassen und Schnittstellen, die es ermöglicht, aus einem Java-Programm heraus auf eine Datenbank zuzugreifen. Voraussetzung ist allerdings das Vorhandensein eines passenden Treibers.

Die Kommunikation zwischen Java-Programm und Datenbank erfolgt über SQL, eine ursprünglich von IBM entwickelte Sprache zum Steuern von Datenbankanwendungen.

Die grundlegenden Schritte für die Kommunikation mit einer Datenbank sind:

Treiber laden	`Class.forName()`
Verbindung herstellen	`DriverManager.getConnection()`
Befehlsobjekt erzeugen	`Connection.createStatement()`
Befehl abschicken	`Statement.executeQuery()` `Statement.execute()`
Eventuell zurückgesandte Daten verarbeiten	Methoden von `ResultSet`

15.6 Fragen und Antworten

1. Wie muss ich vorgehen, wenn ich mein Programm, das Java-DB verwendet, weitergeben will?

   Das Hauptproblem ist der Umstand, dass die Datei *derby.jar* nicht in einer reinen Java-Laufzeitumgebung (JRE) vorhanden ist, sondern nur in einer JDK-Installation. Sie sollten also am besten dafür sorgen, dass *derby.jar* explizit mit Ihrem Programm zusammen ausgeliefert wird.

2. Gibt es eine gute Webseite zum Thema JavaDB?

   JavaDB ist in Wirklichkeit die Open-Source-Datenbank *Apache Derby.* Eine Vielzahl an Informationen finden Sie hier: *http://db.apache.org/derby/manuals/*.

15.7 Übungen

1. Nehmen Sie sich ein SQL-Buch zur Hand und schreiben Sie das Datenbankprogramm so um, dass beim Auslesen via SELECT nur Datensätze ausgegeben werden, die mindestens 200.000 EUR Umsatz haben. Hinweis: Verwenden Sie das SQL-Konstrukt WHERE.

2. Schreiben Sie das Datenbankprogramm so um, dass die Datensätze aufsteigend nach Umsatz ausgegeben werden. Hinweis: Verwenden Sie das SQL-Kommando ORDER BY.

16 Was wir noch erwähnen wollten

Java ist im Laufe der Zeit immer weiter gewachsen und daher kann ein Lehrbuch nur einen kleinen Ausschnitt präsentieren. Zum Schluss möchten wir aber noch eine kleine Auswahl an Themen ansprechen, für die wir weiter vorne keinen passenden Platz gefunden haben, die wir aber für zu wichtig halten, als dass man sie ganz unterschlagen sollte.

■ 16.1 Aufzählungen (enum)

Aufzählungen sind Datentypen, die vom Programmierer durch „Aufzählung" ihrer Werte definiert werden. Typische Beispiele sind Aufzählungen für Wochentage, Jahreszeiten, Rundungsmodi, Farbpaletten, Schulnoten und so weiter.

```
enum Wochentag { MONTAG, DIENSTAG, MITTWOCH, DONNERSTAG,
                 FREITAG, SAMSTAG, SONNTAG }
```

In Java gab es vor Version 5 keine Möglichkeit zur Definition von Aufzählungstypen. Die Programmierer mussten sich also entweder mit der Definition statischer Integer-Konstanten zufriedengeben:

```
public static final int MONTAG = 0;
public static final int DIENSTAG = 1;
public static final int MITTWOCH = 2;
...
```

oder mithilfe eigener Klassen typensichere Aufzählungen simulieren.

Seit Java 5 besteht nun aber die Möglichkeit, mit dem Schlüsselwort enum echte Aufzählungstypen zu definieren.

16.1.1 Definition

```
enum Wochentag { MONTAG, DIENSTAG, MITTWOCH, DONNERSTAG,
                 FREITAG, SAMSTAG, SONNTAG }
```

Diese Syntax definiert intern eine Klasse, die auf die Basisklasse Enum zurückgeht, nicht explizit instanziert werden kann, dafür aber automatisch für jede Aufzählungskonstante ein eigenes Objekt erzeugt und diese Objekte beginnend mit Null durchnummeriert.

Doch dies sind Implementierungsdetails! Für die tägliche Arbeit sollten Sie die Aufzählungen als Sammlung von Konstanten betrachten und im Hinterkopf behalten, dass diese „Konstanten" eigentlich Objekte sind.

 Java-Aufzählungen sind Janusgesichter. Auf der einen Seite sind es vollwertige Klassen, auf der anderen Seite simulieren sie das traditionelle Integerkonstantenverhalten der Aufzählungen.

16.1.2 Variablen definieren

Wie für Integer-Datentypen können Sie auch für enum-Typen Variablen definieren und diesen Konstanten aus dem Wertebereich des Typs zuweisen:

```
Wochentag tag = Wochentag.MONTAG;
```

Die Zuweisung von Integer-Werten ist jedoch nicht möglich, ebenso wenig wie das explizite Casting von Integer zu enum.

```
Wochentag tag = 15;              // nicht möglich
Wochentag tag = 3;               // nicht möglich
Wochentag tag = (Wochentag) 3;   // nicht möglich
```

16.1.3 Aufzählungskonstanten vergleichen

Aufzählungskonstanten können mit != und ==, nicht aber mit den relationalen Operatoren <, <=, > und >= verglichen werden. Als Ersatz implementieren Aufzählungstypen die Schnittstelle Comparable, d.h., sie stellen eine Methode compareTo() zur Verfügung, mit der zwei Aufzählungskonstanten verglichen werden können.

```
if( Wochentag.MONTAG.compareTo( Wochentag.DIENSTAG ) < 0 )
    System.out.println(" Der Montag kommt vor dem Dienstag");
```

Die Methode compareTo() liefert −1, 0 oder +1 zurück, je nachdem, ob die Position des aktuellen Objekts kleiner, gleich oder größer als die des übergebenen Objekts ist.

Achtung!

Wenn Sie Aufzählungskonstanten mit compareTo() vergleichen, bedeutet dies, dass Sie Annahmen über die Reihenfolge der Konstanten in der Aufzählungsdefinition machen. Sollten Sie später diese Reihenfolge ändern, müssen Sie prüfen, ob Ihre compareTo()-Aufrufe noch korrekt sind. (Vergleiche mit ==, != oder equals() bleiben stets korrekt, es sei denn, die beteiligten Konstanten werden ganz aus der Aufzählung entfernt.)

16.1.4 Aufzählungen und switch

Aufzählungstypen sind hervorragend geeignet, um switch-Verzweigungen zu implementieren:

```
public static String herkunft(Wochentag tag) {

    String s;

    switch (tag) {
        case MONTAG:      s = "Tag der römischen Mondgöttin Luna";
                          break;
        case DIENSTAG:    s = "Tag des nordischen Kriegsgottes Tyr";
                          break;
        case MITTWOCH:    s = "Tag des nordischen Gottes Odin";
                          break;
        case DONNERSTAG:  s = "Tag des nordischen Donnergottes Thor";
                          break;
        case FREITAG:     s = "Tag der nordischen Göttin Freya";
                          break;
        case SAMSTAG:     s = "Tag des römischen Gottes Saturn";
                          break;
        case SONNTAG:     s = "Tag des römischen Sonnengottes Sol";
                          break;
        default:          s = "Unbekannter Tag";
    }

    return s;
}
```

16.1.5 Aufzählungen und for

Mithilfe der for-Schleifensyntax und der statischen Methode values() können die Konstanten einer Aufzählung bequem durchlaufen werden:

```
for( Wochentag tag : Wochentag.values() ) {
    ...
}
```

Die statische `values()`-Methode liefert ein Array der Aufzählungskonstanten zurück, welches dann von der `for`-Schleife durchlaufen wird. Über die Schleifenvariable (hier `tag`) können Sie innerhalb der Schleife auf die aktuelle Aufzählungskonstante zugreifen.

Das nachfolgende Codefragment nutzt diese Möglichkeit, um sowohl den Namen des Wochentags als auch seine Herleitung auszugeben. Der Name des Wochentags ist in diesem Beispiel gleich dem Namen der Aufzählungskonstante, die von der Methode `toString()` zurückgeliefert wird. Für die Herleitung wird die Schleifenvariable an die oben definierte Methode `herkunft()` übergeben.

```
import java.io.*;

Console cons = System.console();

for( Wochentag tag : Wochentag.values() )
{
    cons.printf(" %1$-12s -    %2$s \n", tag.toString(),
                                    herkunft(tag));
}
```

16.2 Lambda-Ausdrücke

Lange Zeit galt in Java immer der voll-objektorientierte Ansatz, wonach ausführbarer Programmcode („Verhalten") nur innerhalb einer Klasse in Form einer Methode definiert werden konnte.

Ab Java 8 hat man diesen Grundsatz aufgeweicht und es ist nun möglich, eine Art „anonyme Methode" zu definieren, die in keiner Klasse definiert ist. So etwas nennt man einen Lambda-Ausdruck und ist ein Konstrukt aus der funktionalen Programmierung.

Lambdas und ihr Einsatz sprengen deutlich den Rahmen dieses Buchs, aber wir wollen Ihnen doch kurz an dieser Stelle ein Beispiel zeigen. Falls Sie Geschmack am Programmieren in Java gefunden haben, dann wird Ihnen früher oder später ein Lambda-Ausdruck über den Weg laufen.

Für eine Schaltfläche (z. B. vom Typ `javax.swing.JButton`), die man erzeugt hat, muss man noch einen `ActionListener` registrieren, der beim Klick auf die Schaltfläche ausgeführt wird. Bisher haben wir das folgendermaßen gemacht: Wir erstellen eine Klasse, welche die Schnittstelle `ActionListener` implementiert, z. B.

```
class MeinActionLauscher implements ActionListener {
    public void actionPerformed(ActionEvent e) {
        System.out.println(e.getActionCommand() + " geklickt!!");
    }
}
```

und registrieren dann eine Instanz davon bei dem JButton-Objekt:

```
JButton okButton = new JButton("OK");
okButton.addActionListener(new MeinActionLauscher());
```

Ab Java 8 können wir anstelle einer Klasse einen gleichwertigen Lambda-Ausdruck definieren:

```
okButton.addActionListener(
        (e) -> { System.out.println(e.getActionCommand()
                 + " geklickt!!");}
  );
```

Einen Lambda-Ausdruck erkennen Sie immer am -> und er hat etwas vereinfacht ausgedrückt die Syntax

```
Parameterliste -> ausführbarer Code
```

Wir übergeben im obigen Beispiel jetzt nur noch einen Lambda-Ausdruck, der besagt, dass als Eingabe ein Parameter e hineingeht (der Name an sich ist übrigens frei wählbar) und dann ein Anweisungsblock ausgeführt wird. Den Typ des Parameters brauchen wir dabei gar nicht mehr anzugeben! Das kann der Compiler aus dem Kontext heraus selbst bestimmen: Es muss ActionEvent sein. (Er weiß ja, dass die Methode addActionListener() ein Objekt vom Typ ActionListener erwartet. Diese Schnittstelle wiederum hat nur genau eine Methode actionPerformed(), die einen Parameter vom Typ ActionEvent erwartet.)

■ 16.3　Java Generics

Java Generics ist keine vollkommene Unbekannte für uns. Bereits in Abschnitt 7.4 sind wir im Kontext der Collection-Klassen mit Java Generics in Berührung gekommen – damals jedoch recht flüchtig und hauptsächlich aus der Perspektive eines Programmierers, der bereits vorhandene generische Implementierungen für seine Programme nutzt. In diesem Kapitel werden wir uns nun ein wenig intensiver mit der Java-Generics-Syntax auseinandersetzen und auch mit dem Schreiben eigener Generics-Klassen beschäftigen.

16.3.1　Einleitung

Als Generics oder generische Typen werden in Java Klassen (oder Interfaces) bezeichnet, die mit Typen-Platzhaltern arbeiten.

Das Konzept der Platzhalter der Generics-Typen ist mit dem Konzept der Parameter von Methoden vergleichbar:

- Parameter erlauben dem Autor einer Methode, im Anweisungsteil der Methode mit Werten zu arbeiten, die der Benutzer (Aufrufer) der Methode festlegt (indem er sie an die Parameter der Methode übergibt).

- Analog erlauben die Generics-Platzhalter dem Autor einer Klasse (oder eines Interface), mit Typen zu arbeiten, die erst der Benutzer der Klasse festlegt (im Zuge der Instanzierung).

Die folgende Klasse dient z. B. der Verwaltung von Pärchen. Die einzelnen Partner werden vom Konstruktor entgegengenommen und in `private` Feldern gespeichert. Über passende Get-Methoden können sie abgefragt werden.

Der Datentyp der einzelnen Partner wird nicht explizit angegeben, sondern durch einen Platzhalter, T, repräsentiert.

```
class Paar<T> {

    private T partnerA;
    private T partnerB;

    Paar(T a, T b)    {
        partnerA = a;
        partnerB = b;
    }

    T getPartnerA()    {
        return partnerA;
    }

    T getPartnerB()    {
        return partnerB;
    }
}
```

Programmierer, die diese Klasse verwenden möchten, erzeugen eine oder mehrere Instanzen der Klasse. Für jede Instanz geben Sie an, welchen Datentyp T repräsentiert.

```
Paar<String> p1 = new Paar<String>("gut", "boese");
System.out.println(p1.getPartnerA());
System.out.println(p1.getPartnerB());

Teilnehmer udo = new Teilnehmer();
Teilnehmer monika = new Teilnehmer();
Paar<Teilnehmer> p2 = new Paar<Teilnehmer>(udo, monika);
System.out.println(p2.getPartnerA());
System.out.println(p2.getPartnerB());
```

16.3.2 Syntax

Java erlaubt die Definition von generischen Klassen, Interfaces und Methoden.

16.3.2.1 Generische Klassen

Die Platzhalter werden in spitzen Klammern an den Namen der Klasse angehängt. Wenn Sie verschiedene Typen durch Platzhalter repräsentieren möchten, müssen Sie für jeden Typ einen eigenen Platzhalter definieren. Die Platzhalter werden bei der Auflistung in den spitzen Klammern durch Kommata getrennt.

```
class Demo<T, E> {

   int feld1;
   T    feld2;

   void methode(T param, int param2) { ... }
}
```

Bei der Instanzbildung muss für jeden Platzhalter ein Typ angegeben werden:

```
Demo<String, Integer> obj = new Demo<String, Integer>();
```

16.3.2.2 Generische Interfaces

Interfaces können ebenfalls mit Platzhaltern definiert werden:

```
interface Demo<T> {
   T methode(T obj);
}
```

Eine Klasse, die ein Interface mit Platzhaltern implementiert, muss die Platzhalter des Interface in die eigene Platzhalterliste aufnehmen:

```
class Paar<S, T> implements Test<T> {

   ...
   public T methode(T obj)    {
      return obj;
   }
}
```

16.3.2.3 Generische Methoden

Methoden können nicht nur die Platzhalter ihrer Klasse verwenden, sie können auch eigene Platzhalter definieren.

In diesem Fall taucht der Typ-Parameter in der Signatur der jeweiligen Methode auf – in spitzen Klammern vor dem Rückgabetyp. Danach kann der Platzhalter für Rückgabetyp, Parameterdefinition und die Anweisungen im Methodenkörper verwendet werden. Er sollte aber auf jeden Fall als Parametertyp auftauchen.

```
class EineKlasse {
   ...
   <T> void methode(T param) { ... }
}
```

Methoden mit Platzhaltern werden ohne explizite Typangaben aufgerufen. Der Compiler bestimmt die Typen für die Platzhalter aus den Typen der Argumente.

```
EineKlasse obj = new EineKlasse();
obj.methode("String");
```

16.3.3 Eingeschränkte Platzhalter

Uneingeschränkte Platzhalter, wie bisher gesehen, können bei der Instanzierung der Klasse durch jeden beliebigen Referenztyp ersetzt werden. Ist dies nicht erwünscht, kann der Platzhalter mit extends auf Typen eingeschränkt werden, die von einer bestimmten Basisklasse abstammen oder eine oder mehrere spezielle Interfaces implementieren.

```
class Demo<T extends BasisKlasse, E> {
```

Anmerkungen

- Platzhalter können nur Referenztypen vertreten, also keine elementaren Datentypen wie int, float, usw.
- In der Wahl der Platzhalterbezeichner sind Sie frei; gerne verwendet werden T oder E.
- Verwechseln Sie Generics-Methoden nicht mit Methoden, die mit Platzhaltern ihrer Klasse definiert sind. Letztere übernehmen die Platzhalter der Klasse. Generics-Methoden hingegen definieren eigene Platzhalter.

16.3.4 Parameter und Variablen von generischen Typen

Wenn Sie Parameter, oder allgemein Variablen, vom Typ einer generischen Klasse (oder Interface) definieren, geben Sie grundsätzlich den Namen der generischen Klasse (Interface) samt den Typen für die Platzhalter an:

```
void eineMethode(GenerKlasse<String> p)
```

In einem solchen Parameter können Sie nur Referenzen auf Objekte speichern, die für den entsprechenden Typ instanziert wurden.

```
eineMethode(new GenerKlasse<String>());    // okay
eineMethode(new GenerKlasse<Integer>());   // Fehler
```

Wenn Sie einen Parameter definieren möchten, dem beliebige Instanzen einer generischen Klasse zugewiesen werden können, ersetzen Sie den (oder die) Platzhalter statt durch echte Typen durch das Wildcard-Symbol ?:

```
void eineMethode(GenerKlasse<?> p)
...
eineMethode(new GenerKlasse<String>());    // okay
eineMethode(new GenerKlasse<Integer>());   // okay
```

Anmerkungen

- Wenn eine Klasse A von Klasse B abgeleitet ist, und wenn ferner eine generische Klasse G definiert ist, dann gilt NICHT, dass G<A> ein abgeleiteter Typ von G<B> ist.
- Aus diesem Grunde können Sie GenerKlasse<Object> nur Instanzen von GenerKlasse zuweisen, die für Object erzeugt wurden!

Eingeschränkte Wildcards

Wildcard-Typ-Parameter akzeptieren uneingeschränkt jedwede typisierte Form der zugehörigen generischen Klasse. Ist dies nicht gewollt, können Sie durch eine extends-Klausel festlegen, dass sich die Typangabe nur auf Klassen bezieht, die von einer bestimmten Basisklasse abgeleitet sind oder ein bestimmtes Interface implementieren.

```
? extends KlassenName
? extends InterfaceName
? extends KlassenName & InterfaceName_1 & InterfaceName_2
```

Während extends obere Grenzen definiert, kann mit super eine untere Grenze festgelegt werden:

```
? super KlassenName
```

Eine solche Definition definiert als Typ alle Klassen, die eine Basisklasse der angegebenen abgeleiteten Klasse sind.

Typidentifizierung und -umwandlung

Mit instanceof können Sie prüfen, ob ein Objekt einer generischen Klasse angehört, nicht aber, ob es für einen bestimmten Typ typisiert wurde:

```
if (obj instanceof Schachtel)            // korrekt
if (obj instanceof Schachtel<INTEGER>)   // Compiler-Fehler
```

getClass() liefert für alle Objekte einer generischen Klasse dieselbe Referenz zurück – kann also ebenfalls nicht zur Unterscheidung von Typisierungen verwendet werden.

Die Typisierung eines Objekts kann nicht durch Casten geändert werden:

```
obj1 = (Schachtel<Integer>) obj2;        // Compiler-Fehler
```

■ 16.4 Jar-Archive

Wie Sie mittlerweile wissen, wird in Java jede public Klasse X in einer gleichnamigen Datei *X.java* abgespeichert. Falls die Klasse nicht im namenlosen Paket liegt (also mit einer package-Anweisung beginnt), dann liegt diese Datei in einem entsprechenden Unterverzeichnis, z. B.

```
package de.demo;

public class Freund {
    public static void main(String[] args) {
            System.out.println("Gruss von einem Freund");
    }
}
```

Auf der Festplatte muss die Datei *Freund.java* also im Unterverzeichnis *de**demo* liegen. Zum Kompilieren verwenden wir das Programm *javac*:

> *javac .\\de\\demo\\Freund.java*

Nun gibt es zusätzlich noch die entsprechende *class*-Datei, also *de**demo**Freund.class*. Zum Ausführen müssen wir diese Datei dem Interpreter bekanntmachen (verwirrenderweise aber mit ihrem Paketnamen `de.demo.Freund`). Der Parameter *-classpath* wird dabei im folgenden Beispiel auf das aktuelle Verzeichnis gesetzt, worin sich das Unterverzeichnis *de**demo* befindet:

> *java -classpath . de.demo.Freund*

Wenn Sie Ihr Java-Programm an eine andere Person weitergeben möchten, dann müssten Sie eine Kopie dieser Verzeichnisstruktur erstellen und diese weiterreichen. Das wäre allerdings recht unhandlich, insbesondere falls es sich um ein größeres Java-Programm handelt mit vielen verschiedenen Paketen und somit Unterordnern. Aus diesem Grund gibt es die jar-Archive.

Ein *jar*-Archiv ist ein Container, in den alle *class*-Dateien inklusive der Ordnerstruktur gepackt werden (technisch ist es ein *zip*-Archiv, das man daher auch mit Programmen wie Winzip oder 7zip öffnen kann). Man erzeugt es mit dem Hilfsprogramm *jar*:

> *jar cf meinProg.jar .\\de*

Auf den Parameter *cf* („create file") folgen der gewünschte *jar*-Name und danach einzelne *class*-Dateien oder ganze Ordner, die rekursiv nach Dateien durchforstet werden.

Das *jar*-Archiv kann nun weitergegeben werden und der Empfänger kann es einfach durch folgenden Aufruf verwenden:

> *java -classpath meinProg.jar de.demo.Freund*

Der Parameter *-classpath* dient nun zur Angabe des Archivnamens.

■ 16.5 Module

{XE „Modularisierung:durch Module"} Ab Version 9 von Java gibt es eine Stufe über den Paketen eine weitere Möglichkeit, den Programmcode zu strukturieren und in logische Einheiten – Module – aufzuteilen. Dies ist in der Regel nur bei größeren Programmen notwendig, d. h. wenn man Hunderte oder Tausende von Java-Klassen hat und nicht im Chaos versinken will. Für Sie als Einsteiger ist das Modulkonzept daher (noch) nicht wichtig, aber Sie sollten schon mal davon gehört haben und sich daran erinnern, wenn Sie das Gefühl haben, dass Ihnen die Komplexität eines Software-Projekts über den Kopf wächst.

Betrachten wir zunächst die Lage bis einschließlich Java 8. Nehmen wir an, eine Klasse namens `Apfel` ist in einer Datei *Apfel.java* definiert und liegt im Paket `de.demo.obst`.

Nach dem Kompilieren mit *javac* gibt es eine entsprechend benannte Datei *Apfel.class*, die auf der Festplatte im Unterverzeichnis *de/demo/obst* liegt bzw., falls sie Teil eines *jar*-Archivs sein soll, in einer entsprechenden *jar*-Datei auftaucht, beispielsweise in *meinObst.jar*.

Bei der Ausführung des Programms (z. B. via *java -classpath meinObst.jar*) lädt die Java Virtual Machine (JVM) bei Bedarf die benötigten Klassen direkt aus dem entsprechenden Verzeichnis bzw. aus der jar-Datei; in der JVM hierfür verantwortlich ist eine Instanz einer besonderen Klasse `ClassLoader` . Der ClassLoader[1] schaut beim Laden einer Klasse an allen Orten nach, die im Klassenpfad (CLASSPATH) definiert sind (beim obigen Aufrufbeispiel umfasst der Klassenpfad nur das *jar*-Archiv *meinObst.jar*).

Bei umfangreichen Java-Programmen ist es ein typisches Phänomen, dass man viele Klassen aus verschiedenen OpenSource-Projekten sowie kommerziellen Bibliotheken verwendet. Der Klassenpfad wird dadurch entsprechend länger und komplizierter, z. B.

   java -cp meinObst.jar;bib-steinobst.jar;bib-exotic.jar

In der Praxis kann der Klassenpfad Hunderte von jars enthalten! Früher oder später kommt man dadurch in die sogenannte *Jar-Hölle*. Darunter versteht man diverse Probleme beim Laden von Klassen durch den ClassLoader, die schwer zu finden sind und oft erst zur Laufzeit auftauchen, gemeinerweise zudem nicht immer verlässlich reproduzierbar. Hauptgrund dieser Probleme ist der Umstand, dass verwendete Bibliotheken selbst wieder andere Bibliotheken (z. B. in *bib-exotic.jar* eine Klasse `Limone` aus *bib-zitrus.jar*) verwenden, die man daher auch in den Klassenpfad aufnehmen muss:

   java -cp meinObst.jar;bib-steinobst.jar;bib-exotic.jar;bib-zitrus.jar

Wird dies vergessen und der Programmfluss benötigt irgendwann zur Laufzeit die Klasse `Limone`, dann kommt es zu einer `ClassNotFoundException`[2]. Und dies ist noch eines der relativ harmlosen Probleme. Ärgerlich ist auch, dass immer alle Klassen aus allen jar-Dateien in einem großen Topf landen und man dadurch die Implementierung nicht wirklich vor anderen verstecken kann.

Daher gibt es seit Java 9 endlich ein Modulsystem. Ein Modul ist vereinfacht ausgedrückt eine *jar*-Datei mit einem Moduldeskriptor (Dateiname *module-info.java* bzw. kompiliert dann als *module-info.class*), der zusätzliche Informationen über Abhängigkeiten zu anderen Modulen enthält. Dies wurde übrigens auch für die Pakete des JDK selbst so gemacht.

Alle Module werden von der JVM bereits beim Programmstart in einem gesonderten Modul-Pfad gesucht und geladen. Eine fehlende Abhängigkeit oder ein unerlaubter Zugriff von einem Modul auf eine Klasse aus einem anderen Modul wird dadurch sofort entdeckt und gemeldet und die Programmausführung wird gestoppt. Den normalen Klassenpfad gibt es übrigens auch weiterhin, allerdings ist er nur noch relevant für den Rest, d. h., alles, was nicht in einem Modul definiert ist, wird weiterhin im Klassenpfad gesucht.

Wie erzeugt man nun ein Modul? Nun, dazu reicht es, im obersten Paket des Quellcodes, der zu einem Modul zusammengefasst sein soll, eine Datei mit Namen *module-info.java* anzulegen. Diese Datei wird Moduldeskriptor genannt und definiert, welche Klassen von der Außenwelt (= andere Module) gesehen/verwendet werden dürfen und umgekehrt, welche anderen Module benötigt werden, weil aus ihnen Klassen zur Laufzeit geladen werden müs-

---

[1] Es gibt immer mindestens drei ClassLoader-Instanzen, je nach Szenario auch eine ganze Kette von geschachtelten ClassLoadern. Aber ignorieren Sie das hier einfach!

[2] In größeren Software-Projekten kann man diese Probleme durch Einsatz von sogenannten Build-Tools wie *Maven* oder *Gradle* einigermaßen beherrschbar machen. Dennoch bleibt das Ganze schwierig, unübersichtlich und fehleranfällig.

sen. Die Datei *module-info.java* muss wie eine normale Java-Datei mit *javac* kompiliert werden und im resultierenden *jar*-Archiv mit aufgenommen werden.

Nachfolgend ein (sehr) einfaches Beispiel:

```
module Modul1 {
  // Lese-Abhaengigkeiten zu Modul2 und Modul3
  requires Modul2;
  requires Modul3;

  // Modul1 exportiert 2 Pakete an die Außenwelt:
  exports demo.basis.gui;
  exports demo.basis.algo;

}
```

Nach dem Schlüsselwort `module` folgt der Name, den das Modul haben soll. Danach kann man mit `requires` angeben, welche anderen Module benötigt werden (oft sagt man auch: welche anderen Module „gelesen" werden). Und mit dem Schlüsselwort `exports` gibt man an, welche Pakete aus diesem Modul nach außen sichtbar sind und von anderen Modulen verwendet werden können (genauer formuliert: alle `public`-Klassen aus den aufgeführten Paketen).

Dieses Modulkonzept ist übrigens in der Java-Community heftig umstritten, durchaus auch aus guten Gründen. Wieso hat beispielsweise der Moduldeskriptor die Endung *.java* (obwohl es ja gar kein Java-Code ist)? Warum arbeiten die `requires` Anweisungen auf Modulebene, die `exports`-Anweisungen aber auf Paket-Ebene? Sehr lästig ist zudem beim Definieren der exportierten Pakete, dass kein Wildcard-Zeichen (*) erlaubt ist und jedes Paket und Unterpaket einzeln aufgeführt werden muss. Und wieso hat ein Modul keine Versionsnummer? Gerade die nicht vorhandene Versionierung wird garantiert zu Schwierigkeiten führen, wenn Code überarbeitet bzw. gewartet wird.

Die Zukunft wird zeigen, wie sich die Java-Modularisierung weiterentwickeln wird. Bleiben Sie gespannt!

■ 16.6 Debuggen

Wenn es etwas gibt, was man beim Programmieren die ganze Zeit macht, dann sind es Fehler! Davon sollten Sie sich aber keineswegs entmutigen lassen. Dies geht jedem Programmierer ähnlich. Typischerweise lassen sich zwei Arten von Fehlern unterscheiden:

- Syntaktische Fehler: Sie haben gegen die Syntax und die Regeln der Java-Sprache verstoßen, z.B. wurde ein Semikolon vergessen, ein Schlüsselwort falsch geschrieben, ein Methodenname angegeben, der nirgendwo definiert worden ist, usw. Diese Fehler werden schon beim Kompilieren vom Compiler (*javac*) entdeckt und Ihnen angezeigt.

- Semantische Fehler: Solche Fehler zeigen sich erst zur Laufzeit des Programms. Das Programm tut nicht das, was Sie von ihm erwarten, beispielsweise werden falsche Ergebnisse berechnet, die Anordnung von Oberflächenelementen sieht anders aus als gewünscht oder vielleicht stürzt das ganze Programm sogar bei der Ausführung ab.

16.6.1 Grundsätzliches Vorgehen

Viele semantische Fehler lassen sich durch aufmerksames Betrachten des Quellcodes finden. Um den Programmablauf nachzuvollziehen, hat sich auch das Einfügen von System.out.println-Anweisungen bewährt, die anzeigen, welche Methoden gerade ausgeführt werden und welche Werte bestimmte Variablen gerade haben.

Im Prinzip Ähnliches leisten Debugger, allerdings auf wesentlich komfortablere und vielseitigere Weise. Der Debugger selbst ist eine Art Super-Programm, das andere Programme ausführen und dabei überwachen kann. Eine Fehleranalyse führt der Debugger selbst aber nicht durch – dies ist Ihre Aufgabe. Der Debugger hilft Ihnen lediglich dabei, zur Laufzeit gezielt Informationen über die Ausführung des Programms zu sammeln.

Grundsätzlich geht man dabei folgendermaßen vor:

- Man lädt das Programm in den Debugger.
- Man definiert bestimmte Haltepunkte, d. h., man teilt dem Debugger mit, dass die Ausführung des Programms bei Erreichen bestimmter Quelltextzeilen angehalten werden soll.
- Man führt das Programm von Haltepunkt zu Haltepunkt oder schrittweise mit speziellen Debuggerbefehlen aus und kontrolliert dabei, ob der Programmfluss korrekt ist (ob beispielsweise in einer if-Bedingung korrekt verzweigt wird, ob eine Schleife ausgeführt oder eine Methode aufgerufen wird).
- Wurde die Programmausführung vom Debugger angehalten, kann man sich vom Debugger die Inhalte der Variablen des Programms anzeigen lassen. Auf diese Weise kann man beispielsweise die Ausführung von Berechnungen oder die Inkrementierung von Schleifenvariablen kontrollieren.

Der Debugger JDB

Der im JDK mitgelieferte Debugger heißt *jdb* und ermöglicht die Fehlersuche in laufenden Anwendungen. Allerdings handelt es sich bei der aktuellen *jdb*-Version um ein recht einfaches Kommandozeilenprogramm. Wenn Sie Debugger von anderen Programmiersprachen gewöhnt sind, werden Sie enttäuscht sein. Aber besser als nichts ist er allemal.

Vorbereitungen zum Einsatz von jdb

Um eine Anwendung mit dem *jdb* zu debuggen, muss zunächst der *javac*-Compiler spezielle Debug-Informationen hinzufügen, die der *jdb*-Debugger benötigt. Dazu gibt man beim Kompilieren mit *javac* die Option *-g* mit, z. B.:

javac -g Fehler.java

Nun kann das Programm im Debugger gestartet werden:

Nach dem Laden und Initialisieren wartet der *jdb* auf Ihre Befehle.

Wichtige jdb-Befehle

Tabelle 16.1 jdb-Befehle

Kommando	Beschreibung
run run klasse arg1 arg2	Startet die Ausführung des Programms; falls das Programm Parameter erwartet, können sie mit angegeben werden.
stop at Klasse:Zeile	Setzt einen Haltepunkt in Klasse Klasse bei Zeile Zeile.
stop in Klasse.methode	Setzt einen Haltepunkt in der Methode methode von Klasse Klasse. Gestoppt wird bei der ersten Anweisung.
step	Führt eine einzelne Codezeile aus.
cont	Setzt die Programmausführung fort (nach einem Haltepunkt).
list	Gibt den Quellcode aus.
locals	Gibt die lokalen Variablen aus.
print Name	Gibt die Variable Name aus.
where	Gibt die Abfolge der Methodenaufrufe aus.
quit	Beendet den Debugger.
help	Gibt eine Übersicht über alle jdb-Befehle aus.
!!	Wiederholt den letzten Befehl.

■ 16.7 Anwendungen weitergeben

Irgendwann werden Sie den Punkt erreichen, an dem Sie Ihre Anwendungen auch an Freunde oder Bekannte, vielleicht ja auch schon Kunden weitergeben möchten. Was aber ist zu beachten, damit diese Ihre Anwendungen auch ausführen können?

 Dieses Kapitel beschäftigt sich ausschließlich mit der Weitergabe von Anwendungen. ■

16.7.1 Ohne JRE geht es nicht

Java-Anwendungen können nur mithilfe einer Java-Laufzeitumgebung, auch JRE oder Java Virtual Machine genannt, ausgeführt werden.

JDK und JRE

In Ihrem JDK ist die JRE quasi als private Kopie mit enthalten, weswegen Sie die Programme in diesem Buch nicht nur erstellen, sondern auch testen und ausführen konnten.

Wenn Sie bei der Installation die Option **Public JRE** aktiviert hatten, wurde sogar zusätzlich zum JDK auch noch eine allgemein verfügbare JRE auf Ihrem Rechner installiert. Die zusätzliche JRE hat auch den Vorteil, dass Sie das JDK separat deinstallieren können und trotzdem eine lauffähige JRE zur Ausführung von Java-Anwendungen zurückbehalten.

Es gibt drei Möglichkeiten, wie Sie auf dem Rechner Ihrer Freunde und Bekannten eine JRE installieren können.

- Sie laden von der Website *http://www.oracle.com/technetwork/java/javase/downloads/ index.html* die aktuelle JRE passend zu Betriebssystem (Windows, Linux etc.) und Architektur (32- oder 64-Bit) Ihres Bekannten herunter und geben die Setupdatei der JRE zusammen mit Ihrer Java-Anwendung weiter.

- Sie sagen Ihrem Bekannten, dass er sich die passende JRE selbst herunterladen muss.

- Sie erstellen eine *.exe*-Datei, in der die Java Virtual Machine enthalten ist (siehe unten).

 Achtung!

Die Version der JRE muss mit der JDK-Version übereinstimmen, die Sie zum Erstellen Ihrer Java-Anwendungen benutzt haben. Das heißt, zum Ausführen einer Anwendung, die Sie mit dem JDK 9 unter Verwendung aller Voreinstellungen erstellt haben, benötigen Sie die JRE 9 (oder höher).

Um zu testen, ob die JRE korrekt installiert ist, rufen Sie einfach ein Konsolenfenster auf und schicken Sie den Befehl *java -version* ab.

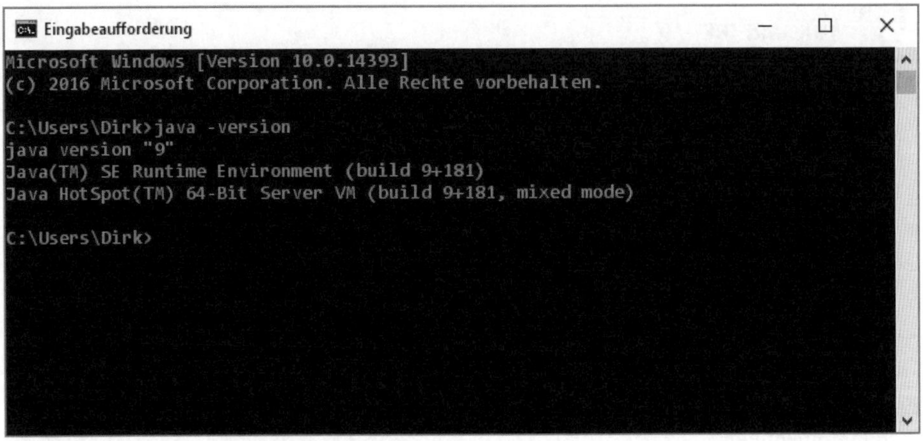

Bild 16.1 Wunderbar, die Java-Laufzeitumgebung ist verfügbar.

Achtung! Testen Sie nicht mit *javac*. Der *javac*-Compiler ist in der JRE nicht enthalten. Der Test mit *javac* sagt also nur etwas darüber aus, ob ein JDK installiert und in den PATH eingetragen ist oder nicht.

16.7.2 Java-Anwendungen ausführen: von .class bis .exe

Wie der Anwender eine Java-Anwendung ausführt, hängt vor allem davon ab, welche Art von Dateien Sie ihm übergeben.

Beachten Sie aber, dass Konsolenanwendung grundsätzlich von einem Konsolenfenster aus aufgerufen werden sollten. Werden sie von einem Dateimanager wie dem Windows Explorer oder über eine Desktop-Verknüpfung geöffnet, wird für die Anwendung zwar automatisch ein Konsolenfenster eingeblendet. Dieses verschwindet aber wieder, sobald die Anwendung beendet ist.

CLASS-Dateien

Wenn Sie dem Anwender die reinen *.class*-Dateien weitergeben, muss er ein Konsolenfenster öffnen, in das Verzeichnis mit den *.class*-Dateien wechseln und die *.class*-Datei mit der `main()`-Methode an den Java-Interpreter übergeben.

   Prompt:> *java HalloWelt* **Enter**

> Wenn die Klassen der Anwendung (oder Teile davon) in Paketen definiert sind, wird der Aufruf unter Umständen sogar noch komplizierter. Dann ist die Erstellung einer *.jar*-Datei eine gute Alternative.

JAR-Dateien

Eine *.jar*-Datei ist nichts anderes als ein Archiv, in dem Sie alle für eine Java-Anwendung benötigten Dateien unterbringen können. Vor allem, wenn Ihre Java-Anwendung aus mehreren *.class*-Dateien besteht, zusätzliche Dateien wie Bilder oder Textdateien enthält oder die Klassen auf Pakete verteilt sind, empfiehlt sich die Erstellung eines *.jar*-Archivs.

Um ein *.jar*-Archiv für eine Anwendung zu erstellen, öffnen Sie ein Konsolenfenster, wechseln Sie in das Verzeichnis der Anwendung und schicken Sie folgenden Befehl ab:

```
jar cfe HalloWelt.jar HalloWelt *.*
```

- Die Option *c* steht für „create" und legt fest, dass ein neues Archiv angelegt wird.
- Die Option *f* steht für „file" und teilt dem *jar*-Tool mit, dass der Name des Archivs explizit angegeben wird (hier *HalloWelt.jar*).
- Die Option *e* steht für „executable" und teilt dem jar-Tool mit, dass die Klasse mit der `main()`-Methode explizit angegeben wird (hier *HalloWelt*).
- Die Angabe **.** sorgt dafür, dass alle im Verzeichnis enthaltenen Dateien (inklusive der Unterverzeichnisse) in das Archiv aufgenommen werden.

Das *jar*-Tool packt daraufhin die Dateien in das Archiv und legt automatisch eine passende Manifestdatei an, die zur Ausführung des Archivs benötigt wird.

 Mit dem Befehl *jar tf HalloWelt.jar* können Sie sich den Inhalt des Archivs auflisten lassen. Sie können die Archivdatei aber auch in ein passendes ZIP-Programm laden.

Zum Ausführen muss der Anwender die Archivdatei dann nur zusammen mit der Option *-jar* an den *java*-Interpreter übergeben:

Prompt:> *java -jar HalloWelt.jar* **Enter**

Wenn es sich um eine GUI-Anwendung handelt, können Sie statt *java* auch *javaw* verwenden (allerdings haben Sie dann keine Konsole und `System.console()` liefert `null`).

Prompt:> *javaw -jar HalloWelt.jar* **Enter**

BAT-Dateien

Batch-Dateien erlauben es uns, die Betriebsbefehle zum Starten der Anwendung in einer Datei zusammenzufassen. Unter Windows trägt diese die Dateierweiterung *.bat*.

Listing 16.1 HalloWelt.bat

```
java HalloWelt
```

Diese Batch-Datei kann dann wie folgt von der Konsole aus aufgerufen werden.

Prompt:> *HalloWelt* **Enter**

Wenn es sich um eine GUI-Anwendung handelt, kann der Anwender sie auch mit einem Doppelklick auf die Batch-Datei im Dateimanager (z. B. Windows Explorer) oder auf eine Verknüpfung zur Batch-Datei ausführen.

EXE-Dateien

Schließlich gibt es die Option, mithilfe passender Tools eine direkt ausführbare *.exe*-Datei zu erstellen.

Ein solches Tool ist z.B. *launch4j*, das Sie von der Site *http://launch4j.sourceforge.net/* herunterladen können. Mit *launch4j* können Sie sowohl *.exe*-Dateien erstellen, die Ihre Anwendung mithilfe einer vorhandenen JRE ausführen, als auch *.exe*-Dateien, die eine JRE mit einschließen.

 Achtung!

Die so erzeugten *.exe*-Dateien sind dann allerdings plattformspezifisch. Das heißt, eine *.exe*-Datei, die Sie für einen Windows-64-Bit-Rechner erstellt haben, ist auf einem Windows-32-Bit-Rechner oder auf einem Linux-Rechner nicht ausführbar.

Anhang A: Lösungen

Kapitel 2

1. Der Quelltext zur Lösung dieser Aufgabe könnte beispielsweise folgendermaßen aussehen:

```
public class Anmeldung {
  public static void main (String[] args){
    System.out.println("Hallo Welt. Hier ist ??? ");
  }
}
```

2. Wenn Sie einen Java-Quelltext, in dem eine public-Klasse definiert ist, unter einem anderen als dem Namen dieser Klasse speichern, ernten Sie bei der Kompilation eine Fehlermeldung.

 Merksatz

Woraus folgt, dass in einer Java-Quelltextdatei höchstens eine public-Klasse definiert werden kann.

Kapitel 3

1. Die erste Klasse dient zur Beschreibung des Flugzeugs. Als Eigenschaften sollten Sie zumindest zwei Gruppen von Feldern deklarieren:

- eine Gruppe, die das Flugzeug beschreibt (Flugzeugtyp, Anzahl Turbinen, Spannweite, Höchstgeschwindigkeit etc.)

- eine Gruppe, die den aktuellen Zustand des Flugzeugs beschreibt (Position, Flughöhe, Geschwindigkeit etc.)

Als Methoden brauchen Sie wenigstens beschleunigen() und bremsen().

```
//Hilfsklasse für Positionsangaben
class Koord {
  int m_x;
  int m_y;
```

```
  Koord(int x, int y) {
    m_x = x;
    m_y = y;
  }
}

//Flugzeugklasse
class Flugzeug {
  String m_typ;
  int    m_turbinen;
  int    m_spannweite;
  int    m_maxGeschw;

  Koord m_position;
  int    m_hoehe;
  int    m_aktGeschw;

  Flugzeug(String typ, int turb, int weite, int geschw) {
    m_typ = typ;
    m_turbinen = turb;
    m_spannweite = weite;
    m_maxGeschw = geschw;
    m_position = new Koord(0,0);
    m_hoehe = 0;
    m_aktGeschw = 0;
  }

  int beschleunigen() {
    // Akt. Geschw. erhöhen, Höhe und Position ändern
    return m_aktGeschw;
  }

  int bremsen() {
    // Akt. Geschw. senken, Höhe und Position ändern
    return m_aktGeschw;
  }
}
```

Für die Wassertürme brauchen Sie vor allem Felder für die Position sowie Breite, Höhe und Tiefe. (Anstatt die x,y-Koordinaten der meist runden Wassertürme aus Mittelpunkt und Radius zu berechnen, denken Sie sich ein Rechteck, das den Wasserturm einhüllt. Der Code zur Kollisionsberechnung wird dadurch einfacher und vor allem schneller. Die resultierende Ungenauigkeit ist vernachlässigbar, solange die Wassertürme nicht wesentlich breiter sind als die Flugzeuge.) Wenn Sie möchten, können Sie auch eine Methode vorsehen, die aufgerufen wird, wenn ein Flugzeug in einen Wasserturm kracht.

```
// Klasse für Wassertürme
class Wasserturm {
  Koord m_position;
  int m_breite;
  int m_hoehe;
  int m_tiefe;

  Wasserturm(Koord pos, int b, int h, int t)  {
    m_position = pos;
    m_breite = b;
```

```
    m_hoehe = h;
    m_tiefe = t;
  }
}
```

Für jedes Flugzeug, das in Ihrer Szenerie herumfliegt, bilden Sie eine eigene Instanz. Da es drei Wassertürme gibt, benötigen Sie drei Instanzen der Klasse Wasserturm. Für den Boden brauchen Sie im Prinzip keine spezielle Klasse.

```
public class FlugzeugSimulator {
  public static void main(String[] args) {
    Flugzeug meines =
        new Flugzeug("Sportflugzeug",1,5,300);
    Wasserturm turm1 =
        new Wasserturm(new Koord(50,100),40,120,40);
    Wasserturm turm2 =
        new Wasserturm(new Koord(150,80),30,140,40);
    Wasserturm turm3 =
        new Wasserturm(new Koord(450,20),30,140,40);

    meines.beschleunigen();
    meines.bremsen();
  }
}
```

2. Zuerst müssen Sie die Klasse Auto importieren. Unter der Annahme, dass die Klasse Auto als public deklariert ist und keinem besonderen Paket angehört, kopieren Sie die .class-Datei in das Verzeichnis Ihres Programms und setzen die Anweisung

```
import Auto;
```

an den Anfang Ihres Quelltextes. Dann bilden Sie eine Instanz der Klasse:

```
Auto meinAuto = new Auto();
```

und rufen bei Bedarf einfach die Methode anlassen() auf:

```
meinAuto.anlassen();
```

3. Eigentlich sollte es nichts ausmachen, wenn die Methode bremsen() vor den Methoden anlassen() und beschleunigen() aufgerufen wird. Was aber wirklich passiert, hängt natürlich von der Implementierung ab, die Ihr Freund vorgesehen hat.

Nehmen wir an, die Methode bremsen() reduziert die aktuelle Geschwindigkeit um 10 km/h. Dann kann es passieren, dass ein Aufruf der Methode bremsen() vor dem Aufruf der Methode beschleunigen() die aktuelle Geschwindigkeit auf -10 km/h zurücksetzt, einen negativen und somit ungültigen Wert. Gemäß den Regeln der Objektorientiertheit sollte die Klasse selbst dafür sorgen, dass ihre Daten (Felder) nur vernünftige Werte annehmen. Die Methode bremsen() sollte also ständig die aktuelle Geschwindigkeit kontrollieren und diese nicht unter 0 km/h herabsetzen.

Auf diese Weise sorgt die interne Implementierung der Klasse dafür, dass die Integrität ihrer Daten erhalten bleibt und Programmierfehler durch unsachgemäßen Gebrauch der Klasse weitestgehend verhindert werden. Man bezeichnet dies auch als Information Hiding oder Kapselung.

Kapitel 4

1. Um Abstürze abzufangen, brauchen Sie nur die Höhe des Flugzeugs zu kontrollieren:

```
if (meines.m_hoehe < 0) {
   // abgestürzt
}
```

Um zu erkennen, wann ein Flugzeug in einen Wasserturm geflogen ist, prüfen Sie, ob seine Position innerhalb der Koordinaten einer der Wassertürme liegt und ob seine Flughöhe niedriger als die Höhe des Wasserturms ist:

```
if (  (meines.m_position.X > turm1.m_position.X
       && meines.m_position.X < turm1.m_position.X +
                               turm1.m_breite)
   && (meines.m_position.Y > turm1.m_position.Y
       && meines.m_position.Y < turm1.m_position.Y +
                               turm1.m_tiefe)
   && (meines.m_hoehe <= turm1.m_hoehe) )
{
   // in Wasserturm gekracht
}
```

2. Die for-Schleife zur Berechnung der ersten hundert Quadratzahlen könnte folgendermaßen aussehen:

```
public class Quadrat {
   public static void main(String[] args) {
     int loop;

     System.out.println();
     for(loop=1; loop<=100; loop++) {
       System.out.println(" Das Quadrat von " + loop
                         + " ist = " + loop*loop);
     }
   }
}
```

3. Die zugehörige while-Schleife sieht folgendermaßen aus:

```
public static void main(String[] args) {
   int loop;

   System.out.println();

   loop = 1;
   while(loop <=100) {
     System.out.println(" Das Quadrat von " + loop
                       + " ist = " + loop*loop);
     loop++;
   }
}
```

4. In Binärdarstellung kann man gerade Zahlen einfach daran erkennen, dass das letzte Bit auf 0 steht. Wenn man nun eine Zahl mit der Eins UND-verknüpft, erzeugt der Computer als Ergebnis eine Zahl, für die nur Bits auf 1 gesetzt sind, die in beiden verknüpften Zahlen bereits auf 1 stehen.

```
    0010 1100  // gerade Zahl
    0000 0001  // Eins

    0000 0000  // UND-Verknüpfung
```

Ist das Ergebnis 0, muss die erste Zahl gerade gewesen sein. Die folgende Schleife gibt daher nur die Quadratzahlen für gerade Zahlen aus:

```
for(loop=1; loop<=100; loop++) {
   if((loop & 1) == 0)
   System.out.println(" Das Quadrat von " + loop
                      + " ist = " + loop*loop);
}
```

Kapitel 5

1. Das Programm zur Ausgabe der this-Variablen könnte folgendermaßen aussehen:

```
class This {
  public static void main(String[] args) {
    System.out.println();

    Demo_this inst = new Demo_this();
    System.out.println(" Instanz inst = " + inst);
    inst.this_wert();
  }
}

class Demo_this {
  void this_wert() {
    System.out.println(" this hat den Wert : " + this);
  }
}
```

Der Ausgabe des Programms können Sie entnehmen, dass die Objektvariable inst und die this-Variable auf dasselbe Objekt im Speicher verweisen. Anhand der this-Variablen, die jeder Methode automatisch übergeben wird, kann diese erkennen, für welche Instanz sie aufgerufen wurde.

2. Die Klassen Mitarbeiter, Angestellter, Lehrling und Chef seien wie in Abschnitt 5.1 definiert. Die Hauptklasse des Programms könnte dann wie folgt aussehen:

```
public class MitarbeiterArray {
  public static void main(String[] args) {
    Mitarbeiter[] personalListe = new Mitarbeiter[5];

    personalListe[0] =
                new Angestellter("Holger","Lehrling",3000);
    personalListe[1] =
                new Angestellter("Hans","Angestellter",3000);
    personalListe[2] =
                new Lehrling("Kuno","Lehrling",700);
    personalListe[3] =
                new Chef("El","Chef",7000);
    personalListe[4] =
```

```
                    new Angestellter("Hugo","Angestellter",3500);

    // alle Mitarbeiter ausgeben
    for(int i = 0; i < personalListe.length; i++)
      personalListe[i].datenAusgeben();
  }
}
```

Kapitel 6

1. Das Programm liest eine Zeile von der Tastatur ein, wandelt alle Buchstaben in Großbuchstaben um und gibt die umgewandelte Zeile auf den Bildschirm aus.

2. Ein Programm zum Kopieren von Dateien könnte beispielsweise folgendermaßen aussehen:

```java
import java.io.*;

public class Kopieren {
  public static void main(String[] args) {
    try ( FileReader ein =
                 new FileReader("john_maynard.txt");
          FileWriter aus =
                 new FileWriter("kopie.txt"); )
    {
      int zeichen;

      while((zeichen = ein.read()) != -1) {
        aus.write(zeichen);
      }
    }
    catch (IOException e) {
       System.err.println(" Fehler mit Datei: " +
                           e.getMessage());
    }
  }
}
```

Kapitel 7

1. Eine mögliche Lösung ist:

```java
// Umdrehen.java
import java.util.*;
import java.io.*;

class Umdrehen {
  public static void main(String [] args) {
    Console cons = System.console();
    cons.printf("\n");

    cons.printf(" Text eingeben: ");
    String eingabeWort = cons.readLine();

    int anzahl = eingabeWort.length();
```

```
    // Die Buchstaben in einen Keller einfügen
    Stack<Character> keller = new Stack<Character>();
    for(int i = 0; i < anzahl; i++) {
      keller.push(eingabeWort.charAt(i));
    }

    // Elemente vom Stack entfernen und ausgeben
    cons.printf(" Umgedreht    : ");
    for(int i = 0; i < anzahl; i++) {
      cons.printf("%s", keller.pop());
    }

    cons.printf("\n");
  }
}
```

Analyse:

Zunächst wird der Text von der Tastatur eingelesen. Dann fügen wir die Buchstaben der Reihe nach in den Keller ein und lesen sie anschließend wieder aus. Beachten Sie, dass wir eigentlich einen elementaren Datentyp (char) in den Keller einfügen wollen. Der Compiler ist so nett, automatisch aus dem jeweiligen char-Wert ein Character-Objekt zu erzeugen und dieses dann an die push()-Methode weiterzugeben (Stichwort Autoboxing, siehe Exkurs in Abschnitt 7.4, „Listen").

Beim Lesen mit pop() ziehen wir die einzelnen Elemente bzw. die darin eingewickelten char-Werte wieder aus dem Keller (am Schluss ist der Keller dann leer). Da ein Keller nach dem Last-in-first-out-Prinzip (zuletzt-rein-zuerst-raus) arbeitet, werden dadurch die Buchstaben in umgekehrter Reihenfolge entnommen und unser Ziel ist erreicht.

2. Vorgehensweise: Wir zerlegen die Eingabe mithilfe eines StringTokenizer. Jedes Wort des Eingabestrings wird zusammen mit einem Integer-Objekt (der Zähler) in die Hash-tabelle eingefügt (wenn noch nicht vorhanden) bzw. überschreibt den bisherigen Eintrag (mit dem Zähler um 1 erhöht).

```
// Woerter.java
import java.util.*;
import java.io.*;

class Woerter {
  public static void main(String []args) {
    Console cons = System.console();
    cons.printf("\n");

    cons.printf(" Eingabe: ");
    String eingabe = cons.readLine();

    StringTokenizer st = new StringTokenizer(eingabe);

    HashMap<String, Integer> hashTabelle
                      = new HashMap<String,Integer>();
    Integer ergebnis;
    int anzahl;
    String zeichenString;

    while(st.hasMoreTokens()) {
```

```
      zeichenString = st.nextToken();
      ergebnis = hashTabelle.get(zeichenString);

      if(ergebnis == null)
        hashTabelle.put(zeichenString, 1);
      else {
        anzahl = ergebnis.intValue() + 1;
        hashTabelle.put(zeichenString,anzahl);
      }
    }

    cons.printf(" Anzahl verschiedene Woerter: %d \n",
                hashTabelle.size());

    cons.printf("\n %s \n", hashTabelle);
  }
}
```

Kapitel 8

1. Ohne die Einrichtung eines `FlowLayout`-Managers würde unser Fenster wie in Bild 17.1 aussehen.

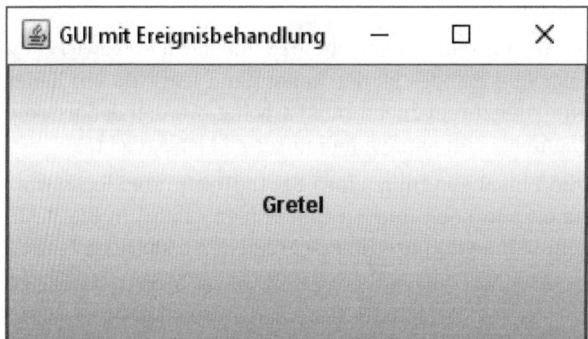

Bild 17.1 GUI_Beispiel ohne FlowLayout-Manager

Der Grund hierfür ist einfach, dass Java als Standardlayout meistens den `Borderlayout`-Manager verwendet, der die Komponenten nach den vier Windrichtungen bzw. zentriert ausrichtet. Gibt man beim Hinzufügen der Komponenten keine Richtung an (beispielsweise `add("East",hänsel);`), werden diese zentriert. In unserem Beispiel erhalten wir also drei zentrierte Schaltflächen, von denen natürlich nur die oberste sichtbar ist.

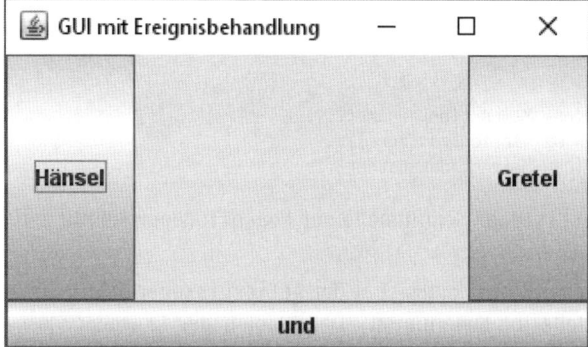

Bild 17.2 GUI_Beispiel mit BorderLayout-Manager

2. Die Anordnung aus Bild 17.2 erhält man mithilfe des `BorderLayout`-Managers und folgenden Anweisungen:

```
// Layout-Manager zum Anordnen der Schaltflächen
setLayout(new BorderLayout());

// Schaltflächen zum Frame hinzufügen
add("West", hänsel);
add("South", und);
add("East", gretel);
```

3. Die folgende Implementierung der Ereignisbehandlungsmethode setzt den Text des „Hänsel und Gretel"-Lieds fort, indem es die nächste Zeile als Titel der Schaltfläche ausgibt.

```
// aus GUI_Beispiel3.java
class MeinActionLauscher implements ActionListener{
    public void actionPerformed(ActionEvent e){
        // Titel ändern
        m_hänsel.setLabel("verirrten");
        m_und.setLabel("sich");
        m_gretel.setLabel("im Wald");
    }
}
```

Da wir hierzu auf die Instanzen der Schaltflächen (`Hänsel`, `und`, `Gretel`) zugreifen müssen, ist es erforderlich, diese als Instanzvariablen zu deklarieren (und nicht wie bisher als lokale Variablen des Konstruktors).

```
// aus GUI_Beispiel3.java
public class GUI_Beispiel3 extends Frame {
    Button m_hänsel, m_und, m_gretel;
    ...

    // und im Konstruktor:

    m_hänsel = new Button("Hänsel");
    m_und   = new Button("und");
    m_gretel = new Button("Gretel");
    ...
```

```
        add(m_hänsel);
        add(m_und);
        add(m_gretel);
        ...
        m_hänsel.addActionListener(new MeinActionLauscher());
        m_und.addActionListener(new MeinActionLauscher());
        m_gretel.addActionListener(new MeinActionLauscher());
```

4. Zur Umstellung von der `ActionListener`-Schnittstelle zur `MouseListener`-Schnittstelle bedarf es folgender Änderungen:

   ▪ Die von uns definierte Lauscher-Klasse muss statt der `ActionListener`-Schnittstelle die `MouseListener`-Schnittstelle implementieren. (Den Namen der Lauscher-Klasse brauchen Sie nicht zu ändern, es empfiehlt sich aber, um Verwirrungen zu vermeiden.)

   ▪ Die Ereignisbehandlungsmethode für das Drücken der Schaltfläche lautet jetzt `mouseClicked()` (statt `actionPerformed()`) und erwartet als Parameter ein Objekt der Klasse `MouseEvent`.

   ▪ Da wir nicht die zugehörige Adapter-Klasse verwenden, müssen wir alle Methoden der `MouseListener`-Schnittstelle selbst implementieren. (Welche Methoden dies sind, können Sie Ihrer Java-Dokumentation entnehmen oder lassen Sie sich einfach vom Compiler anzeigen, welche Methoden noch zu implementieren sind.)

   ▪ Schließlich müssen Sie zur Registrierung der Lauscher-Klasse die Methode `addMouseListener()` (statt `addActionListener()`) aufrufen.

Die umgebaute Lauscher-Klasse und ihre Registrierung sehen danach folgendermaßen aus.

```
// aus Datei GUI_Beispiel4.java
class MeinMouseLauscher implements MouseListener{
    public void mouseClicked(MouseEvent e){
        // einmal piepen
        java.awt.Toolkit.getDefaultToolkit().beep();
    }
    public void mouseEntered(MouseEvent e) {
    }
    public void mouseExited(MouseEvent e) {
    }
    public void mousePressed(MouseEvent e) {
    }
    public void mouseReleased(MouseEvent e) {
    }
}
```

5. Abgesehen davon, dass die Verwendung der `MouseListener`-Schnittstelle aufwendiger ist, wenn man nicht die zugehörige Adapter-Klasse nutzt, können die Schaltflächen jetzt nicht mehr über die Tastatur (Leertaste) gedrückt werden.

   Von Vorteil ist, dass man nun mehrere Methoden zum Abfangen verschiedener Ereignisse zur Verfügung hat und der Parameter vom Typ `MouseEvent` detailliertere Informationen (beispielsweise über die genauen Koordinaten des Mausklicks) übermittelt. Beide Vorteile sind für die Ereignisbehandlung von Schaltflächen jedoch im Grunde unerheblich, sodass man für Schaltflächen meist die `ActionListener`-Schnittstelle verwendet.

Kapitel 9

1. Die folgende Klasse implementiert eine Schaltfläche, die standardmäßig 100x100 Pixel groß dargestellt wird. Unter der Klassendefinition sehen Sie die Instanzierung einer Schaltfläche dieser Klasse.

```
// aus EigenerSchalter.java

class MeinSchalter extends JButton {
  public MeinSchalter(String titel) {
    super(titel);
  }

  public Dimension getMinimumSize() {
    return new Dimension(100,100);
  }
  public Dimension getPreferredSize() {
    return getMinimumSize();
  }
}

public class EigenerSchalter extends JFrame {

  EigenerSchalter(String titel) {
    ...
    MeinSchalter schalter = new MeinSchalter("Klick mich");
    add(schalter);
  ...
```

2. Lila erhalten Sie beispielsweise als RGB(203,12, 151).

3. Für das Layout aus Bild 9.5 benötigt man einen BorderLayout-Manager für das Fenster und ein Panel mit FlowLayout-Manager (Standard) für die beiden oberen Schaltflächen.

```
// aus Layout.java
Layout(String titel) {
  super(titel);
  setLayout(new BorderLayout());

  Panel p = new Panel();
  JButton schalter1 = new JButton("Klick mich");
  JButton schalter2 = new JButton("Klick mich");
  schalter2.setFont(new Font(Font.SERIF, Font.BOLD, 14));
  p.add(schalter1);
  p.add(schalter2);

  JButton schalter3 =
          new JButton("Richtig, mich solltest du klicken");
  add(p,"North");
  add(new JLabel("Hör nicht auf die beiden!",
                  SwingConstants.CENTER),"Center");
  add(schalter3,"South");

  setDefaultCloseOperation(WindowConstants.EXIT_ON_CLOSE);
}
```

4. Neben Tangens und Potenzfunktion finden Sie in der Klasse `Math` beispielsweise folgende Funktionen: `abs()`, `asin()`, `acos()`, `atan()`, `exp()`, `sin()`, `cos()`, `tan()`, `sqrt()`.

Darüber hinaus können Sie natürlich auch eigene Funktionen berechnen lassen.

Kapitel 10

1. Um Dateien aus beliebigen Verzeichnissen zu laden, müssen Sie von dem `File`-Objekt, das Ihnen der `JFileChooser`-Dialog zurückliefert, mittels `getAbsolutePath()` den kompletten Pfad abfragen:

```
// aus Bildbetrachter2.java
JFileChooser dlg = new JFileChooser(".");
int dialogRueckgabe = dlg.showOpenDialog(this);

if (dialogRueckgabe == JFileChooser.APPROVE_OPTION)
{
    m_dateiname =
                dlg.getSelectedFile().getAbsolutePath();
```

2. Um das Verschieben des geladenen Bilds zu ermöglichen, definieren Sie innerhalb der Leinwand-Klasse `BildLeinwand` die folgende Lauscher-Klasse:

```
// aus Bildbetrachter3.java, in Klasse Bildleinwand
class MeinMausMotionAdapter extends MouseMotionAdapter {
  public void mouseDragged(MouseEvent e) {
    // lokale Variablen
    int x,y;

    // wenn kein Bild geladen ist, nichts tun
    if(m_aktBild == null)
      return;

    // Mauskoordinaten abfragen
    x = e.getX();
    y = e.getY();

    // Das Bild nur bewegen, wenn direkt darauf
    // geklickt worden ist
    if(   x >= m_bild_x1 && x <= m_bild_x2
       && y >= m_bild_y1 && y <= m_bild_y2) {

      m_Xpos = x - m_bildBreite/2;
      m_Ypos = y - m_bildHoehe/2;

      // Die neue Begrenzung berechnen und
      // das Bild neu anzeigen
      m_bild_x1 = m_Xpos;
      m_bild_y1 = m_Ypos;
      m_bild_x2 = m_bild_x1 + m_bildBreite;
      m_bild_y2 = m_bild_y1 + m_bildHoehe;
      repaint();
    }
  }
}
```

Registrieren Sie die Lauscher-Klasse im Konstruktor der Leinwand-Klasse:

```
BildLeinwand (){
  addMouseMotionListener(new MeinMausMotionAdapter());
}
```

Der oben aufgezeigte Algorithmus zum Verschieben des Bilds weist noch einige Mängel in Bezug auf die Koordinatentransformation und die Rekonstruktion des Bilds auf. Wenn Sie an professionelleren Techniken interessiert sind, schauen Sie doch unter **Sprite-Animationen** in der entsprechenden Fachliteratur nach.

Kapitel 11

1. Um ein Kombinationsfeld mit den Namen der auf einem System verfügbaren Fonts zu füllen, müssen Sie sich zuerst eine `GraphicsEnvironment`-Instanz beschaffen. (Die abstrakte Klasse `GraphicsEnvironment` definiert dafür die Methode `getLocalGraphicsEnvironment()`.) Über deren Methode `getAvailableFontFamilyNames()` können Sie sich die verfügbaren Font-Namen in ein String-Array kopieren. Danach können Sie dann in einer Schleife das String-Array durchlaufen und für jeden Font ein Listenelement einrichten:

```
String[] fontNames;
fontNames = GraphicsEnvironment.getLocalGraphicsEnvironment().
getAvailableFontFamilyNames();
m_fonts = new JComboBox<String>();
for(int i = 0; i < fontNames.length; i++)
  m_fonts.addItem(fontNames[i]);
```

2. Um eine mit `indexOf(String)` begonnene Suche fortzusetzen, sieht man am besten einen eigenen Menübefehl vor, in dessen Ereignisbehandlung Sie die Methode `indexOf(String, int)` aufrufen, der Sie den alten Suchstring und den Index des Endes des zuletzt gefundenen Vorkommens im Suchstring übergeben (Suchstring und zuletzt gefundene Position sollten daher als Instanzvariablen abgespeichert werden).

Kapitel 12

Die Lösungen zu den Übungen dieses Kapitels finden Sie in den Listings in der Beispielsammlung (siehe Anhang F).

Kapitel 13

1. Sie finden eine Musterlösung im Unterverzeichnis *Uebungen* (*UhrzeitAnzeige2.java*). In der Implementierung von `run()` müssen Sie darauf achten, die Änderung des Fenstertitels mit Hilfe von `SwingUtilities.invokeLater()` anzustoßen, damit dies im AWT-Event-Thread passiert.

```
public void run() {
    String praefix = getTitle();

    while(true) {
        try {
            Thread.sleep(1000);
```

```
                    SwingUtilities.invokeLater(new Runnable() {
                        public void run() {
                            String titel = getTitle() + "*";

                            if(titel.length() > 25) {
                                titel = praefix; // Größe begrenzen!
                            }

                            setTitle(titel);
                        }
                    });
                }
                catch(Exception ex) {
                    return;
                }
            }
        }
    }
```

2. Sie finden eine Musterlösung im Unterverzeichnis *Uebungen* (*MarsAttack2.java*). Erweitern Sie die Alien-Klasse um eine Methode istGetroffen(), um zu testen, ob ein Mausklick auf dem Männchen erfolgt ist, z.B.

```
public boolean istGetroffen(int x, int y) {
    Rectangle rect = new Rectangle(m_xPos, m_yPos, 20 +
                                   2*m_dx+1, 20 + 2*m_dy+1);
    return rect.contains(x, y);
}
```

Diese Methode kann man dann in der Mausbehandlung (Klasse MeinMausAdapter) verwenden, um ein getroffenes Alien-Objekt zu ermitteln und durch Setzen des Interrupted-Flags zu beenden:

```
public void mousePressed(MouseEvent e) {
    Alien alien = null;

    for(Alien a : m_aliens) {
        if(a.istGetroffen(e.getX(), e.getY())) {
            alien = a;
            break;
        }
    }

    if(alien != null) {
        alien.interrupt();// thread beenden
        m_aliens.remove(alien);
    }
    else {
        Alien neu = new Alien(m_canvas,e.getX(),e.getY());
        m_aliens.add(neu);
        neu.start();
    }
}
```

Kapitel 14

1. Sie finden eine Musterlösung im Unterverzeichnis *Uebungen* (Datei *AudioClipDemo.java*).

Kapitel 15

1. Um nur Datensätze mit einem Umsatz ab 200.000 EUR auszugeben, erweitern Sie die SELECT-Anweisung folgendermaßen:

```
String sql ="SELECT * FROM interpreten " +
            " WHERE umsatz >= 200000";
```

2. Um die Datensätze aufsteigend nach Umsatz sortiert ausgeben zu lassen, erweitern Sie den SELECT-Befehl um eine passende ORDER BY-Klausel:

```
String sql ="SELECT * FROM interpreten " +
            " ORDER BY umsatz";
```

B

Anhang B:
Installation des JDK

Keine Programmerstellung ohne JDK! Nachfolgend daher ein paar Anmerkungen und Erläuterungen zur Installation des JDK und zur anschließenden Konfiguration Ihres Rechners.

 Sun, Oracle und das OpenJDK

Die Programmiersprache Java und die dazugehörige Laufzeitumgebung wie die Java Virtual Machine (JVM) und der javac-Compiler wurden ursprünglich von der kalifornischen Firma Sun Microsystems entwickelt und auf den Markt gebracht. Mittlerweile gibt es Sun aber gar nicht mehr und alle Rechte an Java sind auf den Aufkäufer Oracle – vor allem bekannt durch seine Datenbanksysteme – übergegangen. Für Sie als privater Anwender ändert sich dadurch erst mal nichts.

Wenn Sie sich vermehrt mit Java-Programmierung beschäftigen, dann werden Sie vielleicht darauf stoßen, dass es für JDK und JVM verschiedene Ausprägungen gibt:

- Das „Original" von ehemals Sun bzw. nun Oracle ist das Oracle-JDK und Oracle-JVM, das wir in diesem Buch verwenden.

- OpenJDK ist eine Open-Source-Implementierung von Java-Klassenbibliothek und Java Virtual Machine.

Darüber hinaus gibt es noch eine Reihe von JVM-Implementierungen, die allerdings häufig proprietär sind und vom jeweiligen Hersteller gekauft werden müssen, beispielsweise J9, JRockit, Excelsior JET, SAPVM.

Solange das Oracle-JDK für Privatanwender kostenfrei bleibt, empfehlen wir Ihnen, damit zu arbeiten. Sofern Sie aber mit einem Rechner arbeiten, auf dem eine passende Version des OpenJDK bereits vorinstalliert ist, können Sie diese natürlich ebenfalls verwenden und brauchen nicht extra das Oracle-JDK für das Arbeiten mit diesem Buch zu installieren.

B.1 Installation

Die Installation des Java Development Kit (JDK) ist eigentlich relativ einfach. Nachdem Sie das Paket von Oracles Webserver (*http://www.oracle.com/technetwork/java/javase/downloads/index.html*[1]) heruntergeladen haben, müssen Sie die selbst extrahierende Datei nur noch ausführen und die Fragen zur Lizenz und zur Konfiguration der Installation beantworten.

> Die JDK-9-Setupdateien für Linux und Windows für 64-Bit-Rechner finden Sie unter dem Link *http://www.oracle.com/technetwork/java/javase/downloads/index.html* (siehe Anhang F). Wenn Sie noch mit einem 32-Bit-Rechner arbeiten, schauen Sie, ob auf der Oracle-Website noch eine ältere Java-Version als 32-Bit-Verson (*i586*-Download-Datei) angeboten wird.

Windows

Führen Sie die EXE-Setupdatei aus (z. B. durch Doppelklick auf die Datei im Windows Explorer, Aufruf mit **WinBef+E**).

Starten Sie die Setupdatei *jdk-9_windows-x64_bin.exe* (die Versionszahl in Ihrer Setup-Datei dürfte schon etwas höher sein, sollte aber mit 9 oder einer höheren Zahl beginnen).

Das Setupprogramm führt Sie nun durch mehrere Dialoge, deren wichtigster **Custom Setup** heißt.

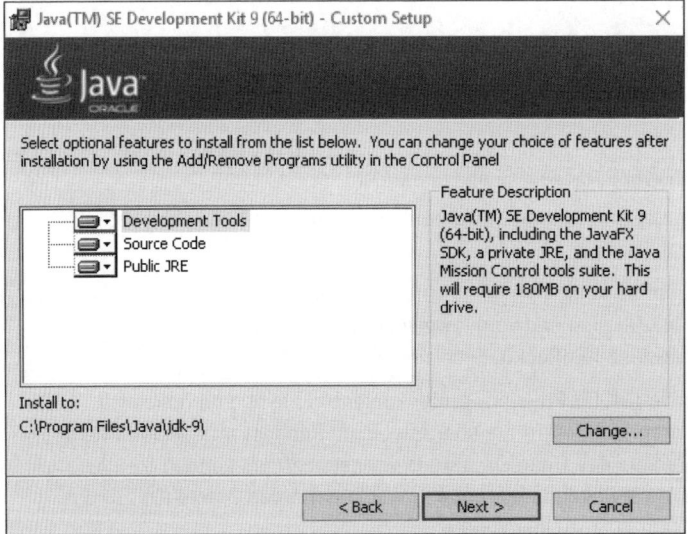

Bild B.1 Auswahl der zu installierenden Komponenten

---

[1] Beachten Sie, dass sich die Verzeichnisstruktur von Websites ändern kann. Falls Sie unter *http://www.oracle.com/technetwork/java/javase/downloads/index.html* nichts mehr finden sollten, beginnen Sie einfach mit dem Home-Verzeichnis *www.oracle.com* und suchen Sie nach *Java SE*.

Im Dialog **Custom Setup** können Sie auswählen, welche Komponenten Sie installieren möchten (siehe Bild 18.1). Wir empfehlen, das JDK komplett zu installieren. Sollten Sie jedoch einen etwas älteren Rechner besitzen und mit Festplattenspeicher etwas knapp sein, deaktivieren Sie die Option **Public JRE**.

> Das Installationsverzeichnis können Sie, sofern Sie darauf Wert legen, über die Schaltfläche **Change** ändern. Das Installationsverzeichnis für die *Public JRE*, sofern Sie diese mitinstallieren lassen, wird gegen Ende der Installation noch einmal extra abgefragt. ∎

Zum Abschluss führt das Setup-Programm zu einer Website, wo Sie sich als Benutzer registrieren lassen können (aber nicht müssen).

Danach ist Ihre Festplatte um einige Hundert Mbytes (je nach den gewählten Installationsoptionen) ärmer und Sie um das JDK der neuesten Version reicher.

> **Die Public JRE**
>
> Die Public JRE wird zum Programmieren von Java-Anwendungen *nicht* benötigt. JRE ist – wie Sie sich vielleicht noch aus Abschnitt 1.5 im Gedächtnis behalten haben – das Akronym für Java Runtime Environment, also „Java-Laufzeitumgebung". Das heißt, die JRE dient der Ausführung von Java-Programmen. Für das Schreiben und Entwickeln von Java-Programmen reicht die JRE aber nicht aus, da ihr wichtige Hilfsprogramme wie z. B. der Java-Compiler *javac* fehlen. ∎

Linux

Legen Sie ein Verzeichnis an, unter dem das JDK installiert werden soll (beispielsweise *Java*), und kopieren Sie in dieses die Datei *jdk-9_linux-x64_bin.tar.gz*. Danach öffnen Sie ein Konsolenfenster, wechseln in das angelegte Verzeichnis und lassen die Datei entpacken:

```
tar zxvf jdk-9_linux-x64_bin.tar.gz
```

Danach läuft die Installation automatisch ab.

Deinstallation

Wenn Sie das JDK irgendwann wieder deinstallieren möchten, rufen Sie die mitgelieferte Deinstallationsroutine über die **Systemsteuerung**, Anzeige **Kleine Symbole**, **Programme und Features** auf.

Wenn Sie für Ihre Browser statt des neu installierten Plug-Ins lieber Ihr altes Plug-In verwenden wollen, klicken Sie in der Systemsteuerung auf das **Java**-Symbol und wählen Sie dort das gewünschte Plug-In aus.

Linux-Anwender löschen einfach das Verzeichnis der JDK-Installation.

■ B.2 Anpassen des Systems

Nach der Installation sollten Sie Ihr System noch so konfigurieren, dass Sie mit den JDK-Tools bequem arbeiten können.

B.2.1 Erweiterung des Systempfads

Die Java-Tools (insbesondere *javac* und *java*) werden über die Konsole aufgerufen. Wenn Sie dabei nicht immer dem Programmnamen den vollständigen Pfad zur EXE-Datei des Programms voranstellen wollen, also z. B.

Prompt:> *C:Program Files\Java\jdk-9\bin\javac*

dann müssen Sie den Pfad zu den JDK-Tools in den Systempfad des Betriebssystems einfügen.

Windows

Nehmen wir an, dass Sie das JDK in das vorgeschlagene Verzeichnis *C:\Program Files\Java\ jdk-9* installiert haben.

1. Rufen Sie den Windows-Dialog **Umgebungsvariablen** auf.

   Windows 10: Tippen Sie in die Windows-Suche (Eingabefeld rechts neben Startmenü) den Suchbegriff *Umgebungsvariablen* ein und wählen Sie unter den Ergebnissen den Link **Systemumgebungsvariablen bearbeiten**. (Sollte der Link nicht angezeigt werden, öffnen Sie mit der Tastenkombination **WinBef+X** die Systemsteuerung und folgen Sie den Ausführungen zu Windows 7, bis Sie sich im Dialog **Umgebungsvariablen** befinden.)

   Windows 8: Je nach Windows-8-Version ist die Systemsteuerung etwas schwer zu finden. Am besten drücken Sie in der Desktop-Ansicht die Tastenkombination **WinBef+X** und wählen **Systemsteuerung** aus. Dann geht es weiter, wie nachfolgend bei Windows 7 beschrieben.

   Windows 7: Öffnen Sie das **Start**-Menü und rufen Sie die **Systemsteuerung** auf. Wählen Sie für die Anzeige die Option **Kleine Symbole** und klicken Sie dann auf das Symbol **System**. Danach klicken Sie links auf den neu eingeblendeten Link **Erweiterte Systemeinstellungen** und dann im aufspringenden **Systemeigenschaften**-Dialog, Seite **Erweitert**, auf die Schaltfläche **Umgebungsvariablen**.

2. Danach können Sie die Systemvariable **Path** im unteren Listenfeld auswählen, zum **Bearbeiten** laden und den Pfad zu den Java-Programmen anhängen.

   Windows 10: Klicken Sie dazu auf **Neu** und tippen Sie in die neu angelegte Zeile den Pfad des Java-Bin-Verzeichnisses ein (siehe Bild 18.2).

   Windows 7: Springen Sie im Eingabefeld **Wert der Variablen** an das Ende des aktuellen PATH-Werts und fügen Sie das BIN-Verzeichnis der JDK-Installation hinzu. Zum Beispiel:

   Ende des ursprünglichen Eintrags:

```
...Server 5.6\bin
```

Ende des überarbeiteten Eintrags:

```
...Server 5.6\bin;C:\Program Files\Java\jdk-9\bin;
```

Hinweis: Das Semikolon ; dient zur Trennung der einzelnen Verzeichnisangaben in der PATH-Variablen.

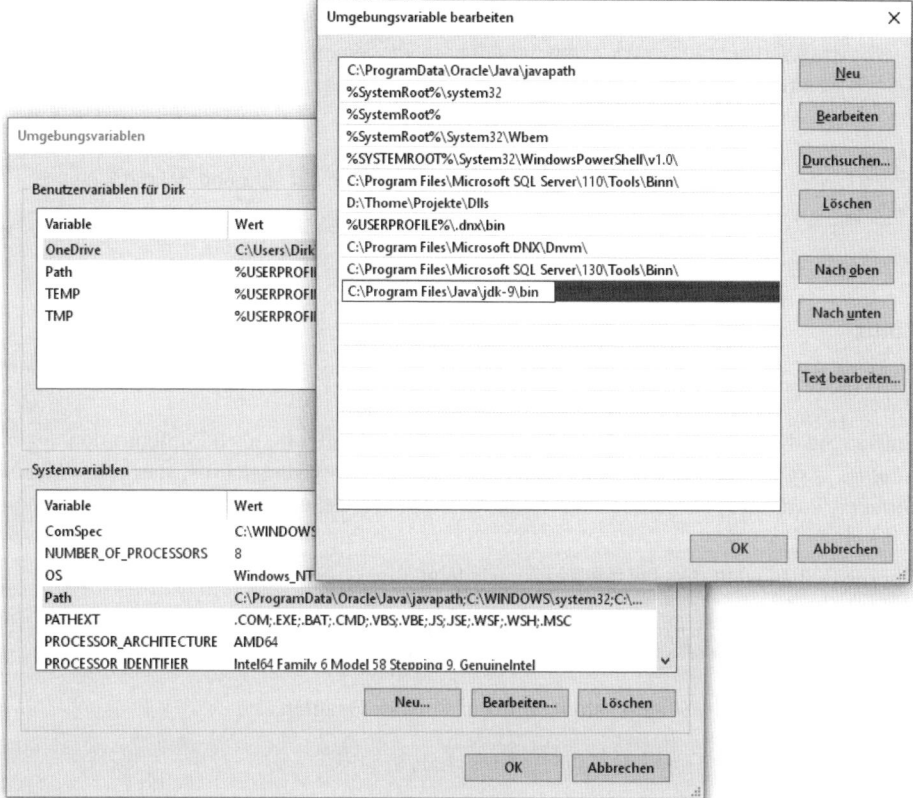

Bild B.2 Anpassung der PATH-Variablen unter Windows

3. Schließen Sie alle Dialoge durch Klick auf **OK**.

Um Tippfehler im Verzeichnispfad zu vermeiden, können Sie so vorgehen, dass Sie das BIN-Verzeichnis der Java-Installation zuerst im Windows Explorer[2] öffnen. Klicken Sie dann oben im Windows Explorer in die Adressleiste, wo jetzt der gewünschte Pfad inklusive *bin* angezeigt und ausgewählt sein sollte. Drücken Sie die Tastenkombination **Strg+C**, um den Pfad in die Zwischenablage zu kopieren, wechseln Sie in das Eingabefeld für die Umgebungsvariable und fügen Sie den kopierten Verzeichnispfad mit **Strg+V** ein. Kontrollieren Sie noch einmal den Eintrag und achten Sie vor allem darauf, dass vor dem neuen Eintrag ein Semikolon steht.

 Wenn Sie gar keine PATH-Angabe finden, klicken Sie auf **Neu** und richten Sie eine neue PATH-Variable ein.

Linux

Nehmen wir an, dass Sie das JDK in das Verzeichnis */home/ihrname/Java/jdk-9* installiert haben.

Suchen Sie die Pfadangabe `path` in der zuständigen INI-Datei (je nach Konfiguration *.login*, *.profile*, *.tcshrc*, *.bashrc* o. Ä.) und fügen Sie das Java-BIN-Verzeichnis, das z. B. */home/ihrname/Java/jdk-9/bin* lauten könnte, in der nächsten Zeile nach der bisherigen Pfadangabe hinzu.

Für die C-Shell sieht dies beispielsweise wie folgt aus:

```
set path = (/home/ihrname/Java/jdk-9/bin . $path)
(Mehrere Verzeichnisangaben werden durch Leerzeichen getrennt.)
```

Für die Bourne-Again-Shell (bash) könnte der Eintrag so lauten:

```
export PATH=/home/ihrname/Java/jdk-9/bin:.:${PATH}
```

oder

```
PATH="/home/ihrname/Java/jdk-9/bin:.:$PATH"
(Mehrere Verzeichnisangaben werden durch einen Doppelpunkt getrennt.)
```

Anschließend müssen Sie sich neu anmelden, damit die Änderungen wirksam werden.

B.2.2 Installation testen

Um den neuen Pfad zu testen, müssen Sie ein neues[3] Konsolenfenster öffnen. Unter Windows heißt die Konsole mittlerweile *Eingabeaufforderung* und ist etwas versteckt:

---

[3] Nach jeder Änderung von Systemvariablen müssen Sie ein neues Konsolenfenster öffnen, damit die Änderung wirksam wird. Bereits offene Fenster arbeiten weiter mit den alten Werten.

Windows 10: Tippen Sie in die Windows-Suche (Eingabefeld rechts neben dem Startmenü) den Suchbegriff *Eingabeaufforderung* ein und wählen Sie unter den Ergebnissen den Link **Eingabeaufforderung**. (Sollte der Link nicht angezeigt werden, finden Sie die Eingabeaufforderung auch in der App-Liste unter dem Ordner **Windows-System**.

Windows 7, 8: Je nach Version finden Sie die Eingabeaufforderung unter **Start/Programme/Zubehör/Eingabeaufforderung**, **Start/Programme/Eingabeaufforderung** oder **Start/Programme/MSDOS-Eingabeaufforderung**.

Tippen Sie hinter dem Prompt *javac -version* ein und schicken Sie den Befehl durch Drücken der **Enter**-Taste ab. Statt einer Fehlermeldung, dass der Befehl nicht gefunden wurde, sollte sich der Java-Compiler mit seiner Versionsnummer melden (siehe Bild 18.3).

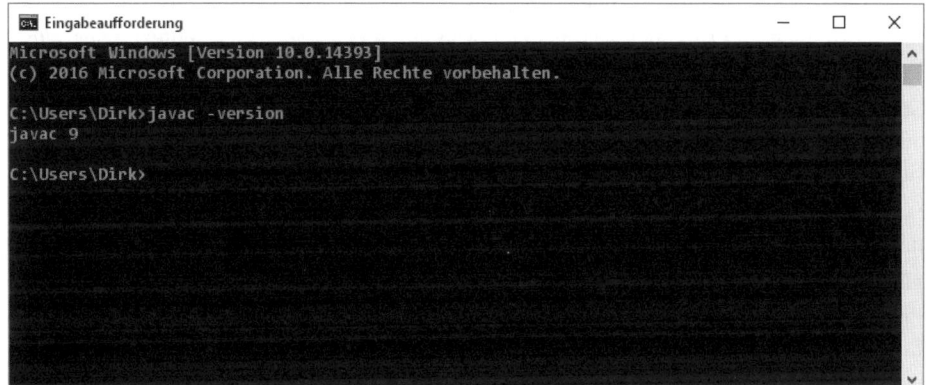

Bild B.3 Der Pfad wurde korrekt aktualisiert, die Java-Tools können von jedem Verzeichnis aus aufgerufen werden.

Erscheint stattdessen eine Fehlermeldung oder eine andere (niedrigere) Versionsnummer, z. B. 1.6.24, gibt es auf Ihrem System eine Installation für das JDK 1.6.24 und in Ihrer PATH-Umgebungsvariable (siehe weiter oben) müsste das BIN-Verzeichnis dieser Installation eingetragen sein. Löschen Sie dann diesen Eintrag.

Lautet die Ausgabe

```
javac: no input files
```

bedeutet dies vermutlich, dass das OpenJDK installiert ist. Auch in diesem Fall sollten Sie den zugehörigen Eintrag aus der PATH-Umgebungsvariablen löschen.

B.2.3 Setzen des Klassenpfads

Die zweite Einstellung betrifft die CLASSPATH-Variable.

Achtung!

Die Umgebungsvariable CLASSPATH muss von Ihnen nur dann kontrolliert und gegebenenfalls bearbeitet werden, wenn sie bereits auf Ihrem System eingetragen ist (in diesem Fall wird sie im Umgebungsvariablen-Dialog mit aufgeführt (siehe Bild 18.2)) oder wenn Sie mehr Einfluss auf die Arbeitsweise der Java-Tools nehmen möchten.

Java-Programme bestehen aus Klassen. Diese sind in Quelltextdateien (Extension *.java*) oder als Bytecode in *.class*-Dateien (Extension *.class*) definiert. Wenn Sie ein Java-Programm kompilieren oder ausführen, suchen sich die zuständigen Java-Tools (Compiler oder Interpreter) zu allen im Programm verwendeten Klassen die zugehörigen Quelltext- oder *.class*-Dateien zusammen.

Standardmäßig wird im aktuellen Arbeitsverzeichnis (also von dem aus z. B. der Interpreter aufgerufen worden ist) und in den Class-Archiven *.jar* im LIB-Verzeichnis der JDK-Installation gesucht.

Solange Sie für jedes Programm ein eigenes Verzeichnis anlegen und die Quelltextdateien des Programms zusammen in diesem Verzeichnis speichern, gestaltet sich die Programmerstellung und -ausführung recht einfach.

Probleme gibt es meist nur dann, wenn irgendein anderes Programm bei der Installation die `CLASSPATH`-Variable gesetzt hat. Dann suchen die JDK-Tools nämlich nicht mehr im aktuellen Verzeichnis – es sei denn, das aktuelle Verzeichnis, symbolisiert durch einen Punkt (`.`), wurde explizit in der Umgebungsvariablen mit aufgeführt. Meist ist dies aber nicht der Fall, sodass Sie den Eintrag für das aktuelle Verzeichnis selbst anhängen müssen.

Alter Eintrag: `SET CLASSPATH=C:\programme\einTool`

Neuer Eintrag: `SET CLASSPATH=C:\programme\einTool;.`

- Windows: Bearbeiten Sie die `CLASSPATH`-Umgebungsvariable im Dialogfenster der **Umgebungsvariablen** (analog zu der oben beschriebenen Einrichtung der PATH-Variablen).
- Linux: Setzen oder passen Sie die `CLASSPATH`-Variable in *.login*, *.profile*, *.tcshrc*, *.bashrc* o. Ä. an (analog zu der oben beschriebenen Einrichtung der PATH-Variablen). Für *csh* beispielsweise:

`setenv CLASSPATH /bin/interbase;.`

B.3 Die Java-Dokumentation

Zum Schluss möchten wir Sie noch auf die Java-Dokumentation hinweisen, die Sie sich ebenfalls vom Oracle-Server herunterladen können. (Scrollen Sie dazu ans Ende der Webseite *http://www.oracle.com/technetwork/java/javase/downloads/index.html*.)

Sie sollten auf diese Informationsquelle nicht verzichten, auch wenn sie nur in Englisch vorliegt. Speziell die Java-API-Dokumentation, die eine Referenz der Java-Klassen enthält, ist für den fortgeschrittenen Java-Programmierer – und das sind Sie nach Lektüre dieses Buchs ganz zweifelsohne – unverzichtbar.

Entpacken Sie die heruntergeladene ZIP-Datei einfach in ein geeignetes Verzeichnis (natürlich unter Beibehaltung der Pfadangaben). Die Dokumentation wird dann in ein Unterverzeichnis *docs* entpackt.

Die Startseite der Dokumentation ist die Datei *docs/index.html*.

Die Startseite der API-Dokumentation ist die Datei *docs/api/index.html*.

■ B.4 Wo Sie weitere Hilfe finden

Weitere Informationen finden Sie auf der Support-Site zu diesem Buch, *www.carpelibrum.de*, und auf den Download-Webseiten des Oracle-Servers.

Leider mussten wir in der Vergangenheit auch feststellen, dass die großen Browser- und Betriebssystemhersteller ihre Produktzyklen nicht nach den Überarbeitungszyklen unserer Bücher ausrichten. Sollten Sie Probleme mit neuen Betriebssystemen oder Browserversionen haben, schauen Sie bitte auf unserer Website nach.

Sollten die Hinweise im Buch und auf der Website nicht ausreichen, haben Sie keine Scheu, sich per E-Mail an uns zu wenden (leserfragen@gmx.de bzw. autoren@carpelibrum.de).

C

Anhang C:
Schlüsselwörter

Tabelle C.1 Schlüsselwörter von Java

abstract	do	implements	protected	true
assert	double	import	public	try
boolean	else	inner*	rest*	var*
break	enum	instanceof	return	void
byte	extends	int	short	volatile
byvalue*	false	interface	static	while
case	final	long	strictfp	
cast*	finally	native	super	
catch	float	new	switch	
char	for	null	synchronized	
class	future*	operator*	this	
const*	generic*	outer*	throw	
continue	goto*	package	throws	
default	if	private	transient	

Die mit * markierten Schlüsselwörter sind für zukünftige Erweiterungen reserviert oder entstammen anderen Programmiersprachen und wurden in die Liste aufgenommen, damit der Java-Compiler ihre Vorkommen leichter erkennen und als Fehler markieren kann. Die „Schlüsselwörter" false, true und null sind Literale und können daher ebenfalls nicht für eigene Variablennamen verwendet werden.

D Anhang D: Java-Klassenübersicht

Java umfasst Dutzende von Paketen mit über 1000 Klassen und Schnittstellen! Aus dieser Fülle wird im Folgenden der Teil in Kurzform präsentiert, der in diesem Buch erwähnt wird oder für Einsteiger nützlich sein kann.

■ D.1 java.io

Dieses Paket enthält Klassen für die Ein- und Ausgabe.

Tabelle D.1 Klassen und Schnittstellen aus dem Paket java.io

Schnittstellen und Klassen	Beschreibung
BufferedInputStream	Klasse für gepufferten Eingabestream
BufferedOutputStream	Klasse für gepufferten Ausgabestream
BufferedReader	Gepuffertes Einlesen von Text aus einem Stream
BufferedWriter	Gepuffertes Schreiben von Text in einen Stream
Console	Schreiben und Lesen von Konsole (mit Unterstützung für Umlaute)
File	Klasse für sequenziellen Zugriff auf Dateien
FileInputStream	Eingabestrom aus einer Datei heraus
FileOutputStream	Ausgabestream in eine Datei
FileReader	Lesen von Text aus einer Datei
FileWriter	Schreiben von Text in eine Datei
PrintWriter	Formatierte Ausgabe von Objekten
RandomAccessFile	Klasse für wahlfreien Zugriff auf eine Datei
StringReader	Lesen von Zeichen aus String
StringWriter	Schreiben von Zeichen in einen StringBuffer

■ D.2 java.lang

Dieses Paket enthält die Kernklassen der Sprache Java.

Tabelle D.2 Klassen und Schnittstellen aus dem Paket java.lang

Schnittstellen und Klassen	Beschreibung
Boolean	Wrapper-Klasse für boolean-Werte
Byte	Wrapper-Klasse für byte-Werte
Character	Wrapper-Klasser für char-Werte
Double	Wrapper-Klasse für double-Werte
Float	Wrapper-Klasse für float-Werte
Integer	Wrapper-Klasse für int-Werte
Long	Wrapper-Klasse für long-Werte
Math	Klasse mit mathematischen Operationen
Runnable	Schnittstelle für Thread-Methoden
Short	Wrapper-Klasse für short-Werte
String	Klasse für Zeichenketten
StringBuffer	Klasse für veränderliche Zeichenketten (synchronisiert = threadsicher)
StringBuilder	Klasse für veränderliche Zeichenketten (unsynchronisiert = nicht threadsicher, aber dafür viel schneller als StringBuffer)
System	Zugang zu systemnahen Funktionen
Thread	Klasse für Verwaltung und Handhabung von Threads
Throwable	Generische Exception-Klasse

■ D.3 java.applet

Dieses Paket stellt die Applet-Grundlagen bereit.

Tabelle D.3 Klassen und Schnittstellen aus dem Paket java.applet

Schnittstellen und Klassen	Beschreibung
Applet	Die Basisklasse für Applets
AudioClip	Interface für Klangverarbeitung

■ D.4 java.awt

Dieses Paket enthält die Klassen zum Aufbau grafischer Oberflächen (GUI).

Tabelle D.4 Klassen und Schnittstellen aus dem Paket java.awt

Schnittstellen und Klassen	Beschreibung
BorderLayout	Layout-Manager (Windrichtungen)
CardLayout	Layout-Manager (Dia-Show)
Component	Generische Klasse für alle GUI-Komponenten
Container	Generische Klasse für Komponenten, die andere Komponenten enthalten
Dimension	Klasse für Abmessungen von Komponenten
FlowLayout	Layout-Manager (Reihe)
Font	Verwaltung von Fonts
FontMetrics	Verwaltung von Fonts
GradientPaint	Definiert ein Gradienten-Füllmuster
Graphics	Stellt Kontext für Grafikoperationen bereit
GraphicsEnvironment	Stellt Gerätekontexte für Grafikoperationen bereit
Graphics2D	Kontext für Java2D-Operationen
GridBagConstraints	Formatanweisungen für GridBagLayout-Manager
GridBagLayout	Layout-Manager (freies Layout)
GridLayout	Layout-Manager (Gitter)
Image	Klasse für Bitmap-Bilder
MediaTracker	Zum Überwachen von Ladevorgängen
Point	Klasse für Punkte (x- und y-Koordinate)
Polygon	Klasse für Polygone (Menge von Punkten)
PrintJob	Dient zum Drucken einer Komponente
PrintJob2D	Drucken von Java2D-Komponenten
Rectangle	Klasse für Rechtecke
Toolkit	Verbindung zum zugrunde liegenden Windowing-System
Window	Top-Level-Fensterklasse

■ D.5 java.awt.event

Dieses Paket stellt die notwendigen Klassen für die Ereignisbehandlung bereit.

Tabelle D.5 Klassen und Schnittstellen aus dem Paket java.awt.event

Schnittstellen und Klassen	Beschreibung
ActionEvent	Klasse für ActionEvents
ActionListener	Interface für ActionEvents
FocusAdapter	Adapterklasse für FocusListener
FocusEvent	Klasse für FocusEvents
FocusListener	Interface für FocusEvents
ItemEvent	Klasse für ItemEvents
ItemListener	Interface für ItemEvents
KeyAdapter	Adapterklasse für KeyEvents
KeyEvent	Klasse für KeyEvents
KeyListener	Interface für KeyEvents
MouseAdapter	Adapterklasse für MouseListener
MouseEvent	Klasse für MouseEvents
MouseMotionAdapter	Adapterklasse für MouseMotionListener
MouseMotionListener	Interface für MouseMotion
TextEvent	Klasse für TextEvents
TextEventListener	Interface für TextEvents
WindowAdapter	Adapterklasse für WindowListener
WindowEvent	Klasse für WindowEvents
WindowListener	Interface für WindowEvents

■ D.6 java.awt.geom

Dieses Paket enthält weitere Klassen von Java2D.

Tabelle D.6 Klassen und Schnittstellen aus dem Paket java.geom

Schnittstellen und Klassen	Beschreibung
Arc2D.Float	Bögen
CubicCurve2D.Float	Kubische parametrische Kurven
Ellipse2D.Float	Ellipsen
GeneralPath	Beliebige geometrische Pfade
Line2D.Float	Linien
Point2D.Float	Punkte
Rectangle2D.Float	Rechtecke
RoundRectangle2D.Float	Rechtecke mit runden Ecken

■ D.7 java.net

Dieses Paket stellt Klassen für die Verbindung mit anderen Rechnern über das Internet zur Verfügung.

Tabelle D.7 Klassen und Schnittstellen aus dem Paket *java.net*

Schnittstellen und Klassen	Beschreibung
InetAddress	Verwaltet Internetadressen von Rechnern
URL	Klasse für Uniform Resource Locator
Socket	Klasse für Rechnerkommunkation per Socket-Modell

■ D.8 java.sql

Dieses Paket stellt Klassen für die Verbindung mit Datenbanksystemen zur Verfügung.

Tabelle D.8 Klassen und Schnittstellen aus dem Paket java.sql

Schnittstellen und Klassen	Beschreibung
Connection	Verwaltet Internetadressen von Rechnern
Date	Repräsentiert SQL-Datumsangaben (nicht zu verwechseln mit java.util.Date)
Driver	Realisiert den Zugriff auf den JDBC-Treiber
DriverManager	Verwaltet alle vorhandenen JDBC-Treiber
ResultSet	Ergebnismenge einer SELECT-Anweisung
Statement	Dient zum Ausführen von SQL-Kommandos

■ D.9 javax.sound.midi

Dieses Paket stellt Klassen für den Zugriff auf die MIDI-Fähigkeiten zur Verfügung.

Tabelle D.9 Klassen und Schnittstellen aus dem Paket javax.sound.midi

Schnittstellen und Klassen	Beschreibung
MidiChannel	Repräsentiert einen MIDI-Ausgabekanal
Sequencer	Dient zum Abspielen von MIDI-Daten
Synthesizer	Dient zum Aufzeichnen bzw. zur Erzeugung von MIDI-Daten
Instrument	Repräsentiert ein bestimmtes Musikinstrument
MidiSystem	Ermöglicht den Zugriff auf die MIDI-Laufzeitumgebung und ihre Ressourcen
Statement	Dient zum Ausführen von SQL-Kommandos

■ D.10 javax.swing

Dieses Paket enthält die seit Java 1.2 hinzugekommenen Klassen zum Aufbau grafischer Oberflächen mit Swing-Komponenten.

Tabelle D.10 Klassen und Schnittstellen aus dem Paket javax.swing

Schnittstellen und Klassen	Beschreibung
ButtonGroup	Logische Gruppierung von Auswahlelementen
ImageIcon	Klasse für Icons (kleine Bitmaps)
JApplet	Klasse für Applets
JButton	Schalter zum Klicken
JComboBox	Kombinationsfeld
JFileChooser	Dateiauswahldialog
JFrame	Klasse für Fenster
JLabel	Beschriftung für Komponenten
JList	Liste von Items
JMenu	Popup-Menü
JMenuBar	Menüleiste
JMenuItem	Einzelner Menüeintrag
JRadioButton	Radiobutton
JOptionPane	Klasse für Erzeugen von Dialogen
JPanel	Ein Container für andere Komponenten
JScrollBar	Bildlaufleisten
JScrollPane	Komponente mit automatischen Bildlaufleisten
JTextArea	Komponente mit editierbarem, mehrzeiligem Text
JTextField	Komponente mit editierbarer Textzeile
SwingWorker	Ausführen von Hintergrundaktivitäten
UIManager	Kontrolliert das Look-And-Feel

◼ D.11 java.util

Dieses Paket enthält nützliche Hilfsklassen, insbesondere für typische Datenstrukturen aus der Informatik.

Tabelle D.11 Klassen und Schnittstellen aus dem Paket java.util

Schnittstellen und Klassen	Beschreibung
Arrays	Bietet Sortier- und Suchalgorithmen
ArrrayDeque	Klasse für eine Warteschlangen-Datenstruktur mit Zugriff auf beide Enden
ArrrayList	Klasse, die wahlweise wie eine Listen- oder eine FIFO-Datenstruktur verwendet werden kann
Calendar	Basisklasse zum Konvertieren von Date-Objekten
Collections	Bietet Sortier- und Suchalgorithmen
Date	Klasse für Datum und Zeit
DateFormat	Dient zum Formatieren von Datumsanzeigen
HashMap	Klasse für eine Hashtabelle-Datenstruktur
HashSet	Klasse für eine Mengen-Datenstruktur
Hashtable	Klasse für eine Hashtabelle-Datenstruktur
Iterator	Dient zum Durchlaufen von Collections-Objekten
LinkedList	Klasse für eine Listen-Datenstruktur
PriorityQueue	Klasse für eine Warteschlangen-Datenstruktur mit Prioritäten
Random	Utilities für die Erzeugung von Zufallszahlen
Scanner	Zum Einlesen und Parsen von Eingabezeilen
Stack	Klasse für eine Keller-Datenstruktur
StringTokenizer	Klasse zur Zerlegung von Strings in Teilstrings (Tokens)
TreeMap	Klasse für eine Hashtabelle-Datenstruktur mit geordneten Schlüsseln
TreeSet	Klasse für eine geordnete Mengen-Datenstruktur
Vector	Ein Array von Objekten, das seine Größe selbstständig anpasst

E

Anhang E:
Literatur und Adressen

Zu Java gibt es eine fast schon unübersehbare Flut an Literatur und Informationsquellen.

■ E.1 Bücher

Früher haben wir Ihnen an dieser Stelle verschiedene Werke zu Java vorgestellt und empfohlen. Natürlich könnten wir das eine oder andere uns bekannte Buch hervorheben, doch täten wir damit den vielen anderen guten bis sehr guten Büchern – die ja nichts dafür können, dass wir noch nicht in sie hineingeschaut haben – unrecht.

Aus diesem Grunde beschränken wir uns auf einige allgemeine Hinweise, wie Sie das für Sie richtige Buch finden.

Tipps zur Buchauswahl

Das richtige Buch zum Lernen einer Programmiersprache zu finden, ist nicht ganz einfach, da jeder seinen eigenen Lernstil hat, der sich optimalerweise im Lehrbuch widerspiegelt. Darum möchten wir Ihnen hier einige allgemeine Tipps geben, wie Sie (hoffentlich) das zu Ihnen passende Buch finden.

Grundsätzlich gibt es auf dem Buchmarkt vier Kategorien von Java-Büchern:

- *Einsteigerbücher*
  Diese Kategorie sollte für Sie eigentlich nicht mehr interessant sein, es sei denn, Sie haben das Gefühl, mit diesem Buch überhaupt nicht zurechtgekommen zu sein. Dies hieße dann allerdings auch, dass unsere eigenen Ansprüche an das Buch nicht erfüllt wurden. Wenn Sie möchten, setzen Sie sich doch mit uns in Verbindung und vielleicht finden wir dann gemeinsam heraus, woran es hapert.

- *Standardwerke mit Lehrbuchcharakter*
  Zum weiterführenden Studium und Vertiefen sind am besten Standardwerke mit Lehrbuchcharakter geeignet.

- *Standardwerke mit Referenzcharakter*
  Wenn Sie sich in der Programmierung sicher fühlen und ausführlichere Erläuterungen,

Hintergrunderklärungen und Diskurse nur unnötig Ihre Nerven strapazieren, suchen Sie sich ein Referenzwerk, das Ihnen zu jedem nachgeschlagenen Thema knapp und bündig die wichtigsten Informationen und Techniken liefert.

- *Spezialliteratur zu ausgesuchten Themen.*
  Alle Standardwerke haben den Nachteil, dass auf spezielle Themen nur oberflächlich oder gar nicht eingegangen werden kann. Wer sich also für Aspekte wie Grafik und Animation, paralleles Verarbeiten, Datenbank- oder Spieleprogrammierung interessiert, wird nicht umhin kommen, sich Spezialbücher zum jeweiligen Thema zu kaufen oder auf Quellen im Internet zurückzugreifen.

Ansonsten gilt: Vertrauen Sie Empfehlungen aus Ihrem Bekanntenkreis mehr als Empfehlungen im Internet, über deren Herkunft und Intention Sie nichts wissen. Und nutzen Sie die Vorzüge des deutschen Buchhandels.

Die Buchpreisbindung, die dafür sorgt, dass Bücher in Deutschland, Österreich und der Schweiz (auch bei Online-Händlern) überall unter demselben Preis angeboten werden, wurde keineswegs ins Leben gerufen, um Bücher künstlich teuer zu halten. Sie ist vielmehr die Grundlage für ein einzigartiges Netz von Buchläden, in denen Sie nahezu jedes verfügbare Buch anschauen oder kurzfristig zur Ansicht bestellen können. Nutzen Sie die Vorteile dieses Systems (das Sie letztlich ja auch bezahlen) und schauen Sie sich die Bücher an, bevor Sie gutes Geld ausgeben.

■ E.2 Zeitschriften

Die folgenden Zeitschriften konzentrieren sich vollständig auf Java oder enthalten zumindest gelegentlich Artikel zur Java-Programmierung:

- „Java Spektrum“, SIGS Verlag, *https://www.sigs-datacom.de/fachzeitschriften/javaspektrum.html*. Erscheint alle zwei Monate. In Deutsch.

- „Java Magazin“, Software&Support-Verlag. Sehr gute deutschsprachige Monatszeitschrift zur Software-Erstellung in Java; *https://jaxenter.de/magazine*.

- „Der Entwickler“, Software&Support-Verlag; Zeitschrift rund um Softwareentwicklung. *https://entwickler.de/entwickler-magazin/*. Erscheint alle zwei Monate.

■ E.3 Ressourcen im Internet

Java ist die Programmiersprache des Internets und daher ist es nicht weiter überraschend, dass viele Sites mit Java-Informationen existieren, z. B.:

Tabelle E.1 Internetadressen zum Thema Java

Adresse	Beschreibung
www.oracle.com/technetwork/java www.oracle.com/technetwork/java/javase/ downloads	Die Java-Homepage von Oracle Hier finden Sie das aktuelle JDK 1.9, weitere Tools und viel Dokumentationsmaterial.
http://docs.oracle.com/javase/9/docs/api/	Die Dokumentation aller Klassen von Java 9
http://www.developer.com/java/	Viele Informationen, Ressourcen und weiterführende Links
http://www.oracle.com/technetwork/java/	Aktuelle Informationen und Nachrichten rund um Java
http://www.java-forum.org	Deutschsprachiges Forum mit Tipps zu diversen Programmierthemen. Man kann auch eigene Fragen stellen.

Die Autoren

Wenn Sie uns mitteilen wollen, wie Ihnen das Buch gefallen hat, Anregungen oder Kritik äußern wollen oder eine Frage zum Buch haben, erreichen Sie uns unter:

autoren@carpelibrum.de

leserfragen@gmx.de

Haben Sie aber bitte Verständnis dafür, dass wir nicht alle E-Mails beantworten können – wir versprechen aber, uns zu bemühen.

Anhang F:
Das Material zum Buch

Das Download-Material zum Buch finden Sie unter den folgenden Links:

Beispiele *http://downloads.hanser.de/*	Die in diesem Buch besprochenen Beispiele
JDK *http://www.oracle.com/technetwork/java/javase/downloads/index.html* Auf der Website finden Sie ganz oben den Download-Bereich für das aktuelle Java-SDK (Java SE 9). Klicken Sie in diesem Bereich auf den Download-Schalter zum JDK. Auf der folgenden Website klicken Sie für Windows auf die Download-Datei, die auf *windows-x64_bin.exe* endet; für Linux klicken Sie auf die Datei, die auf *linux-x64_bin.tar.gz* endet.	Installationsdateien für die Java-Entwicklungsumgebung (zur Installation siehe Anhang B)
Dokumentation *http://docs.oracle.com/javase/9/docs/api/*	

Ausführung der Beispiele

Laden Sie Beispielsammlung vom Hanser-Server herunter und entpacken Sie die Datei unter Beibehaltung der Dateipfade (so daß die Verzeichnisstruktur erhalten bleibt). Anschließend können Sie die einzelnen Programme, wie in den Abschnitt 1.6 und Kapitel 2 beschrieben, kompilieren.

Linux-Anwender müssen die Quelldateien, die Umlaute enthalten, eventuell vor dem Kompilieren in UTF-8-Format umwandeln. Laden Sie die Quelldatei dazu in einen passenden Editor (z. B. *KWrite*) und speichern Sie die Datei dann unter gleichem Namen im UTF-8-Format. Wenn Sie keinen Editor finden, mit dem Sie das Format ändern können, tippen Sie die Umlaute einfach erneut ein.

Index

Symbole

" ResultSet (Schnittstelle) 300

A

abstract 91
AbstractButton (Klasse) 252
ActionEvent (Klasse) 172, 191, 212
Action (Klasse) 238
ActionListener 171, 212, 233, 238
actionPerformed() 172, 191
addActionListener() 173
addItemListener() 230
addMouseListener() 334
addMouseMotionListener() 337
Adressen 361
Algorithmen 157
– Sortieren (Arrays) 157
– Sortieren (Listen) 158
– Suchen (Arrays) 158
– Suchen (Listen) 158
Animationen 275
– Ablauf 279
Anweisungen 19, 29
Anwendungen
– an Freunde weitergeben 8, 320
– beenden 174
– erstellen 16
– Hauptklasse 62
– Programmablauf 55
– Programmgerüst 15, 164
– Programmstart 21
API-Dokumentation 348
Applets 3
Arbeitsspeicher 25

ArrayList (Klasse) 149
Arrays 48
– als Parameter 97
– Deklaration 48
– in Schleifen bearbeiten 72
Arrays (Klasse) 157
AudioClip (Schnittstelle) 288
AudioInputStream (Klasse) 289
Aufzählungen 70
Aufzählungen (enum) 307
Ausgabe 116
Autoboxing 151
AWT 161
– Ereignisbehandlung 168
– Layout-Manager einrichten 166
AWT-Event-Handling-Thread 266

B

beep() 172
Beispielsammlung 365
Bezeichner 30
– Variablen 30
Bilder 209
– anzeigen 213
– drawImage() 213
– getImage() 216
– in Bilder zeichnen 220
– Klasse Image 216
– Klasse ImageIcon 216
– Klasse ImageIO 218
– Klasse MediaTracker 218
– Klasse Toolkit 218
– laden 216, 218
– speichern 218

Bildlaufleisten 224, 256
Binärdarstellung 23
BorderLayout (Klasse) 333
break 70, 75
BufferedReader (Klasse) 129
BufferedWriter (Klasse) 129
ButtonGroup (Klasse) 195, 252
Bytecode 6

C

C# 2
C++ 2
CamelCase 30
case 69
Casting 34, 35
catch 79
class 38, 39
ClassLoader 317
CLASSPATH-Umgebungsvariable 347
Collections 147
Collections (Klasse) 158
Color (Klasse) 189
Comparable (Schnittstelle) 158
Compiler 5
– deprecated-Warnung 100, 103
– javac 16
– versus Interpreter 5
Component (Klasse) 244
Connection (Schnittstelle) 299
console() 117
Console (Klasse) 117, 124
continue 76
currentThread() 269

D

Dateien
– Ausgabe in Datei 121
– Bilddateien 216
– Dateinamen abfragen 214
– in GUI-Anwendungen 226
– Klasse FileReader 127
– Klasse FileWriter 122
– Klasse PrintWriter 121
– kopieren 330
– Lesen aus Datei 127
– öffnen 139
Datenbanken 295
– SQL 339

Datenstrukturen 147
– Hashtabellen 154, 238
– Iteratoren 149
– Keller 160
– Liste 149
– Menge 153
– Sortieren (Arrays) 157
– Sortieren (Listen) 158
– Suchen (Arrays) 158
– Suchen (Listen) 158
– Wrapper-Klassen 150
Datentypen 28
– Arrays 48
– enum 70
– Klassen 38
– umwandeln 34
– Wertebereiche 28
Datumsanzeige 143
DBMS 296
Debuggen 318
DefaultListModel (Klasse) 256
Definition 27
Deinstallation (JDK) 343
Deklaration 27
– Datentyp 25
– versus Definition 27
delete() 123
deprecated 100, 103
Dialoge 231
– feste Größe 234
– Klasse JDialog 233
– Klasse JFileChooser 214
– Klasse JOptionPane 236
– modal/nichtmodal 233
– nichtmodale 242
– Schaltflächen 234
– schließen 234
– versus Fenster 231
dispose() 200
Document (Klasse) 228
doInBackground() 280
done() 280
drawImage() 213
Drucken 239
– Klasse MessageFormat 240
– print() 239

E

E/A
- Streams 115
Editoren 9
- Editor (notepad) 9
- Linux 9
- Notepad++ 9
- Windows 9
EditorKits 238
Einfügemarke 226
Eingabe 124
Eingabeaufforderung (Konsole) 11, 346
Eingabefelder 249
Ein- und Ausgabe 115
else 66
Endloschleifen 72
Entwicklungsumgebungen
- integrierte 13
- selbst eingerichtete 10
enum 70, 307
Ereignisbehandlung 168
- actionPerformed() 172, 191
- Adapter-Klassen 173
- addActionListener() 173
- addItemListener() 230
- addMouseListener() 334
- addMouseMotionListener() 337
- Ereignisquellen 169
- Ereignisse 168
- Event-Lauscher 169
- für die Maus 334, 337
- für Fenster 173, 175
- für Kombinationsfelder 230
- für Menübefehle 212, 238
- für Schaltflächen 171
- getActionCommand() 191
- itemStateChanged() 230
- Klassen importieren 171
- Komponente ausgewählt 171
- Listener-Schnittstellen 171
- Mausklicks 195
- Mauskoordinaten 196
- Maus überwachen 334
- mouseClicked() 334
- mouseDragged() 198
- MouseEvent-Parameter 196
- mousePressed() 196
- Parameter 172, 191

- Quelle identifizieren 191
- windowClosing() 174
- Ziehen der Maus 198
Exceptions 77
- abfangen 77
- auslösen 78
- behandeln 79
- Code überwachen 79
- finally 130
- für Closeable-Objekte 130
- getMessage() 79
- printStackTrace() 79
- Schlüsselwort catch 79
- Schlüsselwort throw 78
- Schlüsselwort try 79
execute() 280
exists() 123
exit() 174
extends 87, 315

F

Farben 188
- definieren 189
- RGB-Format 189
- setColor() 189
Fehlerbehandlung 77
Fehlersuche 318
Fenster 164
- anzeigen 166
- Dialoge 231
- Ereignisbehandlung 173, 175
- Fenstertitel 165
- feste Größe 234
- gestalten 165
- Hauptfenster 175
- instanzieren 165
- Layout wählen 166
- pack() 166
- Schaltflächen 234
- schließen 234
- setVisible() 166
- versus Dialoge 231
File (Klasse) 123
FileReader (Klasse) 127
final 31
- Klassen 90
- Methoden 91
- Parameter 96

– Variablen 31
finalize() 102
finally 80, 130
FocusListener 176
Font (Klasse) 225
Fonts 225
– Font-Name 225
– installierte 226
– Klasse Font 225
– Namen 225
– Stil 225
– Systemfonts abfragen 337
– und Plattformabhängigkeit 225
for 71, 73, 149
Freihandlinien 198

G

gc() 102
Generics 148, 311
getAbsolutePath() 123, 215
getActionCommand() 191
getAvailableFontFamilyNames() 226, 337
getCanonicalPath() 123
getGraphics() 199, 200
getImage() (ImageIcon) 216
getMessage() 79
getName() 123
Grafik 183
– Animationen 275
– Arbeitsmaterial 183
– Bilddateien 209
– Farben 188, 189
– Freihandlinien 198
– Füllmuster 203
– geometrische Figuren 196
– getGraphics() 200
– Gradientenfüllung 203
– Graphics-Objekte selbst erzeugen 199
– Hintergrundfarbe 188
– in Bilder zeichnen 220
– in Komponenten 262
– Java2D 201
– JPanel 213
– Klasse Graphics 185
– Koordinatentransformationen 188
– Leinwand 183
– Mausklicks 195
– Neuzeichnen forcieren 185

– paint() 183
– paintComponent() 183, 184, 213
– Rekonstruktion 184
– repaint() 185
– Skalierung 188
– Strichstärke 202
– Ursprung verschieben 188
– vorbereitende Maßnahmen 184
– Vordergrundfarbe 188
– Zeichenfläche 183
– Zeichenkontext erzeugen 199
– Zeichenmethoden 183, 185
– Ziehen der Maus 198
– zweidimensionale 201
Graphics (Klasse) 185
GraphicsEnvironment (Klasse) 337
GridBagLayout (Klasse) 262
GridLayout (Klasse) 192
GUI (Graphical User Interface) 161
– Aufbau 163
– AWT 161
– Bilddateien 209
– Container 162, 165
– Ereignisbehandlung 168
– Ereignislauscher 163
– Fenster 164
– Grafiken 183
– Hauptfenster schließen 173
– Klassen importieren 164
– Komponenten 162
– Layout-Manager 162, 166
– Menüleisten 212, 258
– Oberflächen 162
– Oberflächenelemente 165
– Programme beenden 173
– Programmgerüst 164
– Swing 161
– Text 221
– Threads 280
– Überblick 162

H

HashMap (Klasse) 155
HashSet (Klasse) 153
Hashtabellen 154, 238
Hashtable (Klasse) 155
Hauptfenster 175
Hauptklasse 62

I

if 66
if-Bedingung 66
ImageIcon (Klasse) 216, 262
ImageIO (Klasse) 218
Image (Klasse) 216
immutable 131, 144
implements 110
import 50, 64
Importieren
– Swing-Klassen 164
Initialisierung 27
Inkrement 32
Installation (JDK) 342
– Klassenpfad anpassen (CLASSPATH) 347
– Linux 343
– Systempfad erweitern (PATH) 344
– Windows 342
instanceof 315
Instanzbildung 45
Instanzen 44
– Instanzbildung 45
– Schlüsselwort new 46
– Zugriff 47
Instanzvariablen 99
Interfaces 108
Internet
– URLs 287
Interpreter 5
– java 17
– versus Compiler 5
interrupt() 269
invalidate() 185
isDirectory() 123
isFile() 123
isInterrupted() 269
ItemEvent (Klasse) 230
ItemListener 177, 230
itemStateChanged() 230
Iteratoren 149

J

jar-Archiv 315
Java
– Anwendungen an Freunde weitergeben 8,
  320
– AWT 161

– Bytecode 6
– Compiler 16
– Dokumentation 348
– Editoren 9
– Entwicklungsumgebungen 10, 13
– Entwicklungswerkzeuge 9
– Geschichte 1
– Groß- und Kleinschreibung 30
– GUI-Anwendungen 163
– Interpreter 17
– JavaScript 3
– JDK 9
– JRE 320, 343
– Klassenbibliothek 353
– Pakete 50, 353
– Plattformunabhängigkeit 7
– Programme debuggen 318
– Schlüsselwörter 351
– Speicherbereinigung 102
– Swing 161
– versus C# 2
– versus C++ 2
java (Interpreter) 17
Java2D 201
javac (Compiler) 16
JavaDB 298
JavaFX 289
JavaScript 3
javaw 323
JButton (Klasse) 165, 248
JCheckBox (Klasse) 252
JComboBox (Klasse) 228, 254
JDBC 297
JDialog (Klasse) 233
JDK 9
– Deinstallation 343
– Installation 342
– Klassenpfad anpassen (CLASSPATH) 347
– Systempfad erweitern (PATH) 344
JFileChooser (Klasse) 214
JFrame (Klasse) 164
JLabel (Klasse) 246
JList (Klasse) 254
JMenubar (Klasse) 212, 258
JMenuItem (Klasse) 212, 258
JMenu (Klasse) 258
JOptionPane (Klasse) 282
JPasswordField (Klasse) 251
JRadioButton (Klasse) 194, 252

JRE 320, 343
JScrollBar (Klasse) 256
JScrollPane (Klasse) 223, 257
JTextArea (Klasse) 222, 249
JTextComponent (Klasse) 222
JTextField (Klasse) 222, 249
JTextPane (Klasse) 222, 249

K

Keller 160
KeyListener 176
Klassen
– abgeleitete Klasse 85
– abstrakte 91
– Arrays 49
– Basisklasse 85
– .class-Datei 62
– Daten schützen 105
– deklarieren 38
– eines Programms 62
– Felder 40
– finalize() 102
– Hauptklasse 62
– innere Klassen 106
– Instanzen 44
– Instanzen auflösen 102
– Instanzen bilden 45
– Instanzvariablen 99
– Klassenvariablen 100
– Konstruktoren 43
– Mehrfachvererbung 107
– Methoden 40, 93
– Object 107
– Pakete 50, 63
– programmieren mit 44
– Schlüsselwort abstract 91
– Schlüsselwort class 38, 39
– Schlüsselwort final 90
– Schlüsselwort new 46
– Schlüsselwort public 106
– Schnittstellen 108
– Speicherbereinigung 102
– statische Methoden 101
– this 104
– Übersicht 353
– Vererbung 85
– versus Schnittstellen 109
– vor Instanzierung schützen 91

– vor Vererbung schützen 90
– wiederverwenden 62
– Wrapper-Klassen 150
– Zugriffsmodifizierer 65, 104, 106
Klassenpfad 347
Klassenvariablen 100
Kombinationsfelder 254
Kommandozeilenparameter 134
Kommentare 18
Komponenten
– anordnen 166
– Basisklasse Component 244
– Befehlsnamen 191
– Bildlaufleisten (JScrollbar) 256
– Bildlaufleisten (JScrollPane) 224, 257
– Container 165
– Eingabefelder (JPasswordField) 251
– Eingabefelder (JTextField und JTextArea)
  249
– Ereignisbehandlung 172
– getGraphics() 200
– Größe festlegen 188
– Größe festsetzen 335
– Hierarchie 243
– Hintergrundfarbe 188
– in Container aufnehmen 165
– in Fenster aufnehmen 165
– Kombinationsfelder (JComboBox) 228, 254
– Kurzinfos 263
– Layout-Manager 166
– Leinwand, an Fenstergröße anpassen 213
– Listenfelder (JList) 254
– Menüleisten 212, 258
– mit Symbolen 262
– Optionsfelder 194, 252
– Schaltflächen (JButton) 165, 248
– setBounds() 168
– statische Textfelder (JLabel) 246
– Titel ändern 333
– Vordergrundfarbe 188
Konsole (Eingabeaufforderung) 11, 346
Konstanten 30
– final 31
– Literale 30
Konstruktoren 43
– Basisklassenkonstruktor aufrufen 90
– in GUI-Anwendungen 165
– Standardkonstruktor 112
Kontrollkästchen 252

Kontrollstrukturen 66
- Bedingungen 66
- Schleifen 70
Koordinatentransformationen 188
Kurzinfos 263

L

Lambda-Ausdrücke 310
launch4j 324
Layout-Manager 166
- BorderLayout 333
- FlowLayout 166
- GridBagLayout 262
- GridLayout 192
- null-Layout 168
- ohne Layout-Manager positionieren 168
- Panel-Container 192
- und Container 167
- verschachtelte Container 192
LinkedList (Klasse) 149
Linux
- Beispiele 365
- CLASSPATH-Umgebungsvariable setzen
  347
- JDK-Installation 343
- PATH-Umgebungsvariable setzen 344
Liste 149
Listenfelder 254
listFiles() 123
Literale 30
Literatur 361
LocalDate (Klasse) 143
LocalDateTime (Klasse) 143
LocalTime (Klasse) 143
Look&Feel 177

M

main() 21, 164
Media (Klasse) 289
MediaPlayer (Klasse) 289
MediaTracker (Klasse) 218
Menge 153
Menüs 212, 258
- aufbauen 212, 258
- Ereignisbehandlung 212
- in Fenster aufnehmen 258
- Menübefehle 259

- Menüleisten 212, 258
- setJMenuBar() 258
- setMenuBar() 258
- Tastaturkürzel 213, 259
MessageFormat (Klasse) 240
Metal-Look 177
Methoden 93
- Basisklassenversion aufrufen 90
- Datenaustausch 42
- Deklaration 41, 93
- lokale Variablen 41
- main() 21, 164
- ohne Methodenkörper 92
- Parameter 94
- Parameterübergabe 94
- Polymorphie 89
- Rückgabewert 94
- Schlüsselwort abstract 92
- Schlüsselwort final 91
- Schlüsselwort return 94
- Schlüsselwort static 101
- Schlüsselwort void 42
- Signatur 93
- überschreiben 88, 89
- Überschreibung erzwingen 92
- vor Überschreibung schützen 91
MIDI 290
MidiChannel (Schnittstelle) 291
Modularisierung 56
- durch Klassen 60
- durch Methoden 59
Moduldeskriptor 317
Module 316
MouseAdapter (Klasse) 195
mouseClicked() 334
mouseDragged() 198
MouseEvent (Klasse) 196
MouseListener 176, 195
MouseMotionAdapter (Klasse) 177, 199
MouseMotionListener 177, 198
mousePressed() 196

N

Namensgebung
- Variablen 30
nativer Look 177, 180
new 46
next() 127

nextInt() 127
nextLine() 127
Notepad 9
Notepad++ 9
now() 144

O

Oberflächenelemente 165
Object (Klasse) 107, 148
Objektvariablen 44, 95
of..() (LocalDateTime) 144
OOP (Objektorientierte Programmierung) 37
– Fehlerbehandlung mit Exceptions 77
– Kapselung 67
– Klassen 38
– Objekte 38
– Polymorphie 89
– Vererbung 85
Operatoren 31
– Division 36
– Inkrement 32
– Modulo 83
– Priorität 34
Optionsfelder 252

P

pack() 166
package 64
paint() 183
paintComponent() 183, 184, 213
Pakete 50
– anlegen 63
– importieren 50
– Schlüsselwort import 50, 64
– Schlüsselwort package 64
– und Zugriffsregelung 106
Panels
– Fenster-Layout 192
Parameter
– bei der Ereignisbehandlung 172
– final 96
– Übergabe an Anwendungen 134
– von Methoden 94
parse() (LocalDateTime) 144
PATH-Umgebungsvariable 344
Period (Klasse) 146
Polymorphie 89

print() 116, 239
printf() 118
println() 42, 116, 117
printStackTrace() 79
PrintStream (Klasse) 117
PrintWriter (Klasse) 120, 121
process() 280
Programme 15
Programme *siehe* Anwendungen
Programmerstellung 5
– Ablauf 5
– Fehlersuche 318
Programmierbeispiele
– Bildbetrachter 209
– Bilderanimation 280
– Dateiliste 123
– Download 365
– drucken 239
– Funktionenplotter 186, 189
– Hashtabelle 156
– Instanzenzähler 99
– Kaninchen 74
– Keller 160
– KlavierDemo 292
– Listen 151
– Sichelzellenanämie 135
– Stack 160
– Swing-Look&Feel 178
– Texteditor 221
– Zeitanzeige 270, 275
– Zinsrechnung 56
Prompt 11
Prozess 265
public 65, 106
publish() 280

R

Random (Klasse) 141
read() (FileReader) 128
readLine() 124
Referenzen 46
renameTo() 123
repaint() 185
resume() 269
return 94
runFinalization() 103

S

Scanner (Klasse) 125
Schaltflächen 248
– mit Symbolen 262
Schleifen 70
Schlüsselwörter 351
– abstract 91
– break 70, 75
– case 69
– catch 79
– class 38, 39
– continue 76
– else 66
– extends 87
– final 31, 90, 96
– finally 80, 130
– for 71, 73
– if 66
– implements 110
– import 50, 64
– new 46
– package 64
– return 94
– static 100, 101
– super 90
– switch 69
– synchronized 273
– this 104
– throw 78
– try 79, 130
– void 42
– while 71
Schnittstellen 108
– Ableitung 110
– ActionListener 171, 212, 233, 238
– addActionListener() 173
– addItemListener() 230
– addMouseListener() 334
– addMouseMotionListener() 337
– Comparable 158
– Deklaration 108
– FocusListener 176
– ItemListener 177, 230
– KeyListener 176
– Listener-Schnittstellen 171
– MouseListener 176
– MouseMotionListener 177, 198
– Nutzen 109

– Runnable 271
– Schlüsselwort implements 110
– TextListener 177
– und Ereignisbehandlung 171
– versus Klassen 109
– WindowListener 173, 177
Schriftarten 225
Sequencer (Schnittstelle) 290, 291
Servlets 3
Set (Klasse) 153
setAccelerator() 213
setBounds() 168
setDefaultCloseOperation() 175
setLayout() 166, 167
setLookAndFeel() 178
setToolTipText() 263
setVisible() 166
showConfirmDialog() 237
showinputDialog() 237
showMessageDialog() 237
showOpenDialog() 214
Sichelzellenanämie 135
sleep() 269
Sortieren (Arrays) 157
Sortieren (Listen) 158
SQL 297, 300
– ORDER BY-Klausel 339
– WHERE-Klausel 339
Stack 160
Stack (Klasse) 160
Standardausgabe 115
Standardeingabe 115
start() (Thread) 269
Statement (Schnittstelle) 299
static 100, 101
Steuerelemente 165
stop() (Thread) 269
Streams 115
– Standardausgabe 115
– Standardeingabe 115
– System.in 115
– System.out 115
String (Klasse) 131
StringBuffer (Klasse) 135
StringBuilder (Klasse) 128, 135
Strings 131
– aneinanderhängen 131
– Klasse String 131
– Klasse StringBuffer 135

– Klasse StringBuilder 128, 135
– Klasse StringTokenizer 146
– konkatenieren 131
– konvertieren 131, 132
– Länge 131
– nach Teilstrings suchen 236, 337
– Speicherverwaltung 135
– StringBuilder-Methoden 137
– String-Methoden 134
– vergleichen 132
– zerlegen 146
StringTokenizer (Klasse) 146
Suchen (Arrays) 158
Suchen (Listen) 158
super 90, 315
suspend() 269
Swing 161
– Ereignisbehandlung für Fenster 173, 175
– Look&Feel 177
– Metal-Look 177
– Metal-Themes 177
– nativer Look 177, 180
– UIManager 177
– Windows-Look 180
SwingUtilities 274
SwingWorker (Klasse) 280
switch 69
Synchronisierung 273
synchronized 273
System (Klasse) 103
System.in 115
System.out 115
System-Piep 172

T

Tabellen (Datenbanken) 296
Tastaturkürzel 213
Text 221
– drucken 239
– Editierbarkeit festlegen 241
– EditorKits 238
– Einfügemarke setzen 226
– Font 225
– JTextArea 222
– JTextField 222
– JTextPane 222
– nach Textstellen suchen 235
– Textdateien laden (und speichern) 226

– Textsuche fortsetzen 337
– verfügbare Fonts ermitteln 242
– Zwischenablage 237
TextArea (Klasse) 249
Textfelder 249
– statische 246
TextListener 177
this 104
Thread 265
Thread (Klasse) 268
Threads 265
– Animationen 275
– Ausführung starten 269
– currentThread() 269
– GUI-Manipulation 274
– interrupt() 269
– isInterrupted() 269
– Klasse Thread 268
– präemptives Multithreading 266
– Prioritäten 273
– Prozesse 265
– resume() 269
– Runnable-Schnittstelle 271
– setPriority() 273
– sleep() 269
– start() 269
– stop() 269
– suspend() 269
– Swing 280
– Synchronisierung 273
thread-safe 275
throw 78
Token 126
Toolkit (Klasse) 172, 218
ToolTips 263
Treiber (Datenbanken) 298
try 79, 130
Typumwandlung 34
– Autoboxing 151
– automatische 34
– Casting 35
– Division 36
– explizite 35
– Strings 132

U

Umlaute 117, 122
Unicode 28

updateComponentTreeUI() 178
URL (Klasse) 288
URL (Uniform Resource Locator) 287

V

Variablen
- Arbeit mit 27
- Bereichsüberschreitung 35
- Deklaration 25
- Felder 40
- final 31
- Initialisierung 27
- Instanzen 44
- Instanzvariablen 99
- Kategorien 99
- Klassenvariablen 100
- lokale 41
- Namensgebung 30
- Parameter 94
- Schleifenvariablen 71
- Schlüsselwort static 100
- schützen 105
- Typumwandlung 34
- Verdeckung 103
- Wert 26
Vererbung 85
- abgeleitete Klasse 85
- abgeleitete Objekte als Basisklassenobjekte 89, 93
- abstrakte Klassen 91
- Basisklasse 85
- Basisklasse festlegen 87
- Basisklassenkonstruktor aufrufen 90
- final-Klassen 90
- geerbte Methoden überschreiben 88, 89
- Object 107
- Polymorphie 89
- private Elemente 112
- Schlüsselwort abstract 91
- Schlüsselwort extends 87
- Schlüsselwort final 90
- Schlüsselwort super 90
- Schnittstellen 108
- Standardkonstruktor 111
- überschriebene Methoden aufrufen 90
void 42

W

Wachstumsprozesse 74
while 71
WindowAdapter (Klasse) 174
windowClosing() 174
WindowListener 173, 177
Windows
- CLASSPATH-Umgebungsvariable setzen 347
- JDK-Installation 342
- PATH-Umgebungsvariable setzen 344
Windows-Look 180
Wrapper-Klassen 150
write() (FileWriter) 123

Z

Zahlensysteme 23
Zeichenfolgen 146
Zeichnen 183
Zeitmessung 145
Zeit- und Datumsangaben
- erzeugen 144
- Formate 145
- rechnen mit 144
Zeit- und Datumsanzeige 143
Zufallszahlen 141
Zugriffsmodifizierer 65, 106
Zwischenablage 237